Quellen zur Zeitgeschichte
Bevor Hitler kam

Quellen zur Zeitgeschichte

Bevor Hitler kam

Drei Hauptquellen zur Ideengeschichte und
Frühzeit des Nationalsozialismus

Von

Gottfried Feder

Dietrich Eckart

Rudolf von Sebottendorff

*

Mit einer Gegenschrift der SPD:
»Kampf dem Hakenkreuz« - Berlin 1930

Faksimile-Dokumentation

Roland Faksimile · Bremen

Forschungsreihe »Historische Faksimiles«

Quellen zur Morphologie und Geschichte des Nationalsozialismus

Band I

Herausgegeben von Wieland Körner

Erscheinungsjahr: 2000 · ROLAND-Versand Bremen KG
Verlag Roland Faksimile
D-28334 Bremen - Postfach 33 04 04
Druck: Hansa Antiqua GmbH, Bremen

ISBN: 3-9807552-1-5

Der ROLAND-Versand liefert eine Vielzahl hochinteressanter Quellenschriften zu Themen der Zeitgeschichte:

Fordern Sie bitte unseren aktuellen Verlagskatalog an!

ROLAND-Versand Bremen KG - Postfach 33 04 04 - D-28334 Bremen

Inhaltsverzeichnis

I. **Zu diesem Buch**

II. **Drei Hauptquellen zur Ideengeschichte und Frühzeit des Nationalsozialismus:**

Gottfried Feder: »Das Manifest zur Brechung der Zinsknechtschaft«. Faksimile der Erstausgabe. *Dissen bei München 1919. [Die zweite Auflage erschien unverändert bei Eher in München 1926.]*

Dietrich Eckart: »Der Bolschewismus von Moses bis Lenin. Zwiegespräch zwischen Adolf Hitler und mir«. Faksimile der Erstausgabe. *München 1924. [Die zweite Auflage erschien mit einer Titelabweichung bei Eher in München 1925.]*

Rudolf von Sebottendorff: »Bevor Hitler kam. Urkundliches aus der Frühzeit der nationalsozialistischen Bewegung«. *München 1933. Die bedeutendste Quelle zum Wirken der völkischen Geheimverbindungen »Germanenorden« und »Thule-Gesellschaft« während der Entstehungszeit der NSDAP.*

III. **Eine Gegenschrift:**

Sozialdemokratische Partei Deutschlands (SPD): »Kampf dem Hakenkreuz. Rededisposition gegen die faschistische Gefahr mit einem Anhang: Referentenmaterial über: Die Rolle der KPD«. *Berlin 1930. [Verzeichnet im Gesamtverzeichnis des deutschsprachigen Schrifttums (GV) 1911-1965. Band 65, Seite 474.]*

Hinweis des Verlages

Der vorliegende Faksimile-Band erscheint für Forschungszwecke, insbesondere zur Ergänzung von Sammlungen. Es handelt sich bei den im Reprintverfahren herausgegebenen Quellen um originalgetreue Wiedergaben, deren Inhalte aus der Zeit *vor* Gründung der Bundesrepublik Deutschland stammen. Es können daher inhaltlich an dieses Werk keine aktuellen politischen und weltanschaulichen Ansprüche gestellt werden. Die Druckqualität der einzelnen Faksimile-Schriften entspricht in jedem Fall jener der zur Verfügung stehenden Originalquellen.

Zu diesem Buch

Das vorliegende Buch vereinigt in Form einer Faksimile-Dokumentation mehrere Hauptquellen zur Ideengeschichte und Frühzeit des Nationalsozialismus, an denen man bei der Erforschung dieser Thematik, d.h. des Geschichtsabschnittes von 1919 bis 1933 nicht vorbeikommt. Nachfolgend sollen einige weiterführende Hinweise zur Bedeutung der Schriften und zu den skundären Quellen gegeben werden:

1. Gottfried Feder *(geb. 27.1.1883, gest. 24.9.1941)* veröffentlichte mit dem vorliegenden »Manifest zur Brechung der Zinsknechtschaft« die früheste und für die damaligen Verhältnisse sicherlich weitverbreitetste *sozialpolitische Schrift,* die man der nationalsozialistischen Bewegung zuordnen kann. Die nachfolgend abgedruckte Erstauflage des »Manifests« erschien 1919, in dem Jahr also, in dem Gottfried Feder und Adolf Hitler der DAP, der Deutschen Arbeiter Partei, beigetreten sind. Aus der DAP ging im Februar 1920 die NSDAP hervor. Zu den Mitbegründern und Mitarbeitern am Parteiprogramm der NSDAP gehörte wiederum der Diplom-Ingenieur und Publizist Gottfried Feder, der schließlich 1924 als NSDAP-Abgeordneter (für Wirtschaftspolitik) in den Reichstag einzog. Feders »Manifest« erfuhr 1926 eine weithin beachtete zweite Auflage im Münchner Eher-Verlag, dem Parteiverlag der NSDAP.

2. **Dietrich Eckart** *(geb. 23.3.1868, gest. 26.12.1923)* gilt als »Vorkämpfer des Dritten Reiches«. Eckart hat im Dezember 1920, wenige Monate nach der Parteigründung, für die NSDAP den »Münchner Beobachter« erworben, den er in »Völkischer Beobachter« umbenannte. Er selbst wurde erster Chefredakteur der neuen Zeitung. Dietrich Eckart übte in jener Zeit einen maßgeblichen Einfluß auf den politischen Werdegang Adolf Hitlers aus. Sein vorliegendes »Zwiegespräch« mit Hitler ist authentisch. Zu dieser Frage hat *Prof. Dr. Ernst Nolte* bereits 1961 unter dem Titel »Eine frühe Quelle zu Hitlers Antisemitismus« einen tiefschürfenden Aufsatz in der »Historischen Zeitschrift« *(Verlag R. Oldenbourg, München, Band 192, Seite 584 - 606)* veröffentlicht. Ernst Nolte kommt zu dem Schluß, daß dem publizierten Gespräch zwischen Adolf Hitler und Dietrich Eckart »der höchste Grad der Authentizität zuzuschreiben« ist. Es spiegele sich in der Schrift vor allem die *politische* Richtung Hitlers, während die eher *metaphysische* Tendenz Eckarts im Text zurücktrete. *(Nolte, Seite 606).* Den herausragenden Wert der Schrift sieht Nolte vor allem darin, daß sich hier einmal die Gelegenheit biete, einige von Hitlers Quellen und deren Benutzungsmethoden kennenzulernen, denn »die *Quellen* von Hitlers Wissen sind bekanntlich fast ganz verborgen«. *(Nolte, Seite 598).* – Besondere Erwähnung verdient an dieser Stelle Hitlers Eingehen auf jene etwa 25 Jahre alte, »prophetische Landkarte«, die er »mit eigenen Augen ... selbst gesehen« habe. Auf ihr sei alles bereits verzeichnet, »wie wir es jetzt haben ...«: Frankreich am Rhein, das Deutsche Reich in Republiken aufgeteilt, Rußland als brauner Fleck mit der Inschrift »Russische Wüste« dargestellt. *(Vgl. »Zwiegespräch«, Seite 47. Nolte, Seite 605).* Der Historiker und Publizist Norman Cohn ist davon überzeugt, daß es sich bei dieser von Hitler benannten Karte um jene der Londoner »Truth« handelt, die Henry Labouchère 1890 in Millionenauflage in der Weihnachtsausgabe seiner Zeitung »als Satire« publizieren ließ. Norman Cohn konzediert, daß die Karte der »Truth« Hitlers Bewußtsein für die Bedrohung Deutschlands durch die »bolschewistische Revolution« mit geformt habe. Hitler sah in der prophetischen Karte, so Cohn, annähernd die Grenzen des Diktats von Versailles, die er später mit allen Mitteln zu revidieren trachtete. *(Norman Cohn: »Der Mythos von der jüdischen Weltverschwörung«, London 1967, Köln 1969, Seite 233 f.).* Die bemerkenswerte Karte der »Truth« aus dem Jahr 1890 liegt übrigens unter dem Titel »Des Kaisers Traum« in originalgetreuer Farbreproduktion als Faksimile-Nachdruck vor. Der englische Begleittext *(ein Spottgedicht gegen die Monarchie)* ist ins Deutsche übertragen und historisch kommentiert. *(Faksimile-Verlag Bremen - Roland KG, Postfach 33 04 04, 28334 Bremen).*

Das Zwiegespräch Dietrich Eckarts mit Adolf Hitler: »Der Bolschewismus von Moses bis Lenin« ist eine der größten Raritäten im Antiquariatshandel und in den Zeitgeschichte-Archiven. Der Verlag dankt dem Privatsammler Theo Kotzenbauer für die Überlassung seines brüchigen Originals zur Faksimile-Reproduktion.

3. Rudolf von Sebottendorff *(geb. 9.11.1875 unter dem bürgerlichen Namen Adam Alfred Rudolf Glauer, gest. 1945)* ist Begründer der sagenumwobenen Thule-Gesellschaft. Vor Gründung dieser Geheimgesellschaft hielt sich Sebottendorff viele Jahre im Ausland auf. Er war türkischer Staatsbürger und Mitglied einer türkischen Freimaurerloge, die dem französischen Ritus von Memphis angeschlossen war. Über die bewegte Lebensgeschichte Sebottendorffs forschte und publizierte der englische Autor *Nicholas Goodrick-Clarke*. Die Ergebnisse seiner Forschungen sind in dem nachfolgend benannten Werk von Detlev Rose wiedergegeben. Das hier im Faksimile veröffentlichte, oft zitierte, aber bisher nur schwer zugängliche Hauptwerk von Sebottendorff »*Bevor Hitler kam. Urkundliches aus der Frühzeit der nationalsozialistischen Bewegung*« gehört zu den wesentlichen Geschichtsquellen über den völkischen Germanenorden. Es ist die *Hauptquelle* zur Geschichte der Münchner Thule-Gesellschaft, die in enger und engster personeller Beziehung zur NSDAP gestanden hat. Das gilt vor allem für die Zeit der Parteigründung. - Es ist bezeichnend, daß sowohl Gottfried Feder als auch Dietrich Eckart Mitglieder der Thule-Gesellschaft waren. Sebottendorff schreibt dazu: »Thule-Leute waren es, zu denen Hitler zuerst kam und Thule-Leute waren es, die sich mit Hitler zuerst verbanden!«. Aus solchen Äußerungen entwickelte sich im Laufe der Jahrzehnte - auch in der führenden Geschichtsliteratur - ein regelrechter »Thule-Mythos«. Der Frage, welchen politischen oder kulturellen Einfluß die völkischen Geheimverbindungen in ihrer Zeit tatsächlich entfaltet haben, geht *Detlev Rose* in seinem verdienstvollen, 1994 in Tübingen veröffentlichten Buch »*Die Thule-Gesellschaft. Legende, Mythos, Wirklichkeit*« nach. *(Das Werk ist lieferbar!)* Das quellenreiche Buch, dessen Entstehen mehrere Jahrzehnte lang wegen der schwierigen Forschungsgrundlage als ausgeschlossen erschien, leuchtet das Thema »Thule« und die Lebensgeschichte des Ordensgründers Sebottendorff sachlich und gründlich nach allen Richtungen aus. – Erwähnt werden soll an dieser Stelle noch, daß Sebottendorffs Buch »Bevor Hitler kam« 1938 in die »Liste des schädlichen und unerwünschten Schrifttums« der NS-Reichsschrifttumskammer Aufnahme fand. Hier ist noch ein unbestelltes Feld der Zeitgeschichtsforschung: Die NS-Bücherverbote sollten in absehbarer Zeit einmal mit den verfügbaren Einzelfallbegründungen der Öffentlichkeit vorgestellt werden. Derartige Akten zur Verbotsgeschichte von Büchern sind Quellen von hervorragender Aussagekraft.

WIELAND KÖRNER

An Alle, Alle!

Das Manifest
zur Brechung der Zinsknechtschaft

Das Manifest zur Brechung der Zinsknechtschaft des Geldes.

Mit Erläuterungen versehen
von
Dipl.-Ing. Gottfried Feder

/ / /

1919

Verlag Jos. C. Huber, Diessen vor München.

Graph. Kunstanstalt Jos. C. Huber, Diessen vor München.

Inhalt.

Das Manifest zur Brechung der Zinsknechtschaft des Geldes 5
Ausführung und Begündung 10
Die Konvertierung der Kriegsanleihe in Bankguthaben 38
Besondere Erläuterungen zu der Gesetzesforderung im Manifest 40
Die Einwände und ihre Widerlegung 46
Weiteres Programm 61

Das Manifest
zur Brechung der Zinsknechtschaft des Geldes.

Der Mammonismus ist die schwere, alles erfassende und überwuchernde Krankheit, an der unsere heutige Kulturwelt, ja die ganze Menschheit, leidet. Er ist wie eine verheerende Seuche, wie ein fressendes Gift, daß die Völker der Welt ergriffen hat.

Unter Mammonismus ist zu verstehen:

zum einen die internationalen übergewaltigen Geldmächte, die über allem Selbstbestimmungsrecht der Völker thronende überstaatliche Finanzgewalt, das internationale Großkapital, die einzig goldene Internationale;

zum andern eine Geistesverfassung, die sich weitester Volkskreise bemächtigt hat; die unersättliche Erwerbsgier, die rein aufs Diesseitige gerichtete Lebensauffassung, die zu einem erschreckenden Sinken aller sittlichen Begriffe schon geführt hat und weiter führen muß.

Verkörpert und auf die Spitze getrieben ist diese Geistesverfassung in der internationalen Plutokratie.

Die Hauptkraftquelle des Mammonismus ist der mühe- und endlose Güterzufluß, der durch den Zins geschaffen wird.

Aus dem durch und durch unsittlichen Leihzinsgedanken ist die goldene Internationale geboren. Die aus der Gier nach Zins und Wucher jeder Art erwachsene geistige und sittliche Verfassung hat zu der erschreckenden Versumpfung eines Teiles der Bourgeoisie geführt.

Der Leihzinsgedanke ist die teuflische Erfindung des Großleihkapitals, sie ermöglicht allein das träge Drohnenleben einer Minderzahl von Geldmächtigen auf Kosten der schaffenden Völker und ihrer Arbeitskraft sie hat zu den tiefen, unüberbrückbaren Gegensätzen, zum Klassenhaß geführt, aus dem der Bürgerkrieg und Bruderkrieg geboren ist.

Ein einziges Heilmittel, das Radikalmittel zur Gesundung der leidenden Menschheit ist

die Brechung der Zinsknechtschaft des Geldes.

Die Brechung der Zinsknechtschaft des Geldes bedeutet die einzig mögliche und endgültige Befreiung der schaffenden Arbeit von den geheimen übergewaltigen Geldmächten.

Die Brechung der Zinsknechtschaft bedeutet die Wiederherstellung der freien Persönlichkeit, die Erlösung des Menschen aus der Versklavung, aus dem Zauberbanne, in die seine Seele vom Mammonismus verstrickt wurde. Wer den Kapitalismus bekämpfen will, muß die Zinsknechtschaft brechen.

Wo muß die Brechung der Zinsknechtschaft einsetzen? **Beim Leihkapital!**

Warum?

Weil das Leihkapital gegenüber allem industriellen Großkapital so übermächtig ist, daß die großen Geldmächte **wirksam** nur durch Brechung der Zinsknechtschaft des Leihkapitals bekämpft werden können. 20:1 ist das Verhältnis des Leihkapitals zum industriellen Großkapital. Über 12 Milliarden Zinsen für das Leihkapital muß das deutsche Volk alljährlich in Gestalt von direkten und indirekten Steuern, von Mietzins und Lebensverteuerung aufbringen, während sogar in den Hochkonjunkturjahren des Krieges die Gesamtsumme aller von den deutschen Aktiengesellschaften ausgeschütteten Dividenden nur 1 Milliarde betrug.

Alle menschliche Berechnungsmöglichkeit übersteigend, ist das **lawinenartige Wachstum** des Leihkapitals durch ewigen, endlosen und mühelosen Güterzufluß aus Zins und Zinseszins.

Welchen Segen nun bringt die Brechung der Zinsknechtschaft für das arbeitende Volk Deutschlands, für die Proletarier aller Länder der Erde?

Die Brechung der Zinsknechtschaft gibt uns die Möglichkeit, **die Aufhebung aller direkten und indirekten Steuern** zu betreiben. Hört es, Ihr werteschaffenden Menschen aller Länder, aller Staaten und Kontinente, alle aus direkten und indirekten Quellen fließenden Staatseinnahmen fließen restlos in die Taschen des Großleihkapitals.

Die Erträgnisse der werbenden Staatsbetriebe, als da sind Post, Telegraph, Telefon, Eisenbahn, Bergwerke, Forsten u. s. w. reichen vollkommen aus, um alle notwendigen Staatsaufgaben für Erziehung,

Bildung, Rechtspflege, Verwaltung, soziale Fürsorge daraus bestreiten zu können.

Also aller wahrer Sozialismus wird solange keinen Segen der Menschheit bringen, als die Erträgnisse aus den gemeinwirtschaftlichen Betrieben gegenüber dem Großleihkapital tributpflichtig bleiben.

Darum fordern wir zunächst als Staatsgrundgesetz für die deutschen Völker, dann als Grundgesetz für alle jene Brudervölker, welche mit uns die Kulturgemeinschaft eines Völkerbundes eingehen wollen, folgendes:

§ 1. Die Kriegsanleihestücke, sowie alle übrigen Schuldtitel des deutschen Reiches, sowie alle übrigen Schuldtitel der deutschen Bundesstaaten, insbesondere Eisenbahnanleihen, ferner die Schuldverschreibungen, alle Selbstverwaltungskörper werden unter Aufhebung der Zinspflicht zu gesetzlichen Zahlungsmitteln zum Nominalbetrag erklärt.

§ 2. Bei allen übrigen festverzinslichen Papieren, Pfandbriefen, Industrieobligationen, Hypotheken etc. tritt an Stelle der Zinspflicht, die Rückzahlungspflicht; nach 20 oder 25 Jahren ist somit je nach der Höhe der Verzinsung das geliehene Kapital zurückbezahlt und die Schuld erloschen.

§ 3. Alle Immobiliarschulden, Hypotheken etc. werden nach den im Grundbuch eingetragenen Lasten wie bisher ratenweise zurückbezahlt. Das auf diese Weise entschuldete Vermögen an Haus und Bodenbesitz wird anteilweise Eigentum des Staates oder des Selbstverwaltungskörpers. Auf diese Weise kommt der Staat in die Lage, die Mietpreise zu bestimmen und abzusenken.

§ 4. Das gesamte Geldwesen untersteht der Zentralstaatskasse. Alle Privatbanken desgleichen, die Postscheckkassen, Sparkassen und Kreditgenossenschaften werden als Filialbetriebe angegliedert.

§ 5. Aller Realkredit wird nur durch die Staatsbank vergeben. Personal- und Warenkredit wird den Privatbankiers überlassen gegen staatl. Konzession. Diese wird unter Berücksichtigung der Bedürfnisfrage und unter Verbot der Errichtung von Filialen für bestimmte Bezirke erteilt. Die Gebührenordnung wird vom Staate festgesetzt.

§ 6. Die Dividendenwerte werden in gleicher Weise wie die festverzinslichen Papiere in jährlichen Raten von 5% getilgt. Die überschießenden Gewinnerträgnisse werden teilweise als Entschädigung für „riskiertes" Kapital (im Gegensatz zu den festverzinslichen und mündelsicheren Papieren) an die Aktieninhaber hinausbezahlt, während der weitere Überschuß durch das selbständige Recht der Arbeiterschaft entweder sozial verteilt oder zum Abbau der Preise der Produkte verwendet wird.

§ 7. Für alle Personen, die aus körperlichen Gründen (hohes Alter, Krankheit, körperliche oder geistige Arbeitsunfähigkeit, große Jugendlichkeit) nicht in der Lage sind, ihren Lebensunterhalt zu verdienen, werden die bisherigen eventuell sogar erhöhten Zinserträgnisse aus vorhandenen Kapitalvermögen als Leibrente weiterbezahlt gegen Einlieferung der Wertpapiere.

§ 8. Im Interesse eines Abbaues der bestehenden Inflation mit Zahlungsmitteln wird eine allgemeine stark gestaffelte Vermögenseinziehung vorgenommen, die in Kriegsanleihestücken oder anderen Schuldtiteln des Reiches oder der Staaten geleistet werden. Diese Papiere werden eingestampft.

§ 9. Durch intensivste Volksaufklärung ist dem Volke klarzumachen, daß das Geld nichts anderes ist und sein darf, als eine Anweisung auf geleistete Arbeit; daß jede hochentwickelte Wirtschaft des Geldes als Austauschmittel zwar bedarf, aber, daß damit auch die Funktion des Geldes erfüllt ist und dem Geld auf keinen Fall durch den Zins eine überirdische Macht verliehen sein kann, aus sich selbst heraus zu wachsen zu Lasten der schaffenden Arbeit.

Warum haben wir dies alles, was so selbstverständlich ist, was man als das Ei des Kolumbus für die soziale Frage bezeichnen muß, bisher noch nicht erreicht?

Weil wir in unserer mammonistischen Verblendung klar zu sehen verlernt haben, daß die Lehre von der Heiligkeit des Zinses ein ungeheurer Selbstbetrug ist, daß das Evangelium von dem allein seligmachenden Leihzins unser ganzes Denken in die goldenen Netze der internationalen Plutokratie verstrickt hat. Weil wir vergessen haben und geflissentlich von den allgewaltigen Geldmächten darüber im Unklaren gehalten werden, daß mit Ausnahme von wenigen Geldgewaltigen der angeblich so schöne und von den Gedankenlosen so geliebte Zins rein von den Steuern aufgezehrt wird.

Unsere ganze Steuergesetzgebung ist und bleibt, solange wir die Befreiung von der Zinsknechtschaft nicht haben, nur Tributpflicht gegenüber dem Großkapital, nicht aber, was wir uns manchmal einbilden, freiwilliges Opfer zur Verwirklichung von Gemeinschaftsarbeit.

Deshalb ist die Befreiung von der Zinsknechtschaft des Geldes die klare Losung für die Weltrevolution, für die Befreiung der schaffenden Arbeit von den Fesseln der überstaatlichen Geldmächte.

Ausführung und Begründung.

Die Errungenschaften der Revolution sind ausgeblieben.

Wir stehen mitten in einer der schwersten Krisen, die unser armes Volk in seiner leidvollen Geschichte zu überstehen hat. Schwerkrank ist unser Volk, schwerkrank ist die ganze Welt. Hilflos stammeln die Völker; ein heißes Sehnen, ein Schrei nach Erlösung geht durch die dunklen Massen. Mit Lachen und Tanz, mit Kino und Umzügen sucht sich das Volk wie besinnungslos über sein eigenes jammervolles Schicksal hinwegzutäuschen. Hinwegzutäuschen über seine betrogenen Hoffnungen, hinwegzutäuschen über das tiefe innere Weh, ob der furchtbaren Enttäuschung über das was man als „Errungenschaften der Revolution" so gern bezeichnen möchte. Wie anders hat man sich doch das alles vorgestellt, wie anders lauteten doch all die schönen Versprechungen; gleißendes Gold schien alles zu sein, was man da nächtlicherweile in der Dunkelheit unseres militärischen Zusammenbruchs aufzulesen hoffte und nun, wo der graue Tag den Fund bescheint, sind es faule Holzstückchen. Ratlos stehen wir nun da; um dieser faulen Holzstückchen willen, die in der Nacht so schön geglänzt haben, haben wir alles weggeworfen, was uns bisher lieb und teuer war und haben uns alle Taschen vollgepfropft mit diesen jammervollen Fund. Kein Wunder, daß gerade die Ärmsten der Armen die Wut der Verzweiflung packt und sie in sinnlosem Zorn gegen ihre eigenen Brüder wüten, und alles zu zerstören versuchen, was sich ihnen bei ihrer tiefen Sehnsucht nach Erlösung in den Weg stellt. Zum hellen Wahnsinn muß dieser Zustand führen, wenn Gewissenlosigkeit und Dummheit das Volk noch mehr aufpeitscht und wohin dieser Wahnsinn führt, das sehen wir im bolschewistischen Rußland. Die Nationalisierung, wie in Rußland die Sozialisierung heißt, hat sich als ein Fehlschlag erwiesen, verkündet Lenin seelenruhig. Die Wirtschaft ist zerstört, die Kaufkraft des Geldes gleich Null, die Intelligenz erschlagen, der Arbeiter brotlos. Verzweiflung im ganzen Volke; nur blutiger Terror gestützt auf chinesische und lettische Söldnerscharen vermögen die roten Diktatoren vor der Rache des enttäuschten Volkes zu schützen. Auch bei uns wird die Entwicklung diesen Weg nehmen, wenn wir weiterhin internationale Spekulanten, verbohrte Parteifanatiker, Vertreter der auf's schwerften belasteten Burgeoisie und Angehörige eines dem deutschen Volke im innerften wesensfremden Rasse in der Regierung belassen. Wie hießen doch all die schönen, schönen Worte, die man uns ins Ohr flüsterte: Verständigungsfriede, Völkerbund, Parlamentarismus, Souveränität des Volkes, Demokratie, Diktatur des Proletariats, Sozialismus, Vernichtung des Kapitalismus, Befreiung von dem Militarismus und wie alle die schönen Schlagworte heißen mögen. Ein neues freies Volk sollte erstehen, das selbst sein Geschick bestimmen soll. Nichts von alledem ist Wahrheit geworden, konnte nicht Wahrheit werden, kann nie Wahrheit werden, wenn wir nicht mit höchstem sittlichen Ernst all diesen Erscheinungen, all diesen Schlagworten nachgehen, wenn wir nicht wie ein kluger, gütiger Arzt die Krankheitserscheinungen gewissenhaft prüfen und sorgsamst den derzeitigen Zustand des Kranken aufdecken, keine Mühe scheuen, um festzustellen, woher diese schwere krisenhafte Krankheit kommt.

Mammonismus heißt die Krankheit unserer Zeit.

Was ist Mammonismus?

Mammonismus ist die unheimliche, unsichtbare, geheimnisvolle Herrschaft der großen internationalen Geldmächte. Mammonismus ist aber auch eine Geistesverfassung; es ist die Anbetung dieser Geldmächte seitens aller derjenigen die von dem mammonistischen Gifte infiziert sind. Mammonismus ist die maßlose Übertreibung des an sich gesunden Erwerbstriebes des Menschen. Mammonismus ist die zum Wahnsinn gewordene Geldgier, die kein höheres Ziel kennt, als Geld auf Geld zu häufen, die mit einer Brutalität ohne gleichen alle Kräfte der Welt in seinen Dienst zu zwingen sucht und zur wirtschaftlichen Versklavung, zur Ausbeutung der Arbeitskraft aller Völker der Welt führen muß. Mammonismus ist der Geisteszustand, der zu einem Herabsinken aller sittlichen Begriffe geführt hat. Mammonismus ist als Weltphänomen betrachtet, gleichzusetzen mit dem brutalen rücksichtslosen Egoismus im Menschen. Mammonismus ist der Geist der Habgier, der schrankenlosen Herrschsucht, der nur auf Erraffung der Güter und Schätze der Welt gerichteten Sinnesart; er ist im tiefsten Grunde die Religion des rein auf das diesseitige gerichteten Menschentypus. Mammonismus ist das gerade Gegenteil von Sozialismus. Sozialismus, als höchste sittliche Idee aufgefaßt, als Idee dessen, daß der Mensch nicht nur für sich allein

Der Mammonismus ist eine wirtschaftliche und moralische Erkrankung.

auf der Welt ist, daß jeder Mensch Pflichten gegenüber der Gemeinschaft, gegenüber der ganzen Menschheit hat und nicht nur das, daß er nicht nur verantwortlich ist für das augenblickliche Wohl seiner Familie, seiner Stammesgenossen, seines Volkes, sondern, daß er auch unabwälzbare sittliche Verpflichtungen hat gegenüber der Zukunft seiner Kinder, seines Volkes.

Noch konkreter müssen wir den Mammonismus ansehen als das bewußte Zusammenspiel der machtgierigen Großkapitalisten aller Völker. Bemerkenswert ist dabei immer das verschleierte Auftreten des Mammonismus.

Die großen Geldgewaltigen stecken doch als letzte treibende Kraft hinter dem weltumspannenden anglo-amerikanischen Imperialismus; nichts anderes. Die großen Geldmächte haben doch das furchtbare Menschenmorden des Weltkrieges finanziert. Die großen Geldmächte haben doch als Besitzer aller großen Zeitungen die Welt eingesponnen in ein Netz von Lügen. Sie haben mit Vergnügen alle niederen Leidenschaften aufgepeitscht; vorhandene Strömungen sorgsam großgezüchtet; die französische Revancheidee durch geschickte Pressepropaganda zur Siedehitze gesteigert; die panslavistische Idee, den serbischen Großmachtsdünkel, das Geldbedürfnis dieser Staaten sorgsam genährt, woran sich der Weltbrand entzünden mußte. Auch bei uns in Deutschland hat der Geist des Mammonismus der nur mehr Ausfuhrziffern, Nationalreichtum, Expansion, Großbankprojekte, internationale Finanzierungen kennen wollte, zu einer Deroute der öffentlichen Moral geführt, zum Versinken unserer regierenden Kreise in Materialismus und Genußsucht, zu einer Verflachung unseres völkischen Lebens, alles Faktoren, die mitschuldig sind an dem furchtbaren Zusammenbruch.

Mit Staunen müssen wir uns fragen, woher der Mammonismus, woher das internationale Großkapital seine unwiderstehliche Macht nimmt.

Es ist gar nicht zu übersehen, daß die internationale Zusammenarbeit der großen Geldmächte eine ganz neue Erscheinung darstellt. Wir haben hierfür keine Parallele in der Geschichte. Internationale Verpflichtungen geldlicher Natur waren so gut wie unbekannt. Erst mit der aufkommenden Weltwirtschaft, mit dem allgemeinen Weltverkehr setzte sich der Gedanke der internationalen Zinswirtschaft durch und hier berühren wir die tiefste Wurzel, hier haben wir den innersten Kraftquell angeschlagen, aus dem die goldene Internationale ihre unwiderstehliche Kraft saugt.

Der Zins ist es, der mühe- und endlose Güterzufluß aus reinem Geldbesitz ohne Hinzutun jeglicher Arbeit hat die großen Geldmächte wachsen lassen. Der Leihzins ist das teuflische Prinzip, aus dem die goldene Internationale geboren ist. All überall hat sich das **Leihkapital** festgesaugt. Wie mit Polypenarmen hat das Großleihkapital alle Staaten, alle Völker der Welt umstrickt.

Der Zins ist die Kraftquelle des Großkapitals.

Staatsschuldverschreibungen, Staatsanleihen, Eisenbahnanleihen, Kriegsanleihen, Hypotheken, Pfandbriefobligationen, kurzum Anleihetitel aller Art haben unser ganzes Wirtschaftsleben in einer Weise umstrickt, daß nunmehr die Völker der Welt hilflos in den goldenen Netzen zappeln. Dem Zinsprinzip zuliebe einer im tiefsten Grunde irrigen staatlichen Vorstellung gemäß, daß jede Art von Besitz Anrecht auf Erträgnis habe, haben wir uns in die **Zinsknechtschaft des Geldes** begeben. Nicht ein einziger wirklicher stichhaltiger sittlicher Grund läßt sich dafür angeben, daß reiner Geldbesitz Anrecht auf dauerndes Zinserträgnis verschaffe.

Dieser innere Widerstand gegen Zins und Rente jeder Art ohne Hinzutritt schaffender Arbeit zieht sich durch das Seelenleben aller Völker und Zeiten. Doch nie ist dieser tief innerste Widerstand gegen die Macht des Geldes den Völkern so bewußt geworden, wie in unserer Zeit. Nie hat der Mammonismus in so weltumspannender Weise sich angeschickt, die Weltherrschaft anzutreten. Noch nie hat er alle Niedertracht (das Trachten nach dem Niederen im Menschen), Machtgier, Rachgier, Habgier, Neid und Lüge in so schlau versteckter und doch brutal drängender Weise in seine Dienste gestellt wie jetzt. Der Weltkrieg ist im tiefsten Grunde eine der ganz großen Entscheidungen in dem Entwicklungsprozeß der Menschheit in dem Entscheidungskampf, ob in Zukunft die mammonistisch-materialistische Weltanschauung oder die sozialistisch-aristokratische Weltanschauung die Geschicke der Welt bestimmen soll.

Der Zins ist unsittlich.

Äußerlich hat vorerst zweifellos die mammonistische anglo-amerikanische Koalition gesiegt. Als Reaktion dagegen hat sich im Osten der Bolschewismus erhoben und wenn man im Bolschewismus eine große Idee erblicken will, so ist es zweifellos der einer mammonistischen Weltanschauung diametral entgegengesetzte Standpunkt. Die Methoden, die der Bolschewismus hiefür anzuwenden sucht, sind allerdings versuchte Eisenbartkuren. Sie sind der Versuch mit dem Seciermesser einem an innerer Vergiftung leidenden Kranken durch Amputation von Kopf, Arm und Beinen zu helfen.

Bolschewismus ist ein falsches Mittel der antimammonistischen Reaktion.

Diesem Wüten des Bolschewismus, dieser sinnlosen Umwälzung müssen wir einen planvollen neuen Gedanken entgegensetzen, der mit einigender Kraft alle arbeitenden Klassen vereinigt, um den Giftstoff auszutreiben, der die Welt krank gemacht hat.

Dieses Mittel erblicke ich in der Brechung der Zinsknechtschaft des Geldes.

Drei Momente sind es die den Zins des Leihkapitales als die eigentliche, als die wahre Ursache unseres finanziellen Elendes erscheinen läßt.

Erstens, das ungeheuere Mißverhältnis des festverzinslichen Leihkapitales, also des Kapitales, das ohne Hinzukommen schöpferischer Arbeit aus sich selbst heraus wächst und zwar ewig weiter wächst. Dieses Leihkapital hat bei uns in Deutschland bereits eine Höhe erreicht, die wir mit 250 Milliarden nicht zu hoch greifen. *In Deutschland haben wir 250 Milliarden Leihkapital.* Dieser ungeheueren Summe steht als industrielles Betriebskapital unserer gesamten deutschen Industrie nur eine Summe von 11,8 Milliarden gegenüber. Es kommen noch hinzu die 3,5 Milliarden Kapital der 16000 industriellen G. m. b. H., so daß wir zusammen nur etwa 15 Milliarden industrielles Gesamtkapital zu verzeichnen haben. 20:1 ist die erste grundlegende Feststellung. — Diese Feststellung besagt, daß alle Maßnahmen, die sich mit Finanzproblemen größter Natur beschäftigen, in Ansehen des Leihkapitales sich 20 mal so wirksam erweisen müssen gegenüber Maßnahmen, die sich gegen das industrielle Großkapital richten.

Zweitens: die Verzinsung der obigen auf 250 Milliarden bezifferten Leihkapitalien beträgt im Großen und Ganzen betrachtet pro Jahr auf ewige Zeiten etwa 12½ Milliarden. *Deutschland zahlt jährlich 12,5 Mill. Leihzinsen.* Die Gesamtsumme aller im Jahre 1916 ausgeschütteten Dividenden betrug im Jahre 1915 rund 1 Milliarde Mark. In den vorangegangenen Jahrzehnten war diese Zahl im Mittel rund 600 Millionen. Sie dürfte wohl in den beiden letzten Kriegsjahren noch erheblich in die Höhe gegangen sein, wird dagegen im laufenden Jahr einen umso größeren Absturz verzeichnen.

Die durchschnittliche Rentabilität aller deutschen A.-G. war 8,21%; also nur um etwa 3½% höher als das durchschnittliche Erträgnis der festverzinslichen Anleihewerte.

Ich wiederhole also, rund 12,5 Milliarden wird in Zukunft das deutsche Volk für die diversen ewigen Zinsen des Großleihkapitales zu bezahlen haben, während das Erträgnis aus industriellem Kapital in dem Höchstkonjunkturjahr 1 Milliarde, in Zeiten ungestörter Konjunktur nur 0,6 Milliarden war, also auch hier sehen wir wieder ein Verhältnis der Größenordnungen von 20:1, bis 12:1.

Das dritte und gefährlichste Moment ist das ungeheuere jedes Begriffsvermögen übersteigende **Wachstum des Großleihkapitales durch Zins und Zinseszins**. Ich muß hier etwas weiter ausholen und hoffe durch einen kleinen Ausflug in die höhere Mathematik das Problem zu erklären. Zunächst einige Beispiele.

Das Großleihkapital wächst lawinenartig ins Unendliche.

Die anmutige Geschichte von der Erfindung des Schachspieles ist bekannt. Der reiche indische König Sherham gewährte zum Dank für die Erfindung des königlichen Spieles dem Erfinder die Erfüllung einer Bitte. Die Bitte des Weisen war, der König möge ihm auf das erste Feld des Schachspieles ein Weizenkorn geben, auf das zweite zwei, auf das dritte vier und so immer auf das nachfolgende Feld die doppelte Anzahl wie auf dem vorangegangenen Feld. Der König lächelte über die vermeintlich bescheidene Bitte des Weisen und gab Auftrag, einen Sack Weizen zu bringen, um für jedes Feld die Weizenkörner zuzuteilen. Es ist bekannt,, daß die Erfüllung dieser Bitte auch dem reichsten Fürsten der Welt unmöglich war. Alle Ernten der Welt in tausend Jahren würden nicht ausreichen, um die 64 Felder des Schachbrettes zu füllen.

Ein weiteres Beispiel: Manche werden sich noch aus der Schulzeit an die Qualen der Zinseszinsrechnungen erinnern; wie sich der Pfennig vermehrt, der zur Zeit von Christi Geburt auf Zinseszins angelegt ist, so daß er sich alle 15 Jahre verdoppelt. Im Jahre 15 nach Christi Geburt ist der Pfennig auf 2 Pfennige angewachsen, im Jahre 30 n. Chr. auf 4 Pfennige, im Jahre 45 n. Chr. auf 8 Pfennige usw. Die wenigsten werden sich erinnern, welchen Wert dieser Pfennig heute repräsentieren würde. Unsere ganze Erde massiv aus purem Gold, unsere Sonne, die 1 297 000 mal größer ist, als unser Erdball, all unsere Planeten, rotglühend von Gold, würden nicht genügen, um den Wert dieses auf Zinseszins angelegten Pfennigs auszudrücken.

Ein drittes Beispiel: Das Vermögen des Hauses Rotschild, der ältesten internationalen Plutokratie, wird heute auf etwa **40 Milliarden** geschätzt. Bekannt ist, daß der alte Amschelm Mayer Rotschild in Frankfurt um das Jahr 1800 ohne nennenswertes eigenes Vermögen durch Wiederverleihung der Millionen, die ihm Landgraf Wilhelm I. von Hessen zur Aufbewahrung übergeben hatte, den Grundstock für das Riesenvermögen seines Hauses legte.

Wäre bei Rotschild das Anwachsen des Geldes durch Zins und Zinseszins nur in dem bescheidenen Tempo erfolgt, wie bei dem Pfennig, so wäre die Kurve nicht so steil verlaufen. Aber angenommen, die Vermögensmehrung des Rothschildschen Gesamtvermögens geht nur in dem Tempo des Pfennigs weiter, so würde das Rothschildsche Vermögen im Jahre 1935 80 Milliarden, 1950 160 Milliarden, 1965 320 Milliarden, und damit das gesamte deutsche Nationalvermögen schon weit übertreffen.

Aus diesen drei Beispielen läßt sich ein mathematisches Gesetz ableiten. Die Kurve, die der Aufstieg des Rothschildschen Vermögens ausdrückt, die Kurve, die sich aus der Zahl der Weizenkörner des Schachbrettes ableiten läßt, sowie die, die die Vermehrung des Pfennigs auf Zinseszins angibt, sind einfache mathematische Kurven. Alle diese Kurven haben den gleichen Charakter. Nach anfänglichem bescheidenen und langsamen Anstieg wird die Kurve immer steiler und steiler und nähert sich praktisch bald tangential der Unendlichkeit.

Die Entwicklung des Industriekapitals bleibt im Endlichen.

Ganz anders dagegen verläuft die Kurve der Industriekapitalien. Auch meistens aus kleinen Anfängen hervorgewachsen, zeigt sich bald ein kräftiges Ansteigen der Kurven, bis eine gewisse Sättigung des Kapitales erreicht ist. Dann verlaufen die Kurven flacher, und werden sich in den einzelnen Industrien wohl im allgemeinen wieder etwas absenken, wenn neue Erfindungen zur Entwertung der bestehenden Fabrikanlagen, Maschinen usw. geführt haben. Nur ein Beispiel möchte ich hier herausgreifen, die Entwicklung des Kruppschen Werkes. 1826 starb der alte Krupp fast ohne Vermögen. 1855 erhielt Alfred Krupp seine erste Bestellung auf 36 Kanonen seitens der ägyptischen Regierung. 1873 beschäftigte Krupp bereits 12 000 Arbeiter. 1903 verkaufte Frau Berta Krupp die sämtlichen Werke und Anlagen um 160 Millionen an die Alfred Krupp A.-G. Heute beträgt das Aktienkapital 250 Millionen. Was schließt der Name Krupp für uns Deutsche ein? Den Höhepunkt unserer industriellen Entwicklung. Den ersten Kanonenbauer der Welt. Eine Unsumme zähester, zielbewußtester, intensivster Arbeitsleistung. Für Hunderttausende unserer Volksgenossen bedeutete das Kruppsche Unternehmen Brot und Arbeit. Für unser Volk Wehr und Waffen, und doch, er ist ein Zwerg gegenüber den Rothschildschen Milliarden. Was bedeutet das Anwachsen des Kruppschen Vermögens in einem Jahrhundert gegenüber dem Wachstum des Rothschildschen Vermögens aus Zins und Zinseszins durch mühe- und endlosen Wertzuwachs?

Das Radikalmittel.

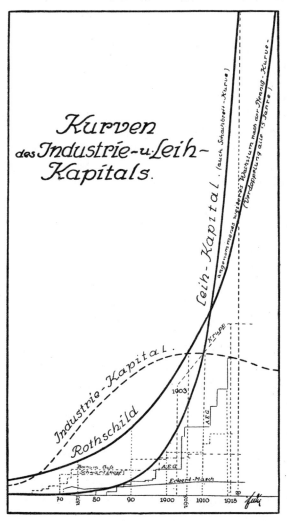

Die beiden stark aufgezeichneten Kurven sind Leihzinskurven und zwar zeigt die obere Kurve die Entwicklung des Rothschildschen Vermögens und die untere zuerst flach und dann rapid steigende Kurve zeigt ganz allgemein die charakteristische Entwicklung aller derartigen Kurven, bei denen sich die Ordinaten bei gleichbleibenden Abszissen verdoppeln. Die gestrichelte Linie zeigt die Entwicklungskurve unserer Gesamtindustrie im Laufe der letzten 40—50 Jahre. Die feinen verschieden gestrichelten Linien zeigen die Entwicklung einer Reihe von beliebig herausgegriffenen großen industriellen Unternehmungen, aus denen der allgemeine Charakter der gestrichelten Kurve des Industriekapitales abgeleitet ist.

Es muß ausdrücklich bemerkt werden, daß die Kurven nicht maßstäblich gezeichnet sind, daß insbesondere die Kurven des Leihkapitales gewissermaßen stark zusammengestaucht erscheinen. So müßte z. B. die Kurve des Rothschildschen Vermögens gegenüber der Kruppschen Kurve mindestens 80 mal so hoch angesetzt sein. Der Zweck der Kurvenaufzeichnung ist ja nur der den grundverschiedenen Charakter der beiden Arten der Kapitalien aufzuzeigen. Die Kurven des Leihkapitales zeigen zuerst eine ganz langsam steigende Entwicklung; die Entwicklung geht dann schneller, bis sie dann immer rasender und alles an sich reißend, weit über menschliche Begriffe sich hinaushebt und der Unendlichkeit zustrebt.

Die Kurve des Industriekapitales bleibt dagegen im Endlichen! Der Verlauf mag im einzelnen noch so starke Abweichungen zeigen, im allgemeinen wird der Grundcharakter industrieller Entwicklung immer so sein, daß nach kräftiger anfänglicher Entwicklung eine gewisse Zeit der Reife, der Sättigung folgt, worauf dann langsamer oder schneller der Niedergang folgt.

Nichts zeigt uns klarer den tiefen Wesensunterschied zwischen Leihkapital und Industriekapital. Nichts kann uns den Unterschied klarer machen zwischen den verheerenden Wirkungen des Leihzinses und den Betriebsgewinnen (Dividenden) der in großartigen Industrieunternehmungen angelegten riskierten Betriebskapitalien, als diese Gegenüberstellung.

Es kann nicht genug betont werden, daß die Erkenntnis der mathematischen Gesetze, denen Leihkapital und Industriekapital folgen, uns allein den klaren Weg zeigen, wo der Hebel einzusetzen ist für eine Umwälzung unserer zerrütteten Finanzwirtschaft. Wir erkennen klar, daß nicht die kapitalistische Wirtschafsordnung, an sich nicht das Kapital als solches die Geißel der Menschheit ist. **Das unersättliche Zinsbedürfnis des Groß-Leihkapitals ist der Fluch der gesamten arbeitenden Menschheit!**

Kapital muß sein — Arbeit muß sein! Arbeit allein vermag wenig — Kapital allein soll nichts vermögen!

Die Brechung der Zinsknechtschaft ist der mögliche und vernünftige Sinn einer Weltrevolution.

Kapital ohne Arbeit muß steril sein! Deshalb ist die wichtigste Forderung, die vornehmste Aufgabe der Revolution, der vernünftigste Sinn einer Weltrevolution, **die Brechung der Zinsknechtschaft des Geldes.**

Acht Milliardäre haben so viel Einkommen wie 38 Mill. Deutsche.

Das Haus Rotschild wird heute auf 40 Milliarden geschätzt. Die Milliardäre der amerikanischen Hochfinanz, die Herren Cahn, Löb, Schiff, Speyer, Morgan, Vanderbilt, Astor werden zusammen auf mindestens 60—70 Milliarden geschätzt; bei einer nur 5prozentigen Verzinsung bedeutet dies ein Einkommen dieser 8 Familien von 5—6 Milliarden, das ist nahezu soviel, als nach den Untersuchungen von Helfferich im Jahre 1912 75% aller Steuerzahler in Preußen Jahreseinkommen hatten. (Es waren damals rund 21 000 000 Zensiten. 75% hiervon rund 15 000 000. Auf jeden Zensiten treffen im Durchschnitt 1,56 Angehörige, sohin 23 Millionen Angehörige.)

Rund 38 000 000 Deutsche haben also davon leben müssen, was die oben erwähnten Milliardäre im Jahr Einkommen haben. — Gewiß sind die amerikanischen Milliardäre nicht in dem Sinn reine Leihkapitalisten, wie das Haus Rotschild usw., ich will auch gar nicht darüber rechten, ob die amerikanischen Milliardäre „100-Millionen-Dollar-Milliardäre" sind oder wirkliche „1000 Millionen-Mark-Milliardäre"; im ersteren Falle müßte man eben noch ein oder zwei Dutzend weitere Krösusse hinzurechnen. Oder nehmen wir gleich die Rathenauschen „300", dann geht unsere Aufstellung sicher in Ordnung. Es kommt hier auch gar nicht darauf an, eine genaue Ziffer zu geben, aber die erkannte Größenordnung von 300 zu 38 000 000 öffnet uns die Augen über die Gewaltherrschaft des internationalen Leihkapitals.

Deshalb schütteln wir mit einem Ruck diese furchtbaren Fesseln ab, die alle werktätige Arbeit ersticken muß, entreißen wir dem Gelde die Macht, Zinsen zu gebären und immer wieder zu gebären, bis die gesamte Menschheit dem internationalen Leihkapital restlos zinspflichtig geworden ist.

Diese drei Punkte sind es also, die uns zum erstenmal klar machen, wo allein wirksam der Hebel anzusetzen ist für die Linderung unserer internen Finanznot. Zum andern erkennen wir, daß der Sturmlauf der gesamten sozialistischen Gedankenwelt gegen das industrielle Kapital vollkommen verfehlt ist, weil auch eine gedachte vollkommene Wegsteuerung oder Sozialisierung des gesamten Unternehmergewinnes — ungeschwächte Wirtschaft vorausgesetzt — einen lächerlich geringen Betrag ergeben würde, gemessen an den ungeheuren finanziellen Lasten unseres Reichs- und Staatsbudgets.

Durch die Brechung der Zinsknechtschaft des Geldes kann mit einem Schlage die ganze Finanzmisere beseitigt werden; mit einem Male fühlen wir wieder festen Boden unter den Füßen; mit einem Male muß es uns und wird es uns klar werden, daß wir uns mit dieser unglückseligen Anleihewirtschaft nur selber in geradezu grotesker Weise angelogen haben. —

Was ist denn Leihkapital anderes, als Schulden! Leihkapital sind Schulden! — das kann man gar nicht oft genug wiederholen. Was ist es für ein Wahnsinn, wenn das deutsche Volk in seiner Gesamtheit für seinen Krieg 150 Milliarden gepumpt hat; sich selbst hiefür eine Zinszahlung von $7^{1}/_{2}$ Milliarden versprochen hat und nun sich in die von vornherein selbstverständliche Verlegenheit versetzt fühlt, diese $7^{1}/_{2}$ Milliarden in Gestalt von geradezu phantastischen Steuern bei sich einzutreiben. Das tragische an diesem Selbstbetrug ist indes weniger die Dummheit dieser ganzen Kriegsanleihewirtschaft, auf die wir uns dem Ausland gegenüber immer so viel zu gute getan haben, als vielmehr die Tatsache, daß lediglich eine verhältnismäßig kleine Zahl von Großkapitalisten einen ungeheuren Nutzen daraus zieht und das gesamte arbeitende Volk einschließlich den mittleren und kleineren Kapitalisten, sowie einschließlich von Handel und Gewerbe und Industrie die Zinsen bezahlen müssen. Und hier tritt die politische Seite des ganzen Gedankens zu Tage. Hier können sie erkennen, daß tatsächlich das Großleihkapital und nur dieses der Fluch der gesamten arbeitenden Menschheit ist. Man mag das Ding drehen und wenden wie man will, immer muß die Masse aller werktätigen für die Leihkapitalzinsen letzten Endes aufkommen. — Die mittleren und kleineren Kapitalisten haben nichts

Die Kriegsanleih war ein mammonistischer Schwindel.

von ihren schönen Zinsen, können nichts davon haben, denn die Zinsbeträge müssen ihnen restlos weggesteuert werden. Ob in der Form direkter Steuern oder indirekt im Wege der indirekten Steuern, Stempeln, Abgaben oder sonstigen Verkehrsbelastungen, immer ist das werktätige Volk der Geleimte und der Nutznießer das **Großkapital**.

<small>Die Heiligkeit de. Zinses ist der Aberglaube des Mammonismus.</small>

Es ist nun ganz erstaunlich zu sehen, wie die sozialistische Gedankenwelt von Marx und Engels vom kommunistischen Manifest angefangen bis herauf zum Erfurter Programm (besonders Kautzky) und auch die heutigen sozialistischen Machthaber vor den Interessen des Leihkapitales wie auf Kommando Halt machen. Die Heiligkeit des Zinses ist das Tabu; der Zins ist das Allerheiligste; an ihm zu rütteln hat noch niemand gewagt; während Besitz, Adel, Sicherheit von Person und Eigentum, die Rechte der Krone, Reservate und religiöse Überzeugung, Offiziersehre, Vaterland und Freiheit mehr oder weniger vogelfrei sind, ist der Zins heilig und unantastbar. Vermögenskonfiskation, Sozialisierungen sind an der Tagesordnung, also ganz glatte Rechtsbrüche, die nur damit etwas beschönigt werden, weil sie angeblich im Namen der Gesamtheit an Einzelnen begangen werden; das alles ist erlaubt, aber der Zins, der Zins ist das „noli me tangere", das „Rührmichnichtan". Die Verzinsung der Reichsschuld ist das A und O der staatlichen Budgets. Sein Riesengewicht zieht das Staatsschiff in den Abgrund und doch — es ist ja alles Schwindel — ein ungeheurer Selbstbetrug, ausgeheckt einzig und allein zu Gunsten der großen Geldmächte.

Ich möchte gleich hier die später zu behandelnden Einwendungen bezüglich der kleinen Rentner kurz streifen, damit man gedanklich daran nicht hängen bleibt. Diese kommen bei der Betrachtung der ganz großen Fragen nicht in Betracht und es ist ganz selbstverständlich, daß für diese Entschädigungen vorzusehen sein werden durch weitesten Ausbau der sozialen Fürsorge.

Schwindel sagte ich, Zinsenschwindel! ein hartes Wort. Aber wenn dieses Wort, das ja während des Krieges im Felde und in der Heimat wohl das meistgebrauchte war, Berechtigung hat, so hat es diese Berechtigung am meisten für den Zinsenschwindel.

Wie war es doch mit den Kriegsanleihen? Das Reich holte aus den Taschen des Volkes mit den ersten 5 Milliarden die wirklich vorhandenen Spargelder. Das Geld floß wieder zurück. Dann kam die neue Anleihe und saugte das Geld wieder an und dazu noch die letzten Reste der Spargelder. Und wieder kam die Pumpe und saugte die Milliarden an und wieder ebbten sie zurück, bis glücklich, nachdem dies schöne Spiel neunmal wiederholt war, — das Reich 100 Milliarden Schulden gemacht hatte.

Dafür hatte das Volk allerdings 100 Milliarden schön bedrucktes Papier in Händen. — Zuerst bildeten wir uns ein, wir seien so viel reicher geworden, nun kommt der Staat und sagt, ich stehe vor dem Bankerott.

Ja, warum denn? — Ich selbst kann doch nicht bankerott werden, wenn ich auch noch so oft meinen Hundert Mark-Schein von der rechten Hosentasche in die linke stecke. Es wäre doch die allergrößte Torheit, wenn wir die Torheit unserer Kriegsanleihewirtschaft noch dadurch manifestieren würden, daß wir uns bankerott erklären.

Brechen wir die Zinsknechtschaft des Geldes! Erklären wir die Stücke der Kriegsanleihen unter Aufhebung der Zinsen zu gesetzlichen Zahlungsmitteln und wie Märzenschnee vor der Sonne wird der Alpdruck des Staatsbankerotts von uns weichen.

Man hat mir gesagt, die Aufhebung der Zinszahlung sei ein verschleierter Staatsbankerott. Nein, das ist nicht wahr! — Das Gespenst des Staatsbankerotts ist tatsächlich nur ein Kinder- und Ammenschreck, erfunden von den mammonistischen Gewalten.

Die Aufhebung der Zinszahlung ist kein verschleierter Staatsbankerott.

Das Buch von Fr. Röhr „Was jeder vom Staatsbankerott wissen muß" — ist vollkommen in mammonistischen Gedankengängen befangen und obwohl der Verfasser im allgemeinen durchaus klar die wirtschaftlichen Schädigungen erkennt, die uns durch die Sozialisierung drohen, so sehr und richtig er darauf hinweist, daß letzten Endes uns nur eine Wiederaufbauung unserer Wirtschaft retten kann, — von dem Aberglauben, von der Heiligkeit des Zinses kann er sich nicht losmachen und malt daher den Staatsbankerott ganz im Interesse des Mammonismus, als eine ganz schreckliche Katastrophe an die Wand.

Es ist interessant zu verfolgen, daß sich Röhr trotz besserer geschichtlichen Erkenntnis nicht davon losmachen kann und in seinem Schlußwort bemerkt: „Ist die vernichtende wirtschaftliche Katastrophe nicht zu vermeiden, so wird keiner von ihr verschont", während er auf Seite 81 zugesteht, daß die Folgen staatsfinanzieller Mißwirtschaften teilweise sehr schnell wieder ausgeglichen worden sind, daß Seite 68 — möge es sein, wie es wolle, jedenfalls stehe fest, daß Rußland (im letzten Jahrhundert) diese Währungskrisen ohne dauernde Störungen überwunden hat.

Seite 76 sagt er bei Untersuchen der Wirkungen der Staatsbankerotte: daß zwar im Großen und Ganzen tiefgehende wirtschaftliche Störungen ꝛc. eingetreten seien, daß aber weder die Vernichtung des Staates, noch die seiner wirtschaftlichen Kräfte dadurch herbeigeführt wurde. **Im Gegenteil habe sich häufig genug eine baldige Wiederbelebung der Volkswirtschaft und eine Gesundung der Staatsfinanzen beobachten lassen.** — Wenn der Verfasser dann drei Zeilen weiter unten fortfährt, der Staatsbankerott bedeute unbedingt eine wirtschaftliche Katastrophe und führe ein grenzenloses Elend herauf, so bedauere ich bei dieser Logik nicht mitkommen zu können.

Der Staatsbankerott ist die Rettung der nationalen Wirtschaft.

Doch zurück zu unserem Spezialfall! Was ist wohl ehrlicher? pharisäerhaft von der Unantastbarkeit der Kriegsanleihen zu sprechen und das Volk gleichzeitig mit einer unerhörten Steuerlast zu bedrücken? oder, wenn ein Finanzminister den Mut hätte, offen vor das Volk hinzutreten und zu erklären, ich kann die Zinsen für die Kriegsanleihen nicht bezahlen, oder nur dann, wenn ich genau ebensoviel Steuern von Euch eintreibe.

.... Ich habe aber damals während des Krieges unbedingt Geld haben müssen, was Gescheiteres (siehe England) ist mir nicht eingefallen und so habe ich den Schwindel mit den hochverzinslichen Kriegsanleihen gemacht. Verzeih' halt liebes Volk, es war ja schließlich für Dich, aber wollen wir kein Verstecken mehr spielen, — ich, der Staat bezahlt keine Zinsen mehr und du Steuerzahler brauchst für die Bezahlung dieser Zinsen keine Steuern zu zahlen. — Das vereinfacht wesentlich unsere Geschäfte, wir ersparen den ungeheuren Steuerapparat und ebenso den ungeheuren Zinsendienstapparat, also eine Unmasse Geld und Arbeitskraft.

Ich habe mich lang bei der Aufdeckung dieses Schwindels aufgehalten, aber ich halte es für absolut grundlegend hier den Blick für das große Ganze keinen Augenblick zu verlieren.

Der Personenkreis, die die Leidtragenden wären, also wollen wir sagen, diejenigen (Erwerbseinkommen von 1500 Mk.) die über 30 000 Mk. Kapitalrente nach ihren Steuererklärungen bezogen haben, sind nach den bayerischen Steuererklärungen 822 Personen, das sind nur 0,4 % der Steuerpflichtigen. In ganz Deutschland also beiläufig 10000. (Die oberen 10000!) (Bayr. St.-Z. 1913.)

Wir wollen uns nun in aller Kürze über die wichtigsten Seiten dieser revolutionären Forderung klar werden, und zwar wollen wir die Fragen zunächst von unserem nationalen Gesichtspunkt aus betrachten.

Zunächst bedarf es hierzu eines klaren Blickes auf unsere derzeitige Lage. Staatssekretär Schiffer hat sie in seiner großen Rede in der Berliner Handelskammer für „unübersehbar" erklärt. Das ist nur bedingt richtig. Übersehbar ist die ungeheure Verschuldung unserer Volkswirtschaft, die unerhörte Entwertung unserer Zahlungsmittel, kurzum die Tatsache, daß wir über Nacht ein **armes Volk** geworden sind.

Wir sind ein armes Volk geworden.

Die Belastungen, die uns durch den Friedensschluß auferlegt werden, lassen sich allerdings nicht übersehen. Die bereits vorhandenen Schuldverschreibungen beziffern sich, wie wir gesehen haben, auf rund 250 Milliarden. Wir wollen einmal annehmen, daß uns die Entente weitere 50 Milliarden an Kriegsentschädigung in irgendeiner Form auferlegt, so sind das zusammen rund 300 Milliarden Schulden.

So schwer es sich in den engen Rahmen dieser Abhandlung pressen läßt, müssen doch einige Worte über die Größe des deutschen Nationalvermögens an dieser Stelle gesagt werden. Die Untersuchung von Helfferich und Steinmann-Bucher beziffern das deutsche Nationalvermögen auf rund 350 Milliarden. Man kann derartigen Feststellungen, so vorsichtig sie aufgebaut sein mögen, nur sehr bedingten Wert beimessen. Sie gelten überhaupt nur für Zeiten ungestörter Wirtschaft. Sie sind aber auch da schon irreführend, indem die staatlichen und gemeindlichen Besitzungen mit aufgenommen sind, also zum Beispiel auch Straßenbauten, Flußkorrektionen usw. Es leuchtet ein, daß zwar die Herstellung derartiger Arbeiten ungeheures Geld gekostet hat, daß sie aber doch eigentlich keinen Eigenwert haben. Ein besserer Maßstab für die Höhe des Nationalvermögens ist das sogenannte steuerbare Vermögen, wie es sich aus den Steuererklärungen zum Wehrbeitrag oder die Kriegsvermögenssteuer ergibt. Hierfür ergab sich eine Gesamtsumme von 192 Milliarden, also ganz erheblich viel weniger, als nach den Aufstellungen Helfferichs. Es mag zu dieser Summe noch ein Zuschlag gemacht werden von etwa erfahrungsgemäß 10% für die gesetzlich steuerfreien kleinen Vermögen und etwa ein gleich großer Zuschlag für „stille Reserven".

Jedenfalls erscheint es mir utopisch, von einem Nationalvermögen zu sprechen von über 250 Milliarden. Aber auch diese Ziffer hat nur ganz bedingten Wert. Das Richtigste wäre, mit der Vorstellung eines ziffernmäßig faßbaren Nationalvermögens überhaupt zu brechen und zu der Erkenntnis durchzudringen, daß das Nationalvermögen ausschließlich seinen Ausdruck findet in der geistigen und körperlichen Arbeitskraft der ganzen Nation, also Größenordnungen angehört, die mit dem engeren Kapitalbegriff gar nichts zu tun haben. Zwar müssen wir noch eine weitere Quelle des Nationalvermögens in dem Vorhandensein von Bodenschätzen, Waldreichtum und fruchtbarer Erde erblicken, aber auch diese Dinge lassen sich nicht ziffernmäßig fassen, da sie zwischen Null und Unendlich schwanken, je nachdem die Bodenschätze brachliegen oder auf Grund geologischer Gutachten nach Milliarden von Tonnen Kohlen usw. berechnet werden.

Wir wollen nicht vergessen, daß Deutschland eigentlich ein armes Land ist. Monopole besitzt es fast gar keine. Im Reichtum an Bodenschätzen steht es weit hinter den meisten Nachbarländern zurück, ganz zu schweigen von den unerhörten Bodenschätzen des chinesischen, indischen und amerikanischen Reiches. An Fruchtbarkeit des Erdbodens steht es weit zurück gegenüber den gesegneten Gefilden der russischen schwarzen Erde, gegenüber den mühelos produzierenden tropischen und subtropischen Landstrecken. So bleibt uns letzten Endes immer nur die Arbeitskraft und der Arbeitswille unseres Volkes sowie das Vorhandensein von genügender Arbeit und wir müssen uns darüber klar sein, daß bei dieser Sachlage von fundierten Anleihen, von einer dinglichen Sicherheit für unsere Schuldverschreibungen keine Rede sein kann.

Ob verzinsliche Kriegsanleihe oder unverzinsliche Reichsbanknote, es steht einzig und allein hinter ihnen die Steuerkraft des ganzen Volkes, und was ist die Steuerkraft anderes als eine Funktion der Arbeitsleistung der gesamten werktätigen Bevölkerung.

Wir müssen uns nun noch über einen weiteren hier angeschnittenen Fragenkomplex kurz klar werden, und zwar über die Hauptposten unserer staatlichen Einnahmequellen und Ausgaben. Es ist ein merkwürdiger Gegensatz zwischen dem breiten Raum, den die Geldbeschaffungsfrage in unserem Privatleben einnimmt und dem Interesse, das wir den großen Fragen unserer staatlichen Finanzgebarung entgegenbringen, und doch besteht durchaus kein wesentlicher Unterschied zwischen der Einzelwirtschaft und der Volkswirtschaft.

Die Hauptposten der Staatseinkünfte sind: erstens die Reinerträgnisse der Posten und Eisenbahnen, zweitens die aus Bergwerken, Forstverwaltungen und sonstigen Staatsbetrieben, drittens die Zölle und indirekten Steuern, und viertens die direkten Steuern.

Ich will, um bei derart eminent praktischen Fragen nicht nur theoretische Erörterungen zu pflegen, an Hand des bayerischen Staatshaushaltes[1]) des Jahres 1911 die einzelnen Posten nach ihrer Größenordnung kurz erläutern. — Post, Telegraph und Eisenbahnen[2]) brachten 120 Millionen, Forsten, Bergwerke usw. rund 40 Millionen, die indirekten Steuern 53 Millionen, die direkten Steuern 60 Millionen. Weitere 67 Millionen flossen aus Stempelabgaben, Gebühren, Erbschaftssteuern, Grundgefällen, Überweisungen seitens des Reiches usw.

Wie sieht es in Bayern aus?

Wie steht es nun mit den Ausgaben. Wir finden hier an erster Stelle die Aufwendungen für die Verzinsung der Staatsschuld einschließlich der Eisenbahnanleihen mit 85 Millionen. Für das Königliche Haus 5 Millionen, Justizverwaltung 27 Millionen, innere Verwaltung 40 Millionen, Kirchen und Schulen 51 Millionen, Finanzverwaltung 13 Millionen, Ausgaben für Reichszwecke 50 Millionen, Pensionen 36 Millionen. Diverse Ausgaben 5 Millionen. Ein Einnahmeüberschuß von 27 Millionen glich damals in diesem glücklichen Jahr der bayerischen Finanzen das Jahresbudget ab.

Es interessieren uns im Rahmen unseres Gedankens indes nur die Ausgaben, die durch Brechung der Zinsknechtschaft entfallen können. Hier steht naturgemäß an erster Linie die Aufwendung für Verzinsung der Staatsschuld mit **85** Millionen, dazu der größte Teil unserer Aufwendung für die Finanzverwaltung mit etwa 10 Mil-

---

[1]) Die folgenden Angaben über den bayerischen Staatshaushalt sind in abgerundeten Beträgen dem bayerischen statistischen Jahrbuch vom Jahre 1913 entnommen. Es ist dies das letzte vor dem Krieg erschienene statistische Jahrbuch, das über die bayerischen Finanzen erschöpfende Auskunft gibt. Während des Krieges sind keine neueren Ausgaben erschienen. —

[2]) Das unaufhörliche Steigen der Lohnsätze und Materialpreise hat dazu geführt, daß das Reinerträgnis der bayerischen Staatseisenbahnen im Jahre 1918 auf 3 Millionen Mark heruntergesunken ist, gegenüber im Mittel 80 Millionen vorangehender Jahre. In Preußen ist nach den Mitteilungen des Finanzministers Simon sogar an Stelle der bisher üblichen Erträgnisse in Höhe von i. M. 700 Millionen Mark ein Defizit von 1.300 000 000 Mark getreten. Wir werden daher weniger denn je an eine sofortige Aufhebung der direkten und indirekten Steuern denken können; wir müssen mehr denn je daran denken, die durch die katastrophale Finanzwirtschaft erwachsenen neuen Schulden durch ganz kräftige Heranziehung der Vermögen, insbesondere der ganz großen Vermögen, sofort abzubauen.

lionen, ferner ein großer Teil der Aufwendungen für Reichszwecke, von denen wir die Hälfte mit 25 Millionen ansetzen wollen, und schließlich entfallen heute die Aufwendungen für das Königliche Haus mit 5 Millionen, zusammen 125 Millionen.

<small>Schon vor dem Kriege hätte man bei geordneten Finanzen auf alle direkten und indirekten Steuern verzichten können.</small>

Der Ausfall dieser Posten bedeutet die Möglichkeit des Verzichtes auf die Erhebung aller direkten und indirekten Steuern, die, wie wir sahen, 53 und 60, zusammen 113 Millionen einbrachten! Wir sind nun durchaus nicht der Meinung, daß man die direkten und indirekten Steuern ganz abschaffen solle, in vernünftigen Grenzen wirken sie zweifellos einerseits erziehlich, andererseits regulierend. Es ist sicher nicht mehr wie recht und billig, daß das Einkommen aus fundiertem Besitz einer mäßigen, gestaffelten Steuer unterworfen bleibt, der Staat muß ja auch mit seinen Machtmitteln für ungestörten Besitz sorgen; es erscheint ebenso angezeigt, daß Handel und Industrie aus ihren Betriebsgewinnen zu entsprechenden Steuerleistungen herangezogen werden, für sie hat auch der Staat für die Erhaltung und Ausbau der öffentlichen Verkehrswege zu sorgen; eine entsprechende Mindestkopfsteuer für jeden wahlberechtigten Bürger ist ebenfalls eine Forderung der Gerechtigkeit, vom Staate wird auch die Obhut für Sicherheit der Person und des Eigentums verlangt.

Auf dem Gebiete der indirekten Steuern könnte ein kräftiger Ausbau aller reinen Luxussteuern im besten Sinne regulierend wirken, während alle reinen Volks-Nahrungsmittel und -Bedürfnisse von Steuern frei zu halten wären!

Das Ergebnis einer solchen Steuerpolitik wäre weniger in dem hohen finanziellen Ergebnis zu suchen — davon kann keine Rede sein, da sie für die große Masse der Bevölkerung nicht eine wirkliche steuerliche Belastung, sondern nur eine Erinnerung sein soll, daß der Mensch nicht nur Einzelwesen, sondern auch Staatsbürger ist und außer staatsbürgerlichen Rechten auch staatsbürgerliche Pflichten hat. Die Erträgnisse sollen weniger zur Entlastung der werbenden Staatsbetriebe verwendet werden, deren Reinerträgnisse, wie wir gesehen haben, genügen um die ordentlichen Aufwendungen des Staates für Erziehung, Bildung, Rechtspflege, innere Verwaltung usw. zu bestreiten. Sie sollten dafür verwendet werden, besondere Kulturaufgaben des Staates zu fördern, für die im Rahmen des ordentlichen Staatshaushaltes niemals entsprechende Mittel zur Verfügung standen. Ich denke hier in erster Linie an Säuglingsheime, Blinden- und Krüppelanstalten, Kinderhorte, Mutterschutz, Kampf gegen Tuberkulose, gegen

Alkohol und Geschlechtskrankheiten, für Anlage von Gartenstädten und Siedelungen, insbesondere für die Unterbringung und menschenwürdige Versorgung unserer Kriegsbeschädigten.

Unser Blick weitet sich. Wir sehen Neuland. Abschaffung aller Steuern könnte die Brechung der Zinsknechtschaft bedeuten? Sie würde es bedeuten, wenn wir als siegreiches Volk aus diesem Riesenkampf hervorgegangen wären. So wollen wir nicht zu früh frohlocken, dafür werden die uns von unseren Feinden auferlegten Lasten sorgen. — Aber jedenfalls wir sehen Neuland auf Grund der soeben angestellten, doch höchst einfachen Betrachtung unseres bayerischen Staatshaushaltes.

In den Gundzügen finden wir ganz ähnliche Verhältnisse in den übrigen deutschen Bundesstaaten, und es ist nicht zu viel gesagt, daß aus den Überschüssen der werbenden Staatsbetriebe, also den Eisenbahnen, Posten, Telegraphen, Forsten, Bergwerken usw. alle staatlichen Aufwendungen für die gesamte Rechtspflege, für die gesamte innere Verwaltung, einschließlich der Staatsbauten, alle Ausgaben für Erziehung und Bildung, sowie für Kultuszwecke, ohne Schwierigkeit bestritten werden könnte. Also ein geradezu idealer Zustand.

Warum ist das nicht so? Der Zins hat sich eingeschlichen. Wegen der Zinszahlung werden der Bevölkerung die Lebensmittel verteuert; wegen der Zinsen wird Zucker und Salz, Bier und Wein, Zündhölzer und Tabake und zahllose andere Bedürfnisse des täglichen Bedarfes mit indirekten Steuern belegt. Wegen der Zinsen müssen direkte Steuern erhoben werden, die sich scheiden in Grundsteuern, die auf verteuertes Getreide abgewälzt werden; in Haussteuern, die die Miete in die Höhe treiben; in Gewerbesteuern, die die schaffende Arbeit belasten; in Einkommensteuern, die unabwälzbar die Lebenshaltung der Beamten und Festbesoldeten herunterdrücken, und endlich ganz am Schluß, bescheiden im Geben, unersättlich im Nehmen kommt das Leihkapital mit den Kapitalrentensteuern. Aus 253 Millionen eingenommenen fatierten Kapitalrenten in Bayern auf Grund der Steuererklärungen des Jahres 1911 wurden ganze 8,1 Millionen an Staatssteuern bezahlt.

Der Zins verteuert alles.

Wir haben gesehen, daß jede Kapitalrente, jeder Kapitalzins letzten Endes ausschließlich durch die Arbeit des ganzen Volkes aufgebracht werden muß. Wir haben gesehen, daß die Zinsenzahlung für die Staatsschulden den größten Posten in unserm Staatsbudget ausmachen, und wir haben gesehen, daß die Kapitalrenten-Steuerpflichtigen nur einen höchst bescheidenen Beitrag zu den Staatseinnahmen beisteuern.

Nach der Größenordnung zahlt der Kapitalist von den direkten Staatssteuern in Bayern 1911 mit 8 Millionen von 60 Millionen Gesamtsumme der direkten Steuern nur ein Achtel bis ein Sechstel. Die direkten Steuern sind nach der Größenordnung ungefähr ein Fünftel der gesamten Staatseinnahmen. Somit leistet das Leihkapital nur etwa ein Dreißigstel bis ein Achtundvierzigstel Zuschuß im Hinblick auf die gesamten staatlichen Bedürfnisse.

Es soll nicht geleugnet werden, daß die Steuergesetzgebung in den letzten Jahren besonders während des Krieges, an eine stärkere Heranziehung der Kapitalrenten gegangen ist, aber die stärkere indirekte Besteuerung hat damit so ziemlich gleichen Schritt gehalten, so daß sich das Größenverhältnis kaum verschoben hat.

Der Reichshaushalt wird durch die Zinsen erdrückt.

Grauenhaft wird das Bild erst, wenn wir unseren Reichshaushalt betrachten. Hier liegen die Verhältnisse an sich schon viel ungünstiger. Das Reich hat nicht die Steuerquellen wie die einzelnen Bundesstaaten. Die direkten Steuern sind den Bundesstaaten vorbehalten, die werbenden Betriebe des Reiches beschränken sich auf die Reichspost und die Reichseisenbahn (also: NB! ohne die preußischen Staatseisenbahnen) und somit bleiben nur die Zölle und indirekten Steuern.

Die Größenordnungen dieser Reichseinnahmequellen (siehe Stat. Jahrbuch für das Deutsche Reich vom Jahre 1917 und 1918) waren im Jahre 1915 1 Milliarde Reichspost und Eisenbahn, 0,7 Milliarden Zölle, 1 Milliarde indirekte Steuern, 0,8 Milliarden besondere Einnahmen (Wehrbeitrag, Matrikularbeiträge) u. s. w. Auch hier wieder dasselbe Bild. Mehr als ein Drittel, nämlich 1,3 Milliarden verschlang schon im Jahre 1915 die Verzinsung der Reichsschuld. Auch hier hat sich wieder das Leihkapital hineingedrängt. Auch hier zieht es zu seiner Befriedigung alle indirekten Steuern heran. Zucker zahlt 163 Millionen, Salz 61 Millionen, Bier 128 Millionen, Tabak, Branntwein, Schaumwein, Leuchtmittel, Zündwaren, Spielkarten und zahllose andere Steuermittelchen mußten herhalten, um eine Milliarde zusammenzukratzen, die dann restlos in die Taschen der Kapitalisten fließt.

Heute ist die Aufbringung nur der Schuldzinsen des Reiches ein Rätsel. 8 Milliarden allein verschlingen ja doch die Verzinsungen unserer 100 Milliarden Kriegsanleihe, sowie der übrigen Kriegskredite. Die Einnahmen aus Post und Eisenbahn können kaum mehr erhöht werden. Zölle werden wir kaum mehr erheben dürfen, so bleibt wohl nur eine Verfünffachung oder Verzehnfachung der indirekten Steuern übrig; eine Unmöglichkeit! oder die klare Einsicht, daß einzig und allein die Brechung der Zinsknechtschaft des Geldes uns Rettung bringen kann. Ein ungeheurer Selbstbetrug war die ganze Kriegsanleihewirtschaft. Hundert Milliarden hat das deutsche Volk von sich für seinen Krieg geborgt. 5 Milliarden Zinsen hat es sich dafür versprochen; 5 Milliarden Steuern muß es also bezahlen. Nutzen hat nur der Großkapitalist, der so viel Kapitalrenten bezieht, daß er sie unmöglich aufbrauchen kann und durch die Kapitalrentensteuer wird ihm ja nur ein ganz bescheidener Prozentsatz abgenommen, wie wir gesehen haben.

Ich hoffe schon jetzt durch die großen Linien meiner Beweisführung das menschlich begreifliche Erschrecken vieler Leser verscheucht zu haben ob des eventuellen Entgangs ihrer Zinsbezüge aus ihren schönen Wertpapieren. Nur ganz kurz möge an einem Beispiel gezeigt werden, daß die ganze Zinsenwirtschaft große Selbsttäuschung ist, und zwar will ich dabei an eine oberste Grenze gehen von gut bürgerlichen Einkommensverhältnissen.

<small>Kleinlicher Egoismus darf das große Ziel nicht verschleiern.</small>

Gesetzt den Fall, das Arbeitseinkommen eines Familienoberhauptes sei 10000 Mark, dazu noch 5000 Mark aus Kapitalsrenten, so sind hieraus zunächst ungefähr 1500 Mark direkte Steuern zu bezahlen, ferner in Gestalt der teueren Mieten werden mindestens 1000—1200 Mark für den ewigen Mietzins abzuziehen sein; — weitere 1000 Mark dürften durch die indirekten Steuern der fünf- bis sechsköpfigen Familie aufgezehrt werden, und schon jetzt erkennt man, daß bereits unter den glücklichen Steuerverhältnissen aus früheren Jahren von den schönen Kapitalrenten des kleineren und mittleren Kapitalisten gar nicht viel übrigbleibt. Heute kann von „Übrigbleiben" schon gar keine Rede mehr sein; im Gegenteil erhebliche Teile des Arbeitseinkommens werden wohl, wenn man heute die phantastischen derzeitigen Steuerpläne sich ansieht, auch noch weggesteuert werden.

Ganz anders sieht sich natürlich die Sache an für den Großkapitalisten, der, sagen wir einmal, nur 1 Million Kapitalrenten bezieht. (Solche Leute gibt es in Deutschland heute ziemlich viele.) An Kapitalrentensteuer zahlt dieser Glückliche, wenn es hoch kommt, 50—60000 Mark. An indirekten Steuern zahlt er auch nicht mehr als der Familienvater des vorigen Beispieles. Für seinen Haushalt kann er schließlich auch bei der heutigen teueren Zeit mit 40—50 000 Mark doch noch ganz angenehm leben. Bleiben ihm bare runde nette 900 000 Mark, für die er im nächsten Jahre bei 5% Zins neue 45 000 Mark Leih-

<small>Nutzen hat nur der Großkapitalist.</small>

zinsen beziehen wird und das von Rechts wegen zu Lasten der werktätigen Bevölkerung.

Der kleine Rentner wird schadlos gehalten.

Der kleine Rentner, der nur von seinen Zinsen lebt, wäre zweifellos geschädigt. Ist er arbeitsfähig, so müßte er sich natürlich entschließen, sich ein Arbeitseinkommen zu verschaffen. Damit stellt er sich dann immer noch sehr viel besser, als die Millionen seiner Volksgenossen, die nichts haben, außer ihrer körperlichen oder geistigen Arbeitskraft. Will er das nicht, so muß er sein Vermögen einzehren. 20 Jahre lang hat er ja schließlich immer noch daran zu zehren, wenn er wie bisher 5% an Zinsen von nun ab als Einzehrung verbraucht. Für Personen, die nicht in der Lage sind, zu arbeiten, oder durch Krankheit und Alter geschwächt sind, muß selbstverständlich durch Ausbau der sozialen Fürsorge für alle Bevölkerungskreise für eine entsprechende Existenz gesorgt werden.

Ich stelle mir die soziale Fürsorge wie folgt vor:

Nehmen wir an, eine ältere Dame, eine Witwe, die bisher von den Zinsen eines Kapitalvermögens von 60000 Mark leben mußte, wird durch die gesetzlich ausgesprochene Brechung der Zinsknechtschaft um ihre Einnahmequelle gebracht. Hier wäre durch weitesten Ausbau des Leibrentenwesens der betreffenden Person Gelegenheit gegeben, eine ihrem Kapital entsprechende Leibrente zu beziehen, wobei die jährliche Rente sogar gegenüber dem bisherigen Zinsertrag erhöht werden könnte, um auch diesem Personenkreis einen gewissen Ausgleich für den gesunkenen Geldwert zu geben. Also so daß z. B. gegen die eingelieferten 60000 Mark in Schuldtiteln des Reichs, der Staaten oder in Pfandbriefen eine jährliche lebenslängliche Rente von 4000 Mark gegeben werden könnte. Hat die Witwe Kinder und will sie diesen einen Teil des Vermögens vererben, so kann ihr freigestellt werden, nur 40000 Mark in eine Leibrente umzuwandeln, während die restlichen 20000 Mark für die Kinder erhalten bleiben. Aus den 40000 Mark könnten ja nach dem Alter der Leibrente Nachsuchenden bis zu 1/12 des eingelieferten Kapitals gegeben werden. Auch hier sei wiederum darauf verwiesen, daß durch die Brechung der Zinsknechtschaft die Lebenshaltung der Witwe durch den Fortfall der drückenden Steuern ganz erheblich verbilligt wird.

Es würde weit über den Rahmen dieses Aufsatzes hinausgehen, im einzelnen den persönlichen Interessen einzelner Schichten der Bevölkerung nachzugehen. Es kann sich bei einer so umwälzenden Forderung auch gar nicht um persönliche Interessen handeln und trotzdem wird man bei den Auswirkungen des Gedankens die Erfahrung machen, daß die heilsamen Folgen schließlich wieder jedem einzelnen persönlich zugute kommen werden.

Gerade an dem schon oben angeschnittenen Problem der Zinslosmachung der Kriegsanleihen habe ich schon klar zu machen versucht, daß der kleine Kapitalist, also alle die Hunderttausende, die durch eine mehr als amerikanische Werbetätigkeit für die Zeichnung der Kriegsanleihen zur Hingabe ihrer Ersparnisse veranlaßt worden sind, von den Zinsen nicht nur nichts haben, weil sie ja selbst dafür die Steuern zahlen müssen, sondern bei der auf Schonung des Großkapitales zugeschnittenen Steuergesetzgebung für die Zinsen der Millionenzeichnungen mitzahlen müssen. Ich denke mir, daß abgesehen von diesen höchst realen Betrachtungen allein schon ein Apell an alle um das Wohl ihrer Kinder besorgten Anleihebesitzer genügen müßte, um den Verzicht auf ewigen Zins aus den Schuldverschreibungen des Reiches als ganz natürlich hinzunehmen. Was verliert denn eigentlich der Patriot, der seinem Vaterland in höchster Not 10 000 Mark gegeben hat, in diesem Falle anderes, als nur ein wucherisches Anrecht darauf, 50 000 Mark allein an Zinsen innerhalb hundert Jahren zu beziehen, ohne daß dadurch sich das Kapital auch nur im geringsten abgenützt hätte? Ewig müssen seine Kinder und Enkel dafür arbeiten, daß nur zu allererst diese Zinsen bezahlt werden können.

Der Zins belastet unsere Kinder.

Die Frage der Rückzahlung der geliehenen Summen kann in verschiedener Weise gelöst werden. In meinen kurzen Leitgedanken zu vorliegendem Problem, die ich der Regierung des Volksstaates Bayern am 20. November vor. Js. eingereicht habe, habe ich den Vorschlag gemacht, einfach an Stelle der Zinszahlung die Rückzahlung treten zu lassen in 20 Jahres-Raten von 5%. Ich glaube im folgenden noch einen weit besseren Vorschlag machen zu können, der ob seiner Einfachheit sicherlich den Vorzug verdient: „Die Kriegsanleihestücke werden unter Aufhebung der Verzinsung zu gesetzlichen Zahlungsmitteln erklärt." Das ist das Ei des Kolumbus. Der Vorteil dieser Maßnahme ist zunächst der, daß eigentlich niemand etwas davon merkt. Die Anleihestücke bleiben ruhig in den Depots liegen, nur kriegen sie keine Jungen, so wenig wie ein Buch, oder ein Schrank, oder ein sonstiger verbrauchbarer Gegenstand, den man an seinen Freund geliehen hat.

Entzinsung der festverzinslichen Werte ist Gesundung in wirtschaftlicher und sozialer Beziehung.

Braucht man Geld, so holt man sich eben einen Kriegsanleihschein und bezahlt damit. So viel Schönheit und Papierwert wie unsere übrigen 10-, 20-, 100- und 1000-Mark-Scheine haben die Kriegsanleihescheine ja schließlich auch. Von einer Überschwemmung des Marktes mit Zahlungsmitteln kann bei einer derartig stoßfreien Überführung der Zinsenwirtschaft in die zinsfreie Volkswirtschaft gar keine Rede sein. Die Kriegsanleihestücke befinden sich ja bereits sämtlich wohlverwahrt und aufbewahrt in den Banktresors oder sonstigen vom Volk als diebessicher betrachteten Verstecken, als das sind der wollene Strumpf oder der Misthaufen. Es kann die Tatsache doch gar nicht geleugnet werden, daß die ausgegebenen papiernen Zahlungsmittel in Höhe von beiläufig 40 Milliarden ja auch nicht im Umlauf sind, sondern zum allergrößten Teil in der oben geschilderten Weise thesauriert sind. Unser Bedarf an Zahlungsmitteln war auch zu Zeiten der Hochkonjunktur vor dem Kriege nur etwa 4—6 Milliarden, und davon, daß wir heute mehr als das Doppelte dieser Summe bräuchten, kann bei dem sich immer mehr einbürgernden bargeldlosen Zahlungsverkehr keine Rede sein.

Ganz in der gleichen Weise ist selbstverständlich die Entzinsung für alle festverzinslichen Werte vorzunehmen. Für diese Werte, sowie für die Dividendenwerte wird sich indes mehr die ursprünglich für alle Werte vorgeschlagene „Rückzahlung" in 20 oder 25 Jahresrenten empfehlen, so insbesondere auch für die Hypotheken. Die Brechung der Zinsknechtschaft für die Hypotheken bedeutet zweifellos die Lösung des Wohnungsproblems, die Befreiung von den unerschwinglichen Mieten. Es ist ebensowenig einzusehen, warum der Inhaber einer Hypothek aus der einmal dargeliehenen Summe ewigen Zinsgenuß haben soll, warum ihm ein mühe= und endloser Güterzufluß beschieden sein soll, warum die große Masse eines Volkes nur diesem ungesunden Zinsprinzip zuliebe jahraus, jahrein die hohen Mieten zahlen soll. Nur ganz kurz sei eingeschaltet, daß selbstverständlich von einer völligen Abschaffung des Mietzinses nicht die Rede sein kann, da ja die Verwaltung und Unterhaltung der Häuser ständig Arbeit und Geld erfordert. Es wird also eine Absenkung der Mieten nur soweit eintreten können, als durch die erfolgte Rückzahlung der Hypotheken sich von selbst ergibt.

Nur eines soll in aller Schärfe betont sein, daß die Brechung der Zinsknechtschaft nicht das geringste mit unserer gesamten werteschaffenden Arbeit zu tun hat, insofern, als dem Unternehmergeist, der schaffenden Arbeit, der Erzeugung von Gütern, dem Erwerb von

Reichtum in gar keiner Weise ein Hemmnis bereitet wird; im Gegenteil wird, wie wir gesehen haben, das ganze werktätige Volk von einem dumpfen, unerklärlichen, schweren Druck befreit; unser Seelenleben wird gereinigt von einem berauschenden Gift.

Der Kampf gegen den Zins ist in der Geschichte der Völker nicht neu.

Wie richtig im Laufe der Geschichte die Fruchtbarkeit des Zinsproblems erkannt worden ist, erkennen wir daran, daß zu allen Zeiten und in allen Völkern das Zinsproblem die Geister beschäftigte.

Im Alten Testament finden wir an verschiedenen Stellen, so 3. Mos. 25, 5. Mos. 15 Bestimmungen über Zinsnachlässe in der Form, daß das siebente Jahr jedesmal ein Hall-Erlaß oder Jubeljahr sein sollte, in welchem alle Schulden den Volksgenossen nachgelassen werden sollten.

Solon hat im Jahre 594 v. Chr. durch Gesetz die persönliche Schuldknechtschaft aufgehoben. Man nannte dieses Gesetz die große Seisachtheia. (Lastenabschüttelung.)

Im alten Rom verbot die *lex Gemicia* vom Jahre 332 v. Chr. den römischen Bürgern kurzerhand überhaupt das Zinsennehmen.

Unter Kaiser Justinian wurde ein Zinseszinsverbot erlassen, mit der Bestimmung, es dürften überhaupt keine Zinsen mehr gefordert werden, wenn die rückständigen Zinsen bis zur Höhe des ursprünglich dargeliehenen Kapitales angewachsen seien.

Papst Leo I. d. Gr. erließ im Jahre 443 ein allgemeines Verbot, Zinsen zu nehmen; es war bis dahin nur den Klerikern untersagt, Zinsen von einem Darlehen zu fordern. Nun wurde das Zinsenverbot Teil des kanonischen Rechtes und auch eine für die Laien verbindliche Vorschrift. Allmählich schloß sich auch die weltliche Gesetzgebung den kanonischen Anschauungen an, und bedrohte das Zinsnehmen sogar mit Strafe. Wir finden dies in den Reichspolizeiverordnungen der Jahre 1500, 1530 und 1577.

Allerdings wurden nun derartige Gesetze viel bekämpft und vielfach umgangen, und es mag nur noch bei diesem ganz kurzen historischen Rückblick als eine erstaunliche historische Tatsache erwähnt sein, daß während das kanonische Recht vom 11. bis 17. Jahrhundert den Christen das Zinsnehmen verboten hatte, dies den Juden gestattet war.

Es wäre außerordentlich reizvoll, zu untersuchen, welche wirtschaftlichen Auswuchserscheinungen jeweils zu diesen gewaltsamen Lastenabschüttelungen geführt haben. Es wäre besonders wertvoll, zu sehen, welche Mächte und Kräfte die Zinsverbote immer wieder durchbrochen haben.

Im Mittelalter ist ja wohl mit den Wucherern oft kurzer Prozeß gemacht worden, die Bauern oder ausgesogenen Bürger haben sich zusammengetan, und die Wucherer erschlagen. Heute sind wir in ein ganz anderes Entwicklungsstadium des Zinsproblems getreten. Solche Pogrome werden aufs tiefste mißbilligt. Es handelt sich auch gar nicht mehr um einzelne lokal begrenzte Krankheitserscheinungen, die durch das Ausschneiden des Eiterherdes bekämpft werden könnten, es handelt sich um eine schwere Erkrankung der ganzen Menschheit. Es mag ganz besonders betont sein, daß gerade unsere heutige Kultur gerade die Internationalität der wirtschaftlichen Beziehungen das Zinsprinzip so möderisch machen. Der gegebene historische Rückblick soll auch gar keine Analogie sein für die heutigen Verhältnisse. Wenn die Babylonier die Assyrer, die Römer die Karthager, die Germanen die Römer überwanden, so gab es keine Fortdauer der Zinsknechtschaft; es gab keine internationalen Weltmächte. Die Kriege wurden auch nicht durch Borgen finanziert, sondern mit den während des Friedens angesammelten Schätzen. Eine sehr nette Zusammenstellung hierüber gibt David Hume in seiner Abhandlung über den Staatskredit. Erst die neue Zeit mit ihrer Kontinuität des Besitzes und ihrem internationalen Recht läßt die Leihkapitalien ins Ungemessene steigen. Der Pfennig, der zur Zeit von Christi Geburt auf Zinsen gelegt wurde, existiert nicht mehr, weil inzwischen mehrmals alle Besitzrechte der Gewalt weichen mußten; dagegen existiert der Pfennig, den der alte Rotschild auf Zinsen gelegt hat und wird, wenn es ein internationales Recht gibt, in alle Ewigkeit existieren. Es ist außerdem zu bedenken, daß weite Strecken der Erde erst in der neuen Zeit von der Naturalwirtschaft zur Geldwirtschaft übergegangen sind. Ganz besonders wichtig ist in diesem Zusammenhang, daß erst in der Mitte des vorigen Jahrhunderts alle Beschränkungen im Zinsennehmen bezw. alle Zinsverbote abgeschafft wurden. So in England im Jahre 1854, in Dänemark 1856, in Belgien 1865, in Oesterreich 1868.

Also nicht viel älter wie ein halbes Jahrhundert ist der mit dem Geldbesitz heute als unzertrennlich betrachtete Zinsbegriff. Aber gerade dieser Zinsbegriff hat erst das Geld zu der dämonischen Macht von so allgemeiner Gewalt werden lassen, wie wir es kennen gelernt haben. Erst seit Mitte des vergangenen Jahrhunderts datiert auch die beginnende und dann immer stärker werdende Verschuldung der Staaten gegenüber dem Kapitalisten. Erst seit dieser Zeit sehen wir den Staat vom Sachwalter der Volksgemeinschaft zum Sachwalter der kapitalistischen Interessen herabsinken. Diese Entwicklung hat ihren Höhepunkt in den Kriegsanleihen erreicht, denen wir in allen Ländern begegnen, die ausschließlich, wie wir erkannt haben, nur mammonistischen Interessen dienen, und denen nunmehr durch das riesenhafte Kreditgebäude einer Weltanleihe die Krone aufgesetzt werden soll.

Diese kurzen Rückblicke mögen es uns erleichtern, daß wir endgültig mit der Vorstellung brechen, es müsse dem Leihkapital die überirdische Macht verliehen sein, ewig und unaufhaltbar aus sich selbst heraus zu wachsen. Mit einer fürchterlichen aussaugenden Kraft begabt. Wir müssen damit brechen, daß das Leihkapital unerreichbar dem Weltgeschehen und Vergehen soll tronen können über den Wolken, unerreichbar der Vergänglichkeit, unerreichbar den Gewalten der Zerstörung, unerreichbar den Geschossen unserer Riesengeschütze. Denn mögen auch Häuser und Hütten, Eisenbahnen und Brücken von Granaten zerschmettert in Staub und Asche sinken, die Hypotheken bleiben bestehen, die Eisenbahn- und Staatsschuldverschreibungen werden dadurch nicht ausgetilgt. Mögen Dörfer und Städte, ganze Provinzen der wahnsinnigen Zerstörung des Krieges zum Opfer fallen, was verschlägt es, neue Schuldverschreibungen bedeutet dies. Mit gierfunkelnden Augen sieht die über den Wolken tronende goldene Internationale dem tollen Treiben der Menschheit zu. Und nicht fern ist die Zeit, bis schließlich restlos die ganze Menschheit als Zinssklaven dem Mammonismus dient. . . .

Das Leihkapital ist die Geißel der Menschheit.

International ist der Gedanke; die ganze Welt muß er befreien. Heil der Nation, die zuerst den kühnen Schritt wagt. Bald werden alle anderen folgen. Die oft an mich herangetretene Frage, ob der Gedanke überhaupt national durchführbar sei, beantworte ich mit — ja. — Wir sind intern verschuldet. Gegen ausländische Zinsansprüche sind wir natürlich zur Zeit machtlos; die müssen eben bezahlt werden. Übermäßiger Kapitalabfluß muß nach Möglichkeit gesperrt werden, aber, so wenig sich der Gesetzgeber davon abhält, Gesetze gegen Mord, Totschlag, Betrug ꝛc. auszuarbeiten, weil es doch immer wieder Lumpen gäbe, so wenig darf sich ein Volk in seiner Gesamtheit davon abhalten lassen, einen als notwendig erkannten Schritt zur Gesundung seiner Staatsfinanzen zu tun, nur deshalb, weil nicht gerade die besten Teile des Volkes ihr errafftes Geld im Auslande in Sicherheit zu bringen versuchen. — Gesetzt den Fall, es würden Hunderte, ja Tausende von Millionen Kriegsanleihestücke ins Ausland verbracht werden, so würde selbst dies noch kein einschneidendes Mo-

Die Brechung der Zinsknechtschaft ist trotz ihrer Internationalität ational möglich.

ment für die Unterlassung der Brechung der Zinsknechtschaft sein können, denn der Größenordnung nach müssen ja doch von den über 250 Milliarden festverzinslichen inländischen Anlagewerten der allerallergrößte Teil im Inlande verbleiben.

<small>Schlußbemerkung.</small> Wir wollen nochmals kurz zusammenfassen. — Die Brechung der Zinsknechtschaft ist das Radikalmittel für die endgültige und dauernde Gesundung unserer Staatsfinanzen. — Die Brechung der Zinsgemeinschaft bedeutet die Möglichkeit des Verzichtes auf drückende direkte und indirekte Steuern, weil die werbenden Betriebe des Staates bisher schon und erst recht nach Vornahme weiterer für die Sozialisierung geeigneter Gebiete (Binnenschiffahrt, Elektrizitätsversorgung, Luftverkehr usw.) genügend Überschüsse in die Staatskassen abliefern, um daraus alle sozialen und kulturellen Aufgaben des Staates zu bestreiten.

Über diesen finanziellen Gesichtspunkt hinaus wird die Brechung der Zinsgemeinschaft der schaffenden Arbeit in allen Berufszweigen die ihr gebührende erste Stelle einräumen. Das Geld wird wieder zurückverwiesen in die ihm allein zukommende Rolle, ein Diener zu sein in dem gewaltigen Getriebe unserer Volkswirtschaft. **Es wird wieder werden, was es ist, eine Anweisung auf geleistete Arbeit** und einem höheren Ziel wird damit der Weg geebnet, der Abkehr von der rasenden Geldgier unseres Zeitalters.

Der Gedanke will eine geschlossene Front der ganzen werktägigen Bevölkerung herstellen vom besitzlosen Arbeiter, der wie wir gesehen haben, sehr kräftig im Wege der indirekten Steuer für die Befriedigung des Leihkapitales herangezogen wird, über die gesamte bürgerliche Schicht der Beamten und Angestellten, des bäuerlichen und kleingewerblichen Mittelstandes hinweg, die in Gestalt von Wohnungselend, Bodenzinsen, Bankzinsen usw. die unbarmherzige Gewaltherrschaft des Geldes zu spüren bekommen, bis weit hinauf zu den führenden Köpfen, Erfindern und Direktoren unserer Großindustrie, die alle samt und sonders mehr oder weniger in den Krallen des Großleihkapitales stecken, für die es als erste Lebensaufgabe immer heißt: Renten, Zinsen, Dividenden erarbeiten für die hinter den Kulissen spielenden Geldmächte. Nicht minder gehören auch alle Kreise der Intelligenz, Künstler, Schriftsteller, Schauspieler, Wissenschaftler, sowie die übrigen Angehörigen der freien Berufe hinzu.

Mag das Großleihkapital bewußt oder instinktiv als natürliche Personengruppe oder als Personifikation des Zinsprinzips die Tatsache seiner unbeschränkten Herrschgier zu verdecken suchen, mag unsere ganze auf dem römischen Recht, also dem dem Schutz einer Plutokratie dienenden Rechte hervorgegangene Rechtssprechung noch so sehr den Schutz des Eigentums in den Vordergrund gedrückt haben und damit in das Rechtsbewußtsein unseres Volkes eingedrungen sein, die Brechung der Zinsknechtschaft des Geldes muß kommen, als einziger Ausweg aus der drohenden wirtschaftlichen Versklavung der ganzen Welt durch die goldene Internationale, als einer der Wege, um das Gift des Mammonismus mit seiner Versumpfung und Verseuchung der Mentalität unsres Zeitalters auszutreiben.

Die Konvertierung der Kriegsanleihe in Bankguthaben.

Die in § 1 geforderte Erklärung der Kriegsanleihe-Stücke etc. zu gesetzlichen Zahlungsmitteln hat zu wiederholten Malen den Einwurf der übermäßigen Überschwemmung des Marktes mit Zahlungsmitteln hervorgerufen. Dieser Einwand ist an sich zwar irrig. Die Inflation besteht durch das bloße Vorhandensein der Kriegsanleihe. — Aber es ist richtig, daß der Gedanke an das körperliche Vorhandensein dieser zu Zahlungsmitteln erklärten Papiere trotz ihrer Irrigheit nicht zur Ruhe kommt und daher trotz der Unwirklichkeit zu ungünstigen Nebenerscheinungen führen möchte, als ob tatsächlich eine neue Inflation stattgefunden hätte, deshalb fordern wir unter Abänderung des § 1 die Konvertierung der Kriegsanleihestücke sowie der übrigen staatlichen Schuldverschreibungen unter gesetzlicher Aufhebung der Zinspflicht in Bankguthaben.

Diese Formulierung hat den großen Vorteil, daß die Erscheinungsform der Kriegsanleihe als Wertpapier verschwände, die Stücke der Kriegsanleihe wären an die Reichsbank von den Banken, Bankiers, Sparkassen etc. einzuliefern und würden nach Gutschrift des Gegenwertes vernichtet werden. Damit würde so ziemlich jeder Mensch in Deutschland ein Bankguthaben bekommen, ein offenes Bankkonto, über das er verfügen könnte.

Eine derartige Behandlung hätte außerdem noch den großen Vorteil, daß ein Zurückhalten größerer Posten in Privatbesitz nicht möglich wäre, da nach Ablauf einer bestimmten Frist, die nicht eingelieferten Anleihestücke als ungültig zu erklären wären. Außerdem wäre eine Kontrolle immerhin möglich, wieviel Kriegsanleihe ins Ausland verbracht worden ist. Der letztere Punkt kann aber in gar keiner Weise die Durchführung der B. d. Z. hindern, denn fühlen wir uns wirklich zu schwach gegenüber dem Ausland, so müssen wir halt die vom Ausland herantretenden Zinsforderungen befriedigen, ich bin zwar persönlich durchaus der Meinung, daß wir auch ausländischen Anleihebesitzern gegenüber die Zinsloserklärung aufrecht erhalten müssen. Daß bei einem derartigen, an etwas wiedererwachendes Selbstbewußtsein erinnernden Vorgehen, die auswärtigen Zinsansprüche mit Waffengewalt durchgedrückt werden würden, bräuchten wir nicht zu gewärtigen, denn tatsächlich ist in der Geschichte noch niemals gegen einen großen Staat wegen finanzieller Maßnahmen zu Gunsten von Privatpersonen eine kriegerische Aktion vorgenommen worden. Es wäre auch gar nicht auszudenken, daß sogar das französische Volk wegen der Zinsansprüche der Herren Mayer, Schulze und Cohn aus Deutschland aus ihren über die Grenze mitgebrachten deutschen Kriegsanleihen, an Deutschland ein Ultimatum stellen würde.

Es wäre überdies möglich, um sogar den Schein eines Staatsbankerottes dem Ausland gegenüber zu vermeiden, eine Auslosung der Kriegsanleihe vorzunehmen, die dann ja leicht auf Grund der durch die pflichtmäßige Einlieferung zu gewinnenden Statistik so eingerichtet werden könnte, daß eben die als im Ausland anzunehmenden Nummern zuerst ausgelost, und in Reichsbanknoten ausgezahlt würden. Noch ein Drittes wäre die zu begrüßende Feststellung über die Verteilung der Kriegsanleihe, und die damit auch noch gegebene Möglichkeit einer außerordentlich einfachen Steuereinziehung der Vermögenssteuer, indem die Rentämter ja nur die Reichsbankstellen anweisen bräuchten, das Konto des Herrn N. N. mit so und so viel Mark Steuern zu belasten. Auf diese Weise wäre das Steuerzahlen um vieles schmerzloser — selbstverständlich bliebe das Einspruchsrecht der Zensiten in vollem Umfange bestehen.

Bei einer derartigen Umwandlung (Konvertierung) der Kriegsanleihen in Bankguthaben könnte auch ein gewisser sozialer Ausgleich geschaffen werden, insoferne als kleinere Posten von Kriegsanleihe, also alle kleinen Zeichnungen aller derer, denen die Zeichnung der Kriegsanleihe wirklich als vaterländische Tat anzurechnen ist, also sagen wir bis 5 oder 10000 Mark al pari gutgebracht wurde, während alle größeren Zeichnungen zum Tageskurs gutgeschrieben werden könnten. Ganz ebenso wären die Gutschriften für alle übrigen Staatspapiere zu behandeln.

Besondere Erläuterungen zu der Gesetzesforderung im Manifest.

Zu § 1) Es ist ganz unerläßlich, daß sämtliche staatlichen und kommunalen Schuldenverschreibungen in der gleichen Weise behandelt werden, da nur so eine einheitliche großzügige Regelung unseres gesamten Geldwesens Hand in Hand mit der Brechung der Zinsknechtschaft durchgeführt werden kann.

Zu § 2) Daß die Brechung der Zinsknechtschaft gleichzeitig bei allen übrigen festverzinslichen Papieren vorgenommen werden muß, ist schon aus dem Grunde klar, um nicht ein unsinniges in die Höheschnellen dieser Papiere herbeizuführen; dies würde dann selbstverständlich eintreten, wenn nur die staatlichen Papiere als zinslos erklärt würden. Die Abtragung der Schuld als solche wäre durch jährliche Rückzahlung zu betätigen, wodurch eine stetig und gleichmäßige Entschuldung aller belasteten Objekte herbeigeführt würde.

Zu § 3) Dieser Paragraph steht im engsten Zusammenhange mit den vorangehenden ebenso wie mit der in § 5 geforderten Verstaatlichung des Realkredites. Der mit Hypotheken belastete Bauer oder Hausbesitzer bezahlt nach wie vor den Betrag weiter, den er bisher an den Gläubiger zu bezahlen hatte, aber nicht mehr als ewigen Zins, sondern als Rückzahlung. Nach 20, 25 oder 30 Jahren, je nach der Höhe des bisherigen Zinsfußes wird auf diese Weise der Grund- und Hausbesitz entschuldet sein. Die Hypothekenbank ihrerseits kann natürlich ebenso nur während dieser Zeit die Pfandbriefzinsen entsprechend weiter an Pfandbriefbesitzer bezahlen. Hand in Hand mit dieser Entschuldung tritt ein: Besitzrecht der Gemeinschaft an dem von Hypotheken befreiten Immobiliarbesitz.

Vorauszugehen hätte ein allgemeiner Wohnungs, bezw. Immobiliarkataster, denn auch der schuldenfreie Immobiliarbesitz hat natürlich das Recht auf Zurückbezahlung des investierten Kapitals, sowie ein dauerndes Anrecht auf den Teil des Mitzinses, der zur Bestreitung aller mit Immobiliarbesitz verbundenen Unkosten, Spesen usw. sowie auf entsprechende Entschädigung für persönliche Mühewaltung.

Wir wollen dies an dem Bild eines städtischen Miethauses in allgemeinen Umrissen erläutern. Das Haus hat einen Wert von 100000 Mk. Darauf sind eingetragen die Forderung von 50000 Mk. zu 4% einer Hypothekenbank an 1. Stelle, von 20000 Mk. zu 5% von privater Seite an 2. Stelle und 30000 Mk. beträgt das vom Hausbesitzer selbst aufgebrachte Geld. Die Mieteingänge sind 7000 Mk. Hievon sind abzuzahlen für die 1. Hypothek 2000 Mk., für die 2. Hypothek 1000 Mk., für Spesen, Abgaben u. s. w. 1000 Mk., im ganzen 4000 Mk. Es bleiben somit dem Hauseigentümer 3000 Mk. als Verzinsung für sein eigenes aufgewendetes Kapital von 30000 Mk.

Nach Durchführung der gesetzlichen Zinslosmachung des Geldes ist nach 10 Jahren der Stand folgender: 1. Hypothek 30000 Mk., 2. Hypothek 20000 Mk. Die Kapitalforderung des Hausbesitzers ist ganz zurückbezahlt, dagegen ist ein neues, staatliches Besitzrecht getreten in Höhe von 50000 Mk. Damit beginnt für den Staat das Mitbestimmungsrecht über die weiteren Mieteingänge, sowie die Festsetzung der Mietpreise. Es wäre nun ungerecht, den Hauseigentümer im Hinblick auf die Rückzahlung gleichzustellen mit den Hypotheken. Denn sein Kapital ist nicht das im engeren Sinne durch die Brechung der Zinsknechtschaft zu treffende reine Leihkapital; es handelt sich dabei um „riskiertes" Kapital, nämlich um ein in ein wertvolles Gut, nämlich ein Haus umgesetztes Geld. Es ist daher für den Hausbesitzer entweder eine längere Fortdauer eines Rentengenusses, oder aber ein entsprechender Prozentsatz aus den Verwaltungsspesen des Hauses dauernd zuzugestehen.

Es kann nicht Aufgabe sein, an dieser Stelle irgend bindende Vorschläge zu machen, es handelt sich nur um Andeutungen, daß uns Anregungen wie eine reibungslose

Überführung der Zinswirtschaft in die zinslose Wirtschaft auch auf dem Gebiet des Realbesitzes erfolgen könnte. Um das Beispiel übrigens noch zu vollenden, sei der Stand nach 25 Jahren angenommen: dann sind alle Hypotheken zurückbezahlt, nur die dauernden Aufwendungen sind die gleichen oder wegen des höheren Alters des Hauses erhöht von 1000 Mk. auf z. B. 1500 Mk. Der dem Hauseigentümer zugebilligte Satz aus dieser Summe sei auch etwa 1000 bis 1500 Mk., so ergibt sich demnach das Bild, daß rund 3000 Mk. von den Mieteingängen tatsächlich dauernde Lasten sind, während die überschießenden 4000 Mk. von den ursprünglichen 7000 Mk. Mieteingängen frei verfügbar wären. Der Staat hat es also in der Hand, die Mieten um mehr als die Hälfte herabzusetzen; er wird dies z. B. tun in Arbeiterhäusern, oder er setzt sie nur um 20, 30 oder 40 % herab und gewinnt aus der noch verbleibenden Differenz eine ungeheure Einnahmequelle für sonstige staatliche Bedürfnisse, in erster Linie natürlich für den staatlich zu betreibenden Wohnungsneubau. In Herrschaftshäusern werden die Mieten nicht oder nicht viel abgesetzt werden, woraus weitere sehr große Mittel auch für den besseren Wohnungsbau frei werden oder für besondere soziale Zwecke. Diese Zukunftstatsache eröffnet aber — und ich halte das für eine sehr fruchtbare Perspektive — die innere Berechtigung für die Gemeinschaft (Staat) schon jetzt in die Bestimmung der Mietpreise einzugreifen in der von mir oben skizzierten Weise einer Absenkung der Mietpreise der Arbeiterwohnungen; in dem wachsenden Anteilsrecht des Staates am Immobiliarbesitz liegt die Begründung für eine fundierte Notenbank, Gutschriftsausgabe gegenüber den Hypothekengläubigern.

Zu §§ 4 u. 5) Diese Paragraphen fordern die Sozialisierung des gesamten Geldwesens. Geld ist eine nur und ausschließlich von einer staatlichen Gemeinschaft ausgegebene Anweisung auf geleistete Arbeit. Geldzeichen ausgeben ist eines der souveränen Grundrechte des Staates. Die Fälschung der staatlichen Geldzeichen steht unter schwersten Strafen, also ist es eine geradezu zwingende soziale Forderung, das Geldwesen unter die Kontrolle der Gesamtheit zu stellen. Die Arbeitsleistung der Gesamtheit ist das einzige Substrat der Geldzeichen, und nur die Verkennung dieser Grundtatsache hat zu der Verwahrlosung unserer Staatsfinanzen und zu der völligen Anarchie des Geldwesens überhaupt geführt.

Mit der in § 5 vorgeschlagenen Überlassung des Personal- und Warenkredites an Privatbankiers wird ein tiefer Einschnitt in das gesamte Kreditwesen gemacht. Für das staatliche Kreditwesen ebenso wie für das kommunale und auch für den Realkredit ist mit äußerster Konsequenz und Energie an der Brechung der Zinsknechtschaft festzuhalten, weil sie die unerläßliche Voraussetzung für den sozialen Staat überhaupt ist.

Anders steht es mit dem Personalkredit. An und für sich stellen wir auch für den Personalkredit die Forderung der Zinslosigkeit auf, doch kommt dieser Forderung nicht mehr die ungeheure und prinzipielle Bedeutung bei. Wir erinnern uns an die 250 Milliarden festverzinslichen Leihkapitals gegenüber nur 12 Milliarden Dividendenpapieren. Alle derartigen Kredite, Aktien, Anteilscheine, Curen, Beteiligungen u. s. w. sind riskiertes Kapital. Das Erträgnis dieser Kapitalien hängt von dem Fleiß und der Tüchtigkeit derjenigen Personen ab, denen das Geld anvertraut worden ist. Hier kommt also das Moment des Risikos, der Verlustgefahr sowie des persönlichen Vertrauens in Frage. Dafür erscheint nach wie vor eine gewisse Entschädigung besonderer Art unerläßlich. Der Aktien- u. s. w. Besitzer erhält keinerlei Entschädigung oder Gewinn, wenn das Unternehmen, dem er sein Geld anvertraut hat, nichts verdient. Er verliert sein Geld ganz, wenn das Unternehmen zusammenbricht. Anders ist es z. B. bei dem Inhaber von Schuldverschreibungen der Reichseisenbahn. Die Reichseisenbahnen sind mit dem Verlust von Elsaß-Lothringen vollkommen verloren. Nichtsdestoweniger bekommt der Inhaber von Eisenbahnanleihen seine Zinsen weiter. Von wem? Aus den Steuern der Gesamtheit. Die Eisenbahnen mögen mit noch so großer Unterbilanz arbeiten wie in Preußen und Bayern im letzten Jahre, die Anleihebesitzer bekommen trotzdem ihre Zinsen. Von wem? Von dem Tribut aus der Arbeitskraft und dem Konsum der arbeitenden Bevölkerung.

Man möge sich nur diesen grundlegenden Unterschied

recht klar machen — um endlich einmal zu erkennen wo der Vampir an der Arbeitskraft des Volkes saugt. Also der Personalkredit soll der persönlichen Behandlung durch die Privatbank überlassen bleiben bezw. wieder zugeführt werden. Die persönliche Tüchtigkeit des Kreditsuchenden, die der Bankier persönlich kennt, soll wieder ausschlaggebend werden für den Personalkredit. Die vom Staate festgesetzten Gebühren regulieren sich von selbst nach der ohnehin durch die Brechung der Zinsknechtschaft einsetzenden Geldflüssigkeit.

Zu § 6) Das prinzipiell in § 5 Gesagte gilt auch für die Dividendenwerte im besonderen. Im Interesse der sozialen Staatsgemeinschaft muß indes gefordert werden, daß auch für die großen Industrieunternehmungen eine Rückzahlung des einmal geliehenen Kapitals angestrebt wird — um auch hier einen Abbau der Verschuldung der einzelnen industriellen Werke gegenüber denen, die nur Geldgeber sind, herbeizuführen. Denn tatsächlich wiederholt sich hier in kleinerem Verhältnis, was wir bei dem Großleihkapital gegenüber den ganzen Völkern beobachten konnten. Auch hier beutet der Kapitalist den Arbeiter, den Werkmeister, den Ingenieur, den Unternehmer aus, ganz gleichmäßig, denn zuerst kommt der Zwang, Dividende verdienen zu müssen. Erreichen wir aber den Stand der vom ewigen Zinssauger befreiten industriellen und gewerblichen Unternehmungen, so ist erst dann der Weg offen zur Absenkung der Preise, der Fabrikate, der Zuführung und Verteilung des Mehrwertes, teils an die Gemeinschaft, teils an die Arbeiter und Beamtenschaft und das Direktorium der einzelnen Unternehmungen, also an diejenigen, die wirklich allein Gütererzeugung und Werte schaffen.

Zu § 7) In diesem Paragraphen spielt natürlich auch das ganze Gebiet des Versicherungswesens herein, das sich analog auf zinsloser Grundlage aufbauen läßt. Die eingezahlten Prämien können nicht durch Hinzukommen der Zinsen wachsen, sondern die Versicherungsgesellschaften werden zu Sparkassen, das heißt das Versicherungsrisiko und der Versicherungsvorteil bleiben erhalten. Hiefür hat die staatliche Gemeinschaft aufzukommen.

Zu § 8) Bezüglich der Entwertung unseres Geldes, die nur durch die ungeheure Masse unserer zahllosen Schuldverschreibungen her-

vorgegangen ist, fordern wir eine stark gestaffelte Vermögens=
abgabe. Wir legen dabei den Nachdruck auf „stark gestaffelt".
Denn eine Vermögensabgabe, eine Abstempelung der Noten
u. s. w. ist jetzt auch nichts anderes wie ein Selbstbetrug, mit
dem man dem Volk Sand in die Augen streut. Denn wenn
ich auch überall die Hälfte aller Vermögen einziehe und in
Wertpapieren zahlen lasse und diese einstampfe, so wird da=
durch doch nur erreicht, daß das Papier weniger wird, und
dafür der Umrechnungsfaktor einen im selben Maße erhöh=
ten fiktiven Wert bekommt. Den wirklichen Wert haben
immer nur die Verbrauchs= und Gebrauchsgüter, niemals
die papierenen Anweisungen auf geleistete Arbeit. Eine an=
dere Frage ist es, ob sich damit die Valuta unserer Mark=
währung bessern läßt. Aber auch diese Valutabesserung ist
im letzten Grunde wieder nur abhängig von der Arbeitskraft
und der Produktion, das heißt der Produktionsmöglichkeit
unserer gesamten Volkswirtschaft.

Die Einwände und ihre Widerlegung.

Noch nie hat sich eine Idee widerspruchslos durchsetzen können, am wenigsten eine Idee, die so radikal mit den althervorgebrachten Anschauungen von der Heiligkeit und Unantastbarkeit des Zinses bricht. Bei den erhobenen und zu erwartenden Einwendungen ist immer ein Zweifaches zu beobachten: Zuerst ist zu untersuchen: Was ist absichtliche Entstellung des Gedankens der Brechung der Zinsknechtschaft bei den gemachten Einwendungen, und zum Zweiten, was ist auf alle ehrlichen und sachlichen Bedenken zu antworten.

Der häufigste Einwand ist die Behauptung: ohne Zinsgenuß wird niemand sein Geld ausleihen.

Wir wollen ja gar nicht mehr, daß jemand sein Geld herleiht. Kredit war die List, war die Falle, in die unsere Wirtschaft gegangen ist, und in die sie nun hilflos verstrickt ist. — Braucht das Volk wirklich dringend größeres Kapital, so nimmt es zinslos nur gegen Rückzahlung bei der Zentralstaatskasse die benötigten Gelder auf, eventuell gibt es neue Banknoten aus, — warum soll es denn verzinsliche Scheine ausgeben?! — ob verzinsliches oder unverzinsliches Papier, ganz gleich! — dahinter steht einzig und allein die Arbeitskraft, die Steuerkraft des Volkes. Warum von vornherein jede staatliche Aufwendung mit dem Bleigewicht des ewigen Zinses belasten?!!

Ja, aber wie soll der Staat seine Kulturarbeiten der Allgemeinheit gegenüber erfüllen? Er muß doch Geld haben und kann dieser Aufgabe doch nur auf dem Anleihewege gegen Zinsvergütung gerecht werden.

Diese Behauptung beruht auf einem ausschließlich mammonistischen Gedankengang. Sie ist nach gründlicher Lektüre des Manifestes bewußt auf Irreführung berechnet, denn wir haben erstens nachgewiesen, daß alle kulturellen und sozialen Aufgaben des Staates aus den werbenden Staatsbetrieben, aus den Erträgnissen von Post, Eisenbahn, Bergwerken, Forsten usw. nach Brechung der Zinsknechtschaft ohne weiteres gedeckt werden können. Zweitens hat es der souveräne Volksstaat jederzeit in der Hand, durch Ausgabe unverzinslicher Wertzeichen an Stelle der im mammonistischen Staate zur Regel erklärten verzinslichen Wertpapiere für besondere Kulturaufgaben zu sorgen. Es ist durchaus nicht einzusehen, warum der Staat sich besondere Kulturaufgaben z. B. Eisenbahn-, Kanal- und Wasserkraftbauten durch ein ewiges Zinsversprechen ganz unnötig sich verteuern soll. Kann er aus laufenden Mitteln seiner werbenden Staatsbetriebe nicht die Baukosten usw. bezahlen, so ist kein Grund zu sehen, warum der Staat nicht das Geld machen soll, das souveräne Volk muß ja dafür aufkommen, indem es eben dieses Geld als Zahlungsmittel anerkennt. — Warum soll aber das Volk mit seiner ganzen Arbeits- und Steuerkraft sich hinter ein anderes Stückchen Papier (die verzinsliche Anleihe) stellen, das dem Volk in seiner Gesamtheit nur eine ewige Zinsverpflichtung auferlegt zu Gunsten des Kapitalisten!? Also weg mit dieser Zwangsvorstellung aus dem mammonistischen Staat.

Es werden dann eben die Kapitalisten die ausgegebenen Papierscheine an sich ziehen und Papiergeld aufstapeln.

Dagegen spricht zweierlei. Erstens wäre ja dann von sich selbst aus die Forderung schon erfüllt, daß reiner Geldbesitz unfruchtbar sein soll, also die Brechung der Zinsknechtschaft von den Kapitalisten freiwillig vorgenommen; denn wenn der Kapitalist seine Papierscheine zuhause aufspeichert, so verzichtet er ja schon von selbst auf Zinsen. Zweitens spricht dagegen die Angst des Kapitalisten um sein Geld, man braucht sich nur die schlaflosen Nächte des Papiergeldhamsterers vorzustellen, der große Geldbeträge zuhause aufgespeichert hält und seinen Besitz ständig von Dieben, Räubern, Einbrechern, Haussuchungen, Feuers- und Wassernot bedroht sehen müßte. Ich bin überzeugt, daß der Biedermann diesen Aufregungen nicht lange Zeit gewachsen sein würde, und bald den Weg zur Staatsbank fände. Die Staatsbank stellt einen Gutschein aus und haftet nun für den Bestand, nicht aber für irgendwelche Zinsen. Im übrigen bleibt ja immer noch jedermann eine dritte Möglichkeit offen, nämlich mit seinem Gelde zu arbeiten, Werte zu schaffen und Güter zu erzeugen, sich an industriellen Unternehmungen zu beteiligen, sein Leben immer reicher und schöner zu gestalten, Kunst und Wissenschaft zu unterstützen, kurzum unter Abkehr von Mammonskult sein Geld nutzbringend zu verwerten.

Es kann aber doch sein, daß für irgendwelche Zwecke sich dringend privater Kapitalbedarf einstellt, z. B. für Ausprobierung von Erfindungen, Geschäftsgründungen von jungen, tüchtigen Handwerkern, Geschäftsleuten usw.

Zunächst hat dies mit der Brechnung der Zinsknechtschaft gar nichts zu tun! Denn erstens muß man logischerweise annehmen, daß der Kapitalist, der nach Brechung der Zinsknechtschaft ja keine Gelegenheit mehr hat, seine Gelder bombensicher anzulegen und auf trägen Zinsgenuß zu spekulieren, viel mehr wie früher geneigt sein wird, sein Geld für derartige Zwecke zu riskieren, daß also ein Mangel oder Bedürfnis in dieser Richtung viel weniger wie bisher einteten wird, oder hat man nicht gerade im Gegenteil von den tüchtigsten Geschäftsleuten, den klügsten Erfindern immer wieder die Klage gehört, wie schwer es ist, im mammonistischen Staat Geld für solche Zwecke zu bekommen, wenn nicht eine „Rente" garantiert werden konnte. Zweitens muß es Aufgabe des kommenden Staates sein, jeder tüchtigen Kraft durch großzügige Unterstützung voranzuhelfen. Hierzu waren ja bisher im alten Beamtenstaat auch schon Ansätze da, aber so engherzig, daß meistens statt einer Förderung eine Hemmung und Verdrossenheit herauskam, durch die mit der Gewährung staatlicher Unterstützung verbundenen schikanösen Bestimmungen. Drittens sei bemerkt, daß mit der Bereitstellung von mehreren Millionen ungeheuer viel erreicht werden könnte. Die Arbeitsfreudigkeit, der Fleiß und die Zähigkeit des deutschen Erfinders, Ingenieurs, Handwerkers etc. ist so groß, daß durch das Beteiligungsrecht des Staates an den Ergebnissen glücklicher Erfindungen höchst wahrscheinlich reichlich die gemachten Aufwendungen wieder hereingebracht würden. (England als Beispiel.)

Die Brechung der Zinsknechtschaft führt notwendigerweise zur Aufzehrung des Vermögens.

Oho! Wer behauptet das? Oder doch ja! Wer sein Leben eingestellt hat auf das Verzehren seiner Kapitalzinsen und sich nicht entschließen kann zur Arbeit, bei dem stimmt es allerdings; der wird in 20 Jahren bei jährlich 5% Einzehrung restlos mit seinem Vermögen fertig. Ja das ist aber doch auch ganz in der Ordnung! Wir wollen ja gerade die Brechung der Zinsknechtschaft, wir wollen ja, daß das Rententum aufhört, das höchste Ideal für den Staatsbürger zu sein. — Wir wollen ja aufhören mit dieser mammonistischen Versumpfung, wir wollen ja nicht mehr dulden, daß einer, daß viele nur von ihren Leihzinsen, das heißt auf Kosten Anderer dauernd gemütlich leben können!

Ich komme zurück: es ist auch gar nicht wahr, daß die Brechung der Zinsherrschaft zur Aufhebung und der Aufzehrung der Vermögen führen würde. Im Gegenteil, die Brechung der Zinsknechtschaft fördert die Vermögensbildung auf Grund der von den ewigen Zinsabgaben befreiten und entlasteten werteschaffenden und gütererzeugenden Arbeit. Die Brechung der Zinsknechtschaft führt, wie wir gesehen haben, zu einer durchgreifenden Verbilligung des ganzen Lebens, sie entlastet uns von dem übermäßigen Steuerdruck, sodaß für jeden arbeitenden Menschen in Zukunft die Möglichkeit, Ersparnisse zu machen, größer sein muß als bisher. — Noch eins! Die güter- und werteschaffende volkswirtschaftliche Arbeit von Industrie, Handel und Gewerbe wird ja durch die Brechung der Zinsknechtschaft in gar keiner Weise gehemmt, sondern im Gegenteil möglichst gefördert.

Was hat den der Arbeiter davon, wenn die Kapitalisten keine Zinsen mehr bekommen?

Diese Frage hätte eigentlich nicht mehr kommen dürfen! Erstens war es ja der stete Kampfruf der Arbeiterschaft, daß die Kapitalisten die Arbeiter ausbeuten würden, zweitens haben wir ja klar und deutlich gesehen, daß gerade der Arbeiter in Gestalt von indirekten Steuern in hervorragendem Maße herangezogen wird zur Bezahlung der Leihzinsen, siehe Seite 27.

Die Familienbande werden geschwächt und zerrissen, wenn man den Kindern kein Vermögen hinterlassen kann.

Ja wie liegt hier der Fall? Ganz allgemein meine ich, daß das Geld mit Familiensinn wenig oder gar nichts zu tun hat, oder hat man gehört, daß die Kinder vermögender Eltern mehr an ihren Eltern hängen als die von armen Eltern, oder lieben reiche Eltern ihre Kinder mehr, als wenig begüterte? Was ist wohl wichtiger für die Kinder, daß ihnen die Eltern eine möglichst gute Erziehung angedeihen lassen und sie was Tüchtiges lernen lassen, sie zu fleißigen und gesunden und mutigen Menschen erziehen, oder daß sie ihnen einen möglichst großen Geldsack hinterlassen? Im besonderen wird zweifellos ein berechtigtes Streben anerkannt werden müssen, auch finanziell die Zukunft der Kinder sicherzustellen. Dieses Streben, also der Sparsinn der Eltern für ihre Kinder, wird durch die Brechung der Zinsknechtschaft in keiner Weise nachteilig berührt, im Gegenteil. Es wird die Möglichkeit von Ersparnissen größer werden, wen unsere Volkswirtschaft von dem alles umspannenden Druck der Zinsknechtschaft befreit sein wird. Wir haben an dem Beispiel des Mannes mit 10 000 Mark Erwerb und 5000 Mark Renteeinkommen ja gesehen, daß alle mittleren und kleineren Vermögen tatsächlich auf dem Umwege der direkten und indirekten Steuern des Hauszinses u. s. w. jeglichen Nutzeffektes beraubt werden. Ich kann nicht oft genug wiederholen: Der Leihzins der kleinen und mittleren Vermögen ist ein Schwindel, ein Selbstbetrug, ein Sichdrehen im Kreis, aber teuflisch genug hat das Großleihkapital den Glauben an die Heiligkeit und Unverletzlichkeit des Zinses durch die ihm ergebene Presse in aller Welt verbreitet und verkündet. Es läßt jedermann am schönen, betäubenden Zinsgenuß scheinbar teilnehmen, um das schlechte Gewissen einzuschläfern, das mit trägem, arbeitslosem Zinsgenuß unfehlbar verbunden sein müßte. Um Kampfgenossen zu werben, wenn es sich um die Verteidigung dieses höchsten Gutes des Mammonismus handelt.

Der Beamte, der Staatsmann wird sagen: Der Staat kann sich nicht von der einmal eingegangenen Verpflichtung seinen Gläubigern gegenüber lossagen.

Was heißt Verpflichtungen? Ist es vielleicht moralischer, Verpflichtungen einzugehen, von denen der Staat invornherein wissen muß, daß er diese Verpflichtungen nur dann erfüllen kann, wenn er den Gläubigern genau in der gleichen Höhe durch Steuern auf direktem und indirektem Wege den Zins wieder abnimmt — wo bleibt da die Moral?! Oder ist es nicht vielleicht ehrlicher, einzugestehen: Die Zinsen kann ich nur zahlen, wenn ich ebensoviele Steuern eintreibe — ich habe aber damals während des Krieges unbedingt Geld haben müssen, und darum habe ich den Schwindel mit der Kriegsanleihe gemacht; verzeih halt, liebes Volk, es war ja schließlich für Dich, und jetzt wollen wir kein Verstecken mehr spielen, ich der Staat bezahle keine Zinsen und Du, der Steuerzahler, brauchst für die Zinsen keine Steuern zahlen, das vereinfacht wesentlich unsere Geschäfte. Wir ersparen den ungeheuren Steuerapparat und ebenso den außerordentlichen Zinsdienstapparat. Nicht wahr, abgemacht? Und Sie, Herr Scheidemann, setzen ein andermal nicht an jeder Plakatsäule Ihren Namen als Staatssekretär der alten kompromittierten Regierung unter die albernen Erklärungen bezüglich der Sicherheit und Unantastbarkeit der Kriegsanleihe. Sie kompromittieren sich nur selbst, den Nutzen von dem ganzen Schwindel hat doch nur einzig und allein das Großleihkapital.

Der Finanzpolitiker und Bankfachmann wird die Brechung der Zinsknechtschaft der Kriegsanleihen und Staatsschulden als unmöglich erklären, weil dies gleichbedeutend mit dem Staatsbankerott sei.

Sie verzeihen — staatsbankerott sind wir ja nach Ihren Reden ohnedies oder müssen es werden. Eine öffentliche Staatsbankerotterklärung wäre aber die größte Dummheit, die wir machen könnten; sie würde zu der tatsächlichen Unfähigkeit der jetzigen Machthaber auch noch die geschichtliche Bestätigung dieser Unfähigkeit vorzeitig bringen.

Wozu denn Bankerott erklären, wenn ich aus der rechten Hosentasche in die linke meine 3 Mark gesteckt habe, dann muß ich doch deshalb nicht den Bankerott der rechten Hosentasche erklären!

Anders war es doch nicht mit der Kriegsanleihe! Das Reich holt aus den Taschen des Volkes die ersten wirklich vorhandenen Milliarden, dann flossen die Gelder wieder zurück; dann kam die neue Anleihe, und wieder strömte das Geld zurück; abermals kam die Pumpe und saugte die Milliarden, und wieder ebbten sie zurück, bis glücklich, nachdem das Spiel neunmal wiederholt war, und der Staat 100 Milliarden Schulden gemacht hatte. Dafür hatte das Volk 100 Milliarden schön gedrucktes Papier in Händen. Zuerst bildete es sich ein, es sei so und so viel reicher geworden, dann kam der Staat und sagte: „Es ist entsetzlich, ich habe 100 Milliarden Schulden und stehe vor dem Bankerott." — Ja warum denn? Das ist doch nur eine Selbsttäuschung! Ich selbst kann doch nie bankerott werden, wenn ich mein Geld auch noch so oft von der einen Tasche in die andere stecke. Also über den Staatsbankerott im Hinblick auf unsere internen Kriegsanleiheschulden können wir uns ganz beruhigen. Deshalb brauchen wir wirklich keinen Staatsbankerott anzusagen und die Riesenarbeit mit den dummen Zinsen und den großen, aber noch dümmeren Steuern können wir uns wirklich sparen. Machen wir uns doch endlich frei davon, die Geschäfte des Großleihkapitals zu besorgen! Nur das Großleihkapital hat Nutzen von diesen Anleihe-Zinsen-Steuer-Schwindel, denn ihm bleibt ein schöner Batzen Geld über und diesen Überschuß zahlt das arbeitende Volk in Gestalt von indirekten Steuern; der kleine und mittlere Kapitalist aber dreht sich dabei einfach im Kreis herum.

Der Weltwirtschaftspolitiker sagt: Die Brechung der Zinsknechtschaft ist nicht möglich bei uns in Deutschland allein durchzuführen; das muß international gemacht werden, sonst verlieren wir allen Kredit, das Kapital fließt ab, und wir müssen dem Ausland gegenüber doch unseren Zinsverpflichtungen nachkommen.

Ich gestehe, daß ich mir über diese Frage selbst am längsten unklar war. Sie ist die schwierigste Frage, weil sie uns in Wechselbeziehung zur übrigen Welt bringt — indeß die Sache hat zwei Seiten. Einmal ist der Gedanke der Brechung der Zinsknechtschaft der Kampfruf aller schaffenden Völker gegen die internationale Zinsknechtschaft des Geldes, und zum andern ist er das Radikalmittel für unsere interne Finanzmisere. Es ist aber eigentlich kein Grund, von einem Heilmittel keinen Gebrauch zu machen, nur weil es der ebenso kranke Nachbar nicht gleichzeitig anwendet. Es wäre doch die aufgelegte Dummheit, wenn wir in Deutschland uns weiter in dem verrückten Kreise drehen, und Steuern und Zinsen zahlen, wenn wir klar erkannt haben, daß diese scherzhafte Tätigkeit nur ausschließlich zu Gunsten der Großkapitalisten ist. Also gehen wir voran mit unserem befreienden Beispiel, befreien wir uns von der Zinsknechtschaft des Geldes, und wir werden in Bälde sehen, daß die Kraft dieses sieghaften befreienden Gedankens die Völker der Welt veranlassen wird, uns zu folgen.

Ich bin sogar davon überzeugt, daß unser Anfang — wenn dieser Anfang nicht durch die deutschen Mammonisten unterdrückt wird — mit unwiderstehlicher Notwendigkeit die anderen Völker mitreißen wird.

Der Spartakist sagt: Der ganze Gedanke kommt nur auf eine Schonung des Kapitals hinaus, es bleibt dann doch wie es war, der Arme hat nichts und die Reichen bleiben.

Ja, mein Freund, es ist überhaupt sehr schwer, sich mit Dir auseinanderzusetzen, wenn Du wirklich in innerster Seele Kommunist bist, also wirklich haben willst, daß „Alles Allen gehören" solle, wenn Du dabei sogar die wirklichen Gedanken der großen Bolschewistenführer in Rußland, besonders Lenins, kennst und für richtig hältst, also die von Lenin als die nächsten Aufgaben der Sowjetrepublik bezeichnete „allgemeine Rechnungslegung und Kontrolle der gesamten Produktion und Verteilung" für menschenmöglich hältst. Wenn Du Dir aber darüber ganz klar bist, daß diese Aufgabe, wenn überhaupt, so doch nur im entsetzlichsten Zwangsstaat durchführbar ist, und Du bleibst dann immer noch im innersten Herzen überzeugter Kommunist oder Spartakist u. s. w., dann wollen wir nicht weiter miteinander streiten, dann verstehen wir uns eben nicht, wir reden eine fremde Sprache, und die Zukunft wird darüber entscheiden ob der Zwangsjackenstaat, der im letzten Falle aus dem bolschewistischen Chaos hervorgehen kann, oder der von mir erhoffte neue Staat mit einer von der Zinsknechtschaft befreiten Volkswirtschaft. Wenn Du aber auf dem Grunde Deiner kommunistischen Seele — wenn Du ehrlich bist, noch Gedanken, noch Sehnsucht findest nach Weib und Kind, nach einer Menschenseele, die Dir näher steht als ein Eskimo oder Zulukaffer, wenn Du bei der vom Sowjetleiter befohlenen Fabrikarbeit daran denkst, daß es doch schön wäre, ein eigenes kleines Häuschen zu besitzen, ein Stückchen eigenes Gartenland, wenn es Dir im tiefsten Grunde Deiner Seele doch keine rechte Befriedigung geben will, daß Du wie ein Hund auf der Straße berechtigt sein sollst, jede Dir gerade in den Weg laufende Hündin, will sagen Weib, zu gebrauchen, wenn Du nur daran denkst, Dir etwas von Deinem Lohn zu ersparen, das dann Dir allein gehören soll, dann bist Du schon kein Kommunist mehr, dann hast Du schon im Herzen mit Deinem so laut verkündeten Schlagwort „Alles gehört Allen" gebrochen, dann willst Du eben nicht, daß Alles Allen gehöre, Du willst, daß eben doch das was Du Dir wünschest, Frau, Kind, Haus, Hof, Ersparnisse, ob Du es schon hast oder erst zu bekommen hoffst, dann auch dir allein gehören soll. Und siehst Du mein Freund, wenn Du nur ganz im Innern daran zweifelst, daß es dir nicht ganz gleichgültig wäre, wenn der Nächstbeste käme und einfach Dir Dein Erspartes im Namen von „Allen" wegnähme, Dir ein anderes Kind brächte, das Deinige mitnähme, weil alle Kinder „Allen" gehörten, dann, mein Freund, reden wir schon nicht mehr ganz aneinander vorbei, dann darf ich Dich wohl bitten, Dir einmal den Gedanken vorzulegen, ob nicht doch die kommunistische Botschaft, daß Allen Alles gehören soll, das Ende jeder Kultur bedeuten muß, daß das Fehlen jeglichen Eigentumsbegriffes mit zwingender Logik den Menschen auf die Stufe des Tieres herunterdrücken muß.

Wenn Alles Allen gehört, wenn im besten Falle einer Kontrolle und Rechnungslegung der gesamten öffentlichen Produktion und Verteilung im Sinne Lenins erzwingbar wäre, dann kommt dabei im besten Falle ein Ameisenstaat heraus. Dann können wir aber auch auf die Sprache verzichten, unsere Seele, unsere Gedanken preisgeben, stumm und instinktiv können wir unsere Zwangsarbeit verrichten. Das Ende des Menschen ist da.

Doch nun genug, Freund Spartakus. Laß Dir diese grundlegende Überlegung recht genau durch Kopf und Herz gehen. Eine genauere

Antwort auf Deine Frage wird sich dann bei der Unterhaltung mit den anderen Parteien ergeben.

Und nun, Ihr Genossen der beiden sozialistischen Richtungen, Gemäßigte und Unabhängige!

Ich kann mir nicht denken, daß von Eurer Seite ernstlicher Widerspruch oder Einwände gegen die Brechung der Zinsknechtschaft erfolgt und doch muß ich mich grundsätzlich mit Euch auseinandersetzen, mit der ganzen sozialistischen Gedankenwelt, von Marx angefangen bis auf die derzeitigen Führer Ebert, Scheidemann, Kautzky u. s. f.

1. Der sozialistische Wille: Hebung der Arbeiterklasse ist eine unbedingt sieghafte Idee; soweit sind wir einig.

2. Die zur Erreichung dieses großen Zieles beschrittenen Wege sind fast durchaus falsch, weil sie

3. auf falschen Voraussetzungen aufgebaut sind.

4. Die sozialistische Staatsidee führt konsequenterweise zum Kommunismus, also zum Niedergang.

5. Weil aber die Sozialdemokratie ein anderes Ziel hat, eine Hebung der Arbeiterklasse, überhaupt des gesamten arbeitenden Volkes, so steht sie jetzt vor einem furchtbaren inneren Zwiespalt, weil die logischen Konsequenzen aus dem Marxismus geradezu zum Gegenteil dessen führen, was das praktische Ziel der Arbeiterbewegung ist.

6. Aus dieser inneren Zerrissenheit ergibt sich die öffentliche Unsicherheit in der Führung der Regierung.

7. Gegen Spartakus und bolschewistischen Kommunismus muß wegen des großen praktischen Zieles (Hebung der Arbeiterklasse) ein scharfer Strich gezogen werden, und deren Methoden mit aller Macht bekämpft werden. Aber die gewerkschaftlich organisierte Sozialdemokratie fühlt sich heute gegenüber diesen radikalen Gruppen schwach, weil sie marxistische Denkweise als Erziehungsgrundsatz aufgenommen hat, und weil logischerweise alle marxistischen Gedankengänge zum Kommunismus führen.

Nun der Beweis: Punkt 2 sagt, daß die von der Sozialdemokratie beschrittenen Wege fast durchweg falsch sind.

Die ganz allgemein betriebene Verhetzung hat zu einer tiefen Spaltung der Bevölkerung innerhalb der eigenen Nation geführt, die immer wiederholten Beschimpfungen gegen die Arbeitgeber aller Art, ja jedes bürgerlichen Berufes überhaupt als Ausbeuter und Blutsauger an dem angeblich allein arbeitenden Handarbeiter hat zu einer ungerechtfertigten Verbitterung und auch zur Überhebung der Arbeiterschaft geführt, die heute folgerichtig ihren Ausdruck findet in der Forderung nach der „Diktatur des Proletariats" (Kommunistisches Manifest). Die wesentlichste Forderung des Erfurter Programms — die Überführung der Produktionsmittel aus dem Privatbesitz in den Besitz und Betrieb der Gemeinschaft hat sich heute verdichtet in dem Schrei nach „Sozialisierung".

Daß die Voll-Sozialisierung unseren wirtschaftlichen Untergang, den völligen Staatsbankerott bedeutet, ist jedem ehrlichen Politiker vollkommen klar. Aber man getraut sich nicht dies dem Volke offen und frei einzugestehen.

Nicht Vergesellschaftung sondern Entgesellschaftung müßte jetzt die Losung sein. So versucht man durch phantastische Steuerprojekte die offensichtlichen Fehlschläge jeder Sozialisierung auszugleichen und auf diesem Wege zum zweiten Male die Expropriateure zu expropriieren. Das alles heißt aber nichts anderes, als die gesamte Volkswirtschaft dem restlosen Untergang preiszugeben. Statt einer Erhöhung (von einer Verdoppelung der Produktion, wie sie die ganze sozialistische Literatur für die Zeit nach der Revolution versprach, kann überhaupt keine Rede sein) ist das gerade Gegenteil eingetreten. Das Schlimmste aber wäre, wenn die derzeitige sozialistische Regierung an die Aufnahme großer Auslandsanleihen dächte. Damit wäre nicht nur unser wirtschaftlicher Niedergang besiegelt, wir würden auch noch ganz restlos in die Zinsknechtschaft der Entente uns begeben, von der es kein Zurück mehr gäbe.

Der Grundfehler, der Grundirrtum, auf dem diese ganze irrige Kette von Schlüssen, Forderungen, Versprechen ans Volk aufgebaut ist, ist die ganz falsche Einstellung gegenüber dem Industrie- und Leihkapital. Das kommunistische Manifest, das Erfurter Programm, Marx, Engels, Lasalle, Kautzky, haben den tiefgehenden Unterschied zwischen Industriekapital und Leihkapital nicht erkannt.

In diesem Punkt muß die ganze Sozialdemokratie umlernen, dieser Grundirrtum muß klar erkannt und freimütig ohne Halbheit zugegeben werden. Dann aber muß man auch rücksichtslos die einzig möglichen Schlußfolgerungen ziehen. Diese aber bedeuten radikale Abkehr von dem sinnlosen, weil ganz falschem Wüten gegen die Industrie, gegen die Arbeitgeberschaft; Arbeiter und Arbeitgeber gehören zusammen, sie haben das gleiche Ziel, die Arbeit, die Produktion, denn ohne Produktion, ohne Arbeit kein Leben, keine Kultur, kein Vorwärts und kein Aufwärts. Die selbstverständlichen, weil unter Menschen — eben weil sie Menschen sind — unvermeidlichen Gegensätze sind viel weniger wichtig als das gemeinsame große Interesse von Arbeitgeber und Arbeitnehmer. Diese Gegensätze können und konnten im Wege des Tarifvertrages und der Betriebsorganisation zur beiderseitigen Befriedigung gelöst werden.

Doch diese im Rahmen unserer Betrachtung der ganz großen politischen Kraftlinien nebensächlichen Fragen wollen wir nicht weiter verfolgen und nur nochmals feststellen, daß das Interesse der gesamten Arbeiterschaft ganz genau gleich gerichtet ist mit unserer nationalen Industrie, mit unserer nationalen Volkswirtschaft.

Wer anders lehrt und die Gegensätze zwischen Arbeitgeber und Arbeitnehmer als wichtiger in den Vordergrund stellt, der versündigt sich in unverantwortlicher Weise gerade an den Arbeitern, denn er legt damit die Axt an die Wurzeln des Baumes, der die Arbeiterschaft nährt und trägt.

Das aber h a t die Sozialdemokratie getan, und damit hat sie ewige Schuld gegenüber der deutschen Arbeiterschaft auf sich geladen, damit hat sie namenloses Elend über unser Volk gebracht, weil sie alle ihre Versprechungen nicht halten kann, weil sie uns den Frieden der Verständigung nicht bringen kann, weil sie uns keine Arbeit schaffen kann, weil sie doch wieder eine bewaffnete Macht aufrichten muß, weil sie ohne das Beamtentum nicht auskommen kann, weil sie die Arbeitspflicht verlangen muß, weil vom allgemeinen gleichen und direkten Wahlrecht für Männer und Frauen über 20 Jahre kein Mensch leben kann, weil ohne die staatliche garantierte Sicherheit von Person und Eigentum chaotische Zustände eintreten müssen, weil ohne Ein- und Unterordnung des Einzelnen in die Gesellschaft kein staatliches Leben möglich ist.

So geht eine tiefe, verzweiflungsvolle Welle der Enttäuschung durch das ganze Volk, wenn sich die Einzelnen auch noch so lange nicht darüber klar sind, so lügen sich sogar Minister, Abgeordnete und Volksbeauftragte gegenseitig lustig weiter vor, man müsse die „Errungenschaften der Revolution" schützen vor der „Reaktion"; beides Begriffe, über die kein ehrlicher Staatsmann dem Volke klar sagen könnte, was er darunter überhaupt meint.

Die negativen Betätigungen der Revolution, die Absetzung einer

Reihe von überlebten Dynastien, Absetzung der Offiziere, Abschaffung des Adels, Auflösung des Heeres, kurzum der "große Abbruch" ist doch keine "Errungenschaft". Und Reaktion?! Das weggefegte morsche Gottesgnadentum hat nirgends im ganzen Volke genügend moralischen Rückhalt, um zu irgend einer kraftvollen Aktion zu kommen, das Bürgertum ist, soweit es sich um den wirklichen Bourgeois handelt, viel zu feig, viel zu moralisch versumpft, um sich aufzuraffen gegen die klassenbewußte Arbeiterschaft; also vor einer dynastischen oder bürgerlichen Reaktion braucht der herrschenden Klasse der Arbeiterschaft nicht bange zu sein.

Aber die tiefe Enttäuschung des Volkes über die sogenannten Errungenschaften der Revolution, das heißt über das Fehlen jeder wirklichen Besserung der Lage des Volkes, das ist die große Gefahr; diese Enttäuschung führt zum Abströmen großer Massen immer weiter nach links, wo das bisher an Versprechungen Dagewesene weit über- bezw. unterbieten wird.

Schließlich kann man nicht mehr als "Alles Allen" versprechen. Und das ist reiner Wahnsinn; aber jeder Gedanke, jede Erscheinung, jede Tätigkeit überspannt und übertrieben bis zum Äußersten wird schließlich Wahnsinn und schlägt dann in sein Gegenteil um. So geht es auch mit dem kommunistischen Gedanken, daß Alles Allen gehören soll, denn dieser endet und mündet schließlich darin, daß Alle — Nichts haben. Hunger, Verzweiflung, Elend, Krankheit und Not sind in Rußland eingekehrt, die Menschen haben den letzten Rest von Lebensmut und Lebensfreude verloren.

Ich wiederhole: Der ungeheure Grundirrtum in der sozialistischen Gedankenwelt ist letzten Endes auf die Verkennung des tiefen Wesensunterschiedes zwischen dem Industriekapital und dem Leihkapital zurückzuführen. **Das zinsfressende Leihkapital ist die Geißel der Menschheit**, das ewige mühe- und endlose Wachstum des Großleihkapitals führt zur Ausbeutung der Völker, nicht das schaffende, gütererzeugende, industrielle Betriebskapital.

Ich kann hier nicht an der Untersuchung der Frage vorbeigehen, **warum** dieser Wesensunterschied nicht erkannt worden ist; ob er wirklich nicht erkannt worden ist, oder ob er vielleicht gar zu Gunsten des Großleihkapitals verschleiert worden ist, ob die Führer und Rufer im Streit gegen den Kapitalismus, ob die Verfasser des kommunistischen Manifestes, des Erfurter Programmes, die jetzigen Führer immer mit der nötigen Gewissenhaftigkeit vorgegangen sind.

Es ist das Schwerste und Ärgste, wenn man die unbedingte Ehrlichkeit und Überzeugung strenge eines anderen in Zweifel zieht, es fällt einem dies umso schwerer, je sorgsamer man selbst den Erscheinungen des Lebens gegenüber nach den Gründen und Zusammenhängen forscht. Ich will daher auch gar keine Antwort auf diese Fragen selbst geben, sondern nur auf große, dunkle Zusammenhänge hinweisen, indem ich mich auf einen Ausspruch Disraelis, des großen englischen Premierministers Lord Beaconsfield beziehe. Dieser schreibt in seinem Roman: „Endymien":

„Niemand darf das Rassenprinzip, die Rassenfrage, gleichgültig behandeln. Sie ist der Schlüssel zur Weltgeschichte. Und nur deshalb ist die Geschichte häufig so sehr konfus, weil sie von Leuten geschrieben worden ist, die die Rassenfrage nicht kannten, und ebensowenig die dazugehörenden Momente."

Der Bürger.

Der Bürger, dem Ruhe als des Bürgers Pflicht gilt, ist sicher, wie immer bei jedem neuen Gedanken, bei jeder neuen revolutionären Forderung entsetzt, es bedeutet für ihn Unruhe, denn vielleicht müßte er gar dabei etwas denken. Jede Änderung ist ihm verhaßt, sei Ruah will er haben, und wehe dem, der ihm an seinen Geldbeutel will. Nun will man ihm gar seine Zinsen nehmen, seinen Hauszins, seine Pfandbriefzinsen, seine Hypothekenzinsen, kurzum das, was seine Ruhe, sein Behagen und sein Glück ist.

So müssen wir denn immerhin untersuchen, was die Angehörigen der Leihkapital besitzenden Klassen zu sagen haben werden. Sie bilden, abgesehen von den eigentlichen Bourgeois — Bourgeois ist ein Menschentypus, mit dem gar nichts mehr anzufangen ist, der Bourgeois ist ein Ast am Baume der Menschheit, der je eher, desto besser abgehauen wird, es sind dies die satten, selbstgefälligen Spießer mit ihrem jämmerlichen Horizont, die keiner Begeisterung fähig, im ewigen Einerlei ihre Tage hinbringenden Menschen mit Kaffee, Morgenzeitung, Frühschoppen, Mittagsblatt, Mittagsessen, Nachmittagsschlaf, Couponabschneiden, Abendschoppen, Stammtisch, wenn es hoch kommt Kino, verständnislos für alles was die Welt bewegt, was die Jugend ersehnt, was dem Volk, dem Staat, der Gesellschaft nottut, unbekümmert um Krieg und Sieg, versumpft und vertrottelt, arrogant und unterwürfig zugleich, — aber eine so breite Klasse, daß unmöglich an ihr vorübergegangen werden kann.

Also: Durch die Brechung der Zinsknechtschaft wird der Sparsinn vernichtet, der Mensch endet im Armenhause.

Daß die Brechung der Zinsknechtschaft ganz allgemein seinen Einfluß auf den Sparsinn habe, muß entschieden verneint werden. Sparsinn hat ebensowenig wie z. B. Verschwendung mit geltenden wirtschaftlichen Anschauungen etwas zu tun. Sparsinn und Verschwendungssucht sind menschliche Eigenschaften, die entweder vorhanden sind oder fehlen, ganz gleich, ob ein Zeitalter den Zinsgedanken predigt oder den Zins verpönt.

In den Zeiten des Übergangs kann wohl eine Erhöhung oder Verminderung des Sparsinnes hervorgehoben werden. Ich neige aber im gegebenen Fall viel mehr der Anschauung zu, daß ein vernünftiger, wirtschaftlich veranlagter Mensch sich folgendes sagen wird: Ich kann in Zukunft nicht mehr damit rechnen, daß ich nur von meinen Zinsen leben kann. Leben will ich aber in späteren Jahren, und auch meinen Kindern noch etwas hinterlassen, also muß ich jetzt mehr sparen. Diese Wirkung muß meines Erachtens die Brechung der Zinsknechtschaft auf die Mehrzahl der Menschen ausüben, denn sonst sind sie ja für das Alter auf öffentliche Unterstützung angewiesen. Ich muß auch an dieser Stelle noch einmal nachdrücklichst betonen, daß bei der derzeitigen Belastung des Besitzes durch direkte Steuern und jeglicher Lebenshaltung durch indirekte Steuern von den schönen Zinsen nichts übrig bleibt — außer wenn — und das ist ja das ungerechte und zu Bekämpfende — das gesamte Einkommen **nur** aus ewiger Kapitalrente fließt, also ein Sinken des Sparsinns ist wohl nicht zu befürchten.

Ist denn (das hassenswerte) Großkapital wirklich so ganz unfruchtbar, hat es nicht auch die Mittel geschaffen zu großartigen Fortschritten, die größere Früchte für die Menschheit tragen als der Zins des Leihkapitals ausmacht?

Nein! Die Fragestellung beweist nur, daß mammonistische Phraseologie unseren klaren Blick getrübt hat.

Das Großkapital hat nicht die Mittel geschaffen, zu großartigen Fortschritten, sondern das Großkapital ist aus der Arbeit gewachsen! Jedes Kapital i st aufgespeicherte Arbeit. Das Großkapital ist an sich unproduktiv, weil eben Geld an sich eine durchaus unfruchtbare Sache ist. Aus Geist, Arbeit und vorhandenen oder bereits erarbeiteten Rohstoffen oder Bodenschätzen sind Werte geschaffen, Güter erzeugt worden, durch Arbeit und nur durch Arbeit.

Denn wenn man auf den fettesten Acker, in das reichste Kohlen=
bergwerk noch so viel Geld hineinschüttet, deshalb trägt der Acker
doch kein Korn, speit das Bergwerk von selbst keine Kohlen aus!
Das wollen wir doch endlich einmal festhalten.

Wenn die Menschen das Geld erfunden haben, so ist das sehr
sinnvoll und verständig; denn in jeder komplizierten Wirtschaft bedarf
man dieser (allgemein anerkannten) „Anweisung auf geleistete Arbeit".
Aber daß diesen „Geldreichen" eine Kraft innewohnen soll, ewig aus
sich heraus ins Ungeheure zu wachsen — und das tut das Geld, wenn
es Zins tragen kann — das ist's, wogegen sich unser Innerstes auf=
lehnt, das ist's, was das Geld weit hinaushebt über alle anderen
irdischen Erscheinungen, das ist's, was das Geld zum Götzen macht.
Und alles das ist doch nur der ungeheuerste Selbstbetrug der Mensch=
heit! Nichts, gar nichts vermag das Geld aus sich selbst. Tisch,
Schrank, Kleid, Haus, Werkzeug, kurzum alles um uns hat doch irgend
einen Wert; den ältesten Tisch kann man schließlich noch einheizen und
sich dran wärmen, aber mit einem Zwanzigmarkschein kann ich gar
nichts anfangen, nicht einmal ein Stück Käs kann ich drin einwickeln.
Erst nachdem die Menschen sinnvollerweise übereingekommen sind,
zur Erleichterung des Austausches der Güter zum Verbrauch, An=
weisungen auf geleistete Arbeit zu schreiben, erst damit bekommt das
Stückchen Papier Sinn und Witz, und es ist sehr verständig, daß der
Bauer für sein Korn vom Kohlenbergwerk nicht eine Kohle, sondern
Geld bekommt, also eine Anweisung auf anderweitig geleistete Arbeit,
z. B. Heugabeln, Geschirr, Pflug und Sense. Aber damit soll es aus
sein mit der Macht des Geldes.

Also nicht das Geld hat die großartigen Fortschritte der Mensch=
heit bewirkt, sondern die Menschen selbst haben es getan, ihr kühner
Geist, ihr stolzer Wagemut, ihr kluger Sinn, die Kraft ihrer Hände,
ihre gemeinsame, also soziale fleißige Arbeit. So stolz und so
klar müssen wir sehen. Die Menschen selbst waren das, doch nicht
die armseligen Stücklein Papiere, die die Menschen erfunden haben
zur Vereinfachung der Wirtschaft.

Weiteres Programm.

Die Brechung der Zinsknechtschaft ist aber nicht das letzte Ziel der neuen Staatskunst, sie ist zwar die einschneidendste Tat, die einzige Tat, die alle Völker zu einigen vermag zu einem wahrhaften Völkerbund, gegen die alle Völker umspannende Gewaltherrschaft das Mammonismus. Aber sie ist nicht das Letzte. Dagegen muß die Brechung der Zinsknechtschaft allen weiteren Schritten vorausgehen, weil sie, wie wir gesehen haben, das Weltübel an der Wurzel faßt, und zwar an der Hauptwurzel.

Erst wenn die grundlegende Forderung nach Brechung der Zinsknechtschaft erfüllt ist, wird überhaupt erst der Weg frei zum sozialen Staat. Dies muß klar erkannt werden und all den mammonistischen Gewalten zum Trotz durchgesetzt werden. Ein sozialistischer Staat auf mammonistischer Grundlage — der Schrei nach Sozialisierung ist weiter nichts als der Versuch, die Vertrustung aller Industrien herbeizuführen und überall Riesenkonzerne zu bilden, auf die natürlich auch in Zukunft wiederum trotz aller Vermögensabgaben das Großleihkapital den entscheidenden Einfluß haben wird — ist ein Unding und führt mit Naturnotwendigkeit zu einem Kompromiß zwischen der bereits stark mammonistisch verseuchten Sozialdemokratie und dem Großkapital.

Wir dagegen verlangen radikale Abwehr vom mammonistischen Staat und einen Aufbau des Staates im wahren Geiste des Sozialismus, in dem die herrschende Grundidee die Nährpflicht ist, worin eine alte kommunistische Grundforderung ihre vernünftige und sinnvolle Befriedigung finden kann — in der Gestalt, daß jeder Volksangehörige sein Anrecht auf den heimatlichen Boden zugesprochen erhält durch die staatliche Vermittlung der wichtigsten Nährgüter.

Wir fordern ferner als Gerippe für den neuen Staat eine Volksvertretung durch die Kammer der Volksbeauftragten, die auf breitester Grundlage zu wählen sind, daneben eine ständische Kammer der Arbeit, den Zentralrat, in welcher das werktätige Volk nach seiner beruflichen Gliederung und wirtschaftlichen Struktur zu Worte kommt. Schließlich fordern wir die höchste Verantwortlichkeit für die Leiter des Staates. Mit diesem neuen Staatsaufbau auf sozialistisch-aristokratischer Grundlage wird sich eine weitere Arbeit befassen, die bald im gleichen Verlage erscheint. Die Voraussetzung für all diesen Aufbau aber bleibt die Brechung der Zinsknechtschaft.

Mein unerschütterlicher Glaube, nein mehr noch, mein Wissen läßt mich klar erkennen, daß die Brechung der Zinsknechtschaft nicht nur erzwingbar ist, sondern mit unbeschreiblichem Jubel überall aufgenommen werden wird und muß, denn wohlgemerkt: Entgegen allen sonstigen noch so wohlgemeinten Gedanken und Bewegungen und Bestrebungen, die auf Verbesserung des Menschengeschlechtes hinzielen, versucht mein Vorschlag nicht die menschliche Natur verbessern zu wollen, sondern er wendet sich gegen einen Giftstoff, gegen eine Erscheinung, die ganz entgegengesetzt dem innersten Empfinden des Menschen künstlich, nein, teuflisch erfunden worden ist, um die Menschheit krank zu machen, um sie zu tiefst im Materialismus zu verstricken, um ihr das Beste zu rauben, was sie hat, die Seele. Daneben geht Hand in Hand die furchtbare, unbarmherzige Tyrannei der Geldmächte, für die die Menschen nur mehr Zinsklaven sind, nur dazu da sind, um für die Rente, für den Zins zu arbeiten.

Tief erschüttert erkennen wir die furchtbare Klarheit und Wahrheit der alten Bibelweissagungen, wonach der Judengott Jave seinem auserwählten Volk verheißt: „Ich will Dir zu eigen geben alle Schätze der Welt, Dir zu Füßen sollen alle Völker der Erde liegen und Du sollst herrschen über sie".

Diese Weltfrage ist nun vor Euch allen aufgerollt. Weltfragen werden nicht im Handumdrehen gelöst, aber die Idee ist klar wie der Tag. Und die Tat muß sorgsam vorbereitet werden, wir müssen uns darüber klar sein, daß wir dem gewaltigsten Feind, den weltumspannenden Geldmächten gegenüberstehen. Alle Gewalt auf der Gegenseite, auf unserer Seite nur das Recht, das ewige Recht der schaffenden Arbeit.

Reicht mir die Hände, Werktätige aller Länder, vereinigt Euch!

Soeben erschien von der politischen Broschürensammlung:

An Alle, Alle!

Der Staatsbankrott, die Rettung

von

Dipl.-Ing. Gottfried Feder

Mark 1.35 inkl. Teuerungs-Zuschlag.

Der bekannt politische Essayist von B. schreibt unter a. über diese Neuerscheinungen:

„Es tut einem außerordentlich wohl, in dem Wust von gutgemeinten, aber nicht in die Tiefe gehenden Arbeiten, die zu den politischen Zeitfragen Stellung nehmen wollen, endlich einmal auf einen Menschen und seine Arbeit zu stoßen, der kein politischer Flachsmann ist, sondern begreift, daß es sich nicht mehr um Interessenkämpfe, sondern um die Existenz der Nationalwirtschaft handelt.

Das Manifest zur Brechung der Zinsknechtschaft des Geldes und die eingehenden Erläuterungen, die der Dipl.-Ing. Feder in dem ersten Hefte der „An Alle, Alle"-Hefte des Verlages Jos. C. Huber herausgibt, wird im Mittelpunkt des politischen Interesses für lange Zeit stehen und verdient von allen Finanzleuten, Volkswirten und Sozialpolitikern einem eingehenden Studium unterworfen zu werden. Dasselbe habe ich zu sagen von dem zweiten Band der „An Alle, Alle"-Hefte „Der Staatsbankrott, die Rettung".

Jos. C. Huber's Verlag, Diessen v. München.

Der Bolschewismus
von Moses bis Lenin

Zwiegespräch
zwischen
Adolf Hitler
und mir

von
Dietrich Eckart †

Hoheneichen-Verlag München, Hildegardstraße 9

Der Bolschewismus von Moses bis Lenin

Zwiegespräch zwischen
Adolf Hitler und mir

Von

Dietrich Eckart †

Hoheneichen-Verlag München, Kanalstraße 8

I.

„Das ist es ja!" rief er. „Wir sind auf dem Holzweg! Der Astronom macht's anders. Da hat er zum Beispiel eine Gruppe Sterne beobachtet, schon wer weiss wie lange. Auf einmal merkt er: Donnerwetter, da stimmt etwas nicht! Normalerweise müssten sie sich s o zueinander verhalten, nicht s o. Also muss irgendwo eine verborgene Kraft sein, die ablenkt. Und er berechnet und berechnet und — berechnet richtig einen Planeten, den noch kein Auge gesehen hat, der aber da ist, wie sich eines schönen Tages herausstellt. Was aber tut der Geschichtsforscher! Das Unregelmässige erklärt er aus der Gruppe selbst, aus dem Wesen der hervorstechenden Staatsmänner. Dass irgendwo eine geheime Kraft sein könnte, die alles nach einer bestimmten Richtung deichselt, daran denkt er nicht. Die aber ist da. Seit es Geschichte gibt, ist sie da. Wie sie heisst, weisst du. Der Jude."

„Ja gewiss," entgegnete ich, „aber nachweisen, nachweisen! Für die letzten fünfzig oder hundert Jahre — meinetwegen, da liegt's auf der Hand; doch recht viel weiter zurück, am Ende gar bis in die vorchristliche Zeit — —"

„Mein Lieber," fuhr er mir entgegen, „wenn wir bei S t r a b o [1]) lesen, dass schon zu seiner Zeit, kurz nach Christi Geburt, auf dem ganzen Erdkreis kaum mehr ein Ort zu finden war, der nicht von den Juden beherrscht wurde, b e h e r r s c h t, schreibt er, nicht etwa bewohnt; wenn schon Jahrzehnte zuvor der alte C i c e r o [2]) — damals eine Grösse, mein Lieber! — auf dem Kapitol plötzlich den Knieschnackler bekommt, in dem Augenblick, wo er in seiner bekannten Verteidigungsrede einfach nicht mehr anders kann, als auf das Zusammenhalten der Juden und ihren Rieseneinfluss hinzuweisen: ›Leise, leise! Damit mich nur die Richter hören. Die Juden bringen mich sonst in Teufels Küche, wie sie jeden Ehrenmann hineinbringen. Ich habe keine Lust, ihnen Wasser auf ihre Mühlen zu liefern‹; und wenn ein gewisser P o n t i u s P i l a t u s [3]), als Stellvertreter des römischen Kaisers doch wohl auch keine Null, kaum dass die Juden durchblicken lassen, sie würden ihm schon das Nötige beim Augustus besorgen, zum Waschbecken greift: ›Um Himmelswillen, weg mit dem schmutzigen Judenhandel‹ und Christus, den er für unschuldig hält, zum Tod verurteilt; dann mein Lieber, weiss jedes Kind oder könnte es wenigstens wissen, wieviel es schon damals geschlagen hatte!"

Ein Griff nach dem Alten Testament, ein kurzes Blättern, und — „Da," rief er, „schau's dir an, das Rezept, wonach die Juden von jeher ihre höllische Suppe kochen! Wir Antisemiten sind Mordskerle. Alles stöbern wir auf, nur das Wichtigste nicht." Und er las, Wort für Wort betonend, mit harter Stimme:

„Und ich will die Aegypter aneinander hetzen, dass ein Bruder wider den andern, ein Freund wider den andern, eine Stadt wider die andere, ein Reich wider das andere streiten wird. Und der Mut soll den Aegyptern unter ihnen vergehen, und will ihre Anschläge zunichte machen. Da werden sie dann fragen ihre Götzen und Pfaffen, und Wahrsager, und Zeichendeuter."[4])

„Jawohl," lachte er bitter auf, „da werden sie dann fragen den Dr. C u n o [5]) und den Dr. S c h w e y e r [6]) und den Dr. H e i m [7]) und was es nur gibt an Wahrsagern und Zeichendeutern, woher der Saustall kommt; und die werden ihnen vorwurfsvoll antworten: Ihr seid selbst daran schuld. Keine Zucht mehr, keinen Glauben, lauter Eigennutz und Besserwissen. Nun sollen es auf einmal die Juden sein. Es war aber immer so, wenn die Völker einen Sündenbock brauchten. Dann fuhr alles auf die Juden los und peinigte sie bis auf's Blut. Weil sie das Geld hatten. Weil sie sich nicht wehren konnten. Ist es da ein Wunder, wenn einzelne jetzt über die Schnur hauen? Ueberall findet man räudige Schafe. Als ob es nicht eine Menge anständiger Juden gäbe. An denen nehmt Euch ein Beispiel. Diese Frömmigkeit, dieser Familiensinn, dieser nüchterne Lebenswandel, diese Opferwilligkeit, vor allem dieses Zusammenhalten! Und ihr? Wie Hund und Katz untereinander. Der helle Wahnsinn das. Und so werden die Wahrsager und Zeichendeuter salbadern und wieder salbadern, bis eines Nachts das Blutzeichen[8]) an allen, aber auch allen jüdischen Häusern sein wird, und die toll gewordenen Massen, von Juden geführt, in die übrigen dringen werden, um alle Erstgeburt in Aegyptenland[9]) und nicht blos diese zu schlagen."

„Wie war's denn hier in München während der Rätezeit?" warf ich ein. „Mit Blut waren zwar die Häuser der Juden nicht bestrichen, aber es muss doch eine geheime Vereinbarung getroffen gewesen sein, weil unter den zahllosen Haussuchungen nicht eine einzige bei Juden stattfand. Das sei verboten, erklärte mir auf meine anzügliche Frage einer der blöden Rotgardisten, die mich damals beim Wickel hatten. Verhaftet wurde natürlich unter den Juden erst recht keiner. Der eine Professor B e r g e r ausgenommen; und der kam nur deshalb mit unter die Räder, weil er sich noch nicht lange in München aufhielt und zu allem Ueberfluss ein verschlossener Eigenbrödler war. Die Juden kannten ihn einfach nicht; als sie aber dahinterkamen, war es zu spät. Trotzdem starb ihnen dieser Mortimer sehr gelegen: das Geseires nachher liess nichts zu wünschen übrig. Auch Anno 71, in Paris, verlief der Judenschutz programmässig. Die Kommunisten zerstörten, was sie nur konnten; die vielen Paläste und Häuser Rothschilds blieben sämtliche unversehrt. Nun versteht man die Stelle bei Moses, wonach mit den Juden ›auch viel Pöbelvolk‹ aus Aegypten zog."

„Damals hatte es eben nur halb geklappt mit der Schurkerei," ergänzte er. „Die Aegypter waren noch im letzten Augenblick Herr geworden und hatten die Juden mitsamt dem ›Pöbelvolk‹ zum Teufel gejagt. Es müssen sich fürchterliche Kämpfe abgespielt haben, bis es soweit war. Das Niedermetzeln der Erstgeburt verrät das doch deutlich genug. Genau wie bei uns hatten die Juden die grosse Unterschicht für sich gewonnen gehabt — Freiheit, Gleichheit, Brüderlichkeit! — und eines Nachts war es dann auf Kommando losgegangen — nieder mit dem Burschoa! schlagt sie tot, die Hunde! — aber wieder Erwarten kam es anders, der national gebliebene Teil der Aegypter drehte den Spiess um, die Moses und die Cohn und die Levi flogen in grossem Bogen hinaus und die von ihnen verhetzten Einheimischen[10]) hinterdrein. Was sie alles mitgehen liessen, lauter zusammengestohlenes Zeug[11]), berichtet die Bibel mit Wohlgefallen. Aber auch, recht überflüssiger Weise, dass die Aegypter ›froh‹ waren[12]). Das Schönste aber ist der Lohn, den die borniertenHelfershelfer der Juden nachträglich einheimsen durften. Auf einmal hiessen sie ›Pöbelvolk‹, nachdem sie vorher die lieben? ›Genossen‹ gewesen waren. In der Wüste mögen sie ja nette Augen gemacht haben, ich danke."

„Die Ermordung der 75000 Perser im ›Buch Esther‹ hat ohne Zweifel denselben bolschewistischen Hintergrund," versetzte ich. „Allein hätten die Juden das nicht zuwege gebracht."

„So wenig," bestätigte er, „wie unter Kaiser Trajan das fürchterliche Blutvergiessen über das halbe Römerreich hinweg. Hunderttausende und aber Hunderttausende von Nichtjuden edelsten Blutes in Babylon, in Kyrene, in Aegypten, auf Cypern wie das Vieh hingeschlachtet, die meisten unter den scheusslichsten Martern! Und heute noch freuen sich die Juden darüber. Wenn die verschiedenen Brennpunkte der Empörung zusammengewirkt hätten, triumphiert der Jude Graetz[13]), so würde vielleicht schon damals der römische Riesenkoloss den Gnadenstoss erhalten haben."

„Unsere Sedansfeier," bemerkte ich, „beschimpfen die Juden als Barbarei; dass sie jahraus, jahrein ihre Heldentat an den

75000 Persern im Purimfest durch die Synagogen jubeln, noch jetzt, nach all der Riesenzeit, finden sie ganz in der Ordnung."

„Wir aber auch," meinte er trocken, „wir sehen eben nichts, und lesen können wir natürlich erst recht nicht. Ehe es zu dem ersten Zusammenstoss mit den Aegyptern kam, hatte der Hauptlump, der keusche Joseph, hübsch vorgearbeitet gehabt. Die sieben mageren Kühe, alle Kornkammern gefüllt, das Volk rasend vor Hunger, der damalige Pharao ein vollendeter Judenknecht, und der Getreidewucherer Joseph — ›des Landes Vater‹! [14]) Wehklagen über Wehklagen, es ist alles umsonst; mit eiserner Faust hält der Jude die Speicher so lange verschlossen, bis die Aegypter um das Bischen Brot zuerst ihr Geld, dann ihr Vieh, dann ihre Aecker und zuletzt ihre Freiheit dahingegeben haben [15]). In der Hauptstadt aber wimmelt es auf einmal von Juden: der alte Jakob ist da, und seine Kinder sind da, und seine Kindskinder, und seine Töchter, und seine Kindstöchter, und all sein Same, die ganze Mischpoche [16]). Und Joseph ›weinete lange‹ vor Freude. Nachdem er zuvor seinen Brüdern gesagt hatte: ›das Mark im Lande sollt ihr essen‹ und ›die Güter des ganzen Landes Aegypten sollen euer sein‹ [17]). Als aber dieser glorreiche ägyptische Staatsbürger jüdischen Glaubens, hundertzehn Jahre alt, gestorben war, kam ein anderer Pharao, der, ›nichts von Joseph wusste‹, und dem wurde angst und bang vor der inzwischen gewaltig angewachsenen Menge Juden [18]). Er fürchtete: ›wenn ein Krieg käme, möchten sie sich zu den Feinden schlagen‹; war also klüger, als Wilhelm II., der auf ihre Unterstützung hoffte. Und er griff zu. Die Juden mussten arbeiten. Allen Ernstes: arbeiten. ›Unbarmherzig‹, jammert und stöhnt der Chronist. Kein Wunder, dass sie Rache schnoben. Für was hatte man denn das ›Pöbelvolk‹? Der liebe Joseph war vergessen, an Not mangelte es noch immer nicht, also: die Agrarier, die Industriellen, der Burschoa! Niemand sonst hat die Schuld! Proletarier aller Länder vereinigt euch! Und die Massen glaubten es und gingen gegen ihr eigen Fleisch und Blut an, zugunsten des auserwählten Volkes, das ihnen ihr ganzes Elend eingebrockt hatte. Uns aber liest man in der Schule gerührt die schöne Geschichte von Joseph und seinen Brüdern vor. Und schon mancher Lehrer ›weinete lange‹. Es ist zum Verzweifeln."

Er schwieg, den Blick finster auf die Bibel des Hasses gerichtet.

II.

„So geht's aber durch das ganze Alte Testament," begann er wieder. „Dir sage ich ja nichts Neues, aber man muss es sich selbst möglichst oft vergegenwärtigen, um das Pharisäergeschwätz widerlegen zu können. Eigentlich sollte ja schon das

Buch Josua genügen. So etwas von ununterbrochenen Massenmorden, von bestialischer Grausamkeit, von schamloser Raubgier und kaltblütiger List — die leibhaftige Hölle! Und alles im Namen Jehovas, nach seinem ausdrücklichen Willen! Nur die Hure Rahab, durch deren Verrat die Stadt Jericho den Juden zum Opfer fällt — weder Mensch noch Tier, weder Jung noch Alt bleibt am Leben — nur die Hure wird benedeit: mit ihrer ganzen edlen Familie zusammen bekommt sie das Wohnrecht in Israel [19]). Und was waren das für gutmütige Völker, die da eins ums andere mit Stumpf und Stiel ausgerottet wurden! Von den Kanaanitern z. B. schreibt Delitzsch, der doch die damalige Zeit gründlich durchforscht hat: auf allen Höhen, unter jedem schattigen Baum hätten sie dem Sonnengott und der heilbringenden Göttin Aschera Verehrung und Anbetung gezollt; und er vergleicht diesen schönen, poetischen Brauch mit der frommen Art unserer katholischen Dorfbevölkerung, in entlegenen Bergkapellen dem Höchsten zu dienen." [20]).

„Der einzige Josua", betonte ich, „liess auf seinen Raubzügen 31 Könige mitsamt ihren Völkern niederhauen, darunter verschiedene, die sich ihm vertrauensvoll ergeben hatten. Immer wieder kommt das unheimliche Wort: ›und liess niemand überbleiben‹. Ich kann mir nicht helfen: das ›Pöbelvolk‹ oder wenigstens seine Nachkommenschaft muss auch noch damals das gefügige Werkzeug, sagen wir schon, die Stosstruppe der Juden gewesen sein, nicht weil es so scheusslich zuging, sondern weil die Kinder Israels seit jeher die gefährlichste Arbeit von übertölpelten Nichtjuden verrichten lassen, im übrigen wohl auch jenen Völkern gegenüber ohne das Draufgängertum ihrer mitvertierten Genossen zu schwach gewesen wären. Interessant ist die sichtliche Genugtuung, mit der jeder einzelne der erschlagenen Könige eigens aufgezählt wird. Man denkt unwillkürlich an den Propheten Jesaia, an die Stelle, wo er wie ein Besessener tobt: der Herr ist zornig über alle Heiden usw., er wird sie zum Schlachten überantworten, ihr Land wird zu brennendem Pech werden, eine Messchnur wird er darüber ziehen, dass es wüst werde, dass ihre Herren heissen müssen Herren ohne Land und alle ihre Fürsten ein Ende haben [21]). Zwischen Jesaia und Josua liegen hunderte von Jahren, aber in der ganzen Zwischenzeit, sehen wir, hat sich an der infernalischen Wut auf das nicht jüdische Königtum kein Bischen geändert".

„Und wird sich auch in aller Ewigkeit nichts ändern," fuhr er fort, „weder was unsere Könige noch was unser Führertum überhaupt betrifft. Das muss weg; und geht es nicht mit Gewalt, so geht es mit List. Ein starkes Führertum, und dem Juden bleibt der Schnabel sauber. Stark ist aber ein solches nur, wenn es ganz im Volk aufgeht: wenn es bis ins Kleinste hinein dessen Wohlfahrt betreibt, wenn es im festen Glauben an dessen Wert von vornherein jeden fremden Einfluss ausschaltet, wenn es also nicht blos n a t i o n a l, sondern auch s o z i a l bis auf die Knochen ist. Man sage was man will, ich behaupte: es wird einmal eine Zeit kommen, wo alle Kernvölker der Welt so geführt sein werden; und dann wird man mit Verwunderung erkennen, dass sie, statt sich wie bisher einander aufzureiben, sich gegenseitig achten und schonen. Denn dann hat es ein Ende mit dem Aufpeitschen der Ländergier, des Machtkitzels, des Argwohns — lauter Gefühle, die ja sowieso nur einzelnen Wenigen, nicht aber der zutraulichen Allgemeinheit liegen; hat es ein Ende mit dem verlogenen Anpreisen einer wahllosen Menschenverbrüderung, welche, wenn überhaupt, nur unter der Voraussetzung möglich wäre, dass man den ewigen Störenfried, den Juden, von vornherein ausschlösse. Dann aber wäre das Experiment überflüssig; die Völker vertrügen sich auch so "

III.

„Sag emmal," unterbrach ich ihn, „hältst du eigentlich den Juden für national oder für international?"

„Weder für das eine noch für das andere," war die Antwort. „International empfinden heisst: mit der ganzen Welt es so gut meinen, wie mit sich selbst. Wenn die Welt danach wäre — gern. Vor allem müssten unsere internationalen Schwärmer nicht der stillen Hoffnung sein, es käme weniger darauf an, dass s i e es mit der Welt, als dass die Welt es mit i h n e n gut meine. Immerhin, die gute Absicht soll gelten. Die aber fehlt dem Juden von Haus aus, total. Nicht im Traum denkt er daran, sich der Menschheit einzuordnen. Beherrschen will er sie, um sie nach Belieben auspressen zu können. Wenn es ihm um Kameradschaft zu tun wäre, hätte er längst Gelegenheit dazu gehabt, in Hülle und Fülle. Das Gebot des Jehova [22], nur ja keinen Bund mit fremden Völkern zu schliessen, sondern im Gegenteil eins nach dem andern zu fressen, ist ihm aus der Seele gesprochen. Ueberall trat man ihm anfangs mit Herzlichkeit gegenüber, im alten Aegypten, in Persien, in Babylonien, in Europa; der Pferdefuss kam überall zum Vorschein. Die germanischen Eroberer fanden ihn vor mit einer Menge angemasster Rechte; sie beliessen ihn darin; sein Besitz an Grund und Boden blieb ihm gesichert; handeln durfte er, wo und wie er wollte, sogar, seiner Lieblingsneigung entsprechend, mit Sklaven; wie jeder andere konnte er ö f f e n t l i c h e Aemter bekleiden, auch das R i c h t e r a m t; und seine sogenannte Religion war streng vom Staate geschützt [23]. So ähnlich schreibt Otto Hauser, dem wohl kein Mensch nachsagen kann, er täte nicht alles, um dem Juden verführerische Lichter aufzusetzen."

„Und ob!" nickte ich. „Man muss ihn mit Vorsicht geniessen, sonst sieht man den schwarzen Wald vor lauter ›blonden‹ Bäumen nicht.²⁴) Im grossen Ganzen ist mir da W e r n e r S o m b a r t lieber, trotzdem seine Berliner Vorlesungen von Juden nur so wimmeln."

„Nun, der sagt dasselbe! rief er. „Nach ihm sind die Juden durchaus nicht immer Halbbürger gewesen; im Altertum hatten sie öfters sogar besondere V o r r e c h t e, die sie von bestimmten Pflichten, Kriegsdienst usw. entbanden²⁵). Waffengänge persönlich zu wagen, war eben nie ihre starke Seite. In den Befreiungskriegen stellten die Juden von Deutsch-Krone in Pommern an den König das Gesuch, gegen Geld vom Feldzug daheimbleiben zu dürfen, ›weil bei den jetzigen Zeiten feige Memmen garnichts, 10 000 Taler bar Geld aber sehr viel helfen könnten‹. Die Eingabe wurde genehmigt, aber nicht blos ihnen, sondern auch den Juden in noch fünf anderen preussischen Kreisen, deren es im ganzen sieben gab²⁶)."

„Ich kenne die Stelle bei Hauser," setzte ich hinzu; „sie ist u r k u n d l i c h. Dort steht aber auch, dass Mayers Konversationslexikon seelenruhig schreibt, die Juden hätten sich in den Befreiungskriegen durch Heldenmut als würdige deutsche Staatsbürger erwiesen."

„Wie im Weltkriege," winkte er vielsagend ab. „Wenn s nach mir ginge, müssten in allen Schulen, an allen Strassenecken, in jeder Gaststätte Plakate hängen, auf denen weiter nichts stünde, als das Wort von S c h o p e n h a u e r ²⁷) über die Juden: ›G r o s s e M e i s t e r i m L ü g e n !‹ Es gibt kein besseres. Und ausnahmslos trifft es zu, auf j e d e n Juden, ganz gleich, ob hoch oder niedrig, Börsianer oder Rabbiner, getauft oder beschnitten. Das geknechtete Volk! Durch Jahrtausende gehetzt! Und der Arglose fällt immer wieder auf diesen hanebüchenen Schwindel herein. Selbstverständlich wurde man gegen sie borstig, aber erst, nachdem sie die unerfahrene Gutmütigkeit schamlos missbraucht gehabt und das Volk mit ihrem Wucher und Betrug bis auf's Hemd ausgeräubert hatten. Ueberall war das so, im alten Römerreich, in Aegypten, in Asien, später in England, Italien, Frankreich, Polen, Holland, Deutschland, sogar, schreibt Sombart wortwörtlich ›auf der Pyrenäenhalbinsel, wo sie so viel Gutes erfahren haben‹! Schon Cicero klagt über das unaufhörliche Versickern des römischen Goldschatzes nach Jerusalem ²⁸)! Die Erklärung dafür gibt uns sein jüdischer Zeitgenosse J o s e p h u s ²⁹): weit über zwei Millionen Juden, aus allen Provinzen des Riesenreiches, gingen damals jährlich zum Salomonischen Tempel auf die ›fromme‹ Wallfahrt. Als dann Titus Jerusalem eroberte, kam die Bescherung zutage. In unterirdischen Gewölben verbarg das ›Gotteshaus‹ Unmengen des gehamsterten Goldes. Heutzutage scheint auch Amerika mit der Schlupfwinkel zu sein.

Henry Ford erzählt, in seiner Heimat werde allgemein behauptet, die Vereinigten Staaten hätten mehr Gold als jedes andere Land. Aber wo sei es? ›Seit wann hast du kein Goldstück mehr gesehen?‹ Die Regierung sei überschuldet, versuche verzweifelt zu sparen, nicht einmal die Kriegsinvaliden könne sie bezahlen. In Amerika sei das Gold zweifelsohne, aber es gehöre nicht den Amerikanern [30]."

„Seit wann hat man denn in der Schweiz, in England, in Holland, in Frankreich, in Skandinavien kein Goldstück mehr gesehen?" ergänzte ich. „Ende 1922 sah ich in der Schweiz nicht ein einziges im Umlauf, lauter Papier, wie bei uns. Und so ist es auf der ganzen Welt. Jeder Ausländer bestätigt das. Wir waren schön dumm, als wir das Gold auf die Reichsbank trugen. Es wäre viel vernünftiger gewesen, es gleich in die Synagogen zu bringen."

„Heute so, und vor zweitausend Jahren ebenso," fuhr er fort. „Ich denke, das genügt, um das Wesen der jüdischen Internationalität zu kennzeichnen. Bliebe also noch das Nationalgefühl der Juden. Natürlich nicht das der einen für Deutschland, der anderen für England u. s. w. Mit diesem Speck sind wohl nirgends mehr viel Mäuse zu fangen. ›Schickt mir eine Schachtel voll deutscher Erde, damit ich das verfluchte Land wenigstens symbolisch verschlingen kann‹, schrieb der deutsche Jude B ö r n e; und Heinrich Heine roch Deutschlands Zukunft aus einem Nachtstuhl heraus[31]. Der Physiker Einstein, den die jüdische Reklame wie einen zweiten Keppler bestaunen liess, erklärt, er habe mit dem Deutschtum nichts zu tun; die Gepflogenheit des Zentralvereins deutscher Staatsbürger jüdischen Glaubens, nur die religiöse Gemeinschaft der Juden, nicht aber auch deren völkische herauszukehren, findet er ›unaufrichtig‹ [32]. Ein weisser Rabe? Nein. Nur einer, der sein Volk schon über'm Berg glaubt und es daher nicht mehr für nötig hält, sich zu verstellen. Sogar im Zentralverein selbst fiel schon die Maske. Ein Dr. Brünn gab dort unumwunden zu, dass die Juden kein deutsches Nationalgefühl haben können [33]. Wir verwechseln eben immer ihr charakterloses Bestreben, sich allem und jedem anzupassen, mit dem Zug des Herzens. Wenn's nur Vorteil bringt, dann gibt's für sie kein Bedenken, am allerwenigsten ein sittliches. Wie viele galizische Juden sind zuerst Deutsche, dann Engländer, und schliesslich Amerikaner geworden! Jedesmal im Handumdrehn. Mit affenartiger Geschwindigkeit wechselt das hinüber und herüber, und wo es Fuss greift, ertönt entweder die ›Wacht am Rhein‹ oder die ›Marseillaise‹ oder der ›Yankee doodle‹. Dass unsere Warburgs, unsere Bleichröder, unsere Mendelssohns ihren Sitz mitsamt ihrem Patriotismus von heute auf morgen nach London oder Newyork verlegen könnten, wird wohl nicht einmal der Dr. Heim bezweifeln.

»Auf märkischem Sand eine asiatische Horde!« vergaloppierte sich einmal Walther Rathenau über die Berliner Judenschaft[84]). Er vergass, hinzuzusetzen: dieselbe Horde an der Isar, an der Elbe, am Main, an der Themse, an der Seine, am Hudson, an der Newa, an der Wolga. Und überall mit der gleichen Falschheit gegen ihre Umgebung. Unsere Wahrsager und Zeichendeuter aber unterscheiden zwischen anständigen und unanständigen, eingesessenen und neu zugewanderten, westlichen und östlichen Juden; und wenn alle Stricke reissen, zucken sie die Achseln und murmeln: »Jedes Land hat die Juden, die es verdient«. Dass das ein Jude[85]) gesagt hat, macht ihnen garnichts aus. Es klingt so schön. Wie aber, wenn uns damit eine schallende Maulschelle versetzt würde? »Ganz Israel steht offen im britischen Lager!« verkündete 1916 der Führer der amerikanischen Sozialdemokraten Samuel Gompers. Sämtliche Juden der Welt also. Auch der Amerikaner Ford wusste das. Er spricht von der Untreue der »sogenannten« deutschen Juden gegen das Land, wo sie wohnten; und dass sie sich mit den übrigen Juden zum Sturze Deutschlands vereinigt haben. »Warum?« höhnt der Jude. »Weil der Deutsche ein gemeines Luder, eine rückständige, mittelalterliche Kreatur ist, die keinen blassen Dunst von unserem Wert hat. Und so einer Kanaille hätten wir helfen sollen? Nein, er hatte die Juden, die er verdiente!« Höher, dächte ich, lässt sich die Frechheit wohl kaum mehr treiben."

Ich erinnerte an Russland. „Vor der Revolution eine förmliche Kloake der Niedertracht, also doch wohl auch die dortige Judenschaft das helle Geschmeiss; jetzt — dieselbe Judenschaft am Ruder, und, wuppdiwupp, die gleichen Russen ein grosses Volk."

„Anno 70," entgegnete er, „hatten wir Deutsche den Vorzug, ein grosses Volk zu sein. Die Juden hielten die Zeit für gekommen, den unzuverlässig gewordenen französischen Kaiser durch einen gefügigen Präsidenten zu ersetzen; möglicherweise konnte bei dieser Gelegenheit gleich die Kommune miteingeführt werden; also her mit dem deutschen »Heldenvolk«! Kein Wunder, dass dicht hinter unseren Fürsten und Generälen eine lebhaft gestikulierende Gruppe jüdischer Finanzmänner mit in Paris einritt[36]). Inzwischen sind wir wieder zum Pack heruntergesunken. Die Presse, »das auserlesene Werkzeug des Antichristen«, wie Bismarck sie nennt[87]), hat uns zu Boches, zu Hunnen gemacht. Aber nur Geduld! Je rascher wir uns dem Bolschewismus nähern, desto ruhmvoller werden wir wieder. Und eines schönen Tages werden die Engländer und Franzosen die Lumpen sein. Wer Augen hat, zu sehen, sieht das schon jetzt ohne Brille. »Ich bin britischer Untertan, aber zuerst und vor allem Jude,« kreischte schon vor Jahren ein Hebräer in einem grossen englischen Judenblatt[38]). Und ein anderer: »Wer zwischen seinen

Pflichten als Engländer und als Jude zu wählen hat, muss für das letztere sein«. [39]). Und ein dritter: »Juden, die patriotische Engländer und gute Juden sein wollen, sind einfach lebendige Lügen« [40]. Wie verjudet muss England schon damals gewesen sein, dass sie das so öffentlich wagen konnten."

„Von Cromwell angefangen bis herauf zu Eduard VII. die Hochburg des europäischen Judentums," betonte ich. „Mit dem Alten Testament am Sattelknopf ritten die Puritaner in die Schlacht, und auf ihren Bannern stand: »Der Löwe Juda's«. Auch die Prophezeiung des Jesaia, »dass alle ihre Fürsten ein Ende haben«, kam zu Ehren: Cromwell liess seinen König Karl I. kurzerhand enthaupten. Den Hochgradfreimaurer Eduard VII. sah ich einmal persönlich: das klassische Bild eines Börsenjuden. Hatte auch lauter Juden um sich. Inzwischen scheint das Zentrum nach Amerika verlegt worden zu sein. Dort war ja schon lang guter Boden. Jüdische Gelder seien es gewesen, die die zwei ersten Reisen des Columbus ermöglichten, behauptet Sombart [41]); auch soll als erster Europäer ein Jude, Luis de Torres, den amerikanischen Boden betreten haben. Das Allerschönste, meint er, sei, dass neuerdings Columbus selbst für das Judentum reklamiert werde."

„Das ist ja klar," lachte er. „Den lieben Gott mit eingeschlossen, ist ja alles Jude, was irgendwie eine Rolle gespielt hat auf der Welt. Goethe und Schopenhauer sind soeben an der Reihe. Wer's glaubt, wird selig. Ich für meinen Teil bestreite ihnen den Columbus wie den Torres. Das Wasser hatte damals noch weniger Balken, als jetzt."

„Nach Hauser," erwiderte ich, „war Columbus germanischer, vielleicht sogar deutscher Abstammung."

„Mir egal," kam es zurück. „Meinetwegen Zulukaffer. Eher noch traue ich seine Tat einem Neger zu, als einem Juden. Dass die Kinder Israels sie schleunigst ausgenützt haben, gehört auf ein anderes Blatt. Wie ich sie kenne, hoffen sie schon auf einen, der die Verbindung mit dem Sirius herstellt. Das Feld ihrer Nächstenliebe fängt an, ihnen zu klein zu werden."

„Auf jeden Fall haben sie Amerika ganz gehörig an der Gurgel, schon wer weiss, wie lange", fuhr ich fort. „Kein Land, schreibt Sombart, sei so wie die Vereinigten Staaten mit jüdischem Wesen »bis oben hinaus« angefüllt [42]). Die Wirkung haben wir ja im Weltkrieg verspürt. Du weisst, was nachher vor einem Sonderausschuss des Kongresses amtlich festgestellt wurde: Bereits 1915, also zu einer Zeit, wo das eigentliche Amerika noch nicht im Traum an einen Krieg mit uns gedacht hatte, so wenig, dass schon die leiseste Andeutung jeden, der damit gekommen wäre, glatt hinweggefegt haben würde, war dort ein geheimer Beratungsausschuss zusammengetreten, einzig und allein zu dem

Zweck, diesen Krieg vorzubereiten! Anno 1915, zwei geschlagene Jahre vor dem Eingreifen der Vereinigten Staaten! Und wer hatte damals die Fäden gezogen? Mit Ehren-Wilson zusammen der bis dahin völlig unbekannt gewesene Jude B e r n a r d B a r u c h. ›Ich glaubte, dass der Krieg kommen werde, lange bevor er kam‹, erklärte er später wortwörtlich vor dem Sonderausschuss, in aller Gemütsruhe [43]). Und niemand stand auf und schlug den abgefeimten Schurken zu Brei."

„Nachweislich geht der Beschluss der jüdischen Oberleitung, den Weltkrieg zu entfesseln, sehr weit zurück," sagte er. „Auf dem 6. Zionistenkongress in Basel, 1903, verkündete der Präsident M a x N o r d a u unter atemloser Spannung, T h e o d o r H e r z l wisse, ›dass wir vor einer furchtbaren Erschütterung der ganzen Welt stehen‹ [44]). Der gute Herzl! Dieser Idealmensch! Unsere Wahrsager und Zeichendeuter durchschauerte es nur so, wenn sie dieses edlen Patriarchen gedachten. Das Vieh aber w u s s t e, was sein Sauvolk mit uns vorhatte! Nein, mein Lieber, hier hört's auf mit dem Feuerzauber. Und wenn ich im Jenseits einen Zentralverein himmlischer Staatsbürger jüdischen Glaubens träfe, ich würde der Gesellschaft zurufen: Schert euch zum Teufel, ihr Lügner! Das täte euch so passen, auch noch das Elysium zu verraten!"

„Herzl war Zionist," warf ich ein.

„Er war J u d e!" schlug er auf den Tisch, „J u d e, sagt alles nur in allem! Da gibt's keinen Unterschied! Ausser einen künstlich gemachten zur Leimrute bestimmten. Das ›Gottesvolk‹ will seinen eigenen ›Gottesstaat‹ wieder haben! Wohl verstanden: w i e d e r haben! Ein Gottesvolk, das nie eines war, und ein Staat, der nie einer war! Was da keine sechshundert Jahre in Palästina zusammenhauste, bis die Assyrier dem Unfug ein Ende machten, spottet in seiner Verkommenheit doch jeder Beschreibung! Ein Staatswesen das? Ja, liest man denn das Alte Testament mit dem Gehör? Zuerst das ununterbrochene Morden und Rauben an den fremden Völkern, was hübsch viel Zeit in Anspruch nahm; dann, bis zuletzt, die scheusslichste Niedertracht, eine einzige Anarchie unter einander. Der Gipfel, die Blüte, der Ruhm der jüdischen Staatskunst, der König David, ist, wie B l e i b t r e u [45]) mit Recht betont, ein solcher Hallunke, dass er an der beispiellosen Schurkerei des Uriasbriefes nicht genug hat: noch auf dem Sterbebett legt er seinem Sohn an's Herz, den Feldhauptmann Joab umzubringen, weil er selbst sich leider durch einen Schwur verhindert fühlt, an dem alten Kriegsgefährten irgend etwas zu rächen. Nachher aber ist es überhaupt aus. Als Cyrus den Juden die Heimkehr nach Palästina erlaubte, da geschah nicht, wie Delitzsch meint, das von keinem Propheten für möglich Gehaltene, sondern das Selbstverständliche: die überwältigende Mehrheit hustete auf Zion, sie blieb im ›unermesslich reichen‹ Babylonien quietschvergnügt sitzen und wucherte dort auf Teufelkommraus weiter [46]. Das heisst man dann: ›An den Wassern zu Babel sassen wir und weineten, wenn wir an Zion gedachten‹. Der Volksmund weiss das besser. An den Weinen zu Babel und wässerten, sagt er.

„Im Jahre 1267," wusste ich mitzuteilen, „gab es in Jerusalem nur mehr zwei jüdische Einwohner; bis zum Weltkrieg war in ganz Palästina die Zahl der Juden auf kaum 120 000 angewachsen [47], trotzdem ihnen doch seit urdenklicher Zeit der Weg dahin freisteht und gewiss auch die Mittel nicht fehlen. Die übrigen 20 oder 25 oder noch mehr Millionen — Genaues lässt sich darüber nicht erfahren, weil ja nicht wir, sondern die Juden zählen — mästen sich in aller Welt vom Schweisse der Andern. Wie das kleine Palästina diese Riesenmenge einmal unterbringen soll, verstehe wer mag."

„Ist ja auch nicht notwendig," entgegnete er. „Die Hauptsache: dass es auf dem Papier steht. Israel hat sich auf sich selbst besonnen, seine Ketten fallen, die Sonne des neuen Gottesstaates steigt über Zion empor! Welch ein Schauspiel! Endlich erlöst! Alles erstarrt vor Ehrfurcht. Die Juden grinsen."

„Schon die Resolution," wollte ich fortfahren — — —

„Jawohl," rief er, „hier kommt's zum Vorschein! Wenn irgendwo, so springt die Katze hier aus dem Sack! Die Resolution des alljüdischen Kongresses 1919 in Philadelphia! ›Die Juden sind Bürger des neuen Judenstaates Palästina, haben aber zugleich sämtliche Staatsbürgerrechte überall da, wo es ihnen zu leben beliebt.‹ Man muss das zweimal, ach was, hundertmal lesen, sonst hält man dieses Nonplusultra von Unverschämtheit für einen blödsinnigen Traum. Die Engländer sind Bürger des Britenreiches; jeder Engländer, dem es in Deutschland oder Frankreich oder Italien zu leben beliebt, hat auch dort alle englischen Staatsbürgerrechte, zugleich aber auch die sämtlichen Staatsbürgerrechte des betreffenden Landes! Man stelle sich das vor! Und frage sich, nicht etwa, was wir oder die Franzosen oder die Italiener, sondern was die Juden für ein Wutgeschrei erheben würden, wenn das englische Volk tatsächlich diese Entschliessung gefasst hätte! Der alljüdische Kongress aber legt seine Resolution so kategorisch hin, wie einen Befehl."

Bei der jüdischen Eigenart," versetzte ich, „gäbe es da wohl noch ganz besondere Ueberraschungen. Der grosse Cohn hat es zum deutschen Reichspräsidenten gebracht. Offiziell wohnt er in Berlin. Aber weiss man's denn? Vielleicht wohnt er offiziell in Jerusalem. Und auf einmal ist der grosse Cohn nicht blos in Deutschland, sondern auch in Palästina das Staatsoberhaupt. Für den Kriegsfall eine behagliche Aussicht."

„Der alljüdische Kongress war das," wiederholte er, „die Vertretung der gesamten Judenheit der Welt, also auch der Zionisten! Des Pudels Kern: die Juden bleiben, wo sie sind; und das neue Zion hat nur den Zweck, einmal, ihr politisches Rückgrat zu stärken, für's zweite, ihren Hochmut zu kitzeln, endlich aber, und das vor allem, ihnen eine Stätte abzugeben, wo ihnen kein Mensch mehr auf die schmutzigen Finger zu sehen vermag. Wie in den Tagen des Cicero werden die frommen Pilger dann wieder nach Jerusalem wallfahren, jahraus, jahrein, um an der Schwelle des Tempels gegen eine Unmenge harter Gegenstände eine Menge guter Ratschläge einzutauschen. Mit anderen Worten: Arsenal und Hochschule zugleich. Was im Kleinen bereits jedes Ghetto war. Dort konnten sie eben nach Herzenslust mauscheln und aufstapeln — Grund genug für sie, über die willkommene Abschliessung Zeter Mordio zu schreien. Ich dächte, nun wissen wir auch über den jüdischen Nationalismus Bescheid."

„Also weder national noch international," bestätigte ich. „Aber was dann?"

„Nach den üblichen Begriffen," zuckte er die Schulter, „lässt sich das nicht bestimmen. Eine Wucherung über die ganze Erde hinweg, bald langsam, bald springend. Ueberall saugt das und saugt. Anfangs die strotzende Fülle, zuletzt vertrocknete Säfte. Der sichtbar gewordene Zionismus ist der Ausgangspunkt. Mit dem grossen Gewächs hängt er unterirdisch zusammen. Von Gegensätzen nicht die Spur."

„Wie es heisst," lachte ich, „haben sich auch die Wölfe in zwei Lager gespalten. Der eine Teil soll fest entschlossen sein, das Land der Schafe zu verlassen, um irgendwo ganz unter sich rein vegetarisch zu leben."

IV.

„Es gibt eben nur eines," wetterte er, „und daran muss immer und immer wieder gedacht und immer wieder davon gesprochen werden: ›Grosse Meister im Lügen!‹ Nur einen Augenblick das vergessen, und schon ist man der Lackierte. Gewiss, auch wir lügen, aber erstens einmal nicht unaufhörlich, und für's zweite — stümperhaft. Jedem Nichtjuden, und wäre er noch so gewitzt, merkt ein guter Menschenkenner das Lügen an; die jüdische Kaltblütigkeit wird kein Cherlok Holmes darauf ertappen. In Verlegenheit käme der Jude nur, wenn er einmal versehentlich die Wahrheit spräche. Tut er das mit Absicht, so hat er einen Hintergedanken dabei, und dann ist auch die Wahrheit eine Lüge."

„Schon Luther," erwiderte ich, „ruft dem Juden zu: ›Du bist nicht ein Deutscher, sondern ein Täuscher, nicht ein Welscher, sondern ein Fälscher‹ [48]; überhaupt ist sein zweites Wort über ihn: Lügner!"

„Alle sagen sie so, die ihn kennen," entgegnete er, „von den Pharaonen angefangen bis herauf zu Göthe und unserer Zeit; und alle toten und lebenden Sprachen sind darunter: griechisch, lateinisch, persisch, türkisch, deutsch, englisch, französisch, japanisch, was du nur willst. Man sollte doch glauben, diese übereinstimmenden Verdammungsurteile durch die weite Welt hin müssten unseren Wahrsagern und Zeichendeutern wenigstens ein bischen zu denken geben. Gott bewahre! Nicht einmal Christus lässt sie da aufhorchen. Wenn er dasteht, blitzenden Auges zwischen dem kriechenden Judengesindel, Verachtung die ganze Gestalt, und es fallen wie Peitschenhiebe die Worte: »Euer Vater ist der Teufel, und nach eures Vaters Gelüsten wollt ihr tun. Er ist ein Mörder von Anbeginn, und in ihm ist keine Wahrhaftigkeit. Wenn er lügt, so offenbart er nur sein eigenes Wesen, denn er ist der Vater der Lüge!« [49]) so ist das für unsere Wahrsager und Zeichendeuter genau so, als ob ein kleines Kind etwas Unverständliches gestammelt hätte."

„Weil sie sich weissmachen, das sei nur eine wohlmeinende Strafpredigt des Herrn an sein liebes Volk Israel," unterstrich ich seine Ironie. „Wenn überliefert wäre, die Juden seien damals auf allen Vieren herumgekrochen; ich bin überzeugt, unsere Buchstabenmenschen würden das auch von Christus annehmen, so versessen sind sie darauf, in ihm den waschechten Hebräer zu sehen. Uebrigens trifft das garnicht einmal so weit daneben: bildlich genommen, haben sich die Juden seit jeher auf allen Vieren dahinbewegt."

„Und Christus," fuhr er mit erhobener Stimme fort, „nie anders als aufgerichtet, nie anders als aufrichtig! Herrgott, das nicht zu fühlen, dass da zwei grundverschiedene Welten einander gegenüberstanden! Wie war es denn in ganz Palästina nach der Babylonischen Gefangenschaft? Eine grosse Unterschicht von Nichtjuden, und darüber der durch sein Geld mächtige Wucherjude. So steht es im »Buch Nehemia«. Sombart sagt, es liesse an Deutlichkeit nicht's zu wünschen übrig. [50]) Der springende Punkt: die eigentliche Bevölkerung, eine Menge unterdrückter Landarbeiter, war von einer ganz anderen Rasse, wie die Hebräer. Allmählig wurde ihr der jüdische Glaube aufgedrungen. Christus selbst grollt darüber: »Die ihr Land und Wasser umziehet, dass ihr einen Judengenossen machet!« [51]) Ausdrücklich heisst es: aus Galiläa kam er in das jüdische Land. [52]) Galiläa war das »heidnische«, auf deutsch, das noch wenig bekehrte, dessen Bevölkerung ganz besonders »in Finsternis sass«, wie sich die dummdreiste Judenschaft einbildete. [53]) Daher so und so oft »was kann von Nazareth Gutes kommen?« und »bist du auch ein Galiläer? Aus Galiläa steht kein Prophet auf«. [54]) So fest sind die Hebräer von der nichtjüdischen Abstammung Christi überzeugt, dass sie ihn rundweg zu den überverhassten Samaritern zählen.[55]) Man lese nur nach! Es gibt noch viel mehr solche Beispiele."

„Was ihm an Volk zulief," bestätigte ich, „ganz gleich, woher es kam, hatte innerlich gewiss nichts mit dem Judentum gemein, so wenig, dass die Pharisäer sich sogar heillos darüber ärgern. ›Das Volk, das nichts vom Gesetz weiss, ist verflucht,‹ zischen sie den Knechten entgegen, die vergeblich ausgezogen waren, Christus zu greifen."[56])

„Mir genügte schon der Bethlehemitische Kindermord," sagte er. „Die Juden schlachten doch nicht ihre eigene Brut ab. Alle Kinder in und um Bethlehem, heisst es.[57]) Ich lasse mich hängen, wenn es nicht in Galiläa war."

„Dieselbe Geschichte wie mit der ägyptischen Erstgeburt," entgegnete ich. „Nur dass in diesem Fall Jehova selbst den Auftrag gab, also zugestandenermassen eine religiöse Handlung, d. h. ein R i t u a l m o r d grössten Umfangs vorlag. Mit ihm zusammen fiel die Stiftung des Osterlamms.[58]) Seltsam."

„Nichts," versetzte er, „verrät das schlechte Gewissen der Juden deutlicher, als ihre namenlos freche Behauptung, sie hätten niemals Menschenopfer dargebracht. Das ganze Alte Testament ist voll davon! Die meisten Hinrichtungen geschehen im Namen Jehovas. Von der Absicht Abrahams, den eigenen Sohn zu schächten, will ich nicht reden. Einmal ist es nicht dazu gekommen; und für's zweite scheint mir die Geschichte überhaupt erfunden zu sein. Der Lohn für den blinden Gehorsam steigert den jüdischen Fanatismus. Mit der Opferung der Tochter Jephtas sieht es schon etwas anders aus. Der Alte war ein ›Hurenkind‹, also nicht ganz koscher, auch eine Zeitlang von den Kindern Israels vertrieben. Erst in ihrer Not holten sie sich den ›streitbaren Helden‹ zurück.[59]) Die Tochter war sein einziger Sprössling. Und sie wurde geopfert. Ohne den geringsten Widerspruch; die selbstverständlichste Sache von der Welt. Also nach altem Brauch. Nun fragt es sich, warum musste sie zuvor noch zwei Monate lang ihre Jungfernschaft ›beweinen‹? Sie war ja noch unberührt und blieb es bis zuletzt. Das Beweinen geschah also im voraus. Für wen war die Blüte bestimmt? Für Jehova? Oder für einen Ersatzmann Jehovas aus der Rabbinerzunft?"

„Schon V o l t a i r e," warf ich ein, „stutzt über den ›Anteil des Herrn‹, den die Juden von der Jungfrauenbeute mehrmals der allgemeinen Verteilung entzogen, um ihn zu ›verfluchen‹. Was habe man mit den Mädchen gemacht, fragt er. Die Juden hätten doch keine Klöster gekannt? Wenn der ›Anteil des Herrn‹ nicht das Blut gewesen sei, was sei er denn gewesen?"[60])

„Den Kopf in den Sand stecken, wie der Vogel Strauss" sprach er, „dabei den Hintern zeigen und dann so tun, als sähe kein Mensch etwas, ist und bleibt eben Judentaktik. Seit die

Hebräer in die Kulturwelt eingebrochen sind, widerhallt sie von der unaufhörlichen Beschuldigung, dass die Juden für religiöse Zwecke nichtjüdisches Blut verwenden. Im alten Römerreich, im maurischen Spanien, im christlichen Spanien, in Frankreich, in Deutschland, in Polen, in Russland, überall taucht dieses Gerücht immer wieder mit der gleichen Bestimmtheit auf, durch die Jahrtausende. Es ist einfach lächerlich, diese beharrlichen Anklagen grundverschiedener Völker für Hirngespinste zu erklären. Dass die Juden das tun, versteht sich von selbst. Mit eiserner Stirn bestreiten sie sogar, jemals einen solchen Blutritus gehabt zu haben. Und Otto Hauser glaubt ihnen aufs Wort. Wir hätten keine Veranlassung, schreibt er, ihre Beteuerungen zu bezweifeln [61]. So? Und Jephtas Tochter? Und die ägyptische Erstgeburt? Und der »Anteil des Herrn«? Das war doch der Blutritus, wie er im Buch steht. Handgreiflicher, wie gesagt, könnte sich das schlechte Gewissen gar nicht verraten, als durch das unverschämte Ableugnen dieser notorischen Tatsache."

„Es wirkt aber," entgegnete ich. „Wir können ja nicht lesen; und wenn wir einmal etwas gelesen haben, vergessen wir es wieder. Die katholische Kirche hat eine ganze Anzahl geschächteter Kinder selig gesprochen, sogar heilig. Der heilige Rudolf ist darunter, der Schutzpatron des ehemaligen Kronprinzen von Oesterreich. Wer weiss das noch? Anscheinend nicht einmal mehr die Klerisei. Luther [62] sagt es den Juden auf den Kopf zu, dass sie Kinder »stehlen und zerpfriemen«. Aber auch, dass sie »grosse Summen Geldes geben, und damit den Herrschaften nütze sind«. Die alte Methode, wenn's brenzlich wird. Fiat justitia!"

„Manchmal", warf er ein, „war es aber doch nichts damit. Wie lange ist es denn her, dass der Jude H ü l s n e r in Polen [63] glatt des Ritualmordes überführt und zum Tod verurteilt wurde?"

„Begnadigt wurde er aber doch," stellte ich fest, „zu lebenslänglichem Kerker. In der Revolution kam er dann überhaupt frei."

„Wenn schon!" rief er aus. „Verurteilt w a r er! Beweiskräftig. Unanfechtbar. Kein Jude schafft das aus der Welt. Ebensowenig wie den erwiesenen Ritualmord an dem P a t e r T h o m a s [64]. Eine ganze Meute Juden hatte ihn überfallen, ausgerechnet im Hause des »frömmsten« Hebräers der Stadt und regelrecht geschächtet; alle wurden sie überraschend festgenommen, von einander getrennt, und alle gestanden sie das Verbrechen ein, alle ohne Ausnahme. Wie Schablonen deckten sich ihre Angaben über die scheusslichen Einzelheiten. Die dringende Aufforderung, ein Kind zu impfen, der überfreundliche Empfang — ein Imbiss gefällig? — das plötzliche Packen und Knebeln, das Verschleppen in ein Hinterzimmer, das Abwarten der Nacht, das Durchschneiden der Kehle, das Sammeln des Blutes — der Oberrabbiner lauert schon darauf, um es für das Passahfest den ungesäuerten Broten zuzusetzen - das Verbrennen der Kleider, das Zerhacken der Leiche, das Verwischen der Spuren, Schritt für Schritt, die haargenaue Uebereinstimmung. Keine Folter der Welt bringt das fertig und wenn die Kinder Israels das Blaue vom Himmel herunterlügen. Resultat: zehn Juden werden zum Tode verurteilt. Die Hinrichtung soll auf dem Fuss folgen. Aber —"

„Sie folgt nicht," unterbrach ich ihn bitter. „Bei Aegyptens Herrscher Mehmet Ali, dem ewigen Verschwender und ewigen Dallesbruder, sind aus Paris die Juden Crémieux [65]) und Montefiore eingetroffen, der eine die Schlauheit, der andere der Reichtum selbst, hinter ihnen stand noch dazu das Haus Rothschild, [66]) und — hast d' es net g'sehgn, siechst d' es net a — die zehn Juden werden Schlag auf Schlag begnadigt und freigelassen. »Ich liebe die Juden. Mit Freuden gebe ich ihren Vertretern diesen Beweis meiner Sympathie«, schmunzelt der edle Ali den beiden Unterhändlern zu. Mit einem schelmischen Seitenblick auf das strahlende Gesicht seines Schatzmeisters."

„So gemein war er aber doch nicht," bekam ich zu hören, „dass er die Schuldlosigkeit der Verbrecher aussprach. Die Gefangenen sind frei, damit Punktum! Revision, bitte, nein! Es schaut nichts Gutes dabei heraus. Adiö, meine Herren! Das war alles, was die Juden verlangten. Genügte aber, um den Erzgauner Crémieux zwei Jahrzehnte später [67]) von der Tribüne herabdonnern zu lassen, er und Montefiore hätten »diese abscheuliche Verleumdung vor dem Gerichte des grossen Mehmet Ali vernichtet«. Er konnte das umso leichter, als die offiziellen Prozessakten bald hernach verschwanden. Man ist eben nicht umsonst Minister. Zum Glück gibt es noch andere Berichte, von Augen- und Ohrenzeugen überliefert. »Briefe, die sie nicht erreichten«. Und das ist die Hauptsache."

„Ganz so schlecht," bemerkte ich wie nebenbei, „war Mehmet Ali allerdings nicht, aber doch so hundsgemein, dass er dem Pascha, der die Untersuchung gegen die Ritualmörder geleitet hatte, der jüdischen Rachsucht skrupellos preisgab. Unter irgendeinem Vorwand liess er ihn hinrichten [68]). Auch auf die Türkei scheint mir das Wort Werner Sombarts [69]) zuzutreffen: Wie Mephisto und Faust schreiten Jude und Fürst Hand in Hand durch die Jahrhunderte."

„Bis der Fürst unterwegs verloren geht," nickte er. „So weit ist es jetzt. »Und Joseph weinete lange«. Mit unseren Monarchen, wenige ausgenommen, stand es nie recht gut. Ohne Juden kam keiner aus. Sogar der redlichste von ihnen, Friedrich der Grosse, hatte deren drei als Helfershelfer, den Ephraim, den Moses Isaac und den Daniel Itzig [70]). Keinen

Einfluss? Ich sage dir: schon ein einziger jüdischer Fusslappen verpestet die Luft. Um was ist es denn dem Juden zu tun? Um's Geld, gewiss; aber nur, weil es ihm Einfluss, weil es ihm Macht verschafft. Und diesen Einfluss, diese Macht bekommt er. Direkt oder hintenherum. Wer auf seinen Leim geht, wird eines schönen Tages die Kralle spüren. Direkt oder hintenherum. An sich schon färbt die Anrüchigkeit des Juden ab und nimmt dem Vertrauen des Volkes den Schmelz. Das passt ihm, das will er. »Aussen Friedrich, innen Ephraim,« spotteten die Preussen über die falschen Münzen Friedrichs des Grossen. Als der König starb, entlud sich der Undank in Verwünschungen auf das »strenge« Regiment. Die jüdische Presse hatte zwischen den Zeilen gute Arbeit geleistet. Der Staatsgedanke Friedrichs des »Einzigen« war mit seinem Andenken unterhöhlt. Von da an ging es rapid abwärts, über die Judenemanzipation unter Friedrich Wilhelm III. [71]) zum jüdischen Marxismus unter Kaiser Wilhelm I. zur Judenrevolution unter Wilhelm II. »Die Börse hat in unseren Tagen einen Einfluss gewonnen, der die bewaffnete Macht für ihre Interessen ins Feld zu rufen vermag,« schrieb der alte Moltke in seiner »Geschichte des deutsch-französischen Krieges«. Warum, setzte der treue Monarchist leider nicht hinzu."

„Jeden nach seiner Façon selig werden zu lassen," hob ich hervor, „wäre besser nicht empfohlen worden. Die stillschweigende Voraussetzung war eine anständige Gesinnung, ein wirklicher Glaube, kein erbärmliches Pharisäertum. Dieser Unterschied hätte ausdrücklich betont werden müssen. Es unterblieb, und die Religion der Geldwechsler hatte den Vorteil. Christus war nicht so tolerant. Mit der Karbatsche legte er den »Kindern des Teufels« das Handwerk. Trotzdem er gesagt hatte: »Liebet eure Feinde«!

„Friede, ja," versetzte er; „was so ein richtiger Feind ist, ein offener, meinetwegen noch so brutaler, den kann man auch lieben, man kann ihn wenigstens achten, und so hat es auch Christus gemeint; aber dass wir die reinen Bestien, Menschen, die keine Liebe der Welt davon abbringen könnte, uns Seele und Leib zu vergiften, an's Herz schliessen, das zu ertragen, ist Christus nicht im Traum eingefallen. Er tut es ja selbst nicht. Im Gegenteil, er haut zu, so fest er kann; und was er voller Empörung dem Gesindel ins Gesicht schleudert, atmet die Unversönlichkeit selbst. Das wäre mir ein netter Religionsstifter, zwischen dessen Taten und Lehren auch nur der geringste Gegensatz klaffte! Ist ja alles Humbug. Warum haben sich denn die »Frommen« nie danach gerichtet? Die am allerwenigsten. Sogar den anständigen Gegner verfolgen sie bis auf's Blut; genau betrachtet, nur ihn. Vor dem abgefeimtesten Gaunertum schliessen sie die Augen. Die »Bayerische Volkspartei« weiss genau, dass wir ohne Hintergedanken die christlichen Grundlagen unserer Nation verfechten; sie weiss aber auch, dass wir mit ihr, solange sie sich nicht ändert, wenig Umstände machen würden, überhaupt keine machen k ö n n t e n ; und so hält sie es lieber mit dem Juden, weil sie hofft, mit seiner Hilfe an der Macht zu bleiben. Sie wird sich wundern. Der Jude benützt sie unter triefender Freundlichkeit, und jagd sie mit Skorpionen zum Henker, wenn er das Heft in der Hand hat."

„Unausbleiblich," stimmte ich ihm bei. „An uns würden sie diese fürchterliche Erfahrung nicht machen. Wir morden nicht, am allerwenigsten unser eigen Fleisch und Blut. Unserthalber können die Herren sogar wieder ans Ruder kommen, wenn der Saustall ausgemistet wäre und sie dann einsähen, wie recht wir hatten. Um's Regieren reissen wir uns nicht. Aber Deutschtum wollen wir, wahres Christentum wollen wir, Ordnung und Zucht wollen wir, und wollen es so gefestet, dass auch unsere Kinder und Kindskinder nichts daran ändern könnten."

„Sie halten das," sagte er, „nicht für möglich und deshalb unser Programm für Phrase, für die gleiche Phrase, mit der sie selbst wissentlich hausieren gehen. Es i s t aber möglich, es ist sogar g e w i s s; wenn es auch nicht von heute auf morgen geht. Nur muss der Anfang gemacht werden. Noch nie und nirgends hat es einen wahrhaft sozialen Staat gegeben. Ueberall und immer neigte die Oberschicht weit mehr zu dem Grundsatz: »was dein ist, ist mein«, als zu dem: »was mein ist, ist dein«. Dass die Unterschicht jetzt voller Wut den nämlichen Fehler begeht, haben sich die Neunmalweisen selbst zuzuschreiben. Von beiden hat der Jude den Vorteil. Die einen besorgten seine Geschäfte, die andern führen sie durch. Darum wenden wir uns gegen beide. Das Bonzentum fände bei uns ebenso sein Ende, wie das Sklaventum. Das ist arische, das ist christliche Weltanschauung. In der uns angeborenen Vernunft wurzelt sie, früher unbewusst, seit Christus bewusst."

„Stimmt," erwiderte ich. „Gegen links u n d rechts steht unsere Front. Und so kommt das eigentlich Seltsame: dass wir von zwei Richtungen abgewehrt werden, die sich gegenseitig selbst bekämpfen. Die Roten anschreien uns als Reaktionäre, und den Reaktionären sind wir die Bolschewisten. Dort wie hier bläst der Jude zum Sturm auf uns. Die Unterschicht sieht ihn nicht, sieht ihn n o c h nicht, und hasst uns deshalb aus Dummheit; die Oberschicht sieht ihn, meint aber, sich seiner für ihre eigennützigen Zwecke bedienen zu können, und fällt uns deshalb mehr aus Gewissenlosigkeit in den Rücken. Es gehört schon eine gute Portion Glauben dazu, hier den Mut nicht zu verlieren."

„Den haben wir Gottseidank zentnerweise," reckte er sich lachend auf. „Kein Wort, das uns so aus dem Herzen gesprochen wäre, wie das »Fürchtet euch nicht«! Und das soll ein Jude gesagt haben? Diese Kreatur der ewigen Angst? Hirnverbrannt!"

„Die Fälschung liegt ja auf der Hand," versetzte ich. „Im Evangelium Johannis erklärt Christus der Samariterin: »das Heil kommt von den Juden« und im selben Evangelium ruft er ein paar Kapitel später den Juden zu: »ihr seid nicht von Gott«, betont dort sogar, dass zwar er die Wahrheit rede, Abraham das aber **nicht** getan habe [72]). Nicht von Gott sein und den Teufel zum Vater haben, ist wohl so ziemlich das Gleiche. Und aus dieser Gegend soll das Heil kommen? Ein Blinder bemerkt hier das nachträgliche Einschiebsel des bekannten Zauberkünstlers. Den gleichen Schwindel haben wir dort, wo es von Christus heisst, er sei nicht gekommen, das Gesetz aufzulösen, sondern zu erfüllen. Kein Tütelchen usw.[73]) Quatsch! Schritt und Tritt **bricht** er das Gesetz, mit ausgesprochener Absicht! Sogar seinen Jüngern rät er so und so oft dazu. Er geht mit ihnen am Sabbath durch die Saat, was verboten ist; in der Synagoge isst er von Schaubroten, die nur die Priester fressen dürfen, und lässt auch seine Begleiter davon kosten; zur Uebertretung der Speisegesetze fordert er öffentlich auf [74]) — weiss der Kuckuck, ein sonderbares »Erfüllen«! Lauter Larifari, blos dazu da, um uns an seine angestammte Ehrfurcht vor der jüdischen Afterreligion glauben zu lassen."

„Du berührst," stippte er mich an die Brust, „den Haupthebel der Juden zur Ablenkung von der angeborenen Gemeinheit ihrer Rasse. Ein Volk, das den Heiland hervorgebracht hat, **muss** ja das auserwählte sein! Merkst du was, geneigter Leser? Dabei waren die dummen Luder so dumm, dass sie neben ihren Fälschungen, die offenkundigsten Widersprüche stehen liessen. Wäre die Welt nicht so arglos gewesen, hätte sie längst den Hokuspokus durchschauen müssen."

„Na," blinzelte ich, „vielleicht waren sie doch die Klugen. Ich meine; die Klugen, die klug genug waren, nicht klug zu sein [75]). Denke an Luther! »Die Jüden haben Lust, all ihr Ding zweifelhaftig und nichts Gewisses zu machen«, schreibt er [76]). Ihre Taktik läuft stets auf Verwirrung hinaus. Der Streit um Christus war unausbleiblich. Und er ist ihnen lieber, als der allgemeine Glaube an den »Juden« Christus. Dass die Theologen, namentlich die protestantischen, die Lügenlegende immer wieder heraushauen werden, dafür kennen sie ja ihre Pappenheimer."

„Eine saubere Theologie das," sagte er, „Christus einem Volk zuzuzählen, dessen Religionsbücher [77]) ihn unaufhörlich als »Hurensohn«, als »das Tier der Unzucht«, als den »Gehenkten«, als den »auf dem Dunghaufen begrabenen toten Hund« beschimpfen und in der Hoffnung schwelgen, er werde »in der

Hölle mit siedendem Kot gerichtet‹. Da greift man sich denn doch an den Kopf über dieses Uebermass psychologischer Kenntnisse. Kein Wunder, dass neulich Tübinger Theologiestudenten zu Ehren ihrer Kathederleuchte sich ernsthaft in hebräische Priester verkleideten und feierlichen Zuges Psalmen sangen [78]). Die liberale ›Mecklenburgische Zeitung‹ nennt das ›ein erhebendes Stück Vereinigung von Wissenschaft und Volkstum‹. Selbstverständlich."

„Selig sind die Einfältigen," brummte ich, „denn sie werden Idioten genannt."

V.

„Noch jederzeit," holte er aus, „war der Jude sofort auf dem Plan, wenn es galt, etwas Neues von Bedeutung zu vermanschen. Das ihm Gefährliche witterte er wie ein Schweisshund, und dann sucht er ihm mit allen Listen beizukommen. Verdrehen, etwas anderes daraus machen, oder wenigstens die Spitze umbiegen, ist sein Ziel. Schopenhauer hat ihn ›Abschaum der Menschheit‹, hat ihn ›Vieh‹, hat ihn ›grossen Meister im Lügen‹ genannt — was tut er? Er gründet eine Schopenhauer-Gesellschaft. Auch die Kant-Gesellschaft ist sein Werk, trotzdem oder vielmehr w e i l Kant das jüdische Volk summarisch für eine ›Nation von Betrügern‹ erklärt. [79]) Dasselbe mit der Göthe-Gesellschaft. ›Wir dulden keinen Juden unter uns‹, sagt Göthe. [80]) ›Sie haben einen Glauben, der sie berechtiget, die Fremden zu berauben,‹ dichtet er. [81]) ›Und dieses schlaue Volk sieht einen Weg nur offen: solang die Ordnung steht, solang hat's nichts zu hoffen,‹ fährt er fort. [82]) Kategorisch betont er: ›Ich enthalte mich aller Teilnahme an Juden und Judengenossen.‹ [83]) Umsonst. Die jüdische Göthe-Gesellschaft ist da. Und sie wäre da, auch wenn er sich eine solche ausdrücklich als Lumperei verboten hätte."

„Mit dem gleichen Recht," warf ich ein, „können wir beide einem Talmudverein beitreten. Was das doch für eine Schamlosigkeit ist! Garnicht zu fassen."

„Für den Juden nicht," versetzte er. „Für den gibt's keine Schamlosigkeit. Für den gibt's nur Nutzen oder Schaden. Mit einem anderen Masstab an ihn herangehen, heisst: die Katze im Sack kaufen."

„Unsere Wahrsager und Zeichendeuter," entgegnete ich, „tun es alle. Göthe, Kant, Schopenhauer scheinen ihnen die reinsten Schwätzer zu sein."

„Ach was, Göthe!" winkte er wie wegwerfend ab. „Nicht einmal der heilige Thomas von Acquino zieht bei diesen Leuten Der grosse Kirchenvater schrieb einmal [84]), die Juden, die sich auf einem Fahrzeug mit den Christen eingeschifft hätten, spielten eine eigentümliche Rolle: während die Christen beschäftigt seien, das Fahrzeug zu bedienen, plünderten die Juden die Vorratskammer und bohrten das Schiff an. Man solle der Bande das gestohlene Zeug abnehmen und sie an die Ruder ketten. Welche Grausamkeit! Wie unchristlich! Die armen Juden! Von denen man so viel lernen kann! Das wissen w i r, die Dr. Heim und Schweyer, denn doch besser. Mir san mir! Und die Welt fährt fort, mit derselben Weisheit regiert zu werden, mit der sie wohl schon zur Zeit des josephitischen Pharao regiert wurde."

„Nämlich von Staatsmännern," ergänzte ich, „die vor lauter Regieren garnicht merken, dass nicht sie, sondern andere regieren. Dem Zaren Nikolaus, der sich der gleichen Selbsttäuschung hingab, wurde dafür eine Kugel durch den Schädel gejagt. Schon um das Jahr 1840 herum liess Disraeli [85]) das ahnen. »Die geheimnisvolle russische Diplomatie wird von Juden organisiert«, plaudert er aus der Schule. Auch von »der mächtigen Umwälzung, die sich in Deutschland vorbereitet«, mauschelte er bereits Verschiedenes daher, vor allem, »dass es sich ganz und gar unter Führung von Juden entwickelt«."

„Noch jede Umwälzung," sagte er, „ob schlechter oder guter Tendenz, hat sich unter jüdischer Führung entwickelt. Die Umwälzungen von gemeiner Anlage waren überhaupt Judenwerk; und die von edler bekamen durch den Juden sehr bald den Dreh in sein trübes Fahrwasser. Wie die ersten Juden hiessen, die sich dem jungen Christentum blitzschnell an die Rockschösse hingen, tut nichts zur Sache. Juden waren es auf jeden Fall. Die handgreiflichen Fälschungen im Neuen Testament lassen daran keinen Zweifel. Cui bono? Wem nützten sie? Nur den Juden. Also! Paulus war Rabbinatskandidat. Eigentlich hiess er Schaul, Saulus. Maximilian Harden hiess Isidor Witkowski; Karl Marx: Mordochai; Ferdinand Lassalle: Lassal; Trotzky: Bronstein; Bela Kun: Kohn; Sinowjew: Apfelbaum; Lenin, den die Juden jetzt selbst als einen der Ihrigen zugestehen: zwar Uljanow, aber sein richtiger Name ist das gewiss auch noch nicht. Wie Sand am Meer so zahlreich sind die Veränderungen jüdischer Namen. Die Absicht zu täuschen, kann nur einem Strohkopf entgehen."

„Kurt Eisner," bestätigte ich aus Erfahrung, „wehrte sich hier in München sogar mit Händen und Füssen dagegen, Salomon Kosmaowski zu heissen. Er hiess aber doch so."

„Dass Schaul," fuhr er fort, „zuerst das römisch klingende Saulus wählte, und sich dann in Paulus umtaufen liess, gibt zu denken. Noch mehr, dass er anfangs die kaum flügge gewordene Christengemeinde mit ausgesuchter Grausamkeit verfolgte. Ich weiss nicht: Massenmörder, die später Heilige werden, ob das nicht doch zuviel des Wunders ist? Der Jude Weininger vermutet zwar auch von Christus, er sei ursprünglich Verbrecher gewesen [86]); aber, mein Gott, wenn das auch hundertmal ein Jude sagt, deshalb braucht es ja grade nicht unbedingt wahr zu sein. Ich meine nur. Möglicherweise gibt es katholische Aufsichtsräte der Deutschen Bank [87]), die anderer Anschauung sind, und denen möchte ich um Himmelswillen nicht vorgreifen!"

„Greif niemals vor, lass erst die Grossen greifen," zitierte ich den verschollenen Dichter Franz Xaver Müller [88]), „sie pfeifen anders als wir Kleinen pfeifen."

„Sehr anders," bemerkte er trocken. „Zum Uebelwerden, was sich da seit x Zeiten allerhand Posten und Pöstchen ergattert, kann einem leid tun. Lauter Gevatter Schneider und Handschuhmacher, die sich gegenseitig die Sprossen aufwärtsheben. Aber nicht, weil sie einander schätzen, sondern weil es ohne den Klüngel nicht geht. Es ist wie beim Juden. Ein richtiges Mannsbild verlässt sich auf seine eigene Kraft. Dem deutschen Volk vorwerfen, dass es nicht zusammenhält, kann grundsätzlich nur ein Streber. Seine Erfahrung empfiehlt ihm die klettenhafte Methode des Ungeziefers. In der Not kommt man ja wohl ohne enge Verbindung nicht aus; aber was hat uns denn ins Elend gebracht? Gerade das schäbige Zusammenhalten der Vielen und allzu Vielen unter uns. Das kennt nur den augenblicklichen Vorteil. **Männlich** sein, mehr brauchte es nicht. Dann könnte geschehen, was wollte. Dieser gemeinsame **Geist** wäre unwiderstehlich. Geduld! Wir erleben's. Noch ist nicht aller Tage Abend."

„Ueberhaupt," sagte ich, „das ewige Geschwätz: sich den Juden zum Vorbild nehmen! Wenn er es gar so weit gebracht hat, wie kommt es denn, dass doch kein Mensch einer sein möchte? Weil es nur Schein ist mit seinem ›weit gebracht haben‹. Das fühlt jeder. Die ganze Welt verstänkern, stets auf der Lauer liegen müssen, keine Minute sorglos sich selber angehören, immer ›wo ist ein Geschäft? tut mir **der** was? wie kann ich hier am besten einhacken?‹, ja, zum Teufel, so möchte ja kein Hund länger leben! Da muss ich wieder Luther anführen. ›Sie haben die Rache am Halse tausendmal ärger, als wir ihnen wünschen mögen‹, sagt er. [89]) Und so ist es auch."

„Nicht einmal im Unterbewusstsein," liess er sich vernehmen, „hat der Jude einen blassen Dunst vom Sinn der Zeitlichkeit. Der grosse Rechenmeister sieht das Nu, das bis jetzt verstrichen ist, für Jahrtausende an und glaubt wunder, was er alles seit den Tagen Abrahams gegen uns erreicht hat. Tatsächlich aber befindet er sich innerlich noch auf derselben Stelle, wie damals; wenn auch sein äusseres Gehaben einen anderen Eindruck macht. Wie damals kann er auch heute noch nicht offen aus sich heraus, wie damals ist er auch heute noch auf das tölpelhafte, aus allen Ständen zusammengesetzte ›Pöbelvolk‹ angewiesen und keinen Augenblick vor dessen Empörung sicher. Wie damals muss er, um sich zu halten, Ränke über Ränke spinnen, muss er lügen und fälschen. Und was sich damals in Aegypten zutrug, der Kampf gegen seine Bolschewistenhorden, trägt sich auch heute noch zu, dazwischen liegen nur scheinbare Pausen. Wann fällt die Entscheidung? Ehe man bis drei zählt."

Er strich sich gedankenvoll über die Stirn. Schade, dachte ich, dass man das nicht in Versammlungen vorbringen kann. Empfinden würden es ja wohl Viele, aber durchdenken — die Wenigsten. Dazu ist die Stunde noch nicht gekommen.

„Das ist eine andere Einheit alter Geschehnisse," sprach ich, „als sich der gute Oswald Spengler träumen lässt⁹⁰). Der glaubt: wenn er alle möglichen Fetzen zusammenstückelt, käme »der Gottheit lebendiges Kleid« heraus. Und wie er die Dinge bei den Haaren herbeizieht. Reim dich oder ich friss dich. So etwas von Geistreicheln um jeden Preis, überhaupt eine Eitelkeit, dass es einem auf die Nerven fällt. Ich halte ihn für einen Juden. Schon die Riesenreklame, die sofort für sein Buch einsetzte, spricht dafür."

„Der Flunkerer," versetzte er, „bringt es fertig, über 600 Seiten zu schreiben, ohne auch nur mit einer Silbe die Judenplage zu erwähnen. Das genügt."

„Genau wie Thomas Mann," stimmte ich ihm zu, „in seinem dicken Schmöker »Politische Betrachtungen eines Unpolitischen«. Der Jude? Ach, du meine Güte, den hab' ich ja ganz vergessen! Was spielt er aber auch schliesslich für eine Rolle? Nicht der Mühe wert."

„Weisst Du, wer es ebenso macht?" sagte er kurz. „Paulus genannt Saulus, genannt Schaul! Dort und da einmal ein halb strenges, halb wehleidiges Wort gegen »die von der Beschneidung«, das ist alles. Ueber das Wichtigste, die erbärmliche Charakterlosigkeit der Juden, ihre teuflische Arglist, ihren scheusslichen Jehova- und Talmudaberglauben keinen Ton. Wenn einer sich auskennt, so ist es er. Wie kein anderer weiss er, dass von allen Völkern der Welt die Juden zu allererst der Seelsorge bedürfen. »Gehet nicht zu den Heiden, gehet zu den verlorenen Schafen Israels«! fordert ja auch Christus. Er pfeift darauf. Zu den Griechen, zu den Römern geht er. Und bringt ihnen sein »Christentum«. Eines, mit dem sich das römische Weltreich aus den Angeln heben lässt. Alle Menschen sind gleich! Brüderlichkeit! Pazifismus! Keine Würde mehr! Und der Jude triumphierte."

„Ich denke immer noch," spann ich den Faden weiter, „an den trefflichen Herrn Levin im »Berliner Lokalanzeiger«, als es ihm plötzlich wie verzückt herausfuhr: das brächte nur ein Jude fertig, diese Frechheit des Paulus, sich mitten auf das Kapitol hinzustellen und dort eine Lehre zu verzapfen, die dem Römerreich den Garaus machen müsste! Wort für Wort sagte er so; ich weiss das noch wie heute."

„Es trifft ja auch den Nagel auf den Kopf," entgegnete er. „Bis sich das Christentum von Paulus erholt, kann 's noch lange dauern. Ach, was sind wir doch für gutgläubige Gemüter! Ein Jude bringt Hunderte von Christen um; auf einmal merkt er, dass die übrigen nur umso eifriger werden; das bekannte Licht geht ihm auf; er spielt den Verwandelten, wirft sich in die grosse Pose, und siehe da: obwohl er den anderen Aposteln auf Schritt und Tritt ausweicht, lauschen wir andächtig seiner ›stimmgewaltigen Predigt‹. Die einfache Lehre des Herrn, die selbst der kindlichste Sinn zu fassen vermag, müssen wir uns von einem Hebräer ›erklären‹ lassen."

„Der Jude," versetzte ich, „wird sagen: warum seid ihr so dumm und lasst euch jeden Bären aufbinden? Und viele Wahrsager und Zeichendeuter gibt es, die ihn wegen seiner enormen Schlauheit, oder wie sie das nennen, ›Geistigkeit‹ mit scheuer Bewunderung betrachten."

„Wenn es," erwiderte er, „auf das blosse Haben ankäme, hätten sie recht. Irgendein Moritz [91]) triumphierte einmal, die Juden verwalteten den geistigen Besitz des deutschen Volkes. Schade, dass er nicht hinzusetzte, wie sie ihn verwalten. Ich fürchte: wenn sie z. B. den Göthe noch ein paar Jahrzehnte länger in der Reissen haben, wird das Volk es eines schönen Tages begreiflich finden, dass er aus Frankfurt stammt. Aber auch dann noch wird es Menschen geben, die den Göthe mit den Augen des Göthe lesen, und nicht mit der schleimigen Brille des Moritz. Professoren werden das kaum sein, aber vielleicht Landstreicher. Eine Art jedenfalls, die nicht aussterben wird, und bei ihr ist der alte Göthe gut aufgehoben, den neuen können die Juden ruhig ›verwalten‹. Er ist ihnen zu gönnen."

„Wenn ihnen aber," warf ich wie besorgt ein, „auch die ›Landstreicher‹ gläubig zuhören, also ebenfalls auf den Leim gehen?"

„Es liegt," lächelte er, „im Wesen der ›Landstreicher‹, das Herz so voll zu haben, dass der Kopf sich einreden lassen darf, was er will; den Ausschlag wird er niemals geben. Die arm im Geiste sind, heisst es, die schaffen's. ›Was kein Verstand des Verständigen sieht‹, sie ahnen's. Und bewahren's. Ihren Schädel mag man betrügen; über ihr Gemüt haben nicht einmal sie selbst Gewalt."

VI.

„Und siehst du," klopfte er auf den Tisch, „ihnen allein ist es zu danken, dass der Jude auch unseren christlichen Besitz nicht anders als unseren übrigen kulturellen ›verwaltet‹. Wo sind sie? Wo waren sie? Unter Hoch und Niedrig, unter den Königen und Soldaten, unter den Päpsten und Bettelmönchen, unter den Gelehrten u. Laien, überall. Nur nicht unter den Nichts—als—Reichen, nur nicht unter den Nichts—als—Verständigen, nur nicht unter den Gierigen und Unersättlichen, nur nicht unter dem »Pöbelvolk«. Hier ist der Jude zu Hause. Was hier als geistiger Besitz erscheint, das verwaltet er tatsächlich; es ist sein eigener. Wie sich dem König Midas jedes Ding in Gold verwandelt, verwandelt sich ihm jedes tiefe Wort in Dreck. Für die andern aber, für die — —"

„Landstreicher der Seele," warf ich ihm zu.

„Bleibt alles beim Alten," nickte er. „Es hat Päpste jüdischen Blutes [92]) gegeben. Auch an sonstigen Würdenträgern der gleichen Herkunft fehlte es selten oder nie in der Kirche. War das, was sie vertraten, Katholizismus? Nein, es war Judentum. Nehmen wir nur eines: den Ablasshandel. Der jüdische Geist, wie er leibt und lebt. Wir beide sind Katholiken, aber dürfen wir das nicht sagen? Will man uns wirklich weissmachen, dass an der Kirche nie etwas auszusetzen gewesen wäre? Gerade w e i l wir Katholiken sind, sagen wir es. Mit dem Katholizismus hat das nichts zu tun. Von dem wissen wir, dass er unberührt geblieben wäre, auch wenn die halbe Hierarchie aus Juden bestanden hätte. Eine Anzahl verinnerlichter Menschen hielt ihn immer wieder hoch. Oft nur in der Stille, manchmal sogar gegen den Papst. Bald waren es viele, bald wenige. Je nachdem der Geist an der Spitze war. Im allgemeinen kann man sagen, dass die Päpste germanischer Abstammung den Katholizismus reiner verkörperten, als die Italiener oder Spanier. Der deutsche Hildebrand stützte ihn als Gregor VII., konsequent wie keiner. Solange er am Ruder war, hatte die verderbliche Gleichberechtigung der Juden ein Ende."

„Dass," sagte ich, „dieser gewaltige Papst in der Verbannung sterben musste, hängt vielleicht damit zusammen. Irgendwie findet der Jude stets zur Rache die Hintertür."

„Ohne Zweifel," war die Antwort. „Ihm überall nachzuspüren, wäre ja eben das A und O unserer Historiker. Statt dessen untersuchen sie die Stuhlgänge der Vergangenheit. Karl der Grosse beschützte die Juden nach Strich und Faden. Die 12000 Sachsen, die er bei Verden hinrichten liess, bestes germanisches Blut, und seine jüdischen Ratgeber scheinen mir nicht sehr weit auseinander zu liegen. Der offenkundige Wahnsinn der Kreuzzüge schröpfte das deutsche Volk um 6 Millionen Menschen. Endlich gelang es dem Hohenstaufen Friedrich II., durch blosse Verhandlungen, ohne Schwertstreich, das Heilige Land der Christenheit zu sichern. Was tut die Kurie? Sie schleudert den Bann auf den Verhassten, kannte seinen Vertrag mit dem Sultan nicht an, vernichtete den grossen Erfolg. Den Drahtziehern scheint es also weniger um die Sache, als um den Aderlass zu tun gewesen zu sein. Zuletzt kam gar noch der Kinderkreuzzug. Zehntausende und aber Zehntausende von Kindern unterwegs gegen die siegreichen türkischen Heere.

und alle zugrunde gegangen. Dass die Idee zu diesem Aberwitz einem nichtjüdischen Schädel entsprungen sein sollte, will mir nicht recht eingehen. Immer wieder fährt mir der Bethlehemitische Kindermord dazwischen. Auch das Abschlachten der ägyptischen Erstgeburt. Ich gäbe was darum, wenn ich die Kreuzprediger und ihre Hintermänner photographiert sehen könnte. G i o r d a n o B r u n o [93]) nannte die Juden »eine so pestilenzialische, aussätzige und gemeingefährliche Rasse, dass sie vor ihrer Geburt ausgerottet zu werden verdienten«. Der geniale Denker wurde verbrannt. Wegen seiner Irrlehren? Es wimmelte damals auch in Italien von Gegnern der Kirche; den sachlichsten griff man heraus."

„Wie ist es denn j e t z t ?" unterbrach ich ihn. „Ein katholischer Priester nach dem andern wird in Russland von den jüdischen Bestien zu Tod gemartert; viele Hunderte sind schon erledigt; die Kirche liegt in den letzten Zügen; Satan und Judas haben Denkmäler; Rom bringt es nicht fertig, das Kind beim rechten Namen zu nennen. Manchmal ein kleiner Ansatz — sofort wieder aus. Der Katholizismus will reden, das Judentum lähmt ihm die Zunge. Du weisst ja, was ein Trebitsch [94]) gesagt hat: Deutschland bolschewistisch und die Juden werden mit Rom spielend fertig. Als ein Jude muss er es wissen."

„Rom," versetzte er, „wird sich ermannen; aber erst, wenn w i r uns ermannt haben werden. Nur die Gründlichkeit des Deutschen kann der Welt die Augen öffnen. Ein zweiter Hildebrand wird erscheinen, ein noch grösserer, und den Weizen von der Spreu sondern. Und eines Tages wird es heissen: die Kirchenspaltung ist g e w e s e n."

„Weil man," rief ich, „hinter den, der an ihr die Schuld trägt, gekommen sein wird! Weil man den verkappten Hebräer mitsamt seinen Kuckuckseiern aus der gesamten Christenheit hinausgeworfen haben wird! Nicht bloss die Aegypter, auch die Christen hat er »aneinander gehetzt, dass ein Bruder wider den andern, ein Freund wider den andern usw. stritt«, und tut es noch heute. Von aussen her, zuerst als Fallensteller, dann als Pressbandit; von innen heraus, und das war das Gefährlichste, in der Maske des christlichen Seelsorgers. Die christlichen Konfessionen wimmeln von jüdischen und halbjüdischen Geistlichen, die evangelische noch mehr als die katholische. So siegessicher fühlen sie sich schon in der evangelischen, dass in Dresden der P a s t o r W a l l f i s c h [95]) sich öffentlich zu der Frechheit verstieg: »ich bin ein Jude und bleibe es auch; ja, jetzt, nachdem ich den christlichen Glauben kennen gelernt habe, bin ich erst ein rechter Israelit geworden,« und in Hamburg der Pastor S c h w a l b [96]): »ich fühle mich als rechter Jude und habe mich stets so gefühlt«. Wo so etwas möglich ist, kann sich das Christentum begraben lassen."

„Ich muss immer wieder lachen," sagte er, „wenn ich an das Bild des Predigers **Paulus Cassel** in dem Prachtwerk über den Protestantismus denke. So etwas von scheinheiliger Judenvisage, ein alter, schmachtlockiger Börsenmakler im Talar, und — bei der Judenmission! Man sieht ordentlich, wie der fette Talmudjude einen langen Zug krummbeiniger Bankiers watschelnd und tätschelnd in den Dom zum Taufbecken schleppt. Hosiannah! Heil ist ihnen widerfahren! Das Kapitel geht schon gleich schön an. »Israel ist das Rätsel der Weltgeschichte.« Jawohl, das ist es: aber nur für die, die nicht alle werden. »Einst das Volk der Erzväter und Propheten.« Einst? Ach, geh! Noch in tausend Jahren wird es das Volk der Erzschelme und Prophetenspitzbuben sein. Zweimal bringt der gerissene Stammvater Abraham sein Weib Sara in einem Harem als seine Schwester unter; und zweimal lohnt sich mit Jehovas Hilfe das Geschäft. Die Propheten toben nach Rache wie die wilden Tiere im Käfig. Ob sich auch die, die gesteinigt wurden, so aufführen würden, weiss ich nicht. Ihre Prophezeiungen sind merkwürdiger Weise bis auf den letzten Buchstaben verloren gegangen. Fehlen nur noch die Psalmisten. Auch eine hübsche Lektüre, wenn man hinter ihre verzuckerten Absichten kommt. Unseren Protestanten ist nicht mehr zu helfen. »Ehrliche Leute, jedoch glatte Gesellen« nennt sie der Protestant Schopenhauer. [98]) Die Bibel ist kein Kochbuch."

„Luthers Geist," erwiderte ich, „scheint bei ihnen ganz ausgespielt zu haben. In der Frage aller Fragen, der Judenfrage, schweigen sie ihn entweder tot oder suchen ihn zu »mildern«. Selbst die wohlmeinendsten unter ihren Theologen, wie Professor **Walther**[99]), nennen Luthers Stellung zu den Juden »so auffallend, dass sie nicht nur bei Christen ein verblüfftes Staunen, sondern auch bei Juden grossen Unwillen erregen musste«. Diejenigen Christen, die verblüfft gestaunt haben, hätten das nicht notwendig gehabt, wenn sie sich nicht vorher von den Juden hätten verblüffen lassen; und um den grossen Unwillen der Hebräer haben wir uns nicht ein Jota zu kümmern. Wo macht er sich übrigens bemerkbar? Bis jetzt war Israel mäuschenstill darüber. Dafür lobt es den Gegner Roms über den grünen Klee. »Luther, Du teurer Mann«, beginnt Heinrich Heine[100]) eine förmliche Jubelhymne auf den Reformator."

„Er weiss, warum," spottete er. „Alle Juden wissen, warum sie Luther feiern, von seinem Antisemitismus aber keine Notiz nehmen. Ohne es zu wollen, tat er ihnen Handlangerdienste, und wie! Je mehr sie seine Autorität herausstreichen, desto weniger merkt die Welt seinen Irrtum. Dass er sie später wie die Pest verwünschte, ist ja bitter. Aber — wer erfährt's?"

„Der Jude **Goldmann**," flocht ich ein, „sagt es rund heraus.[101]) »Luther hat das Alte Testament wieder zu Ehren gebracht«."

„Statt zu Unehren," war die Antwort. „Seine Uebertragung mag meinethalben der deutschen Sprache genützt haben, der deutschen Urteilskraft hat sie heillos geschadet. Herr des Himmels, was für ein Glorienschein liegt jetzt über der Satansbibel! Luthers Poesie funkelt derartig, dass sogar die Blutschande der Töchter Loths einen religiösen Schimmer bekommt. Das Gebot Jehovas, fruchtbar zu sein und sich zu mehren, musste eben um jeden Preis auch von diesen zwei edlen Jungfrauen befolgt werden. Helfe, was mag."

„Schopenhauer [102] äussert sich ähnlich," bekräftigte ich. „Wer das Alte Testament verstehen wolle, müsse es in der griechischen Uebersetzung lesen, meinte er. Dort habe es einen ganz anderen Ton, eine ganz andere Farbe, keine »A h n u n g v o m C h r i s t l i c h e n«! Dagegen gehalten, erscheine Luthers Arbeit »fromm«, sei auch »oft unrichtig, bisweilen wohl mit Absicht, und durchaus im kirchlichen, erbaulichen Ton gehalten«. Luther habe sich Aenderungen erlaubt, »die man Fälschungen nennen könnte«, usw."

„Luther nicht," hob er den Finger. „Geändert und gefälscht haben die Rabbiner, die ihm die ganze Zeit beim Uebersetzen halfen. Hebräisch will gelernt sein. Die Judensprack ist eine schwere Sprack. [103]) Man glaubt z. B., das Wort »rêa« hiesse »Volksgenosse«. Da kommt aber der Rabbiner und sagt: es heisst »Nächster«. Und so übersetzt man: »Liebe deinen Nächsten, wie dich selbst«, statt, wie es richtig wäre: »Liebe deinen Volksgenossen, wie dich selbst«. [104]) Ein ganz kleines Kunststück, aber — an die Menschenliebe der Juden ist nicht mehr zu tippen."

„Auf den Schwindel vom »Gottesvolk« ist eben auch Luther hereingefallen," versetzte ich. „Und so musste ihm das Alte Testament wohl oder übel zur Offenbarung werden. In dieser Verblendung ging er von Haus aus an das Buch heran. Etwas anderes als lauter Kostbarkeiten k o n n t e es einfach nicht enthalten. Mit einem Mal stösst er Schritt für Schritt auf die Gemeinheiten. Verdutzt guckt er auf. Hilflos. Das kann ja doch nicht sein! Das muss einen ander'n Sinn haben! Und richtig, er liest zwischen die Zeilen hinein, was gar nicht darin steht. Ueberall sieht er Anspielungen auf den Erlöser. An den denken aber die Juden nicht im Traum. Ihr Messias ist kein »Lämmerschwänzchen«, wie Heine von Christus spottet[105]), kein Verächter des Erdendaseins; ihr Messias ist im Gegenteil ein brutaler Hund, der seinen Juden alles Irdische restlos erobert; er ist der »F ü r s t d i e s e r W e l t«. Ununterbrochen heisst es: »Ihr werdet die Güter der Völker verzehren und ihre Herrlichkeit zu eurem Ruhm machen« oder: »Heische von mir, so will ich dir die Heiden zum Erbe geben und die Welt zum Eigentum«. Uebrigens, damit wir uns auskennen: das eine ein »gottestrunkener« Prophet, das andere ein »gemütstiefer« Psalm[106]). Luther wird gutgläubig zum Schönfärber. Umso leichter, als er mitten im grössten Morast an Stellen kommt wie: „du wirst unter den Völkern kein bleibend Wesen haben, und deine Fussohlen werden keine Ruhe finden« oder: »du wirst ein Abscheu sein unter allen Völkern«. Mitleid ergreift ihn. Die Juden, denkt er sich, sind ihrer göttlichen Lehre untreu geworden, aber sie werden wieder zu ihr heimfinden. Dass die sämtlichen Strafpredigten nur den Zweck haben, sie bei der eisernen Stange zu halten, übersieht er. Viele Stellen anscheinend edelster Prägung haben einen anderen Zweck. Den der R ü c k e n d e c k u n g. Später erkennt er das, aber nur an den lebenden Hebräern, nicht auch an ihrer Bibel. »Die Jüden haben Lust, all ihr Ding zweifelhaftig und nichts Gewisses zu machen.« D a s ist's. Wenn man sie auf einen besonders niederträchtigen Satz festlegen will, deuten sie entrüstet auf einen hin, der nur so trieft von Herzensgüte. Heinrich Heine schreibt ein hundsgemeines Gedicht gegen Deutschland, fünf Minuten nachher preist er »die teure Heimat« über den Schellenkönig. Stimmungssache? Ach, du lieber Gott! Ein alter Hurenbeutel ist manchmal »gestimmt«, das Ave Maria zu singen. Und eine grundehrliche Haut fühlt sich des öftern »gestimmt«, zu stehlen. Dummes Zeug! Der jüdische Fuchs hat seine krummen und graden Röhren mit Absicht. Erst wenn man sie a l l e verstopft, kann man ihn zur Strecke bringen. F r i t s c h[107]) lässt ihm noch den Ausweg durch die Konstruktion, zwischen den alten Israeliten und Juden sei ein Unterschied gewesen. Aus den graden Röhren schliesst er auf einen früheren Karnickelbau."

„Und auf einmal," lachte er, „wird der Jude als Israelit das Lokal verlassen. Nein, du hast recht. Gut gibt sich der Jude nur, um desto unbeachteter das Schlechte wirken zu können. Zeit seines Lebens war es so, und so wird es auch Zeit seines Lebens bleiben."

„Diese Zwiespältigkeit," ergänzte ich, „findest du sogar bei S p i n o z a[108]). Eine Weltbetrachtung, wie sie freier kaum gedacht werden kann; und eine Ethik, dass es einer Sau graust. »In allen Dingen das Nützliche suchen«, ist die Quintessenz seiner Moral. Der echte J u d e n s t a n d p u n k t. Bezeichnender Weise hat sich dieser »Ueberwinder des Judentums« trotz aller Anzapfungen nie über das Judentum geäussert. Otto Hauser[109]) nennt ihn so. Nun ja, wer die Philosophie für ein blosses »Spiel der Gedanken« erklärt, nur dazu da, um den Philosophen Spass zu machen; von dem weiss man ja ungefähr, wie viel's geschlagen hat."

„Auch der K a s p a r Hauser[110]) war kein Prinz," winkte er ab, „sondern ein schlauer Tölpel, der richtige Bauernfänger. Notabene, es wäre ein Wunder gewesen, wenn ihn nicht die Juden zum Romanhelden gemacht hätten.[111]) Je angefaulter das Individuum, desto lieber."

„Wenn's gerade pressiert," erwiderte ich, dichten sie einfach Kerngesunde in Angefaulte um. Ich erinnere mich, in einem jüdischen Buch über Goethe allerlei von dessen ererbter Syphilis gelesen zu haben; und in einem über Richard Wagner viel von dessen päderastischer Veranlagung. Freilich, wenn die beiden als waschechte Juden gelten sollen, muss der Beweis lückenlos erbracht werden."

„Ob sie wohl," meinte er, „auch den Luther zum Juden frisieren werden? Schwerlich. Er hat ihnen denn doch zu warm eingeheizt. Was in ihm steckt, werden sie natürlich ebenso wenig aus ihm herausholen."

„Weisst du, was das ist?" frug ich.

„Ich weiss es", nickte er ernst. „Die fürchterlichste Tragik. Eine Schuld von so grauenhafter Wirkung, dass heute die ganze Kultur daran zugrunde zu gehen droht, in aller Unschuld begangen. Mit der grösste Deutsche die ahnungslose Ursache des deutschen Zusammenbruchs. Luther, der gewaltige Gegner der Judenheit, unbewusst ihr verhängnisvollster Wegbereiter. Nicht zu fassen; ich sage dir, nicht zu fassen. Um lausige zehn oder zwanzig Jahre zu spät geschehen! Erst kurz vor seinem Tod [112]) des Judas ansichtig geworden! Wo alles bereits entschieden war! Vorher mit Leib und Seele für den Verräter! Da sind ihm die Hebräer noch »Vettern und Brüder unseres Herrn«, wir Christen aber nur »Schwäger und Fremdlinge«. Händeringend beschwört er das Volk, »fein säuberlich« mit ihnen umzugehen. Ueber die Apostel erhaben sind sie ihm! Der selige Erzberger hätte es nicht toller treiben können."

„Nur," stoppte ich, „keinen Augenblick so aufrichtig. Wenn Luther ein Zeitgenosse Erzbergers gewesen wäre, hätte er sich nicht erst über den Zweck jüdischer Schweigegelder klarzuwerden brauchen, um das Judentum rechtzeitig zu durchschauen. Schon als Student wäre er mit beiden Füssen zugleich in den Kampf gegen die Teufelsbrut hineingesprungen."

„Mein Gott," lenkte er ohne weiteres ein, „man kann ihm keinen Vorwurf machen. Vierhundert Jahre dazwischen ist ein Zeitraum. Eines darf man aber doch nicht vergessen: der Volksinstinkt war damals wacher, als heutzutage. Auf der ganzen Linie bestand das Misstrauen gegen die Juden. Für den Volksmann Luther, den Sohn einfacher Leute, spricht seine langjährige Vorliebe für die Juden gerade nicht; wenn man auch seinem Klosteraufenthalt eine gewisse Weltfremdheit zugute rechnen muss. Es scheint eben auch hier wie überall gegangen zu sein: das viele Studieren verdirbt die Augen. Trotzdem: Luther war ein grosser Mann, ein Riese. Mit einem Ruck durchbrach der die Dämmerung; sah er den Juden, wie wir ihn erst heute zu sehen beginnen. Nur leider zu spät, und auch dann noch nicht da, wo er mit am schädlichsten wirkt: im Christentum. Ach, hätte er ihn da gesehen, in der Jugend gesehen! Nicht den Katholizismus hätte er angegriffen, sondern den Juden dahinter! Statt die Kirche in Bausch und Bogen zu verwerfen, hätte er seine ganze leidenschaftliche Wucht auf die w a h r e n »Dunkelmänner« fallen lassen. Statt das Alte Testament zu verklären, hätte er es als die Rüstkammer des Antichristen gebrandmarkt. Und der Jude, der Jude wäre in seiner scheusslichen Nacktheit dagestanden, zur ewigen Warnung. Aus der Kirche hätte er herausmüssen, aus der Gesellschaft, aus den Hallen der Fürsten, aus den Burgen der Ritter, aus den Häusern der Bürger. Denn Luther hatte die Kraft und den Mut und den hinreissenden Willen. Nie wäre es zur Kirchenspaltung gekommen, nie zu dem Krieg, der nach Wunsch der Hebräer dreissig Jahre lang arisches Blut in Strömen vergoss."

„Und nie," sprang ich weiter, „zu dem jetzigen Faktum, dass ein Vertreter der blutbefleckten Judendiktatur Russlands einem hohen katholischen Würdenträger [113]) verbindlichst die Hand drücken darf."

„Das spricht Bände," rief er, „ganze Chroniken! Wer hier noch nicht sieht, wird all seiner Lebtage den Star nicht gestochen bekommen. Diplomatisch müsse Rom sein? Lasst euch heimgeigen! »Euere Rede sei Ja, ja — nein, nein; alles andere ist von Uebel." Heraus mit der Sprache, wie Gregor VII., wie die Kirchenväter Chrysostomus [114]) und Thomas von Acquino, wie alle echten Christen grösseren Kalibers sie sprachen! Rom habe »abzuwägen«, die Schuld richtig zu verteilen? Am Ende weiss es noch gar nicht, wo sie bergehoch liegt? Der billige Jakob auf der Auer Dult weiss das!. Und ob er das weiss!"

„Genau noch wie zu Luthers Zeiten," sagte ich. „Damals der Judenhandel mit dem Ablass, heute die Judenpolitik. Wenn man dagegen Front macht, wird einem unterschoben, man wolle weg von Christus, zu Wotan oder weiss der Kuckuck wo noch hin. Querköpfe, die sich vor lauter Verzweiflung nicht mehr auskennen, mögen ja wohl zu diesem Strohhalm greifen; wir verbitten uns einen derartigen Blödsinn. In Christus, dem Inbegriff der Männlichkeit, finden wir alles, was wir brauchen; und wenn wir gelegentlich einmal von Baldur reden, schwingt immer ein Stück Freude mit, die Genugtuung darüber, dass unsere heidnischen Urahnen bereits so christlich waren, Christus in dieser Idealgestalt vorauszuempfinden. Auch den Judas, den Loki, hatten sie schon. Wie heisst er noch? Loge. Sprich's französisch aus, und der Logenbruder kommt zum Vorschein."

„Der Humanist!" schlug er mit der geballten Faust auf den Tisch. „Der Mann der Toleranz, der »Freiheit, Gleichheit, Brüderlichkeit«! Der Rattenfänger der Hammeln! Der Jude als Freimaurer, der dienstleifrig die Welt darüber belehrt, wie man in der freien Luft mauern kann! Kein schöneres Fressen für ihn, als die Vielwisser, die Besserwisser, die Streber. Seit es »Logiker« gibt, drängen sie dem Meister der »Logik« in Scharen zu. Schon Ulrich von Hutten[115]) war darunter. »Ich hab's gewagt«! fuchtelte er grossartig umher."

„Es fragt sich nur," unterbrach ich ihn lachend, „was er gewagt hat. Mir scheint: »ein Narr auf eig'ne Faust zu sein«, wie Göthe sagt. Und so erwischte er denn auch statt der richtigen Dunkelmänner die falschen. Man lese nur das Gedicht, worin er den Kurfürsten Albrecht[116]) zu der scheusslichen Folterung und Verbrennung des jüdischen Renegaten Pfefferkorn[117]) überschwänglich beglückwünschte; und man weiss, wie der Hase lief. Aus welchem Grund der Pfefferkorn das Christenfeindliche einzelner jüdischer Religionsschriften aufgedeckt hat, ob aus persönlicher Rachsucht oder weil in ihm, was das Wahrscheinliche ist, die jüdische Bosheit zum Vernichtungswillen überhaupt, zum unbegrenzten Zerstörungstrieb geworden war; tut hier nichts zur Sache. Tatsächlich hat er das Judentum an seiner empfindlichsten Stelle getroffen; und tatsächlich fiel ihm deshalb der Humanist Hutten a tempo in den Rücken. Selbstverständlich neigte auch der prachtliebende Kurfürst Albrecht dem Humanismus zu, wie schon aus seiner humanen Behandlung des Pfefferkorn hervorgeht. Das grosse Licht Reuchlin[118]) liess es erst recht nicht daran fehlen. Dieser »beste Kenner des Hebräischen in Deutschland« war es, der in den angegebenen jüdischen Religionsschriften mit dem besten Willen nichts Christenfeindliches von Belang zu entdecken vermochte und das auch seelenruhig so begutachtete. »Mit der peinlichen Gewissenhaftigkeit des wahren Gelehrten« bemerkt ebenso ruhig der Luxusband. »Im Morgenrot der Reformation«[119]). Wie gewissenhaft es bei den Humanisten zuging, verrät das Buch anderswo, da, wo es ihren Haupthelden, den Erasmus[120]), bespricht. Er bettelte um Gold und Geschenke, wo er nur konnte. O sancta humanitas!"

„Und diese Gesellschaft," grollte er, „stand als treibendes Element hinter dem naiven Luther! Denn das war er damals, als er zum Kampf schritt. Wie quält er sich schon als junger Mensch mit allerlei Einbildungen ab! Der Schreck vor einem Blitzstrahl führt ihn ins Kloster. Gut wie keiner, ringt er dort um sein Seelenheil eifrig wie keiner, seinen Mitmönchen oft zum harmlosen Spott. Da kommt er nach Rom, und der erste Verdacht zuckt in ihm auf. Die Ueppigkeit des dortigen Klosterlebens, das eilige Hinunterhaspeln der Messen und sonstige Zeichen der Verweltlichung machen ihn stutzig. Daheim vergisst er es wieder. Als Professor der Theologie stösst er in Wittenberg auf den Humanismus. Das »freisinnige« Gelichter drängt sich sofort an den Charakterkopf. Reuchlin, die Leuchte der hebräischen Forschung, tritt in seinen Gesichtskreis und lenkt ihn auf Paulus, genannt Saulus, genannt Schaul. Zwinkernd steckt man ihm die Dunkelmännerbriefe gegen die Kölner Dominikaner, die Hauptfeinde der Juden zu. Ihr geistloser Ton — witzig sind sie nur der Oberflächlichkeit — behagt ihm nicht. Aber — es bleibt doch eine Menge sitzen. Das ganze Klosterwesen wird ihm unter der Hand verzerrt, der Jude zum Unschuldsengel."

„Um kein Haar anders," warf ich ein, „wie mit den ›Briefen des Landtagsabgeordneten Filser‹ von L u d w i g T h o m a [121]). Hutten Nr. 2. Faustdick aufgetragen bis dorthinaus, blödes Zeug, aber den Juden gefiel's, weil es gegen die Pfaffen ging und auch der Bauer ein's abbekam. Die koschere Presse schrieb sich die Finger wund vor Begeisterung; und so gefiel's sogar denen, die sich bei einigem Nachdenken schandbar darüber hätten ärgern müssen. Pfaffe und Bauer der Ausbund tölpelhafter Verschmitztheit; der aber, auf den es angekommen wäre, der Jude, ging wieder einmal leer aus. Wie immer bei Thoma. Dass er kurz vor seinem Tod den ›Miesbacher Anzeiger‹ mit antisemitischen Sticheleien versorgte, anonym, darauf pfeif' ich. Deutsch ist anders. Seine Erbin war eine vom Stamme Mauschel. Das Bild ist fertig."

„Wer so im Leben steht", entgegnete er, „wie es bei Thoma der Fall war, m u s s den Juden sehen, oder er ist ein Ochse. Seine Anhänger haben die Wahl. Auch Hutten, überhaupt die Humanisten waren Weltleute. Luther nicht. Luther sah den Juden lange im Spiegel der Gnade. ›Das Volk Gottes‹. Aus. Die Humanisten taten das Ihre. Welche Niedertracht von den Mönchen, die heiligen Schriften Israels zu verlästern! Mit dem Ablasshandel wurde das Kraut fett. Der Stein kam ins Rollen. Sichtlich wider den Willen Luthers. ›Von vielen Freunden und Unbekannten‹, schreibt er selbst, wurde er ›in hartem Redestreit‹ zur Tat gedrängt. Was sich da alles um ihn mausig gemacht haben mag! Im Schatten des Juden! Auch hinter den römischen Unterhändlern reckte sich die dunkle Gestalt. Alle Versuche der Verständigung scheiterten. Der grosse Kladderadatsch war da".

„Und Deutschland bezahlte die Zeche", sagte ich. „Der Protestant Göthe hat das gefühlt. Wegwerfend dichtet er:

›Franztum drängt in diesen verworrenen Tagen, wie ehmals Luthertum es getan, ruhige Bildung zurück‹.

Auch das Volk der Reformation empfand bei aller Verehrung für den kühnen Bekämpfer des christlich aufgeputzten Judenschwindels, wohin die Reise ging. Unter den Humanisten wurde nicht blos Reuchlin der Bestechung durch die Juden beschuldigt; und mit dem Ruf Huttens ging es unaufhaltsam bergab. Zuletzt gab ihm sogar noch der eigene Logenbruder Erasmus einen Fusstritt; Aber nicht, weil er durch den angerichteten Schaden die ›ruhige Bildung‹ bedroht sah, sondern weil es unter denen, die in freier Luft zu mauern verstehen, nicht selten Brauch ist, sich unter Gestank zu drücken, wenn's brenzlich wird".

„Göthes Wort vom Luthertum," grübelte er, „stimmt nicht ganz. Es hiesse besser: Lutherersatztum. Das Luthertum kam erst viel später zur Entwicklung, wenige Jahre vor dem Tod des kerndeutschen Mannes, als er den Juden erkannte. Statt die ruhige Bildung zurückzudrängen, hätte es ihr im Gegenteil die Bahn freigemacht. Inzwischen war aber das Lutherersatztum obenaufgekommen und ist dort bis zum heutigen Tag geblieben. An seinen Früchten sollt ihr es erkennen. Puritaner, Wiedertäufer, Ernsthafte Bibelforscher, das sind die saftigsten [122]). In jeder sitzt der jüdische Wurm. Nochmals: Lutherersatztum! Dass dessen eigene Heimat Sachsen sich heute so haltlos dem jüdischen Sowjetstern zuneigt, ist kein Zufall."

Ich schlug ihm schnell das Werk „Im Morgenrot der Reformation" auf, ein Buch, das doch wohl den Zweck haben soll, den Protestantismus zu verherrlichen, und deutete auf die Schlusszeilen des Kapitels „Dr. Martin Luther". Sie lauten:

„Eine Zeit von beinahe vier Jahrhunderten kann einfach nicht spurlos vorübergehen, die Gegenwart kann nicht ohne Weiteres bei Luther anknüpfen, sie ist weltoffener, kulturfreudiger, universaler geworden usw."

Verächtlich schob er das kostbare Bilderbuch bei Seite. „Nein," sagte er, „d i e s e Leute können weder ohne Weiteres noch überhaupt bei Luther anknüpfen. Die Welt ist für sie so offen, so kulturfreudig, so universal geworden, dass ihnen sein einfältiges Deutschtum nur im Wege steht. Mit seinen Schriften gegen die Juden verdarb er ihnen gründlich den Magen. Als Aushängeschild geht er ja zur Not, aber sonst — leb' wohl, Griseldis! Der Pastor Wallfisch hat den Bruder Martin verschluckt, und der Pastor Schwalb zwitschert den Segen dazu."

VII.

„Also in allen Lagern," nickte ich vor mich hin, „mehr oder minder verkappt, mehr oder minder mächtig, der Mephisto. Auch um Zwingli [123]) herum bewegt sich als dessen »bester Freund« ein Leo Judae. Möglich, dass hier der Name täuscht; der Verlauf der Bewegung macht ihm Ehre. Die freie Schweiz merkt noch heute nicht, wie unfrei sie ist. Der ritterliche Loyola [124]) wendet sich gegen den Geist, den er für das Luthertum hält. Im Nu wickelt ihn der polnische Jude Polanko ein, haben die Juden die Zügel in der Hand. Die Moraltheologie der Jesuiten sieht der Morallehre des Talmud verdammt ähnlich. Gutgläubig befehdet das Gros der Jesuiten den Protestantismus und das Freimaurertum, das Gros der Protestanten und Freimaurer den Jesuitismus. Dort wie hier lachen die Drahtzieher; denn dort wie hier sind sie von der gleichen Art und Gesinnung. Das pfeift zum Angriff und pfeift wieder ab, wie's passt. Dass der Judenheit kein Haar gekrümmt wird, versteht sich von selbst. Dasselbe Bild bei den Mehrheitssozialisten, den Unabhängigen, den Kommunisten, den Syndikalisten, den Bolschewisten. Dasselbe bei den Nationen. Ein heiterer Anblick, muss man sagen."

„Und ich will die Aegypter aneinanderhetzen, dass ein Bruder wider den andern, ein Freund wider den andern streitet," knirschte er. „Was für ein Hass, was für ein dämonischer Hass! Ist das noch menschlich? Oder was ist das?"

„Das, mein Lieber," spottete ich, „ist die »Genialität des Herzens«, von welcher der Jude Fritz Kahn sagt, durch sie sei »Israel die ethische Mutter der Menschheit geworden«. Diese Kerle sind wirklich putzig in ihrer Frechheit. Der Moses ist ihm in der Geschichte der Kulturvölker eine »fast einzigartige Erscheinung: ein Nationalheld ohne Waffen«; während um die »bronzenen Heroen unserer Märkte«, also um die Statuen unserer Prinz Eugen, Blücher usw. »in Sturmesnächten das Wehgeschrei der Witwen klagt«. Mit was hat denn dann eigentlich der Moses die ägyptische Erstgeburt abschlachten lassen? Mit Honigplätzchen? Oder ist sie am Ende vor lauter Liebe erdrückt worden? Das »Pöbelvolk« scheint nur aus Krankenpflegern bestanden zu haben. So machen's aber diese Burschen alle. Aufs Ableugnen lassen sie sich erst gar nicht ein; schlankweg behaupten sie gleich das Gegenteil. »Die Nationalitäten«, schreit der Crémieux [125]), sollen verschwinden! Die Religionen sollen vergehen! Israel wird nie aufhören, die Religion Israels wird nicht geschädigt, weil sie die Einheit Gottes umfasst«. Da, hingehaut: die Einheit Gottes, nichts zu machen. Nun gibt es doch gar nichts mehr anderes als: wenn die Dinge s o liegen, dann m ü s s e n eben die übrigen Nationalitäten und Religionen verschwinden, kostet's was mag. Das reinste Narrenhaus, kann ich dir sagen. Aber der Wahnsinn hat Methode. Die Harmlosen schmeisst er glatt über den Haufen. Unsere Arbeiter könnten ein schönes Lied davon singen."

„Fast noch ein schöneres unsere Gelehrten," knurrte er. „Vom Juden darf kommen, was will; es ist ihnen Evangelium. Nachprüfen — ausgeschlossen. Wenn's nur gedruckt ist. Irgend eine Rebekka [126]) nennt den Talmud »ein grandioses Monumentalwerk des Geistes«, ein »überiebensgrosses Denkmal der Gedanken, dem die Jahrtausende den Odem ihrer Erfahrungen geschenkt haben«; sofort gibt es dem deutschen Professor einen Riss — her mit dem Notizbuch! — und schon am nächsten Tag haben seine Studenten das »Nonnenpfürzchen« [127]) gefressen und verdaut. Das kommt aber von unseren Gymnasien. Sie sind alle zugeschnitten, als gälte es, lauter Genies auszubilden; statt dessen geht ein Lakei um den andern daraus hervor."

„Ein paar Stunden im Talmud [128]) gelesen," fuhr ich fort, „und über den Juden gibt's keinen Zweifel mehr. · Dass die Hebräer das Buch in den Himmel heben, ist begreiflich. Wenn sie hineingucken, guckt ihnen ihr eigenes Wesen entgegen. Und daran müssen sie selbstverständlich die allergrösste Freude haben. So kommt es, dass jeder Jude Talmudist ist, auch wenn er den Talmud gar nicht kennt. Wann er niedergeschrieben wurde, spielt nicht die geringste Rolle. Er brauchte überhaupt nicht geschrieben worden zu sein; schon mit dem ersten Juden wäre er dagewesen. Die jüdischen Führer wissen das ganz genau. Nur sagen sie es stets nur durch die Blume. »Der Talmud: eine unantastbare Autorität«, trumpft 1894 in Hannover der Rabbiner Dr. Gronemann vor Gericht auf. »Die Rechtslehren des Talmud sind leitend«, herrschte 1888 in Marburg der Professor Cohen die Strafkammer an. Und er setzte — bitte, Obacht! — hinzu, es gäbe auch nichtgläubige Juden, die aber trotzdem nicht aus der jüdischen Gemeinschaft ausschieden, »da sie die Sittenlehren des Talmud anerkennen«. Kunststück! Sie können ja garnicht anders! Von Zeit zu Zeit verplappern sich die Schlauköpfe doch immer; blos passen wir nicht auf. »Was den Talmud angeht, so bekennen wir seinen unbedingten Vorrang vor dem ganzen Gesetz Mosis«, bekundete um 1860 in Paris die sogenannte Reformjudenschaft unter Zustimmung der Alliance israélite. Und über den Schulchan Aruch, eine Art Talmud für den Hausgebrauch, steht vom Rabbiner Dr. Rahmer in Pierers Konversationslexikon, er· sei »von den israelitischen Gemeinden als massgebende Richtschnur für die religiöse Praxis angenommen« worden. Angenommen? So ein Schäker! Nächstens nehme ich die Gesichtszüge Dietrich Eckarts an."

„Herrgott," sagte er, wer nicht den Schüttelfrost bekommt, und das Kotzen dazu, wenn er nähere Bekanntschaft mit dem Talmud macht, der kann sich im Panoptikum sehen lassen."

„Dieses Institut," erlaubte ich mir zu bemerken, „geht nicht über ein gewisses Mass von Abnormitäten hinaus. Der junge Studiosus aus Tübingen, der mit Appetit ein halbes Dutzend Kröten verschlingen konnte, war bis jetzt seine grösste Attraktion. Kein Straussenmagen wäre imstande, nur den einen Satz zu verdauen: »Rabbi Jochanan sagt: das Zeugungsglied des Rabbi Ismael war so gross wie ein Schlauch von 6 Kab. Rabbi Papa sagt: das Zeugungsglied des Rabbi Jochanan war so gross wie ein Schlauch von 5 Kab, nach andern wie 3 Kab. Das Zeugungsglied des Rabbi Papa war so gross wie die Körbe der Bewohner von Harpania« [129]). Der edle Konkurrenzeifer der drei alten Rabbiner kann einen unvorbereitet über den Stuhl herunterhauen."

„Solche Lieblichkeiten," — ekelte er sich, findet man in diesem Prachtexemplar von Religionsbuch noch eine ganze Reihe.

Der Gipfel ist aber doch wohl, dass es nichtjüdische Mädchen, »die weniger als drei Jahre und einen Tag alt« sind, für die Rabbiner noch »geeignet« sein lässt, weil im Alten Testament steht: »Und alle Kinder unter den Weibern, die den Beischlaf eines Mannes nicht erkannt haben, lasset leben für euch«, nämlich für die Priester [130]).

Die wahnwitzigste Perversität und die ödeste Silbendrescherei in einem Atemzug. In den jüdischen Köpfen muss es fürchterlich aussehen."

„Wie es scheint," erwiderte ich, „sind sie gegenteiliger Meinung. Sonst würde uns nicht ihr Spiegelbild, der Talmud, kundtun: »die Israeliten sind vor Gott angenehmer als die Engel« oder »die Welt ist allein der Israeliten wegen geschaffen worden«, oder »Wer einem Juden einen Backenstreich gibt, hat Gott selbst geschlagen« oder »die Sonne bescheint die Erde, der Regen befruchtet sie, nur weil Israeliten darauf wohnen« und dergleichen Bescheidenheiten mehr [131]). Auch hätte der Rabbiner Goldmann vor ein paar Jahren schwerlich in einer Rede gesagt [132]): »die Juden sind geistige Aristokraten, ein Volk von Königen«. Ich muss gestehen: der Haufen Könige, den ich neulich über und über verdreckt auf dem Straubinger Schweinemarkt mit Händen und Füssen feilschen sah, machte mir gerade nicht den fürstlichsten Eindruck. Nicht einmal an meinem Liebling, dem Rechtsanwalt Dr. Levinger, habe ich bis jetzt das spezifisch Königliche entdecken können; es müsste denn sein, dass es mir bei all meinen Prozessen mit ihm in der Hitze des Gefechtes gänzlich entgangen wäre. Auer [133]) hat es, stark sogar, überhaupt schon die Erscheinung; aber er ist ja kein Jude, sondern auch so ein Affe, wofür der Talmud im Vergleich zu den Menschen, d. h. zu den Israeliten jeden Nichtjuden anspricht [134]). Sein inniger Verkehr mit den Hebräern lässt allerdings darauf schliessen, dass er sich aus dieser Rangliste nichts macht. Nun, jeder nach seinem Geschmack."

„Für den jüdischen Grössenwahn," versetzte er, „gibt es, glaube ich, nicht einmal in einem medizinischen Lexikon den erschöpfenden Ausdruck. Aber wie sie ihn verbergen können, fabelhaft diese Verstellungsgabe! Manchmal freilich blitzt er doch durch. »Was denken Sie denn?« hörte ich kürzlich ein kleines Judenmädchen aufs tiefste beleidigt sagen, als es gefragt worden war, ob es protestantisch oder katholisch sei; »Ich bin Jüdin«. Nebendran machte der Vater unterdessen einen Bückling nach dem andern. Ja, der Nutzen! Wenn er sich lohnt, wird der jüdische König zum Spulwurm."

„Wer das weiss," entgegnete ich, „möchte jedesmal die Kränke kriegen, wenn er so einen Stinkjuden wie kameradschaftlich mit unseren Arbeitern beisammen sieht. »Genosse!« und »Lieber

Freund!« und womöglich gar du, heimlich aber die grenzenloseste
Verachtung. Und die guten Leute glauben wunder, was sie ihm
wert sind. Es ist zum Verzweifeln."

„Solange sie," sagte er, „in ihren eigenen Reihen die Zu-
hälter des Juden zu Führern haben, werden sie seine Absicht
ebenso wenig erkennen, wie die übrigen Schichten, bei denen
ausnahmslos das Gleiche der Fall ist. Eine Zeitlang war von
nichts anderem als von der Intelligenz der Arbeiter die Rede.
Jetzt ist es davon merkwürdig still geworden. Der Mohr hat eben
seine Schuldigkeit so ziemlich getan. Eine nette Intelligenz das,
die nicht über das Scheuleder der Partei hinauszuäugen vermag.
Aber der Zweck wurde erreicht: der Arbeiter hielt sich für
wunder wie gebildet und nahm das ihm Eingetrichterte für eigene
Weisheit. Vor lauter Intelligenz ging sein gesunder Menschen-
verstand in die Brüche. Wenn ich so einem verbohrten Marxisten
auseinandersetze: da schau her, da ist der französische Sozialist
F o u r i e r [135]); über den hat dein grosser A u g u s t B e b e l geschrieben; er hat ihn »eine genial angelegte Natur mit dem
wärmsten Herzen für die Menschheit« genannt; aber die Stelle
wo der Fourier die Juden, die ihm »alle ohne Ausnahme
Schmarotzer, Händler, Wucherer usw.« sind, an die Kandare
genommen wissen will, die hat er w e g g e l a s s e n — wenn ich
ihm das sage, was tut er? Alles, nur nicht das, was jeder halb-
wegs klare Kopf ohne weiteres tun würde: stutzig werden, den
Bebel sich etwas genauer betrachten, nachgrübeln, warum der
glühende Verehrer des Fourier gerade da, wo es gegen die Juden
geht, die Begeisterung mitsamt der Sprache verlor. Möglich, dass
er nicht den richtigen Schluss zöge; aber er hätte doch wenigstens
einmal selbständig gedacht, statt ewig bloss nachzubeten; sein
verstopfter Gehirnapparat wäre endlich wieder im Laufen und es
bestünde die Hoffnung auf ein immer flotteres Tempo und immer
bessere Resultate."

„Aufklären," betonte ich, „unermüdlich aufklären, es gibt
kein anderes Mittel. Ich kann's den Arbeitern nachfühlen, dass
sie den Hurrapatriotismus der Reaktionäre, sprich: Aktionäre,
gründlich satt haben; aber noch viel weniger, scheint mir, wird
es ihr Wunsch sein, vom Regen in die Traufe zu kommen. Um
das zu vermeiden, müssen sie sich schon entschliessen, die Augen
etwas besser aufzumachen. »Alle Räder stehen still, wenn dein
starker Arm es will«, werfen sie sich in die Brust und sind nach
vier Jahren Revolution nicht imstande, auch nur einen einzigen
Wucherer zum Stillstand zu bringen. Es wäre an der Zeit, dass
sie merkten, wie mit ihnen Schindluder getrieben wird. Heine's
Gedicht »die Weber« wurde ihnen zu einem Leib- und Magenlied
aufgeschmust. »Deutschland, wir weben dein Leichentuch«. Was
der Judenbengel damit sagen wollte, versteh'n sie nicht. Schlagt
Deutschland tot und lasst euch dann mitbegraben! Oder am

Ende nicht? »Ich würde meine Hand waschen, wenn mich das souveräne Volk mit seinem Händedruck beehrt hätte«, spuckte dieser »geistige Aristokrat« gegen Ende seines Lebens vor der Arbeiterbewegung aus. [136]) In der Heineausgabe der Marxisten scheinen zahllose Stellen überklebt zu sein. Parteidisziplin."

„Die Hand würde er sich waschen, dieser Schmierfink!" höhnte er. „Da hast du aber wieder den ganzen jüdischen Hochmut. Nichts, aber auch garnichts anderes können, als mit der weinerlichsten Miene von der Welt Gift über Gift verspritzen, und dabei eine Arroganz, die in's Aschgraue geht. Es stimmt: das liegt im Wesen der Juden, nicht im Talmud. Der ist bloss dazu da, sie nicht aus der Uebung kommen zu lassen."

„Sie schreiben es ja selbst," wies ich nach, „rund heraus." »Der Talmud charakterisiert die jüdische Psyche ebenso scharf wie treffend,« stand in einem der ersten Judenblätter. [137]) Anscheinend denken sie: Vater sieht's ja nicht Wer liest auch im Talmud? Unsere Staatsmänner haben zu tun, um mit der Courths-Mahler [138]) fertig zu werden."

„Im Grunde," überlegt er, „ist der Talmud weiter nichts, als eine umfassende Ausdeutung der alttestamentarischen Judenmoral, würde also schon deshalb dem angeborenen jüdischen Charakter entsprechen. Wenn z. B. ein Psalm [139]) den Jehova zu seinen Juden sagen lässt: »Ihr seid Götter«, so zieht der Talmud nur die Folgerung daraus mit seiner Behauptung, wer einen Israeliten schlage, habe Gott selbst geschlagen. Und wenn im Alten Testament die nichtjüdischen Knechte und Mägde jedesmal hinter den Schafen, Eseln und Kamelen aufgezählt werden, so gibt der Talmud bloss den Grund für diese boshafte Rangordnung an, indem er alle Nichtjuden für Affen und Schweine [140]) erklärt."

„Das Buch Sirach," ergänzte ich, „heult: »Erschrecke alle Völker, hebe deine Hand auf gegen die Fremden, dass sie deine Macht sehen! Der Zorn des Feuers muss sie verbrennen. Zerschmettern den Kopf der Fürsten, die uns Feind sind!« und der Schulchan Aruch rast: »Giess aus, o Herr, deinen Grimm über die Goijm, welche dich nicht kennen, und über die Königreiche, die deinen Namen nicht anrufen! Verfolge sie im Zorne und tilge sie unter Gottes Himmel!« Beide Stellen [141]) enthalten die gleiche Drohung, nur mit dem Unterschied, dass der Schulchan Aruch konsequent betont, dass alle, die nicht auf den Jehova schwören, ausgerottet werden müssen."

„Und mit einer solchen abscheulichen Sittenlehre auf dem Gewissen," brauste er auf, „erfrecht sich das Wunder der modernen Judenschaft, Moses Mendelssohn [142]), zu behaupten, »dass die Herrschaft über den Erdball dem Judentum gebühre«. Seiner Religion wegen! Als geschulter Talmudist kannte er aus dem ff die ganze unerschöpfliche Niedertracht — was wir hier vorgebracht haben, ist ja nur ein kleiner Bruchteil — nichtsdestoweniger . . . . . . ach, dieses verlogene, dieses grundverlogene Pack, der reine Extrakt der Lüge!"

„Ganz Berlin," sagte ich, „schwärmte damals wie auf Kommando für den ›weisen‹, für den ›edlen‹ Moses. Göthe liess sich nicht täuschen. ›Jüdische Pfiffe‹ nannte er seinen frommen Gimpelfang!¹⁴³ Er wusste, wohin die Reise ging. ›O du armer Christe! Warte nur, bis er deine schnurrenden Flügelein ganz und gar umsponnen haben wird.‹ Keiner Seele fiel es auf, dass der unvergleichliche Moses sich im Handumdrehn vom einfachen Hauslehrer zum schwerreichen Begründer des Bankhauses Mendelssohn hindurchphilosophierte, also dem bekannten Nadelöhr im weiten Bogen auswich. Der schlaue Trick, das jüdische Volk als blosse Religionsgemeinde hinzustellen, war das Steckenpferd auch dieses Menschenfreundes. Damit gehen die Juden noch heute mit Vorliebe hausieren. Warum, verrät uns der Dr. Ruppin¹⁴⁴). Ausnahmegesetze gegen die Juden, reibt er sich kichernd die Hände, könnten sich immer nur gegen die Angehörigen der jüdischen Religionsgemeinschaft richten, weil diese Zugehörigkeit das einzige für die Gesetzgebung erfassbare Merkmal sei. Der Antisemitismus sei aber der jüdischen Religion durchaus nicht feindlich, er verhalte sich vielmehr ganz gleichgültig zu ihr. Ach so! ›Nachtigall, ick hör' dir loofen.‹ Die Zeiten sind vorbei, wo uns die jüdische Religion schnuppe war. Wir kümmern uns jetzt sogar sehr um sie. Auf Schritt und Tritt gehen wir ihr nach und haben schon bei der ersten Bekanntschaft herausgefunden, dass das, was die Juden ihre Religion nennen, haargenau mit ihrem Charakter übereinstimmt."

„Wer hat sie denn hervorgebracht?" führte er aus. „Die Juden. Hätte das auch ein anderes Volk können tun? Dass ich nicht lache. Sie sagen es doch unaufhörlich selbst, dass sie mit dieser Meisterleistung einzig in der Welt dastehen. Also her mit dem Talmud! In ihm haben wir die jüdische Religion in Reinkultur. Gotteslehre, Glaubenslehre, Sittenlehre, alles beisammen. Warum halten sie denn mit dem herrlichen Buch so ängstlich zurück, wenn ihm wirklich ›die Jahrtausende den Odem ihrer Erfahrungen geschenkt haben‹? Als geborene Menschheitsbeglücker hätten sie es längst der Allgemeinheit zugänglich machen müssen. Statt dessen ist es heute noch nicht ganz übersetzt; und was da ist, sieht weiss der Kuckuck nicht danach aus, als ob es von der Kirche des Mittelalters zu Unrecht verbrannt worden wäre. Eine Religion das? Dieses Wühlen im Schmutz, dieser Hass, diese Bosheit, dieser Hochmut, diese Scheinheiligkeit, diese Rabulistik, diese Aneiferung zu Betrug und Mord — eine Religion? Dann hat es noch nie etwas Religiöseres als den Teufel gegeben. Die jüdische W e s e n h e i t ist es, der jüdische C h a r a k t e r, und damit Punktum! Man probiere es doch einmal und lehre einem anständigen Menschen solches Zeug, was der dazu sagen wird? Nein, wer so etwas wie lauter Leckerbissen hinunterfrisst, ist ein Scheusal von Haus aus."

„Luther," warf ich ein, „fordert glatt dazu auf, die Synagogen und Judenschulen zn verbrennen und Erde darauf zu häufen, »dass kein Mensch mehr einen Stein oder eine Schlacke davon sehe ewiglich.‹ Was wir bisher aus Unwissenheit geduldet hätten — ›ich hab's selbst nicht gewusst‹, schreibt er — würde uns Gott verzeihen; nun wir's aber wüssten, dürften wir um keinen Preis der Welt mehr diese Stätten schützen, »worin sie Christum und uns belügen, lästern, fluchen, anspeien und schänden‹; das wäre ebenso viel, als täten wir es selbst [145]). Auch ihre Wohnhäuser müssten wir zerstören, denn dort trieben sie das gleiche, was sie in ihren Schulen trieben. »Möcht jemand denken‹, klagt er [146]), ›ich rede zu viel. Ich rede nicht zu viel, sondern viel zu wenig, denn ich sehe ihre Schriften‹. Unsere Schulinspektoren sehen sie nicht, und unsere Knillinge und Zwillinge und sonstigen Säuglinge erst recht nicht."

„Mit dem Verbrennen," winkte er hoffnungslos ab, „wäre uns verdammt wenig geholfen. Das ist es ja: auch wenn nie eine Synagoge, nie eine jüdische Schule, nie das Alte Testament und nie der Talmud existiert hätte, der jüdische Geist wäre doch da und täte seine Wirkung. Seit Anbeginn ist er da; und kein Jude, nicht einer, der ihn nicht verkörperte. Am deutlichsten wird das an den sogenannten aufgeklärten Juden. Heine gehört gewiss mit zu den aufgeklärtesten, aber den irrsinnigen Hochmut hat er genau so, wie der schmierigste Schachjude Galiziens. Er würde sich die Hand waschen, wenn sie ihm ein Volksmann nichtjüdischen Blutes geschüttelt hätte! Moses Mendelssohn gilt als ein förmliches Wunder der Weisheit. Schau hin: er findet es geradezu empörend, dass die Juden die ihnen gebührende Herrschaft über den Erdball noch nicht besitzen!"

„Die haarsträubende Einbildung der russischen Schnorrer," hob ich hervor, „schildert uns aus langjähriger Erfahrung Dostojewski [147]). Er lebte geraume Zeit mit allerlei Sträflingen zusammen, schlief mit ihnen auf denselben Pritschen. Einige Juden waren darunter. Jeder kam ihnen freundlich entgegen. Nicht einmal an ihrer tobsüchtigen Art, zu beten, nahm jemand Anstoss. Es war eben einmal ihre Religion so, dachten sich die Russen und liessen sie ruhig gewähren, »Fast billigend‹. Und diese selben Juden taten diesen selben Russen gegenüber fremd, wollten nicht mit ihnen zusammen essen und sahen auf sie wie von oben herab! Und wo war das? In einem sibirischen Gefängnis! Diesen Widerwillen und Ekel der Juden vor den Einheimischen fand Dostojewski in ganz Russland. Die kleinen Leute hätten ihn aber nirgends übel genommen. Das tut der Jude, weil er so einen Glauben hat, hiess es überall voller Nachsicht."

„Jawohl, so einen Glauben!" höhnte er. „So einen Pfurz im Kopf, ist richtig. So ein liebloses Herz! »Tief verderbt und seelenlos« nennt ihn sogar der gute Wilhelm Busch [148]). Zuerst das Wesen, dann die Religion; nicht umgekehrt!"

„Dostojewski," fuhr ich fort, „war das Mitleid selbst, besonders gegen die Entgleisten; nur die Juden nahm er wie Christus aus. Ahnungsvoll fragt er, was in Russland geschehen würde, wenn die Juden dort das Uebergewicht bekämen. Würden sie den Einheimischen »auch nur annähernd« die gleichen Rechte geben? Würden sie ihm ebenfalls erlauben, so zu beten, wie sie wollen? Würden sie nicht einfach Sklaven aus ihnen machen? Oder, noch schlimmer: »würden sie ihnen nicht das Fell mitsamt der Haut abziehen«? Würden sie das Volk nicht ebenso ausrotten, wie sie es in ihrer alten Geschichte mit anderen Völkern getan haben?"

„Russische Wüste," schrie er, „steht auf der prophetischen Landkarte [149]), die die Juden schon vor fünfundzwanzig Jahren herausgegeben haben! Alles ist darauf, wie wir es jetzt haben: die Franzosen am Rhein; die polnische, die tschechische Republik; das Deutsche Reich, nicht als »deutsche Republik«, sondern als »Deutsche Republiken«; sogar die finnische Republik ist darauf; und für Russland ein brauner Fleck mit der Inschrift: »russische Wüste«! Herr des Himmels, und da fragt man noch, wer den Krieg verschuldet hat! Du weisst: ich habe das Original der Karte selbst gesehen, mit eigenen Augen. Könnte ich es doch unseren Arbeitern zeigen, jedem, aber auch jedem, namentlich denen, die vom Sowjet die Rettung erhoffen! »Russische Wüste«! so sieht es aus, das versprochene Paradies! Hunger, Massengräber, Sklaverei, Judenpeitsche. Wer streikt, wird gehängt. Hereinspaziert alle, die ihr mühselig und beladen seid! Wie sie flöten, diese Hunde! Und wie schön das klingt, vor dem Vorhang! Hinter ihm aber lauert das verhätschelte »Pöbelvolk«, die rote Armee, der Auswurf der nichtjüdischen Menschheit."

„Das Attentat auf Lenin," versetzte ich, „hat mehr als 12.000 Menschen das Leben gekostet. Darunter waren über 800 Arbeiter. Auf dem Parteitag der Unabhängigen in Halle, 1920, hat das der russische Menschewik Martoff selbst zugegeben. Die Gesamtzahl der russischen Opfer seit Beginn der Bolschewistenherrschaft wird von Kennern auf rund 30 Millionen geschätzt. Was nicht dem Standrecht zum Opfer fiel, ging an Auszehrung und Siechtum zugrunde. Waren das alles Burschoa? Blödsinn, so twas zu glauben. Wer hat denn bei uns am meisten zu leiden? Unter den Tausenden, die jeden Tag vor den verschiedensten Geschäften stundenlang anstehen, wird es wohl schwerlich von Kapitalisten wimmeln. Dass noch nie ein Jude darunter war, versteht sich von selbst. Aber das fällt unseren Arbeitern nicht auf. In der Einbildung, die Herren zu sein, lassen sie sich wie die Kinder an der Nase herumführen. Ebert hat sein ganzes Leben lang gegen den Kapitalismus gedonnert. Nun ist er Reichspräsident. Und? An allen Strassenecken wachsen die Banken wie die Pilze aus dem Boden. Das ist doch Tatsache. Jeder sieht es; mit Händen kann es jeder greifen. Aber dass auch nur einer misstrauisch darüber würde — nicht um's Verrecken. Das erste, was der Jude Eisner nach dem Umsturz tat, war, dass er die Banken durch Militär schützen liess. Riesenvermögen wurden damals monatelang ins Ausland verschoben; er rührte keinen Finger dagegen. Wichtiger war es ihm, in die Schweiz zu reisen und dort auf dem Sozialistenkongress die alleinige Schuld Deutschlands am Weltkrieg »festzustellen«. Tut Busse, und die Franzosen werden euch verzeihend ans Herz schliessen. So ungefähr. Die Erfahrung hat es glorreich bestätigt."

„Derselbe Eisner," nickte er, „war das, der zu Beginn des Krieges in einer Flut von Telegrammen die massgebenden Männer der Sozialdemokratie beschwor, dem Kaiser nur ja die Treue zu halten. Der schmähliche Ueberfall müsse um jeden Preis abgewehrt werden. Das ging so bis zum Frieden von Brest-Litowsk. Alle deutschen Juden waren bis dahin begeisterte Monarchisten. Aber dann kam der Umschwung. Der Mohr hatte seine Schuldigkeit getan und das zaristische Russland niedergeworfen. Jetzt galt es, ihn selbst niederzuwerfen. Vorgesorgt war bereits, durch die entnervende Misswirtschaft der jüdischen Kriegsgesellschaften. Der Rest ist Schweigen. Allen Augen sichtbar, gebietet auch in Deutschland der Jude. O Arbeiter! Sich so übertölpeln zu lassen! Die Dinge liegen eben doch anders, als sich der ungeschulte Schädel träumen lässt. Die Kommunistische Partei in Deutschland hat noch keine 250 000 Mitglieder. Besitzt aber über 50 Zeitungen. Was das kostet, ist garnicht auszurechnen. Milliarden über Milliarden. Wer zahlt diese ungeheuren Beträge? Wir Nationalsozialisten haben alle Hände voll zu tun, nur um den einen »Beobachter« durchzuhalten. Wenn wir zum Juden hielten, hätten wir in kürzester Frist Parteiblätter die schwere Menge. Gibt es Genossen, die das bezweifeln? Einen solchen möchte ich kennen lernen. Und siehst du, das ist das Unglaubliche: sie wissen, dass hinter allem der Jude steckt, tun aber, als wäre er garnicht vorhanden. Ist das noch redlich? Verdient das ein glückliches Ende? Ahnungslos ins Verderben rennen — mag sein; aber bewusst das tun, sich seinen grimmigsten Feind dazu auswählen — zum Heulen."

„Ich möchte wissen," flocht ich ein, „was die Genossen dazu sagen würden, wenn man ihnen schwarz auf weiss bewiese, dass die Junker oder die Grossindustriellen seit x Zeiten geheime

Sittenlehren abscheulichster Art besitzen. Ihre Wut wäre gar nicht auszudenken. Da haben wir es ja! würde alles brüllen; mit solchen Grundsätzen m u s s t e n uns ja diese Hunde bis aufs Blut peinigen! Ueberhaupt schon der hundsgemeine Charakter, der dazu gehört, sich so etwas auszudenken! Die ganze Rasse hätte von vornherein totgeschlagen werden müssen! So würden sie schreien wie die Besessenen, und mit Recht. Wenn man ihnen aber zeigt, dass die Juden in ihrem Religionsgesetz, nicht etwa im privaten Gebrauch, die haarsträubendsten Bestimmungen zur Ausräuberung und Erdrosselung aller Nichtjuden haben, dann macht das ihnen gar nichts aus. Entweder bestreiten sie es, oder, wenn das nicht mehr geht, sagen sie, die meisten Juden seien schon längst nicht mehr so religiös, und kümmerten sich um das Zeug überhaupt nicht mehr. Den C h a r a k t e r als die Ursache des niederträchtigen Schrifttums anzunehmen, fällt ihnen beim Juden nicht ein; er ist und bleibt der Ehrenmann. Nicht einmal das bringt sie aus der Ruhe, dass noch keiner ihrer jüdischen Führer sich jemals dazu verstanden hat, die volksverräterischen Absichten des Judentums auch nur mit einer Silbe zu erwähnen."

„Nun kommt aber das Schönste," sagte er. „Alle, aber auch alle sozialen Ungerechtigkeiten von Bedeutung die es auf der Welt gibt, gehen auf den unterirdischen Einfluss des Juden zurück. Die Arbeiter suchen also mit Hilfe des Juden zu beseitigen, was kein anderer als der Jude zielbewusst eingeführt hat. Man kann sich denken wie geschwind er bei der Hand sein wird, ihnen zu diesem Zweck beizuspringen."

„Siehe den keuschen Joseph!" entgegnete ich. „Sein Einfluss auf den Pharao brachte die Aegypter ins fürchterlichste Elend, aus dem sie sich später mit Hilfe des Moses zu befreien gedachten. Ich muss gestehen: das Dasein entbehrt nicht eines grimmigen Humors."

VIII.

„Es ist wohl so," meinte er, „wie du einmal geschrieben hast: man kann den Juden nur verstehen, wenn man weiss, wohin es ihn letzten Endes drängt. Ueber die Weltherrschaft hinaus, zur V e r n i c h t u n g der Welt. Er glaubt, die ganze Menschheit unterkriegen zu müssen, um ihr, wie er sich einredet, das Paradies auf Erden verschaffen zu können. Nur er sei dazu imstande, macht er sich weiss, und es wird ja auch bestimmt so kommen. Aber schon an den Mitteln, die er anwendet, sieht man, dass es ihn insgeheim zu etwas Anderem treibt. Während er sich vorspiegelt, die Menschheit hochzubringen, peinigt er sie in die Verzweiflung, in den Wahnsinn, in den Untergang hinein. Wenn ihm nicht Halt geboten wird, vernichtet er sie. Auf das ist er eingestellt, dazu drängt es ihn; obwohl er dunkel ahnt, dass er sich dadurch mitvernichtet. Er kann nicht aus, er muss es tun. Dieses Gefühl für die unbedingte Abhängigkeit seiner Existenz von der seines Opfers scheint mir die Hauptursache seines Hasses zu sein. Einen mit aller Gewalt vernichten zu müssen, gleichzeitig aber zu ahnen, dass das rettungslos zum eigenen Untergang führt, daran liegt's. Wenn du willst: die Tragik des Luzifer."

— — — — — — — — — — — —

An dieser Stelle brechen die Aufzeichnungen Dietrich Eckarts ab. Die in Zusammenhang mit den Ereignissen des 8./9. Nov. 23 über ihn verhängte Schutzhaft und das unmittelbar nach seiner Entlassung aus ihr erfolgte Hinscheiden dieses rein deutschen Dichters und Kämpfers verhinderte die Vollendung dieses für die christliche Einstellung der völkischen Bewegung zeugenden, hochbedeutsamen Werkes. Doch dürfen wir hoffen, dass Adolf Hitler nach der Beendigung des gegenwärtig gegen ihn in München anhängigen Hochverratsprozesses die Liebenswürdigkeit haben wird, die Vollendung dieses unmittelbar vor seinem Abschluss stehenden Werkes zu übernehmen,

München, 1. März 1924.

Hoheneichen-Verlag.

Fußnoten:

1) Strabo, römischer Geschichtsschreiber, um 20 n. Chr.
2) Cicero, bekannter römischer Staatsmann, verteidigte 59 v. Chr. den Prokonsul Flaccus, der auf Betreiben der Juden wegen seiner Verwaltungstätigkeit in Syrien angeklagt war.
3) Ev. Joh. 19, 12.
4) Jesaia 19, 2 u. 3.
5) Deutscher Reichskanzler.
6) Bayerischer Minister des Innern.
7) Gründer und Führer der Bayerischen Volkspartei (Regierungspartei).
8) 2. Mos. 12, 7 u. 13.
9) 2. Mos. 12, 29 u. 30.
10) 2. Mos. 12, 38.
11) 2. Mos. 12, 35 u. 36.
12) Psalm 105, 38.
13) Graetz (Breslau): „Geschichte der Juden".
14) 1. Mos. 41, 43.
15) 1. Mos. 47, 14 mit 20.
16) 1. Mos. 46.
17) 1. Mos. 45, 18 u. 20.
18) 2. Mos. 1, 9 u. ff.
19) Josua 6, 25.
20) Friedrich Delitzsch: „Die grosse Täuschung".
21) Jesaia 34.
22) 1. Mos. 26, 3; 3. Mos. 34, 12; 5. Mos. 7, 16.
23) Otto Hauser: „Geschichte des Judentums", S. 251.
24) Hauser unterscheidet den »lichten«, »blonden«, »hochrassigen« Menschen von dem »dunklen«, »schwarzen«, »niederrassigen«. Wenn er irgendwo einen »blonden« Juden entdeckt zu haben glaubt, lobt er ihn sofort über den Schellenkönig. Mit die grössten Spitzbuben habe i c h unter den »blonden« Juden getroffen.
25) Werner Sombart: „Die Juden und das Wirtschaftsleben der Völker", S. 356.

26) Otto Hauser: „Geschichte des Judentums", S. 376.
27) Arthur Schopenhauer (einer der grössten deutschen Denker, gest. 1860) in „Parerga et Paralipomena" II., § 174, Fussnote.
28) Cicero in der Rede für Flaccus.
29) Josephus Flavus, Geschichtsschreiber der Juden aus der Römerzeit.
30) Henry Ford, der bekannte amerikanische Automobilfabrikant (Dearnborn), in seiner ausserordentlich wichtigen Schrift „Der internationale Jude", Bd. 2, S. 146.
31) Ludwig Börne, eigentlich Baruch: „Briefe aus Paris", I., S. 12. Heinrich Heine, eigentlich Chaim Bückeburg: „Deutschland, ein Wintermärchen".
32) Albert Einstein in einem Brief an den Zentralverein deutscher Staatsbürger jüdischen Glaubens.
33) Dr. Artur Brünn in der Zeitschrift des Zentralvereins „Im deutschen Reich", 1913, 8.
34) W. Rathenau „Berliner Kulturzentren", 1913.
35) Der deutsche Jude K. E. Franzos in „Halbasien", 1879.
37) »Die Buchdruckerkunst ist des Antichristen auserlesenes Werkzeug, mehr als das Schiesspulver«, schreibt Bismarck 1850. Vergl. Dr. Hans Blum: „Fürst Bismarck und seine Zeit", I. Bd. S. 265.
38) M. J. Wodeslowsky in „Jewish World" vom 1. Jan. 1909.
39) Joseph Cohen ebenda, 4. Nov. 1913.
40) „Jewish Chronicle" 10. Dez. 1911.
41) Werner Sombart, „Die Juden und das Wirtschaftsleben der Völker", S. 32 u. 33.
42) ebenda S. 39.
43) Ford „Der internationale Jude", Bd. II, Kapitel: »Der amerikanische Disraëli«.
44) Aus dem nachträglichen Bericht der „American Jewish News" (Amerikanisch Jüdische Nachrichten) vom 19. Septbr. 1919. Theodor Herzl, Begründer des sogen »Zionismus«.
45) Karl Bleibtreu „Die Vertreter des Jahrhunderts", 1904, S. 271.
46) Friedrich Delitzsch: „Die grosse Täuschung".
47) Hauser: „Geschichte des Judentums", S. 484 u. 491.
48) Martin Luther: „Von den Jüden und ihren Lügen".
49) Ev. Joh. 8, 44.
50) Sombart: „Die Juden und das Wirtschaftsleben der Völker", S. 371.
51) Ev. Matth. 23, 15.
52) Ev. Matth. 19, 1.
53) Ev. Matth. 4, 15 u. 16.
54) Ev. Joh. 1, 46; 7, 52.
55) Ev. Joh. 8, 48.
56) Ev. Joh. 7, 49.

57) Ev. Matth. 2, 16.
58) 2. Mos. 12.
59) Richter 11.
60) Voltaire im „Dictionnaire philosophique", S. 223.
61) Hauser: „Geschichte des Judentums", S. 336.
62) Luther: „Von den Jüden und ihren Lügen".
63) Mitte der achtziger Jahre schächtete Leopold Hülsner in Polna (Oesterreich) ein junges Christenmädchen.
64) 1840 schächteten die Juden in Damaskus den Pater Thomas, wenige Stunden nachher seinen Diener, der ihn gesucht hatte. Das Verbrechen ist an der Hand der Prozessakten ausführlich geschildert in „Der Jude, das Judentum und die Verjudung der christlichen Völker" von Gougenot de Mousseaux, Paris 1869.
65) Adolphe Crémieux, Begründer des jüdischen Weltbundes „Alliance israélite", eine Zeitlang französischer Minister.
66) Nach Hauser „Geschichte des Judentums", S. 432.
67) 1864. Nach Mousseaux.
68) Nach Hauser „Geschichte des Judentums", S. 432.
69) Sombart: „Die Juden u. Wirtschaftsleben der Völker" S. 50.
70) ebenda S. 58.
71) 1812 durch den verschuldeten, noch dazu mit einer jüdischen Geliebten versehenen Staatskanzler Hardenberg.
72) Ev. Joh. 4, 22; 8, 47; 8, 40.
73) Ev. Matth.
74) Ev. Marc. 2, 23 u. 24; 2, 26; Ev. Matth. 15, 10 u. ff.
75) Alba in Göthes „Egmont".
76) Luther: „Vom Schem Hamphoras".
77) Talmud und Sohar.
78) Laut „Völkischer Beobachter" vom 2. Aug. 1923.
79) Kant: „Anthropologie", 1798.
80) Göthe: „Wilhelm Meisters Wanderjahre".
81) Göthe: „Das Jahrmarktsfest zu Plundersweiler".
82) Göthe, ebenda.
83) Göthe: „Tag- und Jahresfeste".
84) Thomas von Acquino (1224—1274) in „Questiones".
85) Benjamin Disraëli, um die Mitte des vorigen Jahrhunderts, als Lord Beaconsfield Premierminister von Grossbritannien war, in seinem Roman „Coningsby" (1843). Das Handinhandarbeiten der Juden in allen Weltteilen kommt hier verblüffend zum Ausdruck.
86) Otto Weininger: „Geschlecht und Charakter".
87) Dr. Georg Heim, der bayerische Bauernführer, ist Aufsichtsrat der jüdisch bestimmten Deutschen Bank; desgleichen sind sein Sohn und Schwiegersohn an der Führung jüdischer Unternehmungen beteiligt. Anno 1901 konstatierte er in der Bayerischen Kammer, dass „zwischen

Juden und Christen eine grosse Kluft" bestehe, und sprach von dem „krummnasigen Schuften", der im Hintergrund sich vergnügt die Hände reibe, weil es ihm wieder einmal gelungen sei, die christlichen Konfessionen gegeneinander zu hetzen. Zur Beichte, überhaupt zur Kirche geht er pünktlich. In seinen Mussestunden bevorzugt er das Kartenspiel mit Juden. Sonst aber ist er gesund.

88) Franz Xaver Müller, ein geborener Münchener, lebt noch, doch hat er sich ganz von der Welt zurückgezogen, ohne aber mit ihr zerfallen zu sein. So einfach seine Verse sind, enthalten sie doch alle eine Fülle von Lebensweisheit. Auch sein jüngerer Bruder Adolf ist ein erstaunliches Talent. Lyriker durch und durch. Nur hat er ebenfalls die Neigung zur Einsamkeit. Er trägt sich mit dem Gedanken, Klosterbruder zu werden.

89) Luther: „Von den Jüden und ihren Lügen."

90) In seinem ›berühmten‹ Werk „Der Untergang des Abendlandes".

91) Moritz Goldstein im „Kunstwart", März 1912.

92) Anaktet II. war aus dem jüdischen Geschlecht der Pierleoni (nach Hauser bezw. Gregorovius). Das Haus Borgia, dem der berüchtigte Alexander VI. angehörte, wird auf eine spanische Marranen- d. h. jüdische Scheinchristenfamilie zurückgeführt. Auch Innocenz II., Calixtus III., Clemens VIII. und sogar Pius XI. sollen jüdischer Abstammung gewesen sein.

93) In „Spaccio della bestis trionfante" 1584.

94) Arthur Trebitsch, jüdischer Schriftsteller, der gegen das Judentum schreibt, vielmehr sich einbildet, es zu tun. Sein zweites Wort ist: „Wir Arier".

95) Vortrag: „Unparteiisches über die Judenfrage", 1894.

96) Abschiedspredigt in Hamburg, März 1894.

97) „Der Protestantismus am Ende des XIX. Jahrhunderts in Wort und Bild", herausgegeben von Pastor C. Werckshagen. Bd. I, S. 552.

98) „Parerga et Paralipomena" II. § 181.

99) „Luther und die Juden", 1921.

100) „Geschichte der deutschen Philosophie von Luther bis Kant".

101) Nachum Goldmann, von dem auch die unglaubliche Dreistigkeit stammt, dass die Juden ›keinem Staat mehr das Recht zuerkennen, die Frage der Behandlung seiner jüdischen Bevölkerung als seine innere Angelegenheit zu erklären‹. O Nachum! Du springst mit uns nicht schwach um.

102) „Parerga et Paralipomena" II. § 174, Fussnote

103) Nach dem Franzosen in Lessings „Mina von Barnhelm".

104) Er weiss das aus meinem „Auf gut deutsch", Jahrgang 1919.
105) In dem Gedicht „Disputation".
106) Jesaja 60, 61. Psalm 2, 7 bis 9.
107) Theodor Fritsch, Herausgeber des „Hammer" in Leipzig, unser unermüdlicher Vorkämpfer. Seine rund fünfzigjährigen Verdienste um das Deutschtum sind gar nicht abzuschätzen.
108) Baruch Spinoza, der grösste Philosoph d. Judenheit. 1632—1677.
109) Hauser: „Geschichte des Judentums", S. 321.
110) Der berühmte Findling um die Mitte des vorigen Jahrhunderts.
112) Luther starb 1546. Seine zwei antisemitischen Schriften „Von den Jüden und ihren Lügen" und „Vom Schem Hamphoras" erschienen 1542; eine philosemitische Schrift von ihm stammt nus dem Jahre 1523. Vergl. das ausgezeichnete Werkchen „Luther und die Juden" von Dr. Alfred Falb.
113) 1922 wurde Tschitscherin offiziell durch den Erzbischof von Genua empfangen.
114) Chrysostomus (347—407): „Was sind die Erzväter der Juden anders als Schacherer und Krämer und aller Unredlichkeiten voll?"
115) Ulrich von Hutten, fränkischer Reichsritter, 1488—1523.
116) Kurfürst Albrecht, Erzbischof von Mainz und Magdeburg, Bischof von Halberstadt, Kardinal. Trat für Reuchlin gegen die Kölner „Dunkelmänner" d. h. Judenfeinde ein. Bereicherte sich mit am Ablasshandel. Seine Haltung, so lau sie war, leistete der Reformation keinen geringen Vorschub.
117) Um 1510 denunzierte Pfefferkorn seine Glaubensgenossen bei den Kölner Dominikanern wegen der Christenfeindlichkeit jüdischer Religionsschriften. Das Alte Testament und den Talmud nahm er aus. Später zum Widerruf gezwungen, wurde er rückfällig, worauf er nach fürchterlichen Folterungen den Feuertod erlitt. Judas Rache.
118) Reuchlin, berühmter Humanist, geb. 1455 zu Pforzheim, studierte in Freiburg, Paris, Basel, Orleans und Poitiers, wirkte u. a. in Ingolstadt und Tübingen. Dort starb er 1522. Durch die jüdische Geheimlehre Kabbalah hoffte er zur Erkenntnis Gottes zu gelangen! Die Beschäftigung mit ihr bereitete ihm nach seinem eigenen Geständnis den höchsten Genuss. Der getaufte Jude Nikolaus Ellenbogen, der sich mit dem schönen Gedanken trug, eine Klosterschule zu errichten und sie zum geistigen Mittelpunkt aller übrigen Klöster auszugestalten, wechselte mit ihm Briefe über Briefe. Niemand, entschied Reuchlin, habe das Recht, um der jüdischen Religionschriften halber gegen die Juden ein-

zuschreiten. „Was wöllen wir eines andern Seelen urtailn!" Aber natürlich! Was wöllen wir?

119) „Im Morgenrot der Reformation" von Julius von Pflugk-Hartung. Rund 700 Seiten stark. Ueber das Judentum enthält es nicht das geringste Nennenswerte. Man merkt die Absicht und wird verstimmt. Es genügte schon der eine Satz: „Wie nun mit einem kaiserlichen Mandat in der Tasche Pfefferkorn seine Konfiskationsreise (gegen die christenfeindlichen Religionsschriften der Juden) begann, wie und warum dies Mandat widerrufen ward — ist des näheren hier nicht zu erläutern." (S. 300 u. f.) Das glaub' ich, dass das nicht zu erläutern ist!

120) Erasmus von Rotterdam, wohl der berühmteste Humanist. 1467 unehelich in Rotterdam geboren, kommt er »frühreif« in die Schule in Deventer, dann in die Klosterschule zu Herzogenbosch. Zum Priester geweiht, ging er nach Köln und Paris. Häufiger Aufenthalt in England, wo bereits der Freimaurerorden stark im Vordergrund stand. »Der geistvolle Schüler Lucias«, also eines Allerweltsschwätzers. Für lange Zeit Heimsuchung Deutschlands. »Keine männliche unternehmende Kraft, keine Wärme in dieser feinbesaiteten Natur!« spottet seiner (S. 323) im „Morgenrot der Reformation" J. Willer und weiss nicht, wie. Starb 1536 in Basel. Friede seiner Asche!

121) Ludwig Thoma, bayerischer Dichter, langjähriger Hauptmitarbeiter des von dem Juden Albert Langen begründeten „Simplizissimus".

122) Vom Puritanismus (um die Mitte des 16. Jahrhunderts) war schon die Rede. Nach Hauser war der Geldmann des Cromwellschen Freistaates der portugiesische Jude Antonio Fernando Carvajal. England war damals nahe daran, das mosaische Gesetz samt dem Sabbat eingeführt zu bekommen. Man vergesse nicht, dass in England schon Ende des 15. Jahrhunderts die Freimaurer politisch sehr rege waren; und wiederum nicht, dass der Humanist Erasmus von Rotterdam wiederholt sich des längern in England aufhielt. Ebenfalls aus Holland stammte sein Zeitgenosse Bockelsohn (Josephsohn, Mendelsohn, Natansohn usw.), wie er von unehelicher Geburt, der »König von Zion«, d. h. das verruchte Haupt der Wiedertäufer in Münster. Diese Bewegung artete unter seiner Führung geradezu in den Bolschewismus aus. Mord und Totschlag an den Anständigen, mitten in der Hungersnot der belagerten Stadt Völlerei der Führer, Vielweiberei. Die Ernsthaften Bibelforscher gehören u n s e r e r Zeit. Mit

   reichen Geldmitteln versehen, bewegen sie sich ebenfalls in jüdischem Fahrwasser auf den Sowjet zu
123) Ulrich Zwingli, der Schweizer Reformator, 1484—1531.
124) Ignatius von Loyola, der Gründer des Jesuitenordens, spanischer Edelmann, ursprünglich Offizier, und zwar von grosser Tapferkeit, also kein Jude. Polanko richtete mit ihm den Orden ein, dem nachher viele Juden beitraten. Unter den jesuitischen Moraltheologen von Bedeutung nenne ich Busenbaum.
125) Laut „Archives israélites" (1861, XXV.).
126) Doris Witzner in „Das ostjüdische Antlitz" (Nationalzeitung, Jahrg. 1920, Nr. 252).
127) Name für sehr fette Mehlspeise.
128) Der Talmud — — — Schulchan Aruch.
129) Talmud: Baba Mezia, 84 a.
130) Jebamoth, 60 b.
131) Nacheinander in Traktat Chullin, 91, 2; Schene luch. habb., 124, 2; Traktat Sanh., 58, 2; Traktat Jebam., 63.
132) Im Zentralverein deutscher Staatsbürger jüdischen Glaubens, lt. „Ostdeutsche Rundschau" vom 15. Mai 1919.
133) Der wohlbeleibte Führer der Münchener Mehrheitssozialisten.
134) Schene luch, habb., 250, 2.
135) Charles Fourier, 1772—1837.
136) Heine „Geständnisse".
137) Allgemeine Zeitung des Judentums, 1907, Nr. 45.
138) Jüdische Romanschriftstellerin von aussergewöhnlicher Fruchtbarkeit und Seichtigkeit.
139) Psalm 28, 1.
140) Jalk. Rub. 58, 2.
141) Sirach 36, 2—12. Schulchan Aruch (Scheghah Gebet am Pesach-Abend); Orach Caijim 480, Haga.
142) Brief an Herz Homberg. Moses Mendelssohn aus Dessau, Sohn eines jüdischen Lehrers, 1729—1786. Zuerst Kindererzieher im Hause eines reichen jüdischen Seidenfabrikanten in Berlin, wurde er bald dessen Buchhalter und später Geschäftsteilhaber.
143) Brief an Jakobi. Als Göthe starb (1832) jubelte der Jude Baruch, gen. Börne, Deutschlands »Befreiung« sei angebrochen!
144) Dr. Arthur Ruppin: „Die Juden der Gegenwart", S. 203 u. ff.
145) Luther: „Von den Jüden und ihren Lügen"
146) ebenda.
147) Dostojewski, der grösste Dichter Russlands, »der alle Mühseligen und Beladenen, alle Armen im Geiste, alle im Leben schuldig Gewordenen mit wahrhafter Heilandliebe liebte«, wie Hauser sagt, in seinem „Tagebuch eines Schriftstellers", 1876—1880 von ihm veröffentlicht.
148) Wilhelm Busch.

Rudolf von Sebottendorff / Bevor Hitler kam

Bevor Hitler kam

Urkundliches aus der Frühzeit der nationalsozialistischen Bewegung von Rudolf von Sebottendorff

1. Auflage

1933

Deukula-Verlag Grassinger & Co., München 2 NW

Alle Rechte vorbehalten. Copyright by Deukula-Verlag Graffinger & Co., München 2 NW
Printed in Germany

Druck: „Deukula", Deutsche Kunst- und Verlagsdruckerei Graffinger & Co., München 2 NW

Rudolf von Sebottendorff, Gründer der Thule Gesellschaft, Orden für Deutsche Art

Widmung

Dies Buch ist gewidmet dem Gedächtnis der sieben Thule-Leute, die im Luitpold-Gymnasium geopfert wurden; dem Andenken der Thule-Leute und der Mitglieder des Kampfbundes, die um der Befreiung Münchens willen als Angehörige der Freikorps ihr Leben ließen und all den Mitarbeitern in der schweren Zeit der Vorbereitung der Erhebung.

Es umfaßt die Zeit von den bescheidenen Anfängen der nationalsozialistischen Bewegung inmitten des Weltkriegs bis zum Auftreten des Führers Adolf Hitler. Deshalb trägt dieses Buch den Titel: „Bevor Hitler kam".

Jetzt kann endlich gesagt werden, was bisher nicht gesagt werden durfte, um nicht den Haß des „Systems" auf die Wegbereiter zu lenken. Es braucht nun nicht mehr verhehlt werden, daß jene sieben Thule-Leute nicht als Geiseln starben, nein, daß sie gemordet wurden, weil sie Antisemiten waren. Sie starben für das Hakenkreuz, sie fielen Juda zum Opfer, sie wurden gemordet, weil man die Ansätze der nationalen Erhebung vernichten wollte.

Heute ist das erfüllt, was jene Sieben und die ganze Thule ersehnt, wofür sie mit heißem Herzen und hartem Sinne gekämpft haben, wofür sie zum Sterben bereit waren und gestorben sind.

Wir erkennen das Verdienst, die Größe und die Kraft Adolf Hitlers. Er hat geschaffen, was wir erstrebten; wir sammelten, er führte ans Ziel.

Als wir vor fünfzehn und mehr Jahren anfingen, vom Deutschtum und Sozialismus zu sprechen, wurden wir verlacht. Hitler war es, der dem Deutschen die Einheit dieser beiden Begriffe einhämmerte.

Wenn wir von Reinheit des Blutes sprachen, wurden wir verhöhnt. Hitler war es, der diesen Gedanken in Millionen deutscher Menschen lebendig machte.

Wenn wir vom alten Deutschen Recht träumten, davon sprachen, daß das Römische durch das Deutsche ersetzt werden müsse, stießen wir auf Verständnislosigkeit. Dieser Gedanke ist durch Hitler endlich Allgemeingut des deutschen Volkes geworden. Aber unsere Arbeit war damals nicht vergeblich, sie war die Aussaat, sie schmiedete die Werkzeuge, mit denen Hitler arbeiten konnte und nach seiner Bestimmung arbeiten mußte.

Dies Buch zeigt auf, was war, ehe der Führer in die Bewegung kam. Es zeigt die Quellen, die dann zu dem Strome zusammenflossen, der alles Undeutsche hinwegschwemmen mußte.

Thule=Leute waren es, zu denen Hitler zuerst kam und Thule=Leute waren es, die sich mit Hitler zuerst verbanden!

Die Rüstung des kommenden Führers bestand außer der Thule selber, aus dem in der Thule Gesellschaft von dem Bruder Karl Harrer gegründeten Deutschen Arbeiterverein und der von Hans Georg Grassinger geleiteten Deutsch=Sozialistischen Partei, deren Organ der Münchener, später der Völkische Beobachter war. Aus diesen drei Quellen schuf Hitler die Nationalsozialistische Deutsche Arbeiterpartei.

Wir grüßen unseren Führer Adolf Hitler mit Sieg=Heil!

Zum 9. November 1933   Der Verfasser.

Gedenkblatt

Als erste Blutzeugen des erwachenden Deutschland fielen am 30. April 1919 im Münchener Luitpoldgymnasium folgende Thule-Leute unter den Kugeln bolschewistischer Mörder:

Heila Gräfin von Westarp, Sekretärin der Thule

Gustav Franz Maria Prinz von Thurn und Taxis

Franz Karl Freiherr von Teuchert, Oberleutnant

Friedrich Wilhelm Freiherr von Seidlitz, Kunstmaler

Anton Daumenlang, Eisenbahn-Obersekretär

Walter Deike, Kunstgewerbezeichner

Walter Nauhaus, Bildhauer

Bild: Reichskanzler Adolf Hitler nach Originalzeichnung von Professor Karl Bauer;
Bild: Rudolf von Sebottendorff nach Modell von Bildhauer Hanns Goebl, München.
Bild Rudolf Heß und Bild Dr. Hans Frank von Photo-Hoffmann, München.

Inhaltsverzeichnis

Widmung 7
Gedenkblatt 9
 I. Allgemeine politische Betrachtungen 15
 II. Quellen der Bewegung 31
 III. Germanenorden und Thule Gesellschaft 35
 IV. Thule Gesellschaft und Münchener Beobachter bis zur Revolution 1918 43
 V. Thule Gesellschaft, Kampfbund und Ringe der Thule . 61
 VI. Politisches Wirken und Werben der Thule bis zu Eisners Tode 75
 VII. Die Thule in der Zeit der Räteherrschaft 85
 VIII. Der Kampfbund der Thule und die Gegenrevolution von 1919 105
 IX. Einmarsch des Freikorps Oberland in München . . . 125
 X. Die Opferzeit der Thule — Mord an den Thule=Leuten 135
 XI. Die Thule Gesellschaft nach dem Geiselmord . . . 163
 XII. Die Gründungen aus der Thule Gesellschaft . . . 171
 XIII. Werdegang des Völkischen Beobachters 191
 XIV. Die Thule während der Abwesenheit des Gründers und ihre Wiedererneuerung 197
Bilderteil 201
Personen= und Sachverzeichnis 221

Dr. Hans Frank, Bayer. Staatsminister der Justiz und Reichskommissar der Justiz

Adolf Hitler, Kanzler des Deutschen Volkes, Führer der nationalsozialistischen Bewegung

Rudolf Heß, Stellvertreter des Führers mit ausübender Gewalt in der N.S.D.A.P.

I.
Allgemeine politische Betrachtungen

Man kann den Weltkrieg beklagen, und seine Folgen, den Zusammenbruch des ersten Deutschen Reiches und das Dasein des zweiten Deutschen Reiches bedauern; man kann Mitleid mit dem deutschen Volke haben, das diese entsetzlichen Zeiten durchmachen mußte; eins ist sicher: ohne diese Notzeit wäre Deutschland nie einig geworden. Für das Volkstum war der verlorene Krieg, war das zweite Reich, war die Mißwirtschaft des Systems durchaus notwendig.

Die Eiszeit schuf den Arier, den weißen, weisen Menschen des Nordens, der der Welt die Kultur bringen sollte. Sein Wahrzeichen, das siegende Sonnenrad finden wir überall aufgepflanzt, wohin er seinen Fuß setzte. Leicht vergaß er sein Volkstum, verlernte oft auch seine Muttersprache, aber seine Kultur hat der wandernde Arier hinterlassen, wenn auch oft durch Niederrassige so entstellt, daß sie kaum noch erkennbar ist.

Die Notzeit des Krieges, die schwere Zeit nachher, schuf den Deutschen! Wieder erhebt sich das Sonnenzeichen, das Hakenkreuz aus der Vergangenheit; das uralte Heilszeichen der Arier ist zum Wahrzeichen des neuen Deutschlands geworden! Nun wird der Deutsche nimmer vergessen, daß jeder Volksgenosse Blut von seinem Blute ist, daß alle Deutschen Brüder und Schwestern sind, eine große, heilige Familie!

Es erhebt sich die Frage, warum diese entsetzlichen Zeiten erst kommen mußten, warum nicht schon früher das Ziel erreicht worden ist, da doch hunderte und tausende deutscher Männer an diesem Ziel gearbeitet haben.

Die Grundübel der Deutschen mußten erst besiegt, bezwungen werden und diese Grundübel sind der Neid, das Hinhorchen auf fremde Einflüsterungen, die Eigenbrödelei.

Schon einmal ging eine Schlacht verloren, weil die Alemanenführer nicht wußten, daß sie zu Fuß an die Spitze des Keils gehörten. „Herunter von den Pferden", schrieen die Gefolgsleute und die Römer siegten. — Das ist der Neid und man muß sich hüten, ihn zu wecken, alles vermeiden, was ihn wecken kann.

Das Hinhorchen auf fremde Einflüsse ist das zweite Erbübel des Deutschen. Niemals ist vor dem Kriege und während des Krieges von fremden Generalstäben etwas mehr geschmäht worden als die alldeutsche Bewegung. Anstatt daß sich der Deutsche sagte: was mein Feind schmäht, muß für mich gut sein, stimmte er in die Schmährufe ein. Genau so war es bei Beginn der Hitlerbewegung.

Das Dritte aber ist die Eigenbrödelei und damit das Bestreben, sich um Kleinigkeiten gegenseitig die Köpfe einzuschlagen. „Deutsche Streitigkeiten", sagt der Franzose, wenn er solchen Streit um Kleinigkeiten bezeichnen will.

Der Deutsche sieht nie auf das gemeinsame Ziel, er sieht nur auf den Weg! Er verlangt, daß jeder den Weg geht, den er für den richtigen, für den alleinseligmachenden hält; er vergißt, daß alle Wege an das Ziel führen müssen, wenn dieses Ziel nur so hoch gesteckt ist, daß es alles umfaßt.

Der Deutsche braucht einen Führer, der ihn zwingt! Der ihn

zwingt, seinen Blick nur auf das Ziel und nicht auf den Weg zu richten. Der Führer muß die Macht haben, um zwingen zu können! Diese Macht kann durch zweierlei erlangt werden. Sie kann dem Führer durch Vererbung gegeben worden sein, also von außen her, sie kann ihm vom Volke aus freier Wahl gegeben worden sein, also von innen heraus. Was von außen her kommt, kann auch von außen verändert, gemodelt, zerbrochen werden. Was sich harmonisch von innen heraus entwickelte, was ward, wird bleiben! Das erste ist etwas vom Wesen des Materialismus, er will von außen wirken, er muß es, denn der Stoff kann ja nicht selber schaffen. Er ist das Vergängliche, aus dem der unvergängliche Geist, das Ewige, Neues bildet. Der Materialismus will aus den Verhältnissen heraus gute Menschen machen. Wie falsch dieser Satz ist, zeigt uns die letzte Zeit vor dem Kriege.

Noch nie ging es einem Volke wohl besser als damals dem deutschen. Unter Kaiser Wilhelm II. galt Deutschland etwas in der Welt. Seine Flagge wehte auf allen Meeren, sein Handel blühte, seine Industrie war ohnegleichen. Der Arbeiter fand reichliche und gutbezahlte Arbeit, paßte es ihm nicht an einem Orte, so machte er Schluß und ging wo anders hin. Da jeder Arbeiter pflichtbewußt war und seine Arbeit konnte, fand er bald wieder neue lohnende Arbeit. Es wird behauptet, daß damals die Löhne niedrig gewesen sind. Das ist unwahr, sie waren den damals niedrigen Lebensmittelpreisen und Mieten, den niedrigen Steuern und Abgaben entsprechend. Nie wieder sind so große Beträge in den Sparkassen, den Konsumvereinen, den Gewerkschaften, den Parteikassen angesammelt worden wie damals und wenn alle diese bis heute ausgehalten haben, dann ist es nur jenen Vorkriegszeiten zuzuschreiben, in denen die gesunde Basis gelegt worden ist. Geld war immer da und für jeden Zweck zu haben, es hatte jeder Geld. Die Möglichkeit, Geld zu verdienen, zog wieder die materialistische Lebensauffassung und Denkart groß. Die Anbetung des Stoffes nahm überhand. Der Arbeiter sorgte für sich selber, kümmerte sich nicht um seinen Genossen. Es war genug, wenn er einer Gewerkschaft zugehörte, seine Beiträge bezahlte, das Parteiblatt las und streikte, wenn es die Gewerkschaft wollte; sonst lebte er, wie er wollte. In der Arbeit selbst gab er sein Bestes her, das war seine Pflicht und Schuldigkeit, anders kannte er es nicht. Aber im Bürger, im Beamten, im Staate selber war er gelehrt worden den Feind zu sehen.

Der Bürger, liberal, im besten Falle nationalliberal gesinnt, lebte ganz sein eigenes Leben. Der Arbeiter war ihm nicht gerade der Feind, im Gegenteil, aber er war ihm unangenehm, weil er die Feindschaft spürte und weil das seine Ruhe störte. Alles, was ihn in dieser Ruhe, in diesem Behagen störte, war geeignet den Gewinn einzuschränken, aber Geld gewinnen wollte er und konnte er. Der Arbeiter war ihm gleichgültig, den Beamten haßte er.

Das Gehalt der Beamten war klein; damals ging man von dem Standpunkte aus, daß das kleine Gehalt durch die Anwartschaft auf Pension ausgeglichen werde. Der Beamte mußte sich einrichten. Er konnte nicht mitmachen, wenn der Bürger feierte; so schloß sich die Beamtenschaft ab und bildete eine Kaste für sich.

War das die Lage des Volkes im Allgemeinen, so kam nun unter Kaiser Wilhelm II. ein Besonderes hinzu. Der zunehmende Wohlstand der Unternehmer, der Geschäftsleute veranlaßte diese zu neuen Kapitalinvestitionen. Es kam im Bürgertum eine Klasse auf, die wurzellos im Volkstum, durch erhöhten Prunk diese Wurzellosigkeit vergessen machen wollte. Der Adel, die Beamtenschaft wollten bei diesem Prunk mittun und wurden durch die Hofhaltung Kaiser Wilhelms II. gezwungen mitzutun. So setzte ein Fäulnisprozeß von oben ein, dem ein gleicher von unten entsprach.

Die Gegensätze der Konfession spielten um die Jahrhundertwende keine große Rolle in Deutschland. Jede der beiden Konfessionen hatte genug zu tun um den Bestand zu wahren. An Gott zu glauben, galt als überlebt, galt als rückständig. Wer nicht aus der Kirche austrat, stand ihr indifferent gegenüber. Der Arbeiter auf der einen Seite mit Hohn und Spott, der Wissenschaftler auf der andern mit den Waffen der Gelehrsamkeit griffen die Kirche an. Es war die Zeit, wo Büchners Kraft und Stoff, wo Haeckels Welträtsel, die Bibel des Materialismus in Hunderttausenden von Exemplaren verbreitet wurden.

Das war die Zeit, in der das Judentum die Stellung eroberte, die es bis vor kurzer Zeit inne hatte. Die Stellung, um die es seit Jahrhunderten in zäher Verbissenheit gekämpft hatte.

Es war aber ein grober taktischer Fehler des Judentums sich soweit vorzuwagen, denn jetzt wurde man aufmerksam. Was nur von wenigen gelehrt und behauptet worden war, begann in das Volk zu dringen, das ja rein gefühlsmäßig schon immer antisemitisch eingestellt war.

Mommsen, der doch gewiß nicht als Antisemit angesprochen werden kann, hatte gesagt, daß das Judentum ein Ferment der Zerstörung sei. Die Retcliffe=Romane der siebziger Jahre wurden lebendig; was der eine der Verfasser, jener bewanderte Hofrat Schneider von der Kreuzzeitung geschrieben und weshalb er verlacht wurde, gewann Farbe, Form und Gestalt. Man lese die grandiose Szene im Prager Judenfriedhof nach, oder die Geschichte des Frankfurter Bankiers.

Man las mit Erstaunen das Bekenntnis Dr. Walter Rathenaus in der Wiener Neuen Freien Presse, in dem er die Katze aus dem Sack ließ: „Dreihundert Männer, von denen jeder jeden kennt, leiten die Geschicke des Kontinents und wählen sich ihre Nachfolger aus ihrer Umgebung" (25. Dezember 1909).

Die antisemitische Bewegung der letzten Jahre des Jahrhunderts wuchs und wurde mächtiger und mächtiger. Antisemitismus hat es zu allen Zeiten gegeben, denn der Name bezeichnet nichts weiter als den Angriff oder Abwehrkampf gegen eine fremde Rasse, ein fremdes Volk. Antisemitismus ist so alt wie die jüdische Rasse überhaupt. Druck wird immer Gegendruck erzeugen. Wuchs der Druck des Judentums, so wuchs auch der nationale Widerstand des Wirtsvolkes und eines Tages mußte es zu einer Explosion kommen. War das Wirtsvolk noch stark genug, so mußten die Juden gehen, im andern Falle ging das Wirtsvolk zugrunde. Auch dann zog Juda weiter und so ist die Legende vom ewigen Juden begründet. Der Auszug der Juden aus Ägypten, den wir als Beispiel der Fürsorge Gottes in der Schule lernen mußten, ist in Wahrheit eine solche Vertreibung. Geschichtlich ist der Auszug der Kinder Israel: die Vertreibung der Hyksos, dieses Beduinenstammes, der in Ägypten eingefallen war und hundert Jahre geherrscht hatte. Und wir lesen mit Entsetzen in der Bibel, 2. Mose, 5, Vers 21, wie der Judengott seine Kinder zum Diebstahl verleitete, damit sie nicht leer auszögen. Ägypten war so auf einige Zeit seine Juden losgeworden, Cyrus, der für geleistete Dienste den Juden das gelobte Land zurückgeben wollte, wurde sie nicht los; sie blieben an den Wassern Babylons und trieben ihren Schacher weiter. Nur wenige tausend Mann folgten Esra nach Jerusalem und bauten die Stadt auf. Es ist nicht wahr, was wir in der

Bibel lernen mußten, daß die gefangenen Juden an den Wassern Babylons saßen und weinten; es ging ihnen gut dort, sie hatten solche Macht, daß sie 30 000 Arier abschlachten konnten und noch heute dies Ereignis durch ein Fest feiern. Damals, als Esra nach Jerusalem zurückkam, um 300 v. Chr., begann jener ungeheure Betrug, an dem das Christentum noch heute krankt: die Bibel wurde rückwärts redigiert, die Geschlechtsregister nach einer Zahlenmystik aufgestellt und arisches, in Babylon gewonnenes Wissen in die Bibel aufgenommen. Damals entstand das hebräische Schrifttum aus Runen, die von Mykenä den „östlichen" Völkern gebracht wurden.

Immer ist der Jude Geschäftsmann, also Händler gewesen; mit und auf den Zügen Alexanders des Großen gelangte der Jude überall hin und wir finden ihn um 200 v. Chr. schon auf allen Handelsplätzen des Mittelmeers, namentlich in Rom.

Seinem Einfluß ist es zuzuschreiben, daß dort eine Demokratie aufkam, die so recht nach seinem Geschmack war. Noch einmal gelang es dem großen Sulla das römische Volk zu retten, aber der Untergang war nicht mehr aufzuhalten. Der Reichtum, der in Rom zusammenströmte, die vielen Völker bereiteten den Rassemischmasch vor; vollendet wurde er durch das Christentum, das ja lehrte: jeder Getaufte sei Bruder. Zur Zeit der Völkerwanderung, als die jungen Germanen das morsche Römische Reich stürzten, war ganz Südeuropa christlich.

Wie schwer es war die Germanen zum Christentum zu bringen, das lehren die Kämpfe eines halben Jahrhunderts. Mußte doch der Frankenkaiser Karl noch tausende von Sachsen morden, um die Überlebenden zu überzeugen, wie menschenfreundlich das Christentum sei. Erst dann gelang es Germanen zum Christentum zu bringen, als sich die Kirche germanischen Sitten und Gebräuchen anpaßte und germanische Feste in christliche umdeutete.

In der Zeit, in der der Islam aufkam, finden wir Judenverfolgungen bei den Arabern und im Koran handeln ganze Abschnitte von der Verwerflichkeit der Kinder Israels.

Mit den Mönchen, der beginnenden Städtebildung in Deutschland fanden sich auch die Juden ein, bald saßen sie in den Städten des Rheins und drangen von hier aus gegen Osten vor.

Im ganzen Mittelalter finden wir Judenverfolgungen, aber da Deutschland in viele kleine und große Staaten zerfiel, konnte eine solche Verfolgung nie großes Ausmaß annehmen; der Jude duckte sich, bis der Sturm vorüber war und begann dann ebenso unverschämt sein Ausbeutesystem weiter zu betreiben. Schutz fand Juda besonders bei der Kirche. Wenn auch die Kirche dem Antisemitismus des Mittelalters ein christliches Mäntelchen umzuhängen verstand, im Grunde ist sie immer der Schutz und der Schild Judas gewesen, weil Juda Einfluß auf die Kirche hatte. Getaufte Juden konnten die höchsten Stellen in der Kirche erhalten, ja mehr als ein Papst ist getaufter Jude gewesen.

Das wurde anders, als im Norden der Protestantismus Staatskirche wurde. Luther war selber ein starker Antisemit, er war es aber nur vom religiösen Standpunkte aus. Um auch auf die Protestanten Einfluß zu gewinnen, erfand das Judentum die Freimaurerei. Die alte Freimaurerei war ehemals Wahrerin eines Geheimnisses, das in den Bauhütten des Mittelalters, die die gotischen Dome bauten, gelehrt wurde. Eine Unmenge arisches Weistum finden wir in den Lehren der Alchimisten und Rosenkreuzer, die sich den Bauhütten angeschlossen hatten, wieder. Mit dem Niedergang der gotischen Baukunst verschwanden auch die Bauhütten und arisches Weistum blieb Geheimnis weniger Bewahrer. Als der dreißigjährige Religionskrieg zu Ende war, als sich Protestanten und Katholiken der rechten Gotteserkenntnis wegen nicht mehr gegenseitig totschlugen, da war die Zeit für Juda gekommen den Freimaurerorden neu erstehen zu lassen. Man gründete gegen Ende des 17. Jahrhunderts die ersten Logen, die sich 1717 in York zu einer Großloge zusammenschlossen. Das Geheimnis der alten Freimaurerei war zu lehren, daß jeder Mensch an sich selber arbeiten müsse, um gut zu werden, dann strahle er das Gute nach außen hin wie eine Sonne. Jeder sollte eine solche Sonne werden. Dann, so lehrte uraltes arisches Weistum, wenn der einzelne, der Führer vollkommen ist, dann werden auch von ihm aus die Verhältnisse der Umwelt vollkommen werden. Die neue freimaurerische Lehre drehte die Sache um, sie sagte: Erst schaffen wir gute Verhältnisse, dann werden auch die Menschen gut werden. Entsprechend den drei Graden der Werkmaurerei, Lehrling, Geselle und Meister, wurden drei Grade der Freimaurerei gleichen Namens geschaffen; die Symbolik war ein Brauchtum, das aus dem alten Testamente entlehnt wurde. Die Arbeit in den Logen war symbolisch der Bau an dem Tempel Zions. Nach und nach bildeten sich aus dem letzten, dem dritten Grade, höhere Grade und gegen 1780 war das System der Hochgradmaurerei ausgebildet. Immer aber waren die Juden die Macher in den Logen. Die dummen Deutschen ließen sich durch das Geschwätz der Weltbrüderschaft, der Gleichheit und Freiheit einlullen. Lessings Nathan der Weise ist auf freimaurerischen Tendenzen aufgebaut. Friedrich der Große, in eine braunschweigische Loge aufgenommen, gründete, als er König wurde, die Großloge Royal York in Preußen. In Frankreich wurde die Revolution durch die

Logen vorbereitet. Nach Abschluß der Befreiungskriege hatte die Freimaurerei in der ganzen Welt Fuß gefaßt. Über die Freimaurerei im Gegensatz zur arischen Weltanschauung gibt ein Artikel Aufschluß, der in den „Runen" Nr. 7 vom 21. Juli 1918 enthalten ist und in dem sich Sebottendorff mit einem Angriff auseinandersetzte, der in der „München-Augsburger Abendzeitung" und im „Bayerischen Kurier" von Logenseite aus auf ihn erfolgte (vgl. S. 41).

„Was uns (germanische Logen) von der Freimaurerei trennt, ist unsere Weltanschauung. Wir betrachten die Welt — die Umwelt — als ein Produkt des Menschen. Die Freimaurer sagen, der Mensch ist das Produkt der Verhältnisse.

Wir kennen keine internationale Brüderschaft, sondern nur völkische Belange, wir kennen nicht die Brüderschaft der Menschen, sondern nur die Blutsbrüderschaft.

Wir wollen frei sein, aber nicht in der Freiheit des Herdenmenschen, sondern in der Freiheit der Pflicht.

Wir hassen das Schlagwort von der Gleichheit. Der Kampf ist der Vater aller Dinge, Gleichheit ist der Tod.

Wir wollen leben, lang und glücklich leben. Unsere Ansicht von der Gleichheit ist die Gleichheit der Pflicht. Wir wollen jeden einzelnen von uns so tüchtig wie möglich machen, damit er die Pflicht nicht als Last, sondern als ein Stück von sich selber empfindet. Dann werden wir auch den Kampf bestehen, der kommen wird, kommen muß, den Kampf zwischen Arier und Juden. Ein erkannter Feind ist kein Feind mehr, wir wollen unserm Volke die Augen öffnen, wo sein Feind steht, der uns bekämpft bis zur Vernichtung.

Wir verneinen die Lehren der Freimaurerei, daß die Verhältnisse den Menschen bilden; das ist eine Lehre, die der Marxismus aufgenommen hat und mit der er den Leuten schmeichelt, denn wenn es so ist, dann ist der Mensch, der Führer frei von jeder Verantwortung.

Solche materialistische Anschauung führt zum Verfall.

Wir haben aber auch im Brauchtum nichts mit der Freimaurerei gemeinsam. Mit kluger Voraussicht hat man dort alles auf das Gesetz Moses abgestellt. ‚Das Schwert in der einen, den hölzernen Hammer in der andern Hand' soll der Freimaurer am Tempel Zions bauen.

Wir führen das eiserne Schwert und den eisernen Hammer und bauen am deutschen Halgadom.

Wir wollen nicht mehr Amboß, sondern Hammer sein. Wir beten nicht: ‚Gib, daß einig sei die Erde, daß das menschliche Geschlecht eine Bruderkette werde', weil wir wissen, daß dies unmöglich ist, Sand in die Augen der Dummen, die nie alle werden.

Wir arbeiten für unser Volkstum und wissen, daß wir für den Fortschritt der Menschheit viel mehr tun, als alle Logen der Welt. Wir wissen aus der Geschichte, daß der Arier aufbaut, der Jude aber zerstört.

Das Wesen der Juden ist starr und unwandelbar, die Juden können nicht aus ihrer Haut heraus, von jeher haben sie die Wirtsvölker, die ihnen vertrauten, ausgesogen, bis die Wirtsvölker aus der Geschichte verschwanden. Auch die Freimaurerei ist starr und unwandelbar, jeder Freimaurer wird bestätigen müssen, daß sie sich dem Wesen und der Struktur nach nicht wandeln darf. Sie wird daher ebenfalls verschwinden, denn nur das bleibt, was sich organisch entwickelt, was lebt.

Wir sind keine Demokraten, wir lehnen Demokratie durchaus ab. Demokratie ist jüdisch, alle Revolution der Demokratie ist jüdisch. ‚Die

Revolution ist der Stern Juda', sagt Grätz als Motto in seiner Geschichte des Judentums.

Wir sind Aristokraten, wir wollen jeden sich seines Volkstums bewußten Deutschen zu einem Edling machen, dann sind wir gleich. So verstehen wir unsere Gleichheit.

Wir nennen Edling jeden Germanen, der sich seiner Pflicht bewußt ist, mit dem Schwert und dem Hammer tätig zu sein.

Wir pflegen keinen Humanitätsdusel, wir stützen das Schwache, wo es seiner Natur nach schwach ist, wir reichen aber nicht die eine Wange dem hin, der uns auf die andere schlug, wir schlagen zurück und setzen unsern ganzen Stolz darein, kräftig zurückzuschlagen, so zu schlagen, daß der Gegner am Boden bleibt. Das war ja auch die Meinung unseres Heilandes: er war gekommen, das Schwert zu bringen.

Wir bekämpfen bis aufs Blut den Geist, der sich in dem Aufrufe der Mailänder Loge breit macht, den Geist des Mammonismus, der darauf abzielt, überall die Republik einzurichten, weil er dort herrschen kann. Es ist wahr, daß dieser Geist ein von Thron und Altären freies Zeitalter schaffen wird, aber es ist nicht wahr, daß dieses Zeitalter das Glück der Völker bedeuten wird; nein, wo die Masse herrscht, da herrscht Juda und seine Tyrannei wird furchtbar sein.

Mitglied einer Freimaurerloge kann nach der Satzung jeder freie und unbescholtene Mann werden, in Wahrheit muß man auch wohlhabend sein, denn die Beiträge waren hoch; der Bund der Freimaurer umfaßte Unternehmer, Kaufleute, Gelehrte, Beamte und Militärs. Das genügte Juda, um die Völker bis um die Mitte des vergangenen Jahrhunderts leiten zu können. Um diese Zeit begannen sich zwei neue

Stände herauszukristallisieren: der Stand der kleinen und mittleren Beamten und Angestellten und der Stand der Fabrikarbeiter.

Für die erste Gruppe, die Bürgerlichen, fand man schnell ein Mittel, sie lenken zu können. Man schuf einen besonderen Orden für den Stand, einen Orden, der sich an die freimaurerischen Gebräuche anlehnte, den Odd Fellow-Orden. Die Logen desselben waren mehr auf Unterstützung der Mitglieder eingestellt, als die Maurerlogen. Um aber auch die Freimaurerei kräftiger am Leitzügel zu haben, wurde der Orden Bne Briss geschaffen. Bne Briss heißt Söhne des Glaubens. Mitglieder durften nur Juden sein und werden; aber Bne Briss-Brüder mußten in allen Logen Europas sein und wurden raschest befördert, so daß fast alle Leiter der einzelnen Logen, die „Meister vom Stuhl" zugleich im Bne Briss waren und von dort ihre Informationen bezogen. Auf diese Weise war die Freimaurerei, die noch international durch ein Institut in Genf geleitet wurde, nur den Befehlen des Bne Briss unterworfen. Was nun den vierten Stand, den Stand der Arbeiter anbelangt, so konnte man diese nicht in die Logen bringen, aber man erfand für sie die internationale Sozialdemokratie. Es ist schon oben gesagt worden, daß Freimaurerei und Sozialdemokratie denselben Prinzipien anhingen, die Umkehrungen arischer Lehrsätze waren.

In den germanischen Ländern und im Osten Europas lagen die Verhältnisse wesentlich anders, als in Frankreich und in England. In diesen beiden Ländern hatte man schon eine starke Demokratie und eine allerdings national eingestellte Sozialdemokratie. Auch die Industrialisierung dieser beiden Länder war weiter fortgeschritten. In Deutschland herrschte bis Ende des vergangenen Jahrhunderts immer noch ein patriarchalisches Verhältnis zwischen Arbeitnehmer und

Arbeitgeber. Dieses mußte zerstört werden. Die Arbeitnehmer wurden durch die Organisatoren der Sozialdemokratie, die drei Juden: Marx, Engels und Lassalle bearbeitet; die Arbeitgeber verfielen dem Kapitalismus. Zweck und Ziel des Kampfes war die Verhetzung der einzelnen Klassen gegeneinander. Gemäß dem deutschen Charakter wurde die sozialdemokratische Doktrin für den deutschen Arbeiter als Weltverbrüderung aufgezogen. „Proletarier aller Länder vereinigt Euch", war das Schlagwort. In Frankreich ist die Sozialdemokratie im Anfang auf die Vereinigung der lateinischen Rassen eingestellt gewesen, später wurde der Hauptteil national, der linke Flügel kommunistisch; der Kommuneaufstand von 1871 war ein Beispiel dafür. In England hat die Sozialdemokratie keine Rolle gespielt und wo sie es tat, war sie immer national. Hier kam es ja auch nicht so sehr darauf an; die Leitung der Geschäfte ruhte in jüdischen Händen, es galt also nur die Macht zu sichern, nicht sie zu erobern, wie in Deutschland. Hier wurden daher alle Kräfte eingesetzt. Hier wurde mit allen Mitteln gearbeitet, denn die Gefahr des Zusammenschlusses der deutschen Stämme zu einem deutschen Staate war gefährlich. Namentlich Preußen war der Feind des Judentums, man rief es als reaktionär aus. Der „preußische Junker" wurde zum Schlagwort. Man trieb einen Keil zwischen den Adel und den König; den Adel gewann man, nachdem man ihn ruiniert hatte, durch Versippung mit Juden, dem Könige schmeichelte man; endlich traf man auf einen so beweglichen Charakter wie Kaiser Wilhelm II. und konnte ihn durch immer enger gezogene Kreise für sich gewinnen.

Einen zweiten Keil trieb Juda zwischen den Arbeitnehmer und Arbeitgeber. Einerseits trat der internationale Kapitalismus in Aktion und verwandelte die privaten Unternehmen in Aktiengesellschaften. Nun verlor der Unternehmer das Interesse an seinen Leuten, er war ja nicht mehr der Besitzer des Werkes, er hatte es ja nicht mehr notwendig, seine Leute schonend zu behandeln, sie durch reichlichen Lohn und gute Behandlung zu halten, im Gegenteil, je mehr aus ihnen herausgepreßt wurde, desto größer der Gewinn. Beide standen sich im Kampfe gegenüber.

Ende der neunziger Jahre, etwa um Beginn unseres Jahrhunderts wurde die Organisation der Gewerkschaften vollendet; jeder Arbeiter war gezwungen, sich seiner Gewerkschaft anzuschließen, wer als Lehrling eintrat, mußte in die Arbeiter-Jugend.

Genau wie die Sozialdemokraten es machten, so handelten die Katholiken, wo s i e die Macht hatten. Von der Wiege bis zum Grabe leiteten und gängelten den deutschen Katholiken die Geistlichen und beeinflußten sein politisches Denken.

Bismarck hatte die Gefahr erkannt, er versuchte beide Richtungen zu bekämpfen; er mußte scheitern, weil er nicht die gemeinsame Quelle des Zentrums und der Sozialdemokratie erkannte: die Juden. Daß er dies nicht erkannte, hatte er seinem Hofjuden Maximilian Harden zu verdanken.

So sehen wir, daß bei Beginn des Jahrhunderts alle deutschen Parteien unter jüdischem Einfluß und unter jüdischer Leitung standen. Am Hofe herrschten sie geradezu, Wilhelm war so abhängig geworden, daß er Ballin, Rathenau, Friedländer-Fuld zu seinen Ratgebern gemacht hatte und wenn er die Stimmung seines Volkes erkunden wollte, dann ging er in Berlin in das kleine Lederwarengeschäft Unter den Linden von Katzenstein und fragte seinen getreuen Katzi, was wohl das Volk denke. Katzi war der einzige Bürger Deutschlands, der Sr. Majestät zum Geburtstage ein Geschenk überreichen durfte.

In den letzten Jahren des 19. Jahrhunderts waren es zwei Männer, die den Juden entgegentraten; beide wurden diffamiert und mußten abtreten. Ahlwardt, der Rektor der Deutschen, wie ihn die Judenpresse höhnisch nannte, wurde eines entehrenden Verbrechens beschuldigt und wurde so erledigt; Graf Pükler, der einen Radauantisemitismus geschaffen hatte, wurde für nicht zurechnungsfähig erklärt. Schwerer war es schon, den Hofprediger Stöcker beiseite zu bringen, er hatte eine Position, hinter ihm stand eine Gemeinschaft, die Christlich=Sozialen. Stöcker wurde von der preußischen Regierung fallen gelassen und mußte gehen.

II.
Quellen der Bewegung

Um die Jahrhundertwende trat ein Mann auf, den Juda nicht beseitigen konnte, weil er unabhängig war; als man ihn einsperrte, war es schon zu spät, die Gefängnisstrafe war nicht mehr diffamierend, im Gegenteil, man achtete Theodor Fritsch-Leipzig um so höher. Fritsch gab eine Monatsschrift, den „Hammer" heraus, die Leser bildeten eine Gemeinde, den Hammerbund. Er war der erste, der die Frage wissenschaftlich aufgriff und seine Bücher bilden noch heute die klassische Bücherei der antisemitischen Bewegung.

Fritsch hatte das Glück, das Morgenrot der neuen Zeit, das Wachsen der Bewegung zu erleben, erst vor kurzem wurde er hochbetagt abberufen; kämpfend bis zuletzt, starb er in den Sielen.

Gegen die Internationale machte Hugenberg Front, der mit Justizrat Claß den Alldeutschen Verband gründete. Leider gelangte die sehr gut geleitete Monatsschrift nicht in die Hände der Arbeiter, sie blieb in den oberen Volksschichten stecken. Der alldeutsche war vor, während und nach dem Weltkriege der am meisten gehaßte und am schwersten verleumdete Volksteil. Alldeutscher war gleichbedeutend mit Junker.

Das jetzige Jahrhundert sah am Anfange drei Österreicher in der Front gegen das Judentum. Der erste war Guido von List. Lists Bücher über ariogermanisches Weistum, wenn sie auch in ihrer Mystik etwas zu weit gehen, sind noch heute eine wertvolle Quelle und sollten nicht vergessen werden. Philipp Stauff, bekannt durch sein Buch über die Runenhäuser, faßte die Anhänger Lists zum Guido von Listbunde zusammen. Guido von List starb kurz nach dem Kriege in Berlin.

Altmeister Theodor Fritsch †

Der zweite war Lanz von Liebenfels, der noch heute im Rheinlande lebt. Er brachte eine Broschürenreihe heraus, die er Ostara, die Bücher der Blonden, nannte. Liebenfels hatte aus den Schriften der Kirchenväter den Urtext des Neuen Testamentes herzustellen versucht, seine Bücher wurden beschlagnahmt und vernichtet.

Der dritte war Baron Wittgenberg, der Verfasser des Semigotha, der Semialliancen und des Semikürschner, den Philipp Stauff her=

ausgab. In diesen drei Standardwerken wies er den jüdischen Einschlag im deutschen Adel, in Kunst und Wissenschaft nach. Baron Wittgenberg zog im Jahre 1920 den Freitod der Schmach vor, seine Frau und Tochter in Händen eines jüdischen Bankiers zu wissen, daher wird es heute unmöglich sein, seine Bücher, die von Juda bis auf eine kleine Anzahl aufgekauft worden sind, neu zu verlegen.

Es ist kein Zufall, daß es gerade Österreicher waren, die damals in die Bresche sprangen, sie hatten die Verjudung Österreichs am eigenen Leibe kennen gelernt, sie sahen das kommende Unheil eher, als der Reichsdeutsche, dem es damals noch zu gut ging.

Unter den Wissenschaftlern, die für die Aufklärung im deutschen Sinne kämpften, seien Wilser, Much, Penka genannt. Sie lieferten die Waffen, die dazu dienten, die Legenden zu zerstören, die über die Herkunft aller Kultur aus dem Osten verbreitet wurden. Sie wiesen nach, daß alle Kultur von Norden kam und nur vom Arier stammte. Aus dem Hammerbunde war der Schutz- und Trutzbund hervorgegangen, der besonders den Juden auf geschäftlichem Gebiete entgegentrat. Neben diesen Gruppen und Verbänden bestanden eine Unzahl kleinerer Vereine, so in Magdeburg eine antisemitische Loge, in Berlin ein Verein zur Bekämpfung der Überheblichkeit des Judentums und andere mehr.

Aus allen diesen krystallisierte sich 1912 der Germanenorden heraus, dessen erste Tat es war, die völkischen Verbände im Mai 1914 zu einer Pfingsttagung in Thale (Harz) zusammen zu bringen. Die Aktivisten im Germanenorden bildeten die erste antisemitische Loge, einen Geheimbund, der bewußt als Geheimbund dem jüdischen Geheimbunde entgegentreten sollte. Die Richtlinien, die ausgearbeitet wurden, waren die folgenden:

1. Mitglied des Germanenordens konnte nur ein Deutscher werden, der seine Blutreinheit bis ins dritte Glied nachweisen konnte. Dadurch sollte verhindert werden, daß Abkömmlinge von Juden (Judstizen und Südlinge) in den Orden eindrangen. Ferner sollten, da in den Freundschaftsgrad des Ordens auch Frauen aufgenommen wurden, für die dieselbe Bedingung galt, die Bekanntschaften reinblütiger Deutscher zwecks Eheanbahnung gefördert werden.

2. Besonderer Wert sollte auf die Propaganda der Rassenkunde gelegt werden; es sollten die Erfahrungen, die man im Tier- und Pflanzenreiche gemacht hatte, auf den Menschen angewendet und es sollte gezeigt werden, wie die Grundursache aller Krankheit, alles Elends in der Rassenvermanschung liege.

3. Die Prinzipien der Alldeutschen sollten auf die ganze germanische Rasse ausgedehnt werden; es sollte ein Zusammenschluß aller Völker germanischen Blutes angebahnt werden.

4. Der Kampf gegen alles Undeutsche, die Bekämpfung des Internationalen, des Judentums im Deutschen, sollte mit aller Energie vorwärts getrieben werden.

Die Leitung des Ordens befand sich in Berlin. Ordensprovinzen wurden geschaffen und es gelang sehr schnell in allen bedeutenden Städten Fuß zu fassen. Als der Krieg ausbrach, zählte der Orden mehrere tausend Mitglieder und über hundert Logen. Der Vorstand setzte sich aus den Leitern der einzelnen Gruppen zusammen. Nach außen trat der Orden nur durch Philipp Stauff (Großlichterfelde) und Pohl (Magdeburg) in Erscheinung.

III.
Germanenorden und Thule Gesellschaft

Als der Krieg ausbrach, eilten 95 von hundert Mitgliedern zu den Waffen, die Logen hörten zu arbeiten auf; der Verband war auseinandergerissen, die Mitglieder in alle Winde zerstreut. Der Zweck des Ordens, Einigkeit zu schaffen, schien auch erreicht zu sein, nie war Deutschland einiger als in jenen Tagen des Kriegsausbruchs 1914. Während die Deutschen von schöner Zukunft träumten und kämpften, arbeitete Juda. Der erste Schlag war, daß es die Begeisterung benutzte und die Regierung veranlaßte, den sogenannten Burgfrieden zu verkünden. Damit unterband man jede Arbeit, jede Bekanntmachung und jede Propaganda der Alldeutschen und öffnete so die Tür für die Propaganda Judas.

Langsam sahen die Männer, die nicht zu den Waffen eilen konnten, weil sie zu alt oder aus einem andern Grunde kriegsuntauglich waren, ein, daß sie betrogen waren. Die Sozialdemokratie, die in den ersten Tagen, von den deutschen Führern geleitet, sich in Reih und Glied gestellt hatte, war wieder in jüdische Abhängigkeit gekommen; Rathenau war Wirtschaftsdiktator geworden, in allen Kriegsgesellschaften saßen Juden, immer neue Ströme östlicher Juden kamen über die polnische Grenze nach Deutschland und machten sich ansässig.

Wie ein Fanal wirkte die Meuterei der Matrosen im Jahre 1917, die von den Gewerkschaften angezettelt worden war. Sie zeigte den

Feinden, wo sie die Propaganda einzusetzen hatten und der Wink wurde prompt befolgt. Dann kam der Dolchstoß, jener Munitionsarbeiterstreik vom Januar 1918 (s. Bilderteil S. 210); jetzt konnte der Feindbund aufatmen, jetzt wußte er, daß, wie schon oft in der Geschichte, wieder der Deutsche dem Deutschen in den Rücken fiel. Anstatt die Anführer sofort an die Wand zu stellen, verurteilte man sie zu wenigen Monaten Gefängnis, dann ließ man sie wieder los. Verrat war straffrei, wurde noch belohnt. Am 20. Oktober 1918 schrieb der „Vorwärts": „Deutschland soll, das ist unser fester Wille, seine Kriegsflagge für immer streichen, ohne sie ein letztes Mal siegreich heimgebracht zu haben." Was braucht es mehr im Allgemeinen, den ungeheuren Volksbetrug nachzuweisen, den die schwarz-rot-goldene Internationale ausgesonnen und konsequent durchgeführt hatte. Ganz Deutschland hat in den letzten 14 Jahren daran gekrankt. Damals aber durfte nicht davon gesprochen werden, man durfte nichts sagen, denn dann hieß es, man spreche gegen das Volk. Trotzdem wurde gegen Ende des Krieges, vom Jahre 1917 an, energisch gegen die Internationale gearbeitet.

Um zu zeigen, wie jüdische Arbeit langsam das vorgesetzte Ziel erreichte, sei hier ein Aufsatz des „Beobachters" wiedergegeben, der heute noch Interesse erregen wird:

Jüdische Wirtschaft in Belgien.

Die Geschichte der politischen Abteilung des deutschen Generalgouvernements Belgien ist ein klassischer Beweis für das, was geschieht, sobald in eine Verwaltung nur ein Jude gerät.

Die Lenker Belgiens (soweit sie nicht direkt dem Oberkommando unterstanden) waren die militärischen Generalgouverneure: Freiherr von der Goltz, dann von Bissing und schließlich von Falkenhausen. Als Abteilungen unterstanden diesen:

1. Die Zivilleitung (Exellenz von Sandt). Später wurde diese Abteilung in die Gruppenverwaltung für Flandern in Brüssel und in die für die Wallonei in Namur getrennt.

2. Die politische Abteilung mit der Pressezentrale, der Vlamensektion, dem politischen Dienst.

3. Die neuen Ministerien, die Belgien verwalteten.

Schon Freiherr von der Goltz verfuhr die Karre. Nicht genug, daß er ein Dutzend französischer Zeitungen zuließ, er ernannte zum Chef der Politischen Abteilung den Baron von der Lanken-Wackenitz, der mit der Herrin von Günthershof, der Jüdin Renate Friedenthal, Tochter des Karl Rudolf Friedenthal und der Lea Rosenberg in Darmstadt verheiratet war. Zugleich mit diesem Baron erschien der Schwager Friedenthal, der sich nur Baron von Falkenhausen nennen ließ. Denn ein von Falkenhausen heiratete 1887 die Jüdin Elsbeth Friedenthal und nannte sich nebst Kindern „von Falkenhausen=Friedenthal". Friedenthal war Leutnant geworden, er hat sich aber während des ganzen Krieges nicht einen Augenblick an der Front aufgehalten, er hat mit dem dauernd von ihm beeinflußten Manne seiner Schwester, Baron von der Lanken, Tisch und Wohnung verwandtschaftlich geteilt.

Lanken und Friedenthal setzten als Leiter der Pressezentrale den Mitbesitzer der Frankfurter Zeitung, den Juden Dr. jur. Simon ein. Legationsrat Kempf blieb zwar offizieller Vorsitzender, doch die Geschäfte führte Simon. Als die Deutsche Tageszeitung seinerzeit dies Verhältnis kritisierte, hieß es, Simon würde gehen. Er war aber nur acht Tage verreist, dann kam er zurück und trat zur diplomatischen Abteilung von der Lankens über. Simon war dadurch nur noch einflußreicher geworden. Durch Friedenthal und Lanken kam ferner der Jude Ulrich Rauscher, der sozialistische Mitarbeiter des März, als Vertrauensmann in die diplomatische Abteilung. Er verfaßte sofort eine Broschüre über Belgien.

Die Zensur für belgische Zeitungen wurde dem Juden Dr. Ebstein übertragen, der es verstand, jede Erwähnung skandalöser Vorgänge zu unterdrücken. Neben Ebstein wurde der Jude Schotthöfer gestellt, der frühere Korrespondent des Pariser Figaro. Dessen Frau, natürlich ebenfalls Jüdin und in Brüssel wohnhaft, war französische Spionin. Sie saß so an der Quelle.

Neben diesem Paare wirkte eine andere Jüdin, Frau Ebstadt, deren Mann an der Front tätig war, als Beamtin der Pressezentrale, wie ja überhaupt fast alle Unterbeamten undeutschen Kreisen entnommen waren.

Frau Ebstadt ließ sich mit dem arischen Freiherrn von S... ein, kam in andere Umstände. Sie mußte daher fort von Brüssel. Baron S... kam an die Front, wo er bald fiel. (Sam. 2. Kap. 11, 15) Juda rächt jede Antastung seiner Frauen, während es selber sich ungestraft an deutschen Frauen und Mädchen vergehen kann.

Für die belgische Propaganda wurde der Jude Dr. Oswaldt angestellt. Er war zuerst in Antwerpen, dort bekam er Streit mit seinem militärischen Vorgesetzten, und wurde bald darauf nach Brüssel versetzt. Der „zanksüchtige" arische Offizier kam an die Front und fiel bald darauf. (2. Sam. 11, 15).

Dr. Oswaldts Tätigkeit bestand darin, den deutschfreundlichen Vlamen Steine in den Weg zu legen, seine rechte Hand war eine jüdische Stenotypistin Bloch.

Als das Wolffbüro, der offizielle Nachrichtendienst, eine Filiale in Brüssel einrichtete, erhielt diese Stelle der Jude Julius Wertheimer von der Vossischen Zeitung. Leiter des Wolffbüros in Antwerpen und zugleich Leiter der Politischen Abteilung dort war der durch Lanken ernannte Jude Schiff.

Als juristischer Generalreferent wurde durch Baron Lanken der Jude Dr. Schauer aus Frankfurt importiert. Schauer war früher in Paris als Anwalt tätig. Frau Schauer, wieder eine französische Jüdin war in der Vlamenabteilung, trotzdem sie kein Wort Deutsch verstand. Man kann sich vorstellen, wie nützlich sie war.

Zum Vertrauensmann für Kempf bestimmte man den Provisionsreisenden Rosenbaum, der früher für Modezeitungen gereist war. Rosenbaum erhielt das Blatt „Bruxellois", das die deutschen Behörden gegründet hatten umsonst, er, der zu jener Zeit keinen Heller besessen hatte, wurde von deutschen Regierungsgeldern in vier Jahren ein mehrfacher Millionär.

Lanken berief weiter den Juden Hauenstein, der schon im Frühjahr 1914 als Spaltpilz zwischen Bayern und Preußen sich in französischen Diensten betätigt hatte, er erhielt die Zeitung „Belfried".

In jedem deutschen Büro Belgiens wimmelte es von Juden, alle Tippfräuleins, alle Unterbeamten waren Juden.

Von den Oberbeamten seien noch erwähnt: Dr. Markus Hübner, der in der Blamenabteilung neben Dr. Oswaldt saß. Der Brüsseler Jude Driessen, der jüdische Rittmeister Behrens.

Die ganze Etappe im Büro der Politischen Abteilung erhielt natürlich das Eiserne Kreuz, das auch sonst von Hebräern viel getragen wird. Von Hebräern, die nie im Schützengraben waren.

Judenhelfer waren der Freiherr von Strempel, der als Oberregierungsrat tätig war und dann Hauptmann wurde. Heute ist er Major und Adjutant des Generalgouverneurs, des Herrn von Falkenhausen.

Der Vorstand der Paßzentrale ist der Ritter von Marx, der schon von weitem als echter Jude zu erkennen ist. Marx hat ein Palais in Bad Homburg vor der Höhe und hat schon des öfteren den Kaiser zum Frühstück bewirten können. Er ist ein wichtiges Glied in der jüdischen Kette, die den Kaiser umgibt und die sein Verderben sein wird.

Rechtsanwalt Stocky ist getaufter Jude und hat sich als Jude in der belgischen Verwaltung bewährt.

Privatsekretär des Herrn von Sandt und seines Nachfolgers Schaible, diese beiden sind Arier, war und ist der Jude Kempner, der Sohn des bekannten jüdischen Anwaltes und Freisinnführers Kempner in Berlin.

Durch die jüdische Kamarilla in allen Kreisen wurden die Maßnahmen des trefflichen Herrn von Bissing lahm gelegt und die Dinge sehr zum Schaden Deutschlands verzögert. Es war Bissing einfach unmöglich durchzugreifen. Bissing starb, sehr zur Freude der Juden, rechtzeitig und sein Nachfolger wurde der Herr von Falkenhausen, der seinen jüdischen Leibarzt Fürstenberg mitbrachte. Es war unmöglich, ohne Fürstenberg bei Falkenhausen vorzukommen.

Das ist dieselbe Taktik, die Ballin, Rathenau, Friedländer=Fuld, Koppel, Jules Simon, Goldschmidt verfolgen, sie bilden einen Ring um die Person des Kaisers und dieser hört nur das, was die Herren wollen.

So wie es hier an einem Beispiel im Westen geschildert worden ist, war es im Osten. Man erinnere sich nur an den Schandfrieden Kühlmanns; er ist mit der Friedländer=Fuld verheiratet. Kühlmann hat als Beauftragter Deutschlands den Frieden mit Rumänien geschlossen, dabei die deutschen Interessen so weit hinter die jüdischen gestellt, daß er uns Bulgarien abwendig machte und das bulgarische Volk gegen Deutschland aufbrachte, das noch während des Krieges durchaus deutschfreundlich war.

Im Norden saßen ebenfalls an hervorragenden Stellen Juden und von der Türkei soll ganz geschwiegen werden, hier saß Juda in seinem Element, denn die Jungtürken, die Dschavid, Talaat usw. waren ja ebenfalls Juden=Dönme (Gewendete nennt sie der Türke).

Alle diese Tatsachen führten dazu, daß sich die Männer, die in der Heimat zurückbleiben mußten, zusammenschlossen und den Germanen= orden wieder aufleben ließen. In der Weihnachtstagung 1917 konnten die neuen Räume eingeweiht werden.

In dieser Weihnachtstagung wurde beschlossen die Propaganda vorwärts zu treiben. Sebottendorff erklärte die ‚Allgemeinen Ordens= Nachrichten' (s. Bilderteil S. 205) für die Geweihten, die ‚Runen' (s. Bilderteil S. 201) für den Freundschaftsgrad zu finanzieren und zu leiten. Ihm fiel die Ordensprovinz Bayern zu. Diese Wahl wurde wichtig, denn dadurch wurde Bayern die Wiege der sozial=nationalen Bewegung. Die beiden südlichen deutschen Stämme, die Bajuvaren und die Schwaben, sind beweglicher, sich leichter anschließend, gesel=

liger als die Norddeutschen. Sie sind nicht so kritisch, nicht so einzelgängerisch. Die Herren, die in Mittel- und Norddeutschland die Arbeit begannen, hatten es schwerer; während im Süden sich bald eine große Gefolgschaft bildete, wuchs im Norden der Orden langsam.

Sebottendorff hatte die Anschrift einiger Herren erhalten, die sich auf Anzeigen gemeldet hatten, diese besuchte er zuerst. Sehr günstig für ihn war es, daß er in München einen Bruder des Germanenordens traf, Walter Nauhaus, der bei Professor Wackerle als Schüler arbeitete. Die beiden kamen zu dem Entschluß, getrennt zu marschieren und vereint zu schlagen. Nauhaus sollte die Jugend sammeln und Sebottendorff wollte aus den älteren Herren das Rückgrat der Bewegung bilden. Die ersten Mitglieder des Zirkels waren drei Herren: Dr. Georg Gaubatz, der sich dem Roten Kreuz zur Verfügung gestellt hatte und Syndikus des Vogelschutzvereins Bayerns war; Schulrat Rohmeder, der Vorsitzende des Deutschen Schulvereins und Johannes Hering, der sich einen Namen im Hammerbunde gemacht hatte, er war der Verbreiter der Lehren Muchs, Penkas und Wilsers.

Wie ein ins Wasser geworfener Stein immer weitere Kreise zieht, so gliederten sich diesem ersten Kreise bald weitere an; man konnte daran denken, in der Zweigstraße eine Wohnung zu mieten und dort Versammlungen abzuhalten. Sebottendorff selber bezog mit seiner Frau und Dienerschaft ein Haus in Bad Aibling.

Um die Art der Propaganda zu zeigen, sei hier mitgeteilt, daß Sebottendorff in verschiedenen Blättern Anzeigen erließ, in denen zur Teilnahme an einer völkischen Loge eingeladen wurde. Diese Anzeigen waren auch der Grund des Zusammenstoßes gewesen, der auf Seite 24 erwähnt wurde. Ein Freimaurer erklärte in der München-Augsburger Abendzeitung, daß es sich hier nur um eine Winkelloge handeln könne, denn Freimaurerlogen pflegten nicht durch öffentliche Werbung aufzutreten.

Dem sich Meldenden wurde das im Bilderteil S. 202 wiedergegebene Werbeblatt 1 zugesandt, in dem kurz auf die Rassenfrage Bezug genommen war. Es wurde darauf hingewiesen, daß zur Propagierung dieser Gedanken ein Orden notwendig sei, ein Geheimbund, und daß, wer diesem Geheimbunde beitreten wolle, zuerst durch ein beiliegendes Blatt ein Blutbekenntnis abzulegen habe. Dieses lautete:

„Unterzeichneter versichert nach bestem Wissen und Gewissen, daß in seinen und seiner Frau Adern kein jüdisches oder farbiges Blut fließe und daß sich unter den Vorfahren auch keine Angehörigen der farbigen Rassen befinden."

Hatte der Kandidat dieses Blutbekenntnis ausgefüllt, so erhielt er Werbeblatt 2 mit dem Hakenkreuz und dem Wodanbilde (s. Bilderteil S. 203). Er mußte einen Fragebogen ausfüllen und sein Bild einsenden. Dieses Bild wurde auf rassische Reinheit untersucht, es wurden Nachforschungen angestellt und wenn die Bedingungen erfüllt waren, wurde der Kandidat eingeladen in der Versammlung zu erscheinen. Nach einer gewissen Prüfungszeit wurde er in den Freundschaftsgrad aufgenommen. Die Weihe dieses Grades bestand in einer feierlichen Verpflichtung, in der der Aufzunehmende dem Meister absolute Treue schwören mußte. Es wurde die Rückkehr des verirrten Ariers zum deutschen Halgadom symbolisch dargestellt. In diesen ersten Grad konnten auch Frauen und Mädchen aufgenommen werden.

IV.
Thule Gesellschaft und Münchener Beobachter bis zur Revolution 1918

Es war Sebottendorff bald klar, daß er in der kleinen Wohnung in der Zweigstraße keine großen Erfolge haben könne. Es bot sich Gelegenheit, die Räume des Sportklubs in den Vier Jahreszeiten, die Platz für 300 Leute boten, zu mieten. Hier konnten Versammlungen abgehalten und weitere Kreise für die Gedanken des Germanenordens gewonnen werden. Öffentliche Versammlungen abzuhalten, war damals unmöglich. Sie wären des Burgfriedens wegen verboten worden, oder, wenn sie gestattet worden wären, so hätte man sie ohne Zweifel niedergebrüllt. Es war die Zeit, wo die Jugendlichen, die nachher die Revolution machten, eingezogen wurden, wo die Verhetzung der einzelnen Klassen gegeneinander aufs Höchste stieg; die Zeit, wo Erzberger, Scheidemann aussäten, was am 9. November 1918 reifen sollte, wo kein Militär mehr wagte gegen Sozialdemokratie und Zentrum energisch aufzutreten. Wollte man etwas erreichen, so mußten erst die Gedanken in einem größeren Kreise Wurzel fassen, das Ackerland mußte erst bestellt werden. Da durch das gesprochene Wort nicht gewirkt werden konnte, sollte es durch das gedruckte ersetzt werden. Eine neue Zeitung konnte nicht gegründet werden, da der Papiermangel bereits sehr groß war und die Regierung neue Zeitungen nicht erlaubte. Da bot sich Gelegenheit, eine bestehende Zeitung, den seit

2. Januar 1887 erscheinenden „Münchener Beobachter" (f. Bilderteil S. 206) zu erwerben. Franz Eher, der Herausgeber des Beobachter, ein Klient von Rechtsanwalt Dr. Gaubatz, war gestorben. Von der Witwe Franz Eher erwarb Sebottendorff das Verlagsrecht für 5000 Mark. Das Blatt hatte keine Abonnenten, es wurde im Straßenhandel vertrieben. Als Eigentümerin des „Münchener Beobachters, Verlag Franz Eher Nachf., München", wurde Frl. Käthe Bierbaumer, eine Schwester des Germanenordens eingetragen. Frl. Bierbaumer entstammt einer burgenländischen Bauernfamilie, einer jener Familien, die auszogen, um den durch die Türkenkriege verwüsteten Osten wieder aufzubauen. Als Schriftleiter des Beobachters zeichnete Sebottendorff. Der Beobachter wurde als Sportblatt aufgezogen (f. Bilderteil S. 207), damit er in die Hände der Jugend käme. Noch ein anderes ließ diese Aufmachung besonders günstig erscheinen. Der Jude hat nur dann ein Interesse am Sport, wenn er etwas einbringt. Die Juden würden also den Beobachter nicht kaufen und auch nicht lesen, denn sie hatten ja kein Interesse am Sport an sich. Ein Sportblatt konnte also unbeachteter seine Propaganda treiben.

Wie richtig diese Kalkulation war, zeigte später die jüdische Wut gerade über den Redakteur eines „Sportblattes", wie Sebottendorff immer genannt wurde. Immer wieder kam dies zum Durchbruch, ein Zeichen, wie sehr sich Juda ärgerte, daß es dieses Sportblatt als so unwichtig eingeschätzt hatte.

Aus den ersten Nummern des Münchener Beobachters seien einige Artikel Sebottendorffs wiedergegeben:

Halte Dein Blut rein.

In der Mitte des vergangenen Jahrhunderts schrieb der englische Minister Disraeli-Beaconsfield in seinem Romane „Endymion":

„Die Rassenfrage ist der Schlüssel zur Weltgeschichte, und nur deshalb ist die Geschichte häufig so konfus, weil sie von Leuten geschrieben wurde, die die Rassenfrage nicht kannten und ebensowenig die dazu gehörenden Momente."

Beaconsfield hat Recht mit seiner Bemerkung, er mußte es ja auch wissen, denn er war Jude. Man blicke nur auf die Bedeutung hin, die der Weltkrieg nach seinem Wesen und nach seinem Ursprung gefunden hat und man muß ihm Recht geben. Begleiterscheinungen, Vorwände werden meist als die Grundursachen dieser Welttragödie angesehen. Den Schlüssel haben die meisten Beurteiler noch nicht gefunden. Er liegt auch hier in der Rassenfrage.

Eigentlich liegen im Kampfe zwei Vertreter von entgegengesetzten Weltanschauungen, entgegengesetzten Rassen. Einerseits die germanische, schöpferische und andererseits die parasitärische, großkapitalistische Rasse.

Man wird einwenden, daß die Engländer und Amerikaner doch auch germanischen Ursprungs sind. Das stimmt, aber es kommt darauf nicht an, es ist maßgebend, wer diese Völker beherrscht, wer sie leitet, wer sie führt. Der heimliche Herrscher unserer Gegner ist zweifelsfrei das internationale Großkapital, das nach der Weltherrschaft strebt. Die Vertreter dieses Großkapitals sind die ausgesprochenen Feinde unseres Volkstums. Es sind die Juden.

Sie bekämpfen unser Volkstum und haben es durch die Jahrhunderte unter den verschiedenen Masken und Formen bekämpft. Ihre größten Bundesgenossen finden sie leider nur gar zu oft unter unseren eigenen Volksgenossen selber. Der Germane ist eine Faustnatur. Der bloße Besitz kann ihn nicht befriedigen. Oft als „reiner Tor" greift er nach Scheinwerten und Scheinbildern (Ideale), die ihm von seinen Todfeinden aufgeschwatzt wurden als höhere Zivilisation, als höhere Kulturwerte. Aber diese Scheinbilder sind nichts als Gift und Betäubungsmittel, um den Germanen um so sicherer in die Sklaverei zu führen, ihm das Joch aufzuhalsen.

Unsere Vorfahren hatten oft ein natürliches Empfinden ihren Feinden gegenüber, sie kannten die Rassenfrage und den Wert der Bluts=

brüderschaft, den Wert der Blutsreinheit. Sie wußten, daß nur dem Stammesgenossen zu trauen war, daß nur dieser treu sein konnte. Der Mischling, der Fremdrassige war falsch, war welsch.

Leider ist der gesunde Instinkt auf vielen Gebieten getrübt oder gar entwurzelt worden. Walvater wurde entthront und an Stelle unseres Väterglaubens trat ein neuer Glaube und zwar in Formen, die unserer deutschen und religiösen Begabung nicht entsprechen. Man kann voll und ganz den Wert des Christentums anerkennen, das schließt aber nicht aus, daß man über die Art, wie es den Germanen gebracht wurde, sehr geteilter Meinung sein kann. Besonders aber ist heute jene Richtung abzulehnen, zu bekämpfen, die unter der Maske der Religion, still und unentwegt auf die Schwächung unseres Volkstums hinarbeitet.

Doch mit der Niederwerfung unserer Religion hatte es nicht sein Bewenden. Unser Weistum wurde verschüttet, unser Recht vernichtet, durch römisches Recht gebrochen. Ja, unsere Sprache machte man lächerlich und suchte sie zu vernichten, man versuchte sie zur Sprache des gemeinen Volkes herabzudrücken.

Daß der Verfall unseres Volkes bis zur völligen politischen Vernichtung damit Hand in Hand ging, liegt auf der Hand. Aber immer zeigt sich das Volkstum stark genug, die Pläne der Feinde zunichte zu machen. Immer erstanden ihm Männer und Führer, die es aus dem Niedergange herausführten und es war der Wille Gottes, daß auch der andere Teil an diesem Aufwärts genesen sollte.

Ganz mit Blindheit müßte das deutsche Volk geschlagen sein, wenn die Feinde jetzt ihr Ziel erreichen sollten.

Ein ihm fremdes Menschheitsideal bot das Mittel, um Parzival, den reinen Toren in Fesseln zu schlagen. Begünstigt vom Christentum verbreitete man die Lehre von der Gleichheit der Menschen. Zigeuner, Hottentotten, Botokuden, Germanen seien völlig gleichwertig.

Nur schade, daß die große Lehrmeisterin, die Natur es anders lehrt, daß sie lehrt: diese Gleichheit ist Widersinn! Es ist die größte Lüge, die jemals der Menschheit aufgeschwatzt wurde. Uns Deutschen zur Vernichtung. Es gibt höhere und niedere Rassen! Wertet man den

Rassenmischmasch, die Tschandalen den Ariern, den Edelmenschen, gleich, so begeht man ein Verbrechen an der Menschheit. Diese braucht Führer, auch führende Völker zu ihrer Höherentwicklung.

Unter den Rassen der Erde ist die germanische Rasse kraft ihrer Anlage zu dieser Führerstelle berufen. Soweit das Auge zurückschaut in die Vergangenheit, immer sind die Träger germanischen Blutes auch die Träger, die Schöpfer einer Kultur gewesen.

Deutscher Freiheits-Dichter Dietrich Eckart †

Allerdings hat man uns einzureden versucht und die Welt glaubt es noch heute, die Urheimat der Völker sei das ostasiatische Hochland oder das Zweistromland. Aus dem Osten sei das Licht gekommen.

Die neuere Forschung hat gezeigt, daß diese Annahme falsch ist, Nordeuropa, Norddeutschland ist der Stammsitz der Kulturträger, von hier haben sich von urgrauer Vorzeit an bis jetzt Ströme deutschen Blutes befruchtend ergossen, sind Wellen auf Wellen von Menschen ausgezogen, die die Kultur aller Welt brachten.

Die so hoch gerühmte griechische Kultur ist ein Ableger deutschen Geistes. Die Hethiter, die Sumerer und wie die Völker alle heißen, sind arischer Herkunft gewesen.

Wenn sich Franzosen und Spanier und Italiener mit ihrer Kultur brüsten, dann sollen sie nicht vergessen, daß sie diese Kultur dem germanischen Blute verdanken. Je mehr die Blutreinheit schwand, je dünner das arische Blut wurde, um so mehr tritt die kulturelle Unfruchtbarkeit zu tage. Griechenland und Rom sind nicht durch Sittenverfall zu Grunde gegangen, nicht weil die Religion schwand; das sind nur Folgeerscheinungen. Rom und Griechenland gingen durch die Rassenmischung zugrunde, an der grenzenlosen Rassenvermanschung.

Das gleiche Schicksal droht uns auch, droht der germanischen Rasse einerseits vom Evangelium der Gleichheit aller Menschen, andererseits von der Herrschaft des internationalen Großkapitalismus, der die Rassenvermanschung zur Voraussetzung hat.

Die Waffe der Niederrassigen, der Tschandala, ist das Geld. Mit dieser Waffe sucht sie die Edelrasse zu vernichten. Die Gefahr ist dringend, denn einmal ist der Instinkt durch das Evangelium der Gleichheit der Rassen geschwächt, zum andern ist der Weltverkehr so leicht, daß nach dem Kriege eine solche Rassenvermischung sehr begünstigt wird.

Daß unsere Regierung vor dem Kriege die Gefahr nicht ganz verkannte, zeigt ein Gesetz, das sie einbrachte. Es sollte die Verbindung zwischen Deutschen und Farbigen verboten werden. Wer stimmte gegen das Gesetz? Deutscher, ich zeige Dir Deine Feinde: Zentrum, Sozialdemokraten, Christlich=Soziale und Liberale stimmten dagegen.

Rassenreinheit bedeutet Volksgesundheit. Wenn alle Glieder des Volkes vom Wert der Blutreinheit durchdrungen sind, dann ist auch die soziale Frage gelöst, dann hat sie ihre Schärfe verloren, dann sieht jeder im Volksgenossen den Bruder, die Schwester, dann stützt einer den andern, dann ist die alte germanische Religion, das Wissen und Weistum vom Du wieder erwacht.

Das war eine Sprache, die man in München bisher noch nicht gehört hatte. Die erste Auflage des Beobachters, die in 5000 Exemplaren herauskam, war untergebracht und später stieg die Auflage von Nummer zu Nummer. Neben den größeren wurden die kleinen Fragen nicht vergessen; es wurde scharfe Kritik geübt. Auch davon einige Proben mit den Erklärungen: Es sollte eine Reichstagsnachwahl stattfinden und die Unabhängigen hatten den Juden Eisner aufgestellt. Der Beobachter brachte folgende Notiz:

Ein russischer Jude als Reichstagskandidat.

Wie uns mitgeteilt wurde, stellt die Unabhängige Sozialdemokratische Partei Münchens für die Nachwahl im Reichstagswahlkreise München II den Schriftsteller Kurt Eisner als Kandidaten auf.

Eisner wird ja nicht gewählt werden, aber daß eine Partei es überhaupt wagen darf, einen russischen Juden, der wegen Landesverrat verurteilt wurde, aufzustellen, müßte dem Arbeiter die Schamröte ins Gesicht jagen!

Vier Monate später war Eisner bayerischer Ministerpräsident, er hatte die Revolution gemacht.

Im Sommer 1918 gingen allerlei Gerüchte im Volke um, Milch sollte von Bayern nach Preußen verschoben werden, der König wurde Millibauer genannt und es wurde behauptet, daß er der Hauptbeteiligte sei (s. Bilderteil S. 213, Abbildung unten). Andererseits wurde in Norddeutschland behauptet, daß von dort Mehl und Gemüse nach Bayern wandere. Wer die Not miterlebte, wird begreifen, welche Rolle dieser kleine, selbstverständliche Austausch von Produkten in der Verhetzung der einzelnen Stämme gegeneinander spielte.

Nur der Beobachter, Nr. 18 vom 5. Oktober 1918, wagte es, die Wahrheit zu bringen:

Leutstetten und das Preußen=Flugblatt.

Wir alle haben ja fast gar keine Ahnung, mit welchen Mitteln unsere Feinde arbeiten, um Zwietracht zu säen, um den Mißmut zu verstärken. Es ist schon so weit gekommen, daß man das Wort Sieg — nicht mehr aussprechen darf. Millionen von Flugblättern fallen täglich in und hinter unserer Front nieder — eine Parteipresse in Deutschland, die wußte, was sie wollte, hat, durch keine Regierung gehindert, die Saat ausgestreut, auf die der Flugblattregen befruchtend herniederging; die Ernte haben wir jetzt.

Zwietracht zwischen Nord und Süd versuchte das Flugblatt zu streuen, das hochverräterisch vom Berliner Tageblatt völlig abgedruckt wurde. Wir haben nichts gehört, daß dem B. T. etwas passiert ist — man hat einfach die Ohrfeige hingenommen.

Bei uns versucht man es anders; uns Bayern faßt man immer bei der Magenfrage. Da wird geraunt, daß der König Milch nach Berlin sendet, man erzählt, daß nachts Wagen voll Kälber nach Norddeutschland gingen. Es nützt nichts, wenn man erwidert, daß die Leutstettener Milch an Säuglingsheime kaum zum Herstellungspreis abgegeben wird; die Leute glauben es einfach nicht, daß unser König den Liter mit 28 Pfennig abgibt, wo er 80 Pfennige erhalten könnte!

Es sei aber nochmals ausdrücklich hier festgestellt, daß noch niemals Milch aus Leutstetten nach außerhalb Bayern versandt worden ist, daß alle Milch von dort nach München, Nürnberg, Würzburg und Fürth geht, wo sie in den Krankenhäusern und Säuglingsstätten verwendet wird.

*

Was man verschweigt.

Durch die gesamte Presse geht eine Notiz: "In Nauheim wurden infolge einer aufgedeckten Geheimschlächterei zahlreiche angesehene Bürger verhaftet, darunter ein Religionslehrer und ein bekannter Hotelbesitzer. Letzterer erbot sich, für seine sofortige Haftentlassung eine Bürgschaft in Höhe von 50000 Mark zu leisten. Die Schlächterei befand sich in einem Schuppen nahe der Bahn, an zahlreichen Versandkisten waren die Adressen der Empfänger angebracht, so daß man über die Fleischabnehmer genau unterrichtet ist. Einer der ersten Nauheimer Ärzte ist auch dabei."

Wenn keine Namen genannt werden, macht uns die Sache mißtrauisch, der Beobachter konnte nun feststellen: der verhaftete Religionslehrer ist der sehr fromme Schächter Oppenheimer, der heimlich das Vieh, das in dem kosheren Hotel Adler verzehrt werden sollte, schächtete. Abnehmer waren auch der jüdische Arzt Professor und Geheimrat Dr. Grödel, der in Nauheim ein erstklassiges Sanatorium betreibt. Dieser — der Arzt der Kaiserin und Leibarzt des Bulgarenkönigs — ist der schamhaft verschwiegene erste Nauheimer Arzt. Weitere Empfänger sind Frankfurter und Berliner Juden, dieselben Leute, die die Nahrungsmittelhetze gegen Bayern betreiben.

*

Herr Goldstein in Essen als Vertreter bayerischer Kommunalverbände

ist das Neueste. Ein Freund unseres Blattes sendet uns aus Essen folgende Anzeige aus der Kölnischen Zeitung zu:

"Gemüse aller Art von einem bayerischen Kommunalverband zu kaufen gesucht. R. Goldstein, Essen, Wiesenstraße 83."

Das ist ein merkwürdiger Kommunalverband, der ausgerechnet im preußischen Industriegebiet Gemüse für Bayern aufkaufen will. Ob es dem Herrn Goldstein um mehr zu tun ist als um Spesen und Provision? Wir können uns absolut nicht vorstellen, daß ausgerechnet das stark bevölkerte Industriegebiet Gemüse abgeben kann. Oder gehört es zur Taktik der Mißstimmung zwischen Nord und Süd? Ist es vielleicht beabsichtigt, in Preußen das Manöver wie in Bayern zu wiederholen: "Na ja, da habt ihr es, jetzt kaufen uns die Bayern auch noch das Gemüse weg".

Diese Proben werden genügen, um die Art des Kampfes zu kennzeichnen, den der Beobachter führte.

Die Schriftleitung befand sich offiziell in der Pfarrstraße 5, tatsächlich aber in den "Vier Jahreszeiten".

Die Gesellschaft selbst war nunmehr so stark geworden, daß an die Weihe gedacht werden konnte. Als Decknamen für die Gesellschaft schlug Nauhaus den Namen Thule vor. Das wurde von Sebottendorff angenommen, denn der Name klang geheimnisvoll genug, er sagte aber dem Wissenden sofort, worum es sich handelte. Die Weihe der Räume fand am 17. Ernting (August) 1918 statt. Zu der Feierlichkeit hatten sich die beiden Vorsitzenden des Ordens aus Berlin eingefunden. Sie bestimmten Sebottendorff zu ihrem Vertreter und zum Meister, setzten den Logenkopf ein und hielten die erste rechte Loge ab. Am Sonntage darauf wurden 30 Brüder und Schwestern in den ersten Grad feierlich aufgenommen, es waren darunter Mitglieder aus ganz Bayern, die zu diesem Zwecke nach München gekommen waren. Schon am nächsten Sonnabend konnte wieder eine neue Weihe stattfinden, in der die Loge Nauhaus geweiht wurde. Es wurde nun immer der dritte Samstag des Monats zu Weihelogen bestimmt, an den andern Samstagen wurden Vorträge gehalten.

Den Schmuck der Logenräume hatte Meister Griehl übernommen, der das Wahrzeichen der Thule Gesellschaft, das siegende Sonnenrad (s. Bilderteil S. 201, Abbildung unten) in allen Räumen anbrachte. Frau Riemann=Bucherer hatte die Leitung der Gesangsabteilung übernommen. Baron Seidlitz und Hering zeigten sich als Künstler am Klavier oder Harmonium; Frl. Karl sang ihre Lieder.

Jedes Mitglied trug die bei der Firma Ecklöh in Lüdenscheid hergestellte Bronzenadel, die auf dem Schilde das von zwei Speeren durchkreuzte Hakenkreuz zeigte. Urtyp des Symbols war das Hakenkreuz, das auf einer in Schlesien gefundenen germanischen Axt angebracht war. Die Schwestern der Gesellschaft trugen ein goldenes, einfaches Hakenkreuz.

Am 1. November 1918 hatte der Germanenorden in ganz Bayern rund 1500 Mitglieder, in München rund 250. Die gezahlten Eintrittsgelder gingen nach Berlin zu weiterer Propaganda. Jedes Mitglied erhielt die Runen und den Beobachter. Auch im Reiche hatte der Orden in seinen beiden Zweigen gute Fortschritte gemacht, mit dem Erfolg in Bayern konnten sie jedoch nicht verglichen werden.

Die Revolution brachte gewaltige Einbuße, die Mitglieder in Bayern gingen fast ganz verloren, es zeigte sich, daß nur dort ein Bestand verbürgt ist, wo der Führer immer in Berührung mit dem Gefolge bleibt. Die letzte Nummer des Beobachters vom 9. November 1918 (s. Bilderteil S. 207, Abbildung oben) brachte folgende Artikel:

Deutschlands Not.

Täglich kommen bei uns Briefe an, fragend, was sollen wir tun? Hat das Deutschland, haben wir das verdient? Täglich fragen unsere Anhänger, was ist zu tun, um dem Unheil entgegenzuarbeiten?

Wir können nichts tun, als abwarten und weiter arbeiten!

Arbeiten müssen wir still und unentwegt an Deutschlands Erneuerung. Die Kräfte zusammenfassen, hinabsteigen auf den halb verschütteten Stufen, die zu dem reichen, tiefen Born germanischer Geisteswissenschaften führen. Ihr alle ahnt ja nicht, wie hoch das Wissen der Germanen stand, wie hoch ihre Kultur, die befruchtend überall hindrang, war.

Vor sechstausend Jahren, als noch tiefe Nacht Indien, Ägypten, das Zweistromland deckte, maßen unsere Vorfahren die Sterne an Steinkreisen zu Stonehenge und Udry, bestimmten das Jahr und die Feste. Schnitten Runen, die für die Buchstaben die Basis wurden.

Wir finden arische Kultur in Ur in Chaldäa, deutsche Stämme in Palästina, ehe die Juden dort einwanderten, die trojanische, die mykenische Kultur ist germanisch, die griechische ist Blut von unserm Blut! Indien und Persien tragen den Stempel deutscher Kultur und was wir später vom Orient zurück erhielten, hat der Osten von uns empfangen.

Die Blüte des ganzen Mittelalters wurde durch deutsches Blut hervorgerufen, Frankreich wurde durch das Blut der Normannen aufgefrischt, Italien erlebte seine Renaissance durch deutsches Blut und deutschen Geist.

Wir werden unseren Stolz brauchen, denn was uns bevorsteht, wird ein eisernes Leben der Arbeit werden.

Noch wissen wir nicht, was uns das Schicksal bestimmte, wir wissen aber, daß, wenn es uns durch das Tal des Leides führt, der Aufstieg uns gewiß ist!

Nur durch den Kampf b e steht alle Kultur, e n t steht alle Kultur. Und Kampf wird uns in Zukunft reichlich beschieden sein.

Kampf um das Dasein, Kampf um das Leben!

Das darf uns nicht kleinlich machen, nicht verzagt. Aufrecht müssen wir stehen, einer muß den andern stützen. Wie Pech am Schwefel, so muß der Deutsche am Deutschen hängen.

Wir müssen abwarten, denn auch die d e u t s c h e Zeit wird wiederkommen. Wir müssen abwarten und arbeiten, immer daran denken, sie heiß ersehnen, nichts vergessen.

Abwehren müssen wir alle für einen, was fremd ist, was rassefremd ist. Wir brauchen deutsche Richter, deutsche Anwälte, deutsche Ärzte, deutsche Führer des Volkes.

Wir haben genug gelitten am fremden Blut.

Von Bethmann bis Erzberger ist es semitischer Einschlag, der uns zu Tode regiert hat, das wird aufhören, das muß aufhören.

Wir wissen, daß eine große Strömung in der Sozialdemokratie ins völkische Fahrwasser weist, man lese die Rede Erhard Auers auf dem Bayerischen Parteitage. An uns liegt es, diese Strömung zu nutzen, wir wollen eine völkische Bewegung, die Deutschlands Gaue freihalten will von fremden Rassen.

Österreichs Deutsche sind frei geworden und ein lange gehegter Traum, die Vereinigung aller Deutschen geht in Erfüllung. Germanennot ist immer die Geburt neuen Aufstieges gewesen.

Wir sind in tiefster Not und gerade darum wird uns das Schicksal hart werden lassen wollen, es wird uns die Härte geben, die uns fehlte.

Darum: auf die Herzen und frei den Blick. Nur der ist verloren, der sich selbst verloren gibt.

Wir aber wollen leben, wollen lang und glücklich leben. Alles was lebt, muß vergehen, um neuem Leben Platz zu machen, wir werden den Tod erleiden, aber unsere Kinder und Kindeskinder werden leben. Germanennot ist die Schwelle zu neuem Leben.

Herr, gib uns die Not, damit wir Deutsche werden.

Und einen zweiten Artikel aus Nummer 23 vom 9. November:

Um den Kaiser!

Ein neues Opfer fordert die rasende See! den Thronverzicht Wilhelms II. Und es ist wunderbar, wie viele Leute, die sonst in ihrem Byzantinismus glücklich waren, wenn ihnen ein preußischer Piepmatz ins Knopfloch flog, heute mit der „Münchener Post" (s. Bilderteil S. 211) in der Hand herumlaufen und fragen: „Geht er noch nicht?"

Etwas Überlegen ist in diesen Tagen rein ausgeschaltet, alles buhlt um die Gunst der neuen Männer. Rückgrat?

Gott, die Zeiten sind vorbei, wo die Männer Rückgrat hatten, man biegt sich nach vorn, man wedelt nach hinten und gibt dem sterbenden Löwen den bekannten Eselstritt. Wir kannten es früher anders. Man sprach einmal von deutscher Treue! Aber das ist lange her. Treue und Eide gelten nichts mehr auf dem Markte des Lebens.

Die Kaiserfrage ist keine Personenfrage. Sie rüttelt an den Grundfesten des Reiches und des Volkes. Die Kaiserfrage ist auch keine Frage von heute, sondern der Krieg von 1914 wurde von der internationalen Judenschaft, der internationalen Freimaurerei, der internationalen Plutokratie begonnen und durchgeführt zu dem ausgesprochenen Zwecke, das deutsche Kaisertum zu vernichten! Man weiß genau, daß mit ihm die anderen Fürsten Deutschlands erledigt sind.

Wenn wir vorurteilslos an die Kaiserfrage herangehen, so muß betont werden, daß Wilhelm II. nie den Krieg gewollt hat, daß er den Kriegsbeginn so lange hinausgezögert hat, immer hoffend, daß das Wunder geschehe, bis es für Deutschland schon zu spät war.

Wir machen ihm den Vorwurf, daß er manche Gelegenheit verpaßt hat, wo er sein Schwert hätte ziehen müssen.

Wir machen ihm den Vorwurf, daß er sich mit Fremdrassigen umgeben hat, auf fremde Einflüsse etwas gab und daß er dadurch sein Volk in die Notzeit brachte.

Aber diese Fragen spielen heute keine Rolle mehr, es geht nicht um die Person, es geht um das Prinzip.

Deutschland hat die Monarchie, den Führer notwendig! Ohne einen solchen strebt es auseinander!

Das weiß unser Feind sehr wohl, aber wir wissen es nicht.

Es wundert uns auch nicht, daß das Zentrum, das sich so monarchisch immer gebärdete, sich in den Rummel einspannte. Die Fäden des internationalen Judentums, das der Feind jeder Monarchie ist, reichen bis hinauf in die höchste Spitze der Kirche.

Aber für viele Leute steht der Geldbeutel höher als Ehre und gerade diesen soll gesagt werden, daß eine Präsidentenwahl in Frankreich das dreijährige Budget des Deutschen Reiches kostet.

Es war am 7. November 1918, als der Unabhängige Kurt Eisner und der Sozialdemokrat Erhard Auer einig geworden waren, eine gemeinsame revolutionäre Aktion zu unternehmen. Die Einigung wurde durch eine Versammlung auf der Theresienwiese bekundet, die am Nachmittag stattfand. Eisner, Auer, Unterleitner und Simon hielten Ansprachen, in denen die Abdankung Kaiser Wilhelm II. und des Deutschen Kronprinzen gefordert wurde. Um 4 Uhr war die Versammlung zu Ende und nun wurde die Revolution inszeniert. An der Seite des blinden Gandorfer durcheilte Eisner mit seinem Anhang die Stadt München. Die Soldaten in den Kasernen waren für die Revolution bald gewonnen; der Kommandeur des II. Bayerischen Armeekorps, General Kraft von Dellmensingen, wurde im Hotel „Bayerischer Hof" gefangen genommen. König Ludwig III. verließ die Residenz und trat mit der Königin Therese und den Prinzessinnen eine furchtbare und qualvolle Flucht an. Die Verlagshäuser der Tageszeitungen, der Hauptbahnhof, die Hauptpost, kurz sämtliche öffentliche Gebäude wurden von Eisners Anhang besetzt. Im Mathäserbräu-Saal installierte sich der Arbeiter- und Soldatenrat, der in der Nacht in das Landtagsgebäude in der Prannerstraße übersiedelte und hier Eisner zum Präsidenten wählte. Bayern wurde zur Republik ausgerufen und das Haus Wittelsbach abgesetzt (s. Bilderteil S. 212).

Als München am Freitag, dem 8. November erwachte, war die Republik Tatsache. Toll ging es in den einzelnen Ämtern her; wahllos erhielt ein jeder, der ein marxistisches Parteibuch vorweisen konnte, ein Amt; nur das war der Unterschied, daß die Unabhängigen die höheren Ämter erhielten.

In seinem Aufruf versprach Eisner die Einberufung einer Nationalversammlung, die auf Grund eines neuen und freieren Wahlrechtes schnellstens zusammentreten sollte; er versprach weiter baldigen Frieden und völlige Freiheit. Noch am selben Tage erließ er einen zweiten Aufruf, in welchem den Bauern versprochen wurde, daß es ihnen von nun an besser gehen würde. Der Frieden sei gesichert, es solle nichts zerstört, sondern aufgebaut werden.

Die Revolution breitete sich aus; am 9. November folgte Berlin und in diesen Tagen erschienen auch die ersten Matrosen in München, die Aasgeier der Revolution von 1918 (s. Bilderteil S. 214).

Am Sonnabend, dem 9. November 1918 hatte die Thule eine Zusammenkunft, auf dieser hielt Sebottendorff folgende Ansprache:

„Meine Brüder und Schwestern!

Wir erlebten gestern den Zusammenbruch alles dessen, was uns vertraut, was uns lieb und wert war.

An Stelle unserer blutsverwandten Fürsten herrscht unser Todfeind:

Juda. Was sich aus dem Chaos entwickeln wird, wissen wir noch nicht. Wir können es ahnen.

Eine Zeit wird kommen des Kampfes, der bittersten Not, eine Zeit der Gefahr!

Wir sind alle gefährdet, die wir in dem Kampfe stehen, denn uns haßt der Feind mit dem grenzenlosen Hasse der jüdischen Rasse, es geht jetzt Aug um Auge, Zahn um Zahn!

Wer von Euch uns in diesem Kampfe nicht beistehen will, der soll ungeschoren von dannen gehen und sein Name soll bei uns nicht genannt werden. Wir wollen es ihm auch nicht nachtragen, daß er gegangen ist. Wer es noch nicht weiß, der soll es heute wissen: wir werden auf keine Schonung in diesem Kampfe zu rechnen haben, ich bin auch nicht gewillt, Schonung zu verlangen, oder sie auch zu geben!

So lange ich hier den eisernen Hammer halte, bin ich gewillt die Thule in diesem Kampfe einzusetzen!

Wer mir nicht folgen kann, wer mir Treue gelobte und sie nicht freudigen Herzens halten kann, der möge gehen, ich werde es ihm nicht übelnehmen!

Wer aber von Euch bei mir bleiben will, der soll wissen, daß es kein Zurück, nur ein Vorwärts geben wird!

Wer bleiben will, den werde ich an seinen Treueschwur mahnen und sei es bis in den Tod!

Ich aber, ich versichere es Euch und schwöre es bei diesem uns heiligen Zeichen, höre es Du siegende Sonne, ich halte Euch ebenso die Treue. Vertraut mir, wie Ihr mir bisher vertraut habt!

Unser Kampf wird scharf nach beiden Fronten geführt werden. Auf der innern, denn es heißt tüchtig und hart werden! Auf der äußeren: es heißt alles befehden, was undeutsch ist!

Unser Orden ist ein Germanenorden, Germanisch ist die Treue.

Unser Gott ist Walvater, seine Rune ist die Aarrune.

Und die Dreiheit: Wodan, Wili, We ist die Einheit der Dreiheit. Nie wird ein niederrassiges Gehirn diese Einheit in der Dreiheit begreifen. Wili ist wie We die Polarisation Walvaters und Wodan das göttliche immanente Gesetz.

Die Aarrune bedeutet Arier, Urfeuer, Sonne, Adler. Und der Adler ist das Symbol der Arier.

Um die Fähigkeit der Selbstverbrennung des Adlers zu bezeichnen, wurde er rot ausgeführt, dann nannte man ihn den Rütelweih.

Meine Freunde, von heut ab ist der rote Adler unser Symbol, er soll uns mahnen, daß wir durch den Tod gehen müssen, um leben zu können.

Die Juden wissen nur zu gut, daß sie den Aar zu fürchten haben, steht doch in ihrer Schrift, 5. Moses 28 Vers 49: ‚Und der Herr wird gegen Dich ein Volk erwecken, ein Volk von ferne, vom Ende der Welt, das wie ein Adler fliegt, ein Volk, dessen Sprache Du nicht verstehst.‘

Was kann weiter von einander entfernt sein, als deutsches und jüdisches Denken, was ist unverständlicher, als wenn ein Deutscher zum Juden spricht?

Paßt auf, meine Freunde, man wird auch unseren Deutschen Adler abschaffen! Wir aber wollen den Adler wieder und immer wieder als Symbol herausstellen, als Symbol des Willens zur Tat. Unsere Zuversicht sei die Hoffnung des Dichters:

> Schlage, schlage dann empor
> Läuterung des Weltenbrandes,
> Steig als Sieger dann empor
> Kaiseraar des Deutschen Landes.

Heine, der alles Arische mit Gift und Galle übergoß, sagt einmal:

> Du häßlicher Vogel, wirst Du einst
> Mir in die Hände fallen,
> So rupfe ich Dir die Federn aus
> Und hacke Dir ab die Krallen!

Die gestrige Revolution, gemacht von Niederrassigen, um den Germanen zu verderben, ist der Beginn der Läuterung. Von uns allein wird es abhängen, wie lange oder wie kurz diese Läuterung sein wird. Seien wir uns dessen bewußt, arbeiten wir an uns selber, damit jeder von uns die Flamme werde, die leuchtet und wärmt und den Widersacher verzehrt!

Aber vergessen wir nicht, durch die Arbeit an uns, den Kampf nach außen! Jetzt meine Brüder und Schwestern ist es nicht mehr die Zeit zu beschaulichen Reden und Besprechungen und Festen! Jetzt heißt es kämpfen und ich will und werde kämpfen! Kämpfen, bis das Hakenkreuz siegreich aus dem Fimbulwinter aufsteigt!

Man sagt, die Revolution bringe die Freiheit, ja, sie bringt uns unsere Freiheit wieder, die man vor vier Jahren uns nahm! Nun wollen wir reden vom Deutschen Reich, jetzt wollen wir sagen, daß der Jude unser Todfeind ist, von heute ab werden wir handeln.

Ich wollte Euch, meine Brüder und Schwestern, acht Tage Zeit geben, acht Tage Zeit der Besinnung. Nein, meine Freunde, morgen soll die Entscheidung fallen. Wer morgen nicht hier ist, der soll gestrichen sein aus unseren Listen, der soll damit gesagt haben, ich fürchte mich und will nicht mit Euch gehen!

Spreche mir keiner von Kompromiß und Zuwarten, Fluch jedem, der mich dazu verleiten will.

Morgen ist der zehnte November, der Geburtstag Luthers, Schillers und Scharnhorsts!

Morgen um 8 Uhr abends setze ich eine Weiheloge an, wer nicht kommt, wer unentschuldigt fehlt, der sei nicht mehr für uns da.

Komme keiner zu mir nach dem Verlassen des Rempter, wir wollen zusammen fröhlich sein, ohne zu fragen und ohne zu raten. Es soll jeder mit sich selber fertig werden.

Und so schließe ich diese Versammlung:

    Ich weiß mein Gott, daß ich Dein Eigen bin
    Und Du mein Eigen über alle Zeiten,
    Und nur der eine Wunsch füllt meinen Sinn,
    Als Kriegsmann nimmermüd für Dich zu streiten.
    Gib Heil! Daß wir der Niedrung freche Brut,
    Die uns verdarb, mit Mut und Kraft bezwingen
    Und laß in unserem Germanenblut
    Das Lied vom Sonnenadler neu erklingen!

*

V.
Thule Gesellschaft, Kampfbund und Ringe der Thule

Mit den prächtigen Worten Philipp Stauffs hatte Sebottendorff am 9. November 1918 die Loge geschlossen; der Sonnenaar war lebendig geworden, keiner fehlte in der Versammlung am 10. November 1918. Der Meister, der noch am Freitag mit hohem Fieber an der damals stark verbreiteten und gefährlich auftretenden Grippe gelegen hatte, erlitt einen Rückfall und mußte nach seiner Wohnung in der Pension Döring zurückgebracht werden. Währenddessen rollten die eisernen Räder des Schicksals, das sich Deutschland selbst geschaffen. Die einzelnen Länder waren fast unabhängig von einander und trieben Politik auf eigene Faust. Eisner, der mit dem blinden Gandorfer die Revolution am 8. November 1918 gemacht hatte, war Ministerpräsident; ein provisorischer Nationalrat war in München zusammengerufen worden. Hier führten bereits die Juden das Wort. Toller, Levien, Axelrod, Dr. Lipp, der der Schweiz den Krieg erklärte, Dr. Wadler, einst sich als Alldeutscher gebärdend, jetzt wütender Kommunist, erschienen mit vielen anderen Juden auf der Bildfläche. Neuwahlen für die deutsche Nationalversammlung und für den bayerischen Landtag wurden für den Anfang des neuen Jahres ausgeschrieben. In Spaa wurde über die Verlängerung des Waffen=

stillstandes verhandelt; Deutschland war zu Lande und zur See blokkiert, die Lebensmittelnot stieg von Tag zu Tag.

In der Versammlung am 10. November 1918 waren wichtige Beschlüsse verkündet worden. Die Thule Gesellschaft sollte weiterbestehen, aber nicht aktiv in den zu erwartenden Kampf eingreifen, ihre Bestimmung war die innere Arbeit an sich selber. Nach außen hin sollte ein Kampfbund in Erscheinung treten, dessen Leitung Sebottendorff sich vorbehielt. Dieser Kampfbund nahm bald einen ungeahnten Aufschwung. Durch die Revolution waren fast alle völkischen Vereine obdachlos geworden; die Lokale waren ihnen von den Wirten gekündigt worden. Sebottendorff machte seine Pforten weit auf und in kurzer Zeit fanden alle wichtigen völkischen Versammlungen in den „Vier Jahreszeiten" statt. Das hatte das Gute, daß zum ersten Male die einzelnen Gruppen in nahe Verbindung traten, denn es kam oft vor, daß zwei, drei Versammlungen zu gleicher Zeit stattfanden.

In der Thule Gesellschaft ging es zu wie in einem Taubenschlage: hier konstituierte sich von neuem die Nationalliberale Partei unter Hanns Dahn, hier tagten die Alldeutschen unter Verlagsbuchhändler Lehmann, der Deutsche Schulverein unter Rohmeder, die Fahrenden Gesellen, der Hammerbund, dessen aktivstes Mitglied Dannehl war, kurz, es gab keinen Verein in München, der irgendwelche nationalen Belange vertrat, der nicht in der Thule Unterkunft fand. Hier war es, daß der Diplom-Ingenieur Gottfried Feder zum erstenmal mit seinen Gedanken über die Brechung der Zinsknechtschaft an die Öffentlichkeit trat.

Das aktivste und vorwärtstreibende Element des ganzen Kreises war der Verlagsbuchhändler Lehmann, der immer und immer wieder mit neuen Gedanken und Plänen kam. Lehmann war als Alldeutscher in München bekannt und wurde von allen Parteien dementsprechend gehaßt. Er hatte für alle Fälle Waffen beschafft und in der Thule war ein Hauptdepot.

Diese Waffen bildeten den Anlaß zu einer kleinen Episode, die nicht verschwiegen werden soll. Sebottendorff war mit seiner Frau und Frl. Bierbaumer zum Mittagessen eingeladen worden und als der Kaffee, damals eine Seltenheit, kommen sollte, ergriff ihn eine plötzliche Unruhe, die ihn zwang, aufzustehen, wegzugehen und nach dem Büro in der Marstallstraße zu fahren. Dort war alles ruhig, nur die Sekretärin Anni Molz war da. Mit ihr ging Sebottendorff daran, die unter den Podien verborgenen Waffen zu sammeln und sie in Form von Schreibpapierbogen zu verpacken. Die einzelnen Pakete wurden dann im Büro aufgestapelt, so daß die aufgeschlagene Tür sie verbarg.

Kaum war die Arbeit getan, als es klingelte und der Buchdruckereibesitzer Stiegeler erschien, der um einige Mauserpistolen bat. Stiegeler ist in der völkischen Bewegung durch sein Buch „Deutschlands Werdegang" und durch seinen Verein „Urda" bekannt.

Sebottendorff packte ihm zwei Pistolen und die notwendige Munition in die Aktentasche, er selber nahm sich zwei Pistolen mit, entließ Frl. Molz und verschloß die Thule. Als die beiden Herren von der Marstallstraße in die Maximilianstraße einbogen, fuhr ein Lastauto mit Republikanischer Schutzwehr um die Ecke und hielt vor dem Eingang zur Thule Gesellschaft.

„Die wollen zu mir" sagte Sebottendorff, „bitte, Herr Stiegeler, nehmen Sie meine Aktentasche, ich muß zurück und sehen was los ist."

„Sie werden doch nicht so verrückt sein und sich in den Rachen der Bestien werfen!"

"Doch, Herr Stiegeler, ich muß wissen, was los ist. Bitte nehmen Sie die Tasche und seien sie heute um 10 Uhr im Paulaner. Bin ich bis 10 Uhr nicht dort, so gehen Sie zu Rechtsanwalt Dahn oder Dr. Gaubatz und melden Sie, damit man weiß, wo ich bin!"

Gesagt, getan.

Als Sebottendorff die Treppe hinaufkam, hörte er gerade, daß man mit Schlüsseln die Tür zu öffnen versuchte. Er fragte:

"Was macht Ihr denn da?"

"Ja, was willst Du denn hier?" war die Gegenfrage.

"Na, erlauben Sie, ich bin doch der Inhaber der Räume hier."

"So, wir haben Befehl, nach Waffen zu suchen."

"Bitte, treten Sie ein." Sebottendorff schloß die Tür auf, es begann eine eingehende Untersuchung. Alles, selbst die Heizung, der Flügel, das Harmonium wurden geöffnet, die Podien in der Loge emporgehoben. Wie froh war Sebottendorff, daß er am Nachmittage die Waffen anderweit untergebracht hatte! Als man nichts fand, erbat sich Sebottendorff eine Bescheinigung, daß die Durchsuchung ergebnislos gewesen sei, die ihm auch gegeben wurde. Trotzdem nahm man ihn mit nach dem Polizeipräsidium. Dort fragte man ihn, was die Thule Gesellschaft sei. Er gab sie als Sportklub aus und da er sich als türkischer Staatsangehöriger legitimieren konnte, entließ man ihn bald wieder. Im Paulaner traf er Stiegeler, der schon Dahn benachrichtigt hatte, und diesen selber an.

Eine andere Episode, bei der man Eisner fangen wollte, ging ebenfalls ohne Resultat vorüber. Es war am 4. Dezember 1918 und Sebottendorff befand sich auf dem Wege nach Bad Aibling um seine Frau zu besuchen. Am Bahnhof empfing ihn Leutnant Sedlmeier, der Sohn des Besitzers des bekannten Theresienbades in Bad Aib=

ling und teilte mit, daß Eisner im Kurhaus (s. Bilderteil S. 215) sprechen würde. Er brächte Auer und Timm mit. Das wäre doch eine Gelegenheit, ihn zu fangen und Auer zum Präsidenten auszurufen. Die Sache schien möglich. Es war damals schon eine starke Opposition gegen Eisner bemerkbar. Namentlich hatten die Mehrheitssozialisten es übel genommen, daß Eisner in Genf sich der Entente anbiedern wollte und Deutschland der Schuld am Kriege bezichtigt hatte. Die Mehrheitssozialisten hatten in der Regierung selbst fast nichts zu sagen; Eisner, Fechenbach, Unterleitner waren die wirklichen Regenten. Der Plan konnte gelingen, wenn Auer anwesend war, wenn genügend Bauern vorhanden waren, die den Überfall decken konnten. Sedlmeier selbst hatte etwa 15 junge Leute um sich versammelt, die bereit waren mitzutun. Es wurden Aufrufe verfaßt, die in der Druckerei des Miesbacher Anzeigers, der damals noch von Klaus Eck geleitet wurde, gedruckt wurden (s. Bilderteil S. 215).

Der Aufruf sollte im letzten Augenblicke verteilt werden, wenn Eisner gesprochen hatte. Sedlmeier sollte sich an der Bühne aufstellen und sollte Eisner nach seiner Rede provozieren. Sebottendorff hatte es übernommen, von der anderen Seite der Bühne her, ihm zu Hilfe zu kommen und Eisner gefangen zu nehmen. Ein Auto sollte den Gefangenen ins Gebirge bringen, wo er so lange festgehalten werden sollte, bis sich die neue Regierung gebildet hatte. Alles, was ein Fahrrad hatte, wurde ausgeschickt um von den Dörfern so viel Bauern zu holen, wie es möglich war. Es sollte ihnen gesagt werden, „daß etwas geschehen würde".

Zwei Umstände vereitelten den Plan. Eisner brachte nicht Auer mit, sondern den Kultusminister Hoffmann und den Bauernrat Gandorfer. Dann hatten sich die Kolbermoorer Arbeiter, fast reine Kommunisten, und die Leute von der Rosenheimer Sanierung eingefunden, die sich in dicken Haufen um die Bühne drängten; es war Sebottendorff mit seinen Leuten unmöglich, an die Bühne heranzukommen. Aber das wäre noch nicht so schlimm gewesen, das Gefährliche war, man hatte Eisners Redegabe unterschätzt, hatte nicht damit

Alfred Rosenberg, Mitarbeiter Eckarts

gerechnet, daß Gandorfer die Bauern gewinnen würde. Eisners Rede war ein Meisterstück jüdischer Verdrehungskunst. Er begann damit, daß er sich dreier Fehler bezichtigte. Er sei erstens Jude, er gehöre jenem unglücklichen Volke an, das seit Jahrhunderten in der Sklaverei lebe, das man zu keiner Arbeit zuließe und das man hasse. Gerade deswegen seien immer die Juden für die wahre Freiheit, die wahre Gleichheit eingetreten, weil sie ja am eigenen Leibe die unsägliche Schmach und das ganze Unglück erlitten. Er sei zweitens Preuße, Saupreuße, wie die Oberländer sagen. Aber er sei ein Feind der kritischen preußischen Denkart, ein Feind des dort herrschenden preußischen Junkertums und darum wohne er schon seit Jahren in Bayern und sein erster Ausflug sei hierher in das geliebte Oberland gewesen. Er sei drittens Sozialdemokrat. Nun kamen die bekannten Redensarten über die internationale Sozialdemokratie, die helfen würde, ein neues Deutschland in Schönheit und Würde zu bauen.

Als Eisner geendet, brauste ein wilder Jubel durch den Saal, Sedlmeiers Aktion war erledigt. Sie war unmöglich, nachdem Gandorfer gesprochen und den Bauern erzählt hatte, was sie alles erhalten würden.

Als Gandorfer geendet hatte und die Diskussion eröffnet wurde, sprang Sedlmeier auf die Bühne und begann seine Rede: „Salomon Kosmanowsky — vulgo Kurt Eisner — hat gesprochen —", weiter kam er nicht, ein wilder Tumult erhob sich, die beiden Wachen stürzten sich auf den kleinen Leutnant, Fechenbach drängte heran — da erschien der Aiblinger Schmied im Hintergrunde, streckte seine Fäuste aus, ergriff den schmächtigen Sedlmeier am Kragen und hob ihn aus der Menge, um ihn hinter sich niederzusetzen. So konnte er entkommen.

Später, bei Eisners Tode, rächte man sich an ihm. Rechtsanwalt Eller, einst eine Säule der Vaterlandspartei, dann Kommunist, führte den Zug, man riß Sedlmeier aus dem Bett, stellte ihn auf einen Wagen und bedroht von 25 entsicherten Gewehren mußte er die Worte nachsprechen, die ihm Ingenieur Herbst vorsagte: „Ich bitte um Verzeihung, daß ich den Ministerpräsidenten beleidigte, ich bedaure, daß ein Glied der Offizierskaste ihn ermordete."

Bürgermeister Ruf wurde abgesetzt und Eller übernahm das Amt. Ein drittes Ereignis, das gleichfalls ergebnislos blieb, sollte für den Kampfbund der Thule bedeutsam werden.

Dr. Buttmann, früher Abgeordneter, hatte von Auer, Timm und Haller die Erlaubnis bekommen, eine Bürgerwehr aufzustellen. Die drei Minister gehörten den Mehrheitssozialisten an und wollten die Bürgerwehr als Sicherung bei den kommenden Wahlen haben. Dr. Buttmann hatte wohl andere Absichten, aber er verbarg sie klug unter der Maske der Bürgerwehr. Durch das Thulemitglied Oberleutnant Kurz wurde er auf die Thule Gesellschaft aufmerksam und so kam er zu Sebottendorff und erbat sich den großen Saal zu einer Abendversammlung. Das wurde gewährt. Die Versammlung fand am Abend statt. Man hatte, um das Geheimnis der einzelnen Beteiligten zu wahren, die Teilnehmer nicht genügend geprüft und so hatte sich ein Leutnant Kranold eingeschlichen, der im Kriegsministerium Dienste tat und der von der Gründung erfahren hatte. Oberstleutnant Haak setzte an diesem Abend auseinander, wie München gegen einen Putschversuch von innen verteidigt werden müsse, er gab an, welche Sicherungen zu ergreifen wären, wo man Posten aufzustellen habe, dann wurde beschlossen, am nächsten Mittag wieder in der Thule zusammen zu kommen und die Abteilungen zu bilden. Da alle anderen Anwesenden hierzu notwendig waren, übernahm es Sebottendorff, in dem bereits von Dr. Buttmann gemieteten Werbebüro am Kühbogen die ersten Werbungen zu leiten.

An diesem Morgen meldeten sich auf Grund der bereits angeschlagenen Plakate weit über 300 Mann, die durch Handschlag gegen jeden Putschversuch, komme er von rechts oder links, verpflichtet wurden. Die Namen und die Wohnung wurden in eine Liste eingetragen.

Um 12 Uhr schloß Sebottendorff das Werbebüro und begab sich nach den „Vier Jahreszeiten", wo er von dem zuverlässigen Portier Sell erfahren mußte, daß eben 35 Leute durch die Republikanische Schutzwehr ausgehoben und nach dem Polizeipräsidium gebracht worden seien. Leute vom Beobachter seien nicht mitverhaftet worden.

Es gelang Sebottendorff am Nachmittag bei Eisner vorgelassen zu werden und von ihm einen schriftlichen Befehl zu erhalten, daß die Verhöre sofort zu beginnen hätten.

Er legte auf dem Polizeiamt seine Werbelisten vor und gab an, daß er die Leute gegen jeden Putschversuch, komme er von links oder von rechts, verpflichtet habe.

Um 9 Uhr waren 33 Leute verhört und konnten bei Würstchen, Bier und Zigaretten, die Sebottendorff besorgt hatte, ihre Freilassung erwarten. Festgehalten wurden Verlagsbuchhändler Lehmann, bei dem man Waffen gefunden und Oberstleutnant Haak, der die bekannte Rede gehalten hatte. Gegen diesen lagen die von Kranold gemachten falschen Angaben vor. Lehmann und Haak wurden nach Stadelheim gebracht und mußten mehrere Wochen dort in Untersuchungshaft verbringen. Dr. Buttmann war es gelungen, durch den ihm gezeigten zweiten Ausgang der Thuleräume zu entfliehen. Die 33 verhafteten jungen Leute, unter denen sich neben Kurz, der Ingenieur Woerner, Leutnant Parcus, Ahrens und Schwabe befanden, schlossen sich dem Kampfbunde an.

Über den Verräter Kranold brachte der Beobachter einige Wochen später die folgende Notiz:

Aus Bayern und dem Reiche.

Der Bayerische Kurier veröffentlicht folgenden Erlaß vom 17. November 1918 des Kriegsministers Roßhaupter:

In den letzten Tagen des Umsturzes hat sich eine Reihe von opfer=
freudigen Personen freiwillig in den Dienst der guten Sache gestellt.
Selbstlos, keine Gefahr scheuend, haben sie selbständig in unendlicher
Arbeit zum Aufbau des neuen Staatsgebildes mitgewirkt. Ich halte
es für meine Pflicht, allen, die hier im Ministerium treu mitgewirkt
haben, eine Ehrengabe auszusetzen. Oberleutnant Streit 200 Mark,
Leutnant Schöpf 200 Mark, Leutnant Kranold 300 Mark, Leutnant
Rosenbeck 300 Mark, Leutnant Edelmann 1000 Mark usw.

Der hier erwähnte Leutnant Kranold hatte durch einen falschen
Bericht die Verhaftung der Bürgerwehr veranlaßt.

Diese Verhaftung spielte weit bis ins neue Jahr hinein eine große
Rolle im provisorischen Nationalrat. Timm, Auer und Haller wur=
den stark von den Unabhängigen und Kommunisten angegriffen. Man
warf ihnen Pläne zum Sturz der Regierung vor.

Neben dem Kampfbunde, der stetig anwuchs, breitete sich auch die
Thule aus. Durch die Revolution hatte sie die ganze Provinz verloren,
aber in München gewann sie ständig an Boden. Auch der Beobachter
wuchs. Das System der Weitergabe von Hand zu Hand schützte ihn
vor der Beschlagnahme, er hat sich nie, auch nicht in den schlimmen
Zeiten der Räteherrschaft einer Zensur unterworfen, er hat auch nie
die Regierungsauflagen gebracht.

Einige Artikel aus dieser Periode seien hier wiedergegeben, sie sind
für die Zeitgeschichte bedeutsam:

Friede, Freiheit, Brot.

Das waren die drei Dinge, die am 8. November 1918 versprochen
worden waren, als wir am Morgen der Revolution erwachten.

In einer Rede, die Herr Eisner hielt, als er sich als Kandidat vor=
stellte, versprach er den Frieden innerhalb von 24 Stunden vom Zeit=
punkt an, an dem er die Macht habe. Nun hat er bald zwei Monate
die Macht.

Herr Erzberger versicherte, daß er nur eine halbe Stunde gebrauche, die er mit Lloyd George zusammen sei, um den Frieden in der Tasche zu haben, das war vor zwei Monaten.

Es ist wohl angebracht, eine kleine Bilanz zu ziehen, die Bilanz zweier Monate.

Friede! In weiter Ferne liegt er noch und wenn die Gewalthaber in Berlin so weiter machen, so bekommen wir einen neuen Krieg. Radek=Sobelsohn hat es ja deutlich genug gesagt, daß das russische Heer mit den deutschen Bolschewiki zusammen das Großkapital am Rheine bekämpfen werde. Und der abgeschlossene Waffenstillstand auf Grund der Wilsonschen 14 Punkte? Ist er gemildert worden? Nein, man hat die Bestimmungen einseitig verschärft. Die Ostsee ist gesperrt, das Rheinland hermetisch verschlossen.

Unsere Brüder, die noch immer kriegsgefangen sind, leiden unsagbar, keine Hand erhebt sich, um ihnen zu helfen, die Regierung hat anderes, wichtigeres zu tun.

In den zwei Monaten Republik Deutschland sind wir dem Frieden um keinen Schritt näher gekommen.

Freiheit! Wir haben die Freiheit nach dem Worte: „Und willst Du nicht mein Bruder sein, so schlag ich Dir den Schädel ein."

Wir haben keine Freiheit, wir haben das Mißtrauen.

Der Arbeiter traut nicht dem Bürger, der Soldat nicht dem Arbeiter, die Matrosen mißtrauen den Soldaten. Die Ministerien trauen sich untereinander nicht, trotz aller schönen Worte von Einigkeit. Mißtrauen herrscht zwischen Stadt und Land, zwischen den einzelnen Freistaaten. Einer belauert den andern, Telefongespräche werden überhört, Briefe erbrochen, Reden werden bruchstückweise wiedergegeben und verdreht. Die Besetzung der österreichischen Botschaft, die Verhaftung der Bürgerwehr, die Reden Mühsams und Sontheimers zeigen das Maß der Freiheit.

Brot! Wir haben keine Kohlen, da die Arbeiter seit dem 9. November nicht mehr arbeiten, sondern streiken. Unsere Vorräte gehen zu Ende, daß wir am 1. März noch etwas haben werden, hoffen wir, aber wir glauben es nicht. Wir leben wie die Kinder von der Hand in den Mund. Brot! Noch haben wir zu essen. Aber die Vorräte, die bei weiser Einteilung bis zum 1. Juli 1919 langen könnten, sind vergeudet, gestohlen, verschwendet worden.

Friede, Freiheit, Brot! wurde versprochen, gehalten wurde nichts. Ins Maßlose steigt die Arbeitslosigkeit, produktive Arbeit wird nicht mehr geleistet, unsere Industrie steht vor der Vernichtung. Man lese den beweglichen Brief an die Arbeiter, den die Regierung vor kurzem veröffentlichte. Und er hilft nichts, denn eisern rollen die Räder des Schicksals über uns hin. Wir haben nicht den Willen zur Tat! Wir lassen uns treiben!

Wie ein Kind hoffen wir auf das große Wunder, wie ein Spieler auf das große Los hofft.

Deutscher! Arbeiter! Bürger! Volksgenosse! Wache auf!

Besinne Dich!

Noch ist es Zeit, fange bei Dir an! Lerne folgerichtig denken! Dann, aber nur dann, wenn Deutschland erwacht, dann kannst Du Dir schaffen:

Friede, Freiheit, Brot!

*

Woher das Geld kommt und wohin es geht!

Als jüngst durch die Blätter die Nachricht ging, daß Bleichröder zwei Millionen Mark für eine Bolschewikenzeitung gegeben habe, schüttelten viele den Kopf, sie konnten das nicht glauben. Sie hatten vergessen, daß immer die Revolution der Stern Judas gewesen ist. Als der Kommunistenaufstand 1871 in Paris wütete, war es allein Rothschild, der verschont blieb, weil er beide Parteien unterstützte, sowohl an die Regierungstruppen, wie an die Kommunisten Sold zahlte.

Die russischen Regierungsgelder rollen durch das Land, um uns den beglückenden Gefilden des Bolschewismus zuzuführen. Es ist rührend zu sehen, wie frei sich Radek=Sobelsohn in Berlin bewegen kann, welch papierenen Protest die Regierung erläßt, diese Regierung, die es nicht wagen darf, den Mann verhaften zu lassen und ihm den Prozeß zu machen. In München tut man sich leichter. Man sperrt einfach hochangesehene Männer in Schutzhaft. Für die Sobelsohn, Sontheimer, Toller, Mühsam, die offen zur Räteregierung hetzen, scheint eine solche Institution nicht zu bestehen.

Herr Radek-Sobelsohn war aber auch der Überbringer weiterer Millionen, man bewillkommnete ihn mit einem nassen und einem trockenen Auge. Wozu die Millionen verwendet werden? Es werden Zeitungen gegründet und finanziert, die alten Zeitungen müssen daher 50% ihres Papierbedarfs hergeben. Aber das ist das Recht im neuen Deutschland. Alles gehört allen — wenigstens auf dem Papier und wegen des Papiers.

Es werden Parteigänger angeworben. 15 Mark pro Tag ist eine ganz nette Sache, zumal noch entsprechende Nebeneinnahmen hinzu kommen. Dann kommt der Unterhalt der Parteihäupter und ihr Anhang. Da lebt alles in Saus und Braus, Geld spielt keine Rolle, es ist ja alles da und nicht so, wie bei den armen Leuten, den Proletariern, den entlassenen Beamten, den Soldaten, den Offizieren.

Die nach Berlin entsandten Delegierten leben in den ersten Hotels, das kann man schließlich mit 30 Mark Diäten tun.

So wird das Geld verwendet.

Die Vorträge Gottfried Feders ließen einen Plan reifen, der Sebottendorff schon lange bewegte. Er wollte die Arbeiter gewinnen. In der Thulebrüderschaft wurde Bruder Karl Harrer ausgewählt, um einen Arbeiter-Ring zu bilden. Ingenieur Gottfried Feder erbot sich, Vorträge zu halten.

Einen andern Ring bildete Anton Daumenlang, dieser beschäftigte sich mit Wappenkunde und Familienforschung.

Nauhaus hatte seinen Ring für nordische Kultur weiter ausgebaut. Johannes Hering hatte einen Ring um sich gesammelt, der sich mit dem alten Deutschen Recht beschäftigte, hier war es später Frank, der als Student der Rechte diesen Ring weiter ausbildete. Der Kampfbund betrieb seine Propaganda durch den Beobachter, er verteilte

Einzeldrucke aus demselben, Flugblätter, die besonders Dannehl verfaßte (s. Bilderteil S. 209). Es war auch begonnen worden, bildliche Darstellungen anzufertigen, hier zeigte sich besonders Halbritter tüchtig.

Kurz vor Weihnachten 1918 reiste Sebottendorff zur Jultagung der Loge nach Berlin und brachte den Entwurf eines Aufrufes: „An das Deutsche Volk" mit. Der Aufruf mit Programm der Deutsch-Sozialistischen Partei ist auf Seite 171 u. f. abgedruckt.

VI.
Politisches Wirken und Werben der Thule bis zu Eisners Tode

Das Weihnachtsfest selbst wurde unter zahlreicher Beteiligung begangen, ebenso das Sylvesterfest. Diese beiden Feste sollten für lange Zeit die letzten freudigen Versammlungsanlässe sein.

Das neue Jahr begann trübe genug: in München hatte es in der Sylvesternacht zehn Tote und mehrere Verwundete gegeben; in Berlin wütende Straßenkämpfe, in Düsseldorf einen Kommunistenputsch, so daß die Engländer die Stadt besetzen wollten. Die Berliner Unruhen dauerten bis Mitte Januar und endeten damit, daß durch die Freikorps die Regierung Herrin der Stadt wurde; 200 Tote, 1000 Verwundete wurden gezählt, Karl Liebknecht und Rosa Luxemburg wurden erschossen. Die bayerischen Landtagswahlen waren auf den 12. Januar, die Nationalwahlen auf den 19. Januar 1919 angesetzt. Zum ersten Male traten die Frauen an die Urne.

Am 7. Januar 1919 gab es in München eine Arbeitslosen=Demonstration, bei der durch Maschinengewehrfeuer zwei Leute getötet und vier schwer verletzt wurden. Wenige Tage später wurde im Tal ein Putsch versucht, auch hier gab es Tote und Verwundete.

Die Wahlen brachten für Eisner eine vernichtende Niederlage. Kaum 2% der ganzen Wählerschaft Bayerns stand hinter ihm. München erwartete, daß Eisner, Jaffee und Unterleitner, die drei gewählten Unabhängigen von der Regierung zurücktreten würden.

Der Landtag, der zusammentreten sollte, wurde unter verschiedenen Vorwänden bis zum 21. Februar 1919 hinausgeschoben. Eisner und Jaffee fuhren zu den Verfassungsverhandlungen nach Berlin.

Erzberger konnte unter schweren neuen Bedingungen eine Verlängerung des Waffenstillstandes erhalten, die Deutschland mit unerhörten neuen Ablieferungen bezahlen mußte.

Im Februar 1919 sollte die Nationalversammlung in Weimar zusammentreten, die Verfassung sollte geschaffen werden.

In München liefen die tollsten Gerüchte um, was sich alles bei der nun endgültig für den 21. Februar festgesetzten Landtagseröffnung ereignen würde; die Kommunisten wollten den Landtag sprengen, Eisner wollte nicht gehen usw.

In der Völkischen Bewegung waren einige Ereignisse zu verzeichnen. Der Alldeutsche Verband hatte zu der Bamberger Tagung auch die befreundeten Organisationen eingeladen, und es war beschlossen worden, alle Vorbereitungen zu treffen, um den Schutz- und Trutzbund zu einem Kampfmittel auszugestalten. Da der Bund in die Breite arbeiten sollte, wurde allgemein von einem Blutsbekenntnisse abgesehen. Es sollte nunmehr im ganzen Reiche der offene Kampf gegen die Juden eröffnet werden. In der Lausitz und in Thüringen hatten sich bereits ähnliche Bünde gebildet.

Zu dieser Zeit erschienen zwei Bücher über Freimaurerei, die angeführt werden müssen. Karl Heise: „Die Entente Freimaurerei" und Wichtl: „Die Weltfreimaurerei". Beide Bücher erregten bedeutendes Aufsehen; hier waren zum ersten Male Tatsachen gegeben, nicht mehr vage Vermutungen und Andeutungen.

Damals begann auch der in München besonders bekannte Anthroposoph Steiner, der Prophet von Dornach wieder von sich reden zu machen. Steiner wollte in Württemberg Finanzminister werden und propagierte sein System der Dreigliederung.

Der Einfluß dieses unheilvollen Mannes reichte weit. Er arbeitete vor dem Kriege mit der späteren Sklarekhellseherin Liesbeth Seidler in Berlin, Körnerstraße, zusammen. Die Seidler sowohl wie Steiner hatten jederzeit bei dem General Moltke Zutritt, sie beide haben verhindert, daß an der Marne rechtzeitig frische Kräfte eingesetzt wurden und daß diese Schlacht verloren ging (Schwarz-Bostunnitsch: „Doktor Steiner — ein Schwindler, wie keiner", erschienen im Verlag Böpple, München).

War Sebottendorff schon früher gegen die Seidler und gegen Steiner aufgetreten, wofür sich die Seidler, die nebenbei Polizeiagentin war, durch eine Anzeige an Sebottendorff gerächt hatte, so führte er nun den Kampf gegen die beiden im Beobachter weiter.

Außer dem Beobachter war es der schon erwähnte Miesbacher Anzeiger, der kräftig gegen die Juden loszog.

Noch ein anderes Blatt muß erwähnt werden, die Zeitschrift Dietrich Eckarts, die am 7. Dezember 1918 erstmals erschien und die er „Auf gut Deutsch" genannt hatte. Die Gründung dieser Zeitschrift gab Anlaß zur Feindschaft Eckarts gegen Sebottendorff. Eckart hatte sich durch den Thulebruder Kneil an Sebottendorff gewandt, daß dieser die Zeitschrift finanzieren solle. Da aber die Thule Gesellschaft und der Beobachter finanziell schon ganz von Sebottendorff erhalten werden mußten, lehnte er ab; der Inhaber der Münchener Zeitung hatte dann die verlangten 10000 Mark gegeben. Von den Ausgaben der Zeitschrift waren von ganz besonderem Interesse: Köpfe aus der „Juden-Nummer" und der Nummer: „Rätezeit in Ungarn". Hauptmitarbeiter von „Auf gut Deutsch" war Alfred Rosenberg. Wie

Dietrich Eckart das Wirken der Thule Gesellschaft im politischen Kampfe verfolgte, zeigt unter anderem ein Bericht in Nr. 42 seiner Zeitschrift „Auf gut Deutsch":

Des Reiches Untergang.

Es wird bei uns viel auf Berlin geschimpft, überhaupt auf Preußen. In einer Versammlung des „Deutschen Bundes" — ein Herr Ballerstedt hat ihn gegründet; die Reihe derer, die den Aufruf unter-

Diplom-Ingenieur Gottfried Feder

zeichneten, beginnt mit der Jüdin Annita Augspurg; andere Judennamen folgen; der Judenzer Franz Carl Endres befindet sich ebenfalls darunter; auch Herr Held, der Führer der hiesigen Unabhängigen, ist dabei; kurz: der richtige „deutsche" Bund — in dieser Versammlung kam es zunächst, unter Ballerstedt's Rede, sogar zu stürmischen Rufen nach einer — Kriegserklärung gegen Preußen, bis

Gott sei Dank Franz Dannehl einspringen und der Menge noch rechtzeitig die Augen öffnen konnte.

Aus dem Beobachter seien noch einige Artikel aus dieser Zeit wiedergegeben:

Der Jude.

Wenn man jemanden über den Juden als Rasse aufklären will, so erhält man oft die Antwort: „Aber ich begreife Sie nicht, ich kenne eine Menge Juden, das sind alles ganz nette Leute."

Wir meinen jedoch, wenn wir vom Juden als Rasse sprechen, nicht das Einzelwesen, sondern die gesamte Judenschaft. Hören wir, was Theodor Fritsch in seinem Buche „Der falsche Gott" sagt. (Leipzig, Hammerverlag 1916): „Gerade dieses Nettsein ist eine ihrer besonderen Kriegslisten. Wollten sie allerwegen ihren tiefinnersten Haß gegen uns offen zur Schau tragen, wie könnten sie dann überhaupt gesellschaftlich oder geschäftlich bestehen? Sie brauchen uns, um uns auszunutzen und sie erreichen ihren Zweck um so sicherer, je mehr sie uns über ihr wahres Denken und Wissen zu täuschen wissen."

„Denn wüßten sie, was wir gegen sie lehren," sagte vor Jahren ein Lemberger hebräisches Journal, „würden sie uns dann nicht alle totschlagen?" Seine wahre Gesinnung zu verbergen, ist für den Hebräer eine Lebensnotwendigkeit und in beständiger Übung dieser Kunst hat er es bisher zur Meisterschaft gebracht in der Heuchelei. Der Talmud sagt einmal: „Der Jude versteht es, jemandem die Zähne auszureißen und ihm vorzuspiegeln, daß er ihm die Backen streichle."

Diese jüdischen Verdrehungskünste wirken auf Leute mit schwachem Verstande geradezu hypnotisch. Sie lassen sich vom Juden suggerieren, was sie fühlen und denken sollen. So sind Fälle bekannt, wo Hebräer vertrauensvolle Leute durch Wucher und Betrug bis aufs Hemd ausgezogen haben und doch bei ihnen immer in dem Rufe standen, Wohltäter zu sein. Der Hebräer weiß jeder seiner spitzbübischen Handlungen den Anschein der lautersten Absicht zu geben und immer, wo er sein Opfer schädigen muß, da tut er es, als geschähe es gegen seine Ab=

ſicht unter dem Zwange der Verhältniſſe, als empfinde er ſelber tief=
ſten Kummer darüber. Wilhelm von Polenz hat uns im Büttner=
bauern ſolche Szenen meiſterhaft geſchildert.

In der Tat übt der Jude auf Menſchen mit geſchwächten Sinnen
und Willenskräften oft einen hypnotiſchen Einfluß aus, einen Bann.
Es iſt, als ob er dämoniſche Kräfte beſäße. In welcher Weiſe das
ſexuelle Motiv hier eine Rolle ſpielt, ſoll nicht erörtert werden. Es ge=
nügt darauf hinzuweiſen, daß ein Geſchöpf, welchem jeder Begriff
von Scham und Sittlichkeit fehlt, auch ſeine ſinnlichen Begierden
auf eine Weiſe äußert, daß ſie auf ein ſchwaches Gemüt beſtrickend
und verwirrend wirken müſſen. Es ließen ſich hier durch Schilderung
von Erlebniſſen Abgründe aufdecken, vor denen manch ahnungsloſes
Gemüt zurückſchauern würde. Frauen und Mädchen, die in jüdiſchen
Dienſten geweſen ſind, oder ſonſt in näheren Umgang mit Juden
kommen, haben das normale Denken und Empfinden völlig eingebüßt,
ſo daß ſie die Erniedrigung, die ſie dort erfahren, faſt als eine Wohl=
tat und Gnade empfinden. Sie können nicht genug des Ruhmes über
den Juden ſein.

Es iſt ihnen ſuggeriert, daß die Juden in jeder Beziehung einer
bevorzugten, allen anderen überlegenen Menſchenklaſſe angehören; ſie
ſprechen das gläubig nach und fühlen ſich noch geehrt, mit Juden ver=
kehren zu dürfen. Die Begriffe von Scham und Sittlichkeit weiß der
Jude hinweg zu disputieren und als alberne Vorurteile hinzuſtellen.

Die Betörung der ſchwachen Gehirne gehört zu den beſonderen
Talenten des Hebräers. So hat er die Kunſt der Einſchmeichelung
bis zur Meiſterſchaft entwickelt. Sein unehrlicher Beruf zwingt ihn,
glatte, beſtrickende Umgangsformen zu pflegen und wenn Goethe be=
hauptet, der Deutſche ſei unaufrichtig, wenn er nicht grob iſt, ſo iſt
auch hierin der Hebräer das ausgeſprochene Gegenſtück.

Sicherlich prallt der Judenwitz an ſtarken und geſunden und inner=
lich reinen Charakteren ab; der Hebräer geht ſolchen Leuten vor=
ſichtig aus dem Wege. Das Wort: Jedes Volk hat die Juden, die es
verdient, iſt nicht ohne Berechtigung! Nur dort, wo ſich Sprüche und
und Eitelkeit und all die andern ſchlimmen Lüſte ein Stelldichein

geben, wo das sittliche Reingefühl geschwunden ist, da fühlt sich der Jude wohl, wie die Laus im Schorf. Personen, Familien, Gesellschaften, Völker richten sich selber durch das Verhältnis, in welchem sie zum Judentume stehen. Wo ein Aas ist, da sammeln sich die Geier!

Damit wollen wir es genug sein lassen und weiter berichten:
Am 18. Januar 1919 wurde in den Räumen der Thule Gesellschaft der national-sozialistische Deutsche Arbeiterverein gegründet. Schriftsteller Karl Harrer war erster, Metalldreher Anton Drexler zweiter Vorsitzender. Bei den regelmäßigen wöchentlichen Zusammenkünften schwankte die Besucherzahl zwischen zehn und dreißig Personen.

Infolge der Streitigkeiten, die Eisner mit den Reichsbehörden hatte, war von bayerischer Seite die Bildung von Heeresteilen abgelehnt, ja verboten worden. General von Epp sammelte daher außerhalb Bayerns im Lager von Ohrdruf in Thüringen eine Truppe. Dorthin sandte Sebottendorff einen Großteil der Angehörigen des Kampfbundes und wies Leute, die geworben wurden, in das dortige Lager.

Für den 21. Februar 1919 war die Landtagseröffnung angekündet; ganz München stand in Erwartung, was sich begeben würde.

Am 16. Februar 1919 hielt Eisner auf der Theresienwiese eine Versammlung ab, in der er den Rätegedanken propagierte. Den Demonstrationszug, der der Versammlung den notwendigen Abschluß geben mußte, führte Eisner selber im Kraftwagen an. Im Zuge wurden Plakate mitgeführt, die die Räteregierung forderten. Es waren etwa 10000 Menschen, die am Zuge teilnahmen und die besonders auf die Presse schlecht gestimmt waren, weil Eisner mit dieser am Tage vorher einen bösen Zusammenstoß hatte. Die Münchener Zeitungen stellten daraufhin die Berichterstattung ein.

Während so auf der Seite der Kommunisten die Leute durch Taten aufgeputscht wurden, kämpfte die gemäßigte Sozialdemokratie mit Worten. Auer griff den Bauernführer Gandorfer an und warf ihm Korruption und Stellenjägerei vor.

Am 20. Februar 1919 räumten die Räte das Landtagsgebäude und übersiedelten in das Deutsche Theater, hierbei kam es zu einem Zusammenstoß zwischen Eisner und Max Levien. Für den folgenden Tag hatte Levien einen Vortrag, „Spartakus, der Sklavenbefreier", angesagt, es kam aber nicht dazu, denn am Freitag, dem 21. Februar, eine Viertelstunde vor 10 Uhr wurde Eisner vom Grafen Anton Arco auf Valley auf dem Wege zum Landtag an der Ecke der Promenadestraße erschossen (s. Bilderteil S. 216).

Graf Anton Arco auf Valley hatte von der Mutter her (einer geborenen Oppenheim) Judenblut in den Adern, er ist Jüdling und war daher weder von der Thule Gesellschaft noch vom Kampfbunde aufgenommen worden. Er wollte zeigen, daß auch ein Halbjude eine Tat ausführen könne.

An Stelle Eisners eröffnete Auer eine Stunde später den Landtag mit einem warmen Nachruf; kaum hatte er seine Rede beendet, öffnete sich die Tür und der Metzger Lindner, ein überzeugter Kommunist, gab einige Schüsse auf Auer ab. Auer wurde schwer verletzt; im selben Augenblicke wurde auch von der Tribüne aus gefeuert, wo sich der Arbeiter- und Soldatenrat niedergelassen hatte. Durch diese Schüsse wurde der Abgeordnete Osel und der als Besucher anwesende Major von Jahreiß getötet. In wilder Flucht stob der Landtag auseinander.

Die zweite Revolution wurde ausgerufen. Der Mob trat auf der ganzen Linie die Herrschaft an.

Der Revolutionäre Zentralrat gab folgende Bekanntmachung heraus (s. Bilderteil S. 216, Abbildung oben links):

Der Befreier des Proletariats, der Ministerpräsident des Volksstaates Bayern, Kurt Eisner, wurde heute vormittags 10 Uhr von einem Vertreter der Bourgeoisie, Graf Arco-Zinneberg (d. Verf.: soll heißen Graf Anton Arco auf Valley), meuchlings ermordet.

Der geistige Urheber dieses Mordes ist die verleumderische Hetze der Presse.

Das Proletariat hat die Pflicht, angesichts dieses Verbrechens die Revolution durch die Übernahme der Presse zu sichern. Die Arbeiterschaft wird aufgefordert, sofort in den Streik einzutreten und sich um 4 Uhr auf der Theresienwiese zu versammeln.

Es lebe das Andenken Kurt Eisners!

Es lebe die zweite Revolution!

Es lebe die Räterepublik!

München, den 21. Februar 1919.

Das erste war, daß man den Generalstreik verkündete. Alle Geschäfte schlossen, der Verkehr stockte, Plakate erschienen, die zu Vergeltungsmaßnahmen an den Besitzenden aufforderten. Um 1 Uhr mittags erklangen von allen Türmen die Glocken; man hatte die Priester gezwungen, sie selber zu läuten.

Gegen 4 Uhr nachmittags wurden die Zeitungen gestürmt, die Papierrollen auf die Straßen geschleppt und angezündet. Überall wurde geplündert und geraubt, überall krachten Schüsse.

An der Stelle, wo Eisner erschossen wurde, hatte man sein mit Blumen geschmücktes Bild aufgestellt, zwei Posten sorgten dafür, daß jeder Vorübergehende grüßte.

Doch dauerte dieser Spuk nicht lange, es wurde ein alter Jägertrick angewandt; man hatte eine Tüte mit Mehl, das den Schweiß zweier läufiger Hündinnen enthielt, vor dem Bilde verschüttet. Bald gaben alle Hunde der Nachbarschaft ihre Visitenkarte ab und Bild und Posten verschwanden.

Die wahnsinnige Tat Arcos hatte alle Pläne umgestürzt. Eisner, der schon halb erledigt gewesen war, erhielt durch diese Tat den Glorienschein des Märtyrers. Der tiefe Haß gegen die Junker kam erneut zum Ausbruch, denn ein Junker war es ja, der Kurt Eisner erschossen hatte.

Daß in dem nun einsetzenden Kampfe der Kampfbund der Thule und diese selber zunächst unbelästigt blieb, ist dem Umstande zu verdanken, daß sich die Räume der Gesellschaft in der stillen Marstallstraße befanden, in unmittelbarer Nähe des Armeemuseums, wo das Oberkommando seinen Sitz aufgeschlagen hatte.

Der Eingang zu den Versammlungsräumen der Thule war ein Nebeneingang des Hotels „Vier Jahreszeiten", der besonders den Angestellten des Hotelbetriebes diente, es fiel also nicht sehr auf, daß dieser Eingang auch von den Thule-Leuten stark benutzt wurde.

Am 22. Februar 1919, einem Sonnabend, war eine neue Nummer des Beobachters fällig; um nicht Öl in das Feuer zu gießen, wurde die Herausgabe um einige Tage verzögert.

VII.
Die Thule in der Zeit der Räteherrschaft

In der Zeit vom Februar bis April 1919 war es im Reiche ziemlich ruhig. Die verschiedenen Kommunistenaufstände des Spartakusbundes waren niedergeschlagen, nur in Braunschweig bestand noch eine Räteherrschaft. Gefährlich sah es in Oberschlesien aus, wo die Kommunisten die drohende Polengefahr benutzten, um einen Aufstand zu erregen. In Ungarn hatte Bela Kun die Räteregierung errichtet.

In Weimar tagte die Nationalversammlung; sie war mit der Verfassung des „Systems" beschäftigt.

In München jedoch ging alles drunter und drüber. Vorläufig hatte sich ein Zentralrat gebildet, der aus folgenden Personen bestand: Gandorfer, Hoffmann, Utzendorfer, Sauber, Simon, Goldschmidt, Niekisch, Kröpelin, Eisenhut, Levien, Hagemeister.

Alle Zeitungen waren verboten, an ihrer Stelle erschien das Nachrichtenblatt des Zentralrates. Der Arbeiterrat Jakobi und der Soldatenrat Ehrhardt zeichneten verantwortlich.

Das oben erwähnte Elf=Männerkollegium hatte eine dreitägige Landestrauer für Eisner beschlossen, ferner war die Schließung aller bürgerlichen Vergnügungsstätten, die Aufhebung des Adels und die Abschaffung aller Feudalgüter verfügt worden.

Am 24. Februar 1919 war der Generalstreik beendet, am Mittwoch, dem 26., fand die Einäscherung Eisners statt.

Niekisch hatte für den 25. Februar die Räte in das Deutsche Theater berufen; in dieser Versammlung hetzte besonders Kröpelin zur Verhaftung von Geiseln. „Es müssen Geiseln festgenommen werden und wenn heut ein Revolutionär durch reaktionäre Verbrecherhand fällt, dann werden zehn Kreß von Kressenstein erschossen." Verlagsbuchhändler Lehmann, der schon erwähnte Kreß von Kressenstein und viele prominente Personen wurden als Geiseln verhaftet und nach Stadelheim gebracht. Landauer gab in dieser Versammlung einen Antrag zur Debatte, die Arbeiterräte zum Nationalrat zu erklären; Levien teilte mit, daß sich im Wagnerbräu der Revolutionäre Arbeiterrat in Permanenz erklärt habe. Er verlangte, daß der Landtag nicht mehr einberufen werde, alle Gewalt solle bei den Räten liegen.

Am 6. März 1919 fanden zwischen den Parteien, den Kommunisten, den Unabhängigen und den gemäßigten Sozialisten Besprechungen statt, es kam zu einem Kompromiß, das aber nicht eingehalten wurde. Die bayerische Regierung bereitete ihre Übersiedlung nach Bamberg vor, zögerte aber immer noch, in der Hoffnung, mit den Spartakisten auf friedlichem Wege fertig zu werden. Anstatt durchzugreifen, entschloß sie sich zu Halbheiten. Sie hatte hinter sich die damals intakten Soldaten der Garnisonen Nordbayerns. Das dritte Armeekorps ließ über München folgende Bekanntmachung abwerfen:

An alle Soldaten und Arbeiter!
Die durch die ruchlose Ermordung Eisners geschaffene Lage benutzt eine kleine Gruppe von Gewaltmenschen in München die Herrschaft an sich zu reißen. Dagegen wehren sich ganz entschieden die Arbeiter und Soldaten von Amberg, Bayreuth, Sulzbach, Regensburg, Straubing, Erlangen, Ingolstadt, Grafenwöhr, Nürnberg und Fürth. Alle verurteilen die Gewaltherrschaft einer kleinen Gruppe,

die Bayern zum Untergange führt. Sie verlangen eine sozialistische Regierung und eine alsbaldige Einberufung des Landtages. Alle wollen die Demokratie und verwerfen die Diktatur. Kameraden und Genossen von München! Ihr habt den Willen gezeigt, die Gewaltherrschaft Dr. Leviens und seines bewaffneten Anhanges zurückzuweisen. In diesem Bestreben unterstützen Euch alle Soldaten des dritten Armeekorps, wenn es nicht anders sein kann, mit Waffengewalt.

Vom 17. bis 19. März 1919 tagte der Landtag in München; er hatte keine Macht, diese hielten der russische Bevollmächtigte Axelrod, die Räte Levien und Levine-Nissen in der Hand. Die offizielle Regierung setzte sich zusammen aus Hoffmann Präsidium, Endres Inneres, Segitz Finanzen, Frauendorfer Verkehr. Diese Regierung war jedoch nur ein Scheinbild, die so lange geduldet wurde, bis sich die Räteregierung an die Stelle setzte. Die Weltrevolution schien ja zu marschieren, wie das Beispiel Ungarns zeigte. Um sie vorwärts zu treiben, berief der Ministerpräsident Hoffmann den österreichischen Juden Dr. Neurath als Staatskommissar. Neurath sollte alle bayerischen Betriebe sozialisieren; er wurde Leiter und Präsident des Zentralwirtschaftsamtes.

Als der Landtag wieder zusammentreten sollte, erklärte der Zentralrat, daß er einen solchen Zusammentritt verhindern würde, doch kam in Abwesenheit Hoffmanns, unter dem Kriegsminister Schneppenhorst, am 4. April 1919 eine Versammlung zustande, an der alle sozialistischen Parteien teilnahmen. Hier wurde bereits von Levine-Nissen der Antrag zur Ausrufung der Räteregierung erneut gestellt, doch ging diese Versammlung resultatlos auseinander.

Am 6. April 1919 berief Klingelhöfer die Arbeiter- und Soldatenräte in das Hofbräuhaus. Noch am gleichen Tage wurde in München die Räterepublik proklamiert. Bezeichnenderweise taten die Kommunisten unter Führung Levines nicht mit, sie bildeten eine eigene Truppe. Niekisch übernahm die gesamte Gewalt, Dr. Lipp wurde Volksbeauftragter für Äußeres, Dr. Neurath blieb Vorstand des Zentralwirtschaftsamtes, der Jude Ret Marut wurde Leiter der Pressesozialisierung. Silvio Gesell übernahm die Finanzen.

Die öffentliche Bekanntmachung lautet (s. Bilderteil S. 217, Abbildung oben):

An das Volk in Baiern!

Die Entscheidung ist gefallen, Baiern ist Räterepublik. Das werktätige Volk ist Herr seines Geschickes. Die revolutionäre Arbeiterschaft und Bauernschaft Baierns, darunter auch alle unsere Brüder, die Soldaten sind, durch keine Parteigegensätze mehr getrennt, sind sich einig, daß von nun an jede Ausbeutung und Unterdrückung ein Ende haben muß. Die Diktatur des Proletariats, die nun zur Tatsache geworden ist, bezweckt die Verwirklichung eines wahrhaft sozialistischen Gemeinwesens, in dem jeder arbeitende Mensch sich am öffentlichen Leben beteiligen soll, einer sozialistisch-kommunistischen Wirtschaft. Der Landtag, das unfruchtbare Gebilde des überwundenen bürgerlich-kapitalistischen Zeitalters ist aufgelöst, das von ihm eingesetzte Ministerium ist zurückgetreten.

Von den Räten des arbeitenden Volkes bestellte, dem Volk verantwortliche Vertrauensmänner erhalten als Volksbeauftragte für bestimmte Gebiete außerordentliche Vollmachten. Ihre Gehilfen werden bewährte Männer sein aus allen Richtungen des revolutionären Sozialismus und des Kommunismus. Die zahlreichen tüchtigen Kräfte des Beamtentums, zumal der unteren und mittleren Beamten werden zur tatkräftigen Mitarbeit im neuen Baiern aufgefordert. Das System der Bürokratie aber wird unverzüglich ausgetilgt.

Die Presse wird sozialisiert.

Zum Schutze der baierischen Räterepublik gegen reaktionäre Versuche von außen und innen wird sofort eine Rote Armee gebildet. Ein Revolutionsgericht wird jeden Anschlag auf die Räterepublik sofort ahnden.

Die baierische Räteregierung folgt dem Beispiel der russischen und ungarischen Völker, sie nimmt sofort die Verbindung mit diesen Völkern auf. Dagegen lehnt sie jede Verbindung mit der verächtlichen Regierung Ebert, Scheidemann, Noske, Erzberger ab, weil diese unter der Flagge einer sozialistischen Republik das imperialistisch-kapitalistisch-militaristische Geschäft des in Schmach versunkenen deutschen Kaisertums fortsetzt.

Sie ruft alle deutschen Brudervölker auf, den gleichen Weg zu gehen. Allen Proletariern, wo immer sie für Freiheit und Gerechtigkeit, wo immer sie für den revolutionären Sozialismus kämpfen, in Württemberg und im Ruhrgebiet, in der ganzen Welt, entbietet die baierische Republik ihre Grüße.

Im Zeichen der freudigen Hoffnung auf eine glückliche Zukunft für die ganze Menschheit wird hiermit der 7. April zum Nationalfeiertage bestimmt. Zum Zeichen des beginnenden Abschiedes vom fluchwürdigen Kapitalismus ruht am Montag, den 7. April 1919 in ganz Baiern die Arbeit, so weit sie nicht für das Leben des werktätigen Volkes notwendig ist, worüber gleichzeitig nähere Bestimmungen ergehen.

Es lebe das freie Baiern! Es lebe die Räterepublik! Es lebe die Weltrevolution!

München, den 6. April 1919. Der revolutionäre Zentralrat Baierns.

In Augsburg war die Räteherrschaft schon am Sonnabend erklärt worden, am Montag folgte Rosenheim, Starnberg, die nähere Umgebung Münchens. Die Sozialdemokratische Partei und die Regierung Hoffmann erhoben Widerspruch und konnten die in Nordbayern einsetzenden Versuche, die Räterepublik auszurufen (s. Bilderteil S. 217, Abbildung unten links) niederschlagen. Der Erlaß der Regierung Hoffmann lautete:

Die Regierung des Freistaates Bayern ist nicht zurückgetreten. Sie hat ihren Sitz von München verlegt. Die Regierung ist und bleibt die einzigste Inhaberin der höchsten Gewalt in Bayern und ist

allein berechtigt, rechtswirksame Anordnungen zu erlassen und Befehle zu erteilen. Weitere Publikationen werden folgen.
Nürnberg, den 7. April 1919.   Der Ministerpräsident Hoffmann.

Der Plan der Räterepublik ging dahin, ganz Bayern mitzureißen, dann Österreich zwischen zwei Feuer zu nehmen, da ja in Ungarn bereits das Rätesystem herrsche. Man hoffte auch, daß die Bewegung in Württemberg Erfolg haben würde. Der Plan scheiterte an der Zurückhaltung der nordbayerischen Bevölkerung und an dem raschen Niederwerfen des württembergischen Aufstandes.

München bildete Anfang April 1919 eine Insel, deren Grenze von Dachau über Schleißheim nach Rosenheim und ins Oberland ging; im Westen verlief sie zwischen den Seen nach Dachau zurück. Dieser Ort war für die Republik sehr wichtig, dort lagerten nicht nur die großen Munitionsvorräte, sondern auch das Papier, um Papiergeld drucken zu können. Finanzminister Maenner leistete sich den klassischen Ausspruch: „Wenn wir die Papierfabrik Dachau in den Händen haben, ist die finanzielle Lage für vier bis fünf Wochen gesichert."

In München selbst hatte sich eine Rote Armee gebildet, deren Oberkommandant Toller war. 24000 Gewehre waren verteilt worden, dazu kamen noch die Waffen in den Kasernen und Depots.

Das war die allgemeine Lage.

In den kommenden Schreckenstagen kam der Thule Gesellschaft erhöhte politische Bedeutung zu. Die letzte Weihe hatte am 21. März stattgefunden. Während der Rätezeit wurden die Versammlungen abgesetzt.

Um der Thule eine feste Form zu geben, damit sie auch nach außen hin auftreten könne, wurde beschlossen, die Thule als Verein registergerichtlich einzutragen, dazu waren Statuten notwendig; vom Führerprinzip mußte damit abgegangen werden. Das Registergericht trug nur Vereine ein, die ihren Vorstand durch Wahl bildeten.

Die finanziellen Ansprüche, die an Sebottendorff herangetreten waren, hatten seine Kraft erschöpft; er mußte die Mitglieder bitten, ab 1. März 1919 Beiträge zu zahlen. Kneil wurde Kassenwart. Auch die tagenden Vereine mußten jetzt Saalmiete zahlen.

Die Thule Gesellschaft wurde während dieser Zeit von zwei Ereignissen berührt. Das erste war der Besuch des Polizeipräsidenten Pallabene, der kam, um Haussuchung nach antisemitischen Flugblättern zu halten. Der Besuch wurde Sebottendorff durch Baron Wittgenberg mitgeteilt. Wittgenberg hatte Pallabene als österreichischen Offizier gekannt, er hatte ihn in Schwabing getroffen und dabei war die Rede auf die Thule Gesellschaft gekommen. Bestätigt wurde der Besuch durch das Mitglied der Republikanischen Schutztruppe Ritzler, der zugleich Mitglied der Thule Gesellschaft war; er konnte auch die genaue Zeit angeben: die Haussuchung sollte gegen 10 Uhr morgens stattfinden. Um den Angriff abzuwehren, bat Sebottendorff Frau Riemann-Bucherer für den Morgen Gesangsstunde anzusetzen und alle Schwestern der Thule Gesellschaft zu bestellen. Als dann der Polizeipräsident gemeldet wurde, klang ihm das Einführungslied: „Beglückt darf nun dich, o Heimat, ich schauen", entgegen. Gräfin Westarp, die zweite Sekretärin, meldete den Herrn, der sofort fragte: „Was ist das für ein Verein?"

„O, das ist ein Verein zur Höherzüchtung der germanischen Rasse!"
„Wa=a=s?"
„Ein Verein zur Höherzüchtung der germanischen Rasse, Herr Polizeipräsident."

„Ja, was treiben Sie eigentlich?"

„Sie hören es, wir singen."

„Sie treiben antisemitische Propaganda, ich weiß es wohl, Herr! Sie machen sich über mich lustig, ich lasse Sie und ihren ganzen Anhang verhaften! Ich bin gekommen, Haussuchung zu halten!"

„Bitte", sagte Sebottendorff, „ich kann Sie nicht hindern, aber eine Erklärung zuvor, Herr Polizeipräsident. Meine Macht reicht etwas weiter als Sie denken. Sehen Sie, ich bin nun sechs Monate und mehr Führer der Thule Gesellschaft und denke es auch noch lange zu bleiben. Sie, Herr Polizeipräsident, sind seit zwei Tagen im Amt und können vielleicht noch zwei oder drei Tage bleiben, dann kommt ein anderer an die Futterkrippe. Wenn Sie, Herr Polizeipräsident, hier mich oder einen meiner Leute oder auch alle verhaften, dann nehmen meine Leute, wo immer sie einen finden, einen Juden hoch, schleifen ihn durch die Straßen und behaupten, er habe eine Hostie gestohlen. Dann, Herr Polizeipräsident, haben Sie einen Pogrom, der auch Sie hinwegfegen wird."

„Das ist ja irrsinnig, das ist Wahnsinn."

„Vielleicht, aber mein Wahnsinn hat Methode."

„Sie werden doch nicht — Sie versuchen mich irre zu führen."

„Das liegt mir fern, aber es braucht ja nicht so weit zu kommen." Sehen Sie, im Grunde streben wir doch einem gemeinsamen Ziele zu, nur unsere Wege sind verschieden. Warum sollen wir uns nicht tolerieren?"

„Ja, wir könnten zusammen gehen."

„Nein, das ist unmöglich, Sie wollen das Ziel durch den Internationalismus erreichen, ich durch die nationale, durch die völkische Bewegung. Wollen wir doch abwarten, wer zuerst das Ziel erreicht."

„Ganz recht, Herr Baron, wenn etwas gegen Sie vorliegen sollte, dann werde ich Sie benachrichtigen."

„Sehr dankbar werde ich sein. Wenn etwas gegen Sie vorliegt, Herr Polizeipräsident, werde ich Ihnen Nachricht geben."

Damit ging er und mit ihm seine Beamten, unter denen zwei Mitglieder des Kampfbundes der Thule waren.

Das zweite Ereignis wäre beinahe ernster abgelaufen, doch auch hier half ein glücklicher Umstand. Bei der Verteilung der „Roten Hand" war ein Thulemann abgefaßt worden, er flüchtete und wurde verfolgt. Als er in die Marstallstraße kam, zog die ganze Rotte ihm nach, die Räume der Thule Gesellschaft waren im Nu überschwemmt. Glücklicherweise waren gerade einige Leute des Kampfbundes da, die aus den Kommunistischen Sektionen gekommen waren, um Bericht zu erstatten. Diese traten mit ihren roten Armbinden sofort in Aktion und drängten die andern zurück. Seit diesem Tage standen stets zwei Mitglieder des Kampfbundes als Kommunisten Wache.

Die „Rote Hand" war ein satyrisches Witzblatt, das einmal erschien und eine riesige Verbreitung gefunden hatte.

Im März 1919 nahm Sebottendorff den kriegsverletzten Hanns Georg Müller in die Schriftleitung des „Münchener Beobachters" auf. Am 5. Mai 1919 gab Sebottendorff Hans Georg Grassinger den Auftrag, den Beobachter in verbesserter Aufmachung und in größerem Format in Druck zu nehmen. Grassinger kam von der Oppositionspartei im Landtag gegen Eisner durch Witzgall zur Thule. Ab 17. Mai 1919, mit Nr. 16, zeichnete Hanns Georg Müller den Beobachter allein verantwortlich; den Sportteil versah Valentin Büchold, Erster Chargierter der akademischen Verbindung Hansea und Thulemitglied. Am 24. Mai 1919 mit Nr. 17 erschien der Beobachter in neuer Aufmachung bei einer Auflage von 10000 Exemplaren (f. Bilderteil S. 207, Abbildung unten); mit Nr. 22 vom 28. Juni 1919 erschien die Zeitung einmal, ab Nr. 23 vom 2. Juli 1919 zweimal wöchentlich und achtseitig. Am 9. August 1919 mit Nr. 34 erschien der „Münchener Beobachter" erstmals auch mit dem Titel „Völkischer Beobachter" (f. Bilderteil S. 208).

Von den Artikeln des Beobachters in jener Zeit seien die folgenden wiedergegeben:

Israel in Deutschland voran!

Durch die „deutsche" Revolution gelangten folgende Juden in führende Stellungen:

Arndt, Pressechef im preußischen Kriegsministerium.
Ed. Bernstein, Reichsschatzamt.
Dr. Oskar Cohn, Reichsjustizamt.
Eisner, Ministerpräsident in Bayern.
Fulda, Minister des Innern in Hessen.
Futran, Ministerialdirektor im preußischen Kultusministerium.
Dr. Max Grünwald, Pressechef im Reichswirtschaftsamt.
Dr. Haas, Minister des Innern in Baden.
Haase, Auswärtiges und Kolonien im Reiche.
Prof. Dr. Jaffee, Finanzminister.
Dr. Herz, Vorsitzender der Justizkommission.
Heimann, Vorsitzender des Volksrates in Berlin.
Heymann, Kultusminister in Württemberg.
Hirsch, preußischer Ministerpräsident.
Dr. Löwe, Reichsamt für Demobilisation.
Dr. Laufenberg, Vorsitzender des Arbeiterrates Hamburg.
Dr. Landsberg, Vorsitzender des Rates der Volksbeauftragten.
Dr. Hugo Preuß, Staatssekretär des Innern.
Rosenfeld, Staatsrat in Berlin.
Dr. Kurt Rosenfeld, preußischer Justizminister.
Schlesinger, Beauftragter im Kriegsministerium.

Simon, Direktor des auswärtigen Amtes.
Simon, preußischer Handelsminister.
Sinzheimer, Polizeipräsident in Frankfurt am Main.
Stadthagen, Vertreter für Lippe.
Thalheimer, Finanzminister in Württemberg.
Weyl, Minister in Hessen.
Wurm, Ernährungsminister.

Eine faine, daitsche Sammlung.

Die damalige Zeit beleuchten noch folgende kurze Notizen aus dem „Münchener Beobachter":

Erziehung zum Bolschewisten.

Bei den hiesigen Kommandanturen melden sich viele junge Leute, die zum Grenzschutz möchten. Unsere weise Regierung will nun nicht, daß diese Freiwilligen etwas tun, sie werden den hiesigen Regimentern überwiesen, wo sie auf Staatskosten ernährt werden, sie brauchen nichts zu tun und werden so totsicher dem Bolschewismus ausgeliefert. Auf solche Weise erzieht sich die Regierung ihre Truppen.

Dr. Levien ist einer der Führer der Kommunisten. Im Puchheimer Gefangenenlager hat er den Russen eingeredet, er würde in kurzer Zeit Präsident von Bayern sein, bald ginge der Tanz in Bayern wieder los, dann würden sie genug Land bekommen und hier bleiben können. Die Bolschewiken seien im Anzuge, man müsse ihnen von hier aus helfen. Dr. Levien, der stark syphilitisch belastet ist, ließ sich dann im Kreise der Gefangenen photographieren.

Sozialisierungsausschuß.

Professor Jaffee, der bisherige Finanzminister, ist der Vorsitzende dieser Körperschaft geworden. Wenn er in dem Geiste weiterarbeitet, in dem er unsere Finanzen in den Dreck fuhr, dann kann was Schönes dabei heraus kommen.

Wäre es nicht besser, wenn Herr Jaffee recht schnell nach Jerusalem ginge und dort einen Posten zu ergattern versuche? Herrlich wäre es, wenn er seinen Freund Bonn gleich mitnehmen würde, an der Handelshochschule ist seine Tätigkeit doch gleich Null.

Wie verbreitet der Beobachter und wie gut die Propaganda war, zeigt der folgende Vorfall, der weite Kreise ziehen sollte:

Eines Tages wurde der Beobachter angerufen; es meldete sich ein bekannter Hotelier aus Füssen und teilte mit, daß Frau Eisner mit Herrn Landauer vor einigen Tagen in einem ehemaligen Hofauto in Füssen angekommen sei, daß sie die Absicht gehabt habe, das Schloß Hohenschwangau zu bewohnen. Da Frau Eisner sich einen Schnupfen zugezogen habe, sei der Arzt geholt worden und dieser habe abgeraten, Füssen als ständigen Wohnsitz zu wählen, da das Klima nicht geeignet sei, Nürnberg, resp. das Flachland sei geeigneter.

Am nächsten Morgen habe das Zimmermädchen Landauer und Frau Eisner in einer eindeutigen Lage im Bett gefunden.

Der Jude Eisner hatte seine erste Frau in bitterer Not in Nürnberg zurückgelassen. Die zweite Frau, die eine erhebliche Pension bezog, war seine Sekretärin gewesen, sie hatte sich eifrig mit der Politik beschäftigt und sich auch verschiedentlich in politische Angelegenheiten gemischt. Sebottendorff brachte unter dem Titel: „Revolution!" im Beobachter den Bericht.

Am Tage nach dem Erscheinen des „Beobachters", einem Montag, ging Sebottendorff über den Karlsplatz in München und hörte ausrufen: „Ein Alldeutscher verleumdet Frau Eisner! Sebottendorff schmäht den toten Ministerpräsidenten!"

Er trat an den Ausrufer heran, der die Zeitung „Der Republikaner" ausbot und fragte:

„Da geh her, was hast denn da?"

„Ja mei, dös mußt halt lesen."

Er kaufte sich eine Nummer und schlug sie auf. Die zweite Seite enthielt unter der Schlagzeile: „Die Witwe Kurt Eisners von einem

Alldeutschen niederträchtig verleumdet" eine Entgegnung Leibs, des Inhabers des Blattes „Der Republikaner", sie lautete:

Noch hat die Zeit den furchtbaren Eindruck nicht verwischt, den die feige Ermordung des unvergeßlichen Freundes und Förderers eines glücklichen Weltfriedens in allen Ländern der Welt hervorgerufen hat, noch ist die Trauer um den todesmutigen Begründer der bayerischen Republik eine tiefgehende und schon wagt es ein alldeutscher Fanatiker, die Ehre der schwer heimgesuchten Witwe des großen Toten in der gemeinsten Weise zu besudeln.

Ein gewisser Rudolf Sebottendorff, der sich noch stolz vor kurzer Zeit Rudolf von Sebottendorff nennen konnte, erhebt in einem Münchener Blatte, als dessen Schriftleiter er zeichnet, gegen Frau Eisner die niedrigsten Vorwürfe mit der unverkennbaren Absicht, der Angegriffenen sittliche und moralische Verfehlungen nachzureden.

Es wird Frau Eisner mit einem bekannten linkssozialistischen Führer, der Name wird genannt, in der ehrenrührigsten Form in Verbindung gebracht und obendrein behauptet, daß sie mit letzterem in einem ehemaligen Hofauto eine Vergnügungsfahrt nach Füssen unternommen habe.

Und wie verhält es sich in Wirklichkeit?

Nach den von mir eingezogenen Erkundigungen ist Frau Eisner auf ihrer Heimreise nach München nicht unbedenklich erkrankt. Sie lag mehrere Tage in einem Füssener Hotel, da der behandelnde Arzt eine Weiterreise per Bahn für gefährlich hielt. In dieser hilflosen Lage wandte sich Frau Eisner an einen Freund ihres verstorbenen Gemahls, der dann das Verbrechen beging, ihr in diesem gewiß nicht beneidenswerten Zustande dadurch behilflich zu sein, daß er sie in einem Mietsauto in ihr Münchener Heim brachte.

So sah die Vergnügungsfahrt der Frau Eisner aus!

Das, was eine einfache ernste Menschenpflicht ist, wird flink mit echt alldeutscher Wahrheitsliebe in eine Gemeinheit umgefälscht.

Dieser Fall ist recht bezeichnend für das Schnüfflertum einer gegenrevolutionären Gesellschaft, eines Gesindels, das noch immer nicht die Hoffnung aufgibt, daß eines Tages ihr Weizen wieder blühen werde. Die verleumderische Notiz des Sebottendorff (datiert vom 9. Lenzing 1919) trägt nämlich die Überschrift: ‚Revolution' und behauptet, daß Frau Eisner stark in der äußeren Politik mitsprach. Letztere Behauptung ist genau so erfunden, wie die märchenhafte Vergnügungsfahrt. Der traurige alldeutsche Held wollte also zweifelsfrei mit bewußter Unwahrheit die Revolution treffen, er schreckte dabei nicht zurück, den makellosen Ruf einer, durch die fluch=

Dr. Georg Gaubatz vom Germanen-Orden

würdige Tat eines feigen Meuchelmörders ohnehin schwer heimgesuchten Frau in den Kot zu ziehen und dann noch einen politischen Gegner, der sich der Witwe seines Freundes in ritterlicher Weise annahm, in bübischer Weise zu verdächtigen. Frau Eisner ist fest entschlossen, den feigen Besudler ihrer Ehre vor die Schranken des Gerichts zu fordern, aber man kann sich eines bangen Gefühls nicht erwehren, daß die reaktionären Elemente allen Grund zu haben scheinen, sich in der Republik Bayern sicherer als je zu fühlen, so sicher, daß sie glauben, sich alles erlauben zu können. Wie lange wird es noch dauern und eine gewisse Tagespresse darf wieder ungestört die Schleusen ihres Unrates öffnen und alles mit Kot bespritzen, was nur irgend mit der Revolution in Zusammenhang gebracht werden kann."

„Ja, was ist denn dös, dös is ja eine große Gemeinheit, mei Lieber, der Artikel da, was wird dem Sebottendorff denn geschehen?"

„Den wern mer heut Abend scho holn."

„So, da möcht ich a dabei sein, wo wohnt denn der Bazi?"

„Da am Siegestor soll er wohnen."

„Jessas, dös gehört zu meiner Sektion, da gib mir noch 10 von den Republikanern, ich will sie mitnehmen, damit sie jeder lesen kann."

„Is scho recht, heit Abend um sechse holn mern, es steht no was von eam im Blattl drin."

Wirklich enthielt der „Republikaner" noch einen zweiten Artikel, der sich mit Sebottendorff beschäftigte, er lautete:

Der Alldeutsche, der Rußki und der Republikaner.

Der russische Bolschewismus hat in München seinen Einzug gehalten. Sogar das Münchener Kindl erschauerte ob dieser Kunde in einer eiszapfenkalten Gänsehaut, denn ganz in der Nähe des Weisheitskarussels unserer Stadtväter, am Marienplatz, feierte das gefährliche Ungetüm seine Orgien. Schuld ist daran selbstverständlich der ‚Republikaner'. Das einzigste alldeutsche Organ Münchens, das von einem Ingenieur Rudolf Sebottendorff geleitet wird, hat das Unerhörte entdeckt und durch folgende Notiz unser liebes München vor dem totsicheren Untergange bewahrt:

„Russischer Bolschewismus und deutscher Republikaner. Der unrühmlich bekannte ‚Republikaner', über dessen Kampfesart wir nicht urteilen wollen, wird seit einigen Tagen auf einem hiesigen größeren Platze von einem Rußki verkauft. Schöne Seelen finden sich."

Daß der Republikaner trotz seines erst viermonatlichen Bestehens nicht nur in München, sondern auch in Bayern und jenseits der weiß-blauen Grenzpfähle bekannt ist, ist wahr. Daß er aber von einem alldeutschen Spinnblatte als unrühmlich bekannt bezeichnet wird, gereicht ihm nur zur Ehre. Was den Rußki betrifft, so handelt es sich um einen Kriegsgefangenen, den der Hunger aus einem bayerischen Gefangenenlager getrieben hatte und der sich, wie zuvor wochenlang mit andern Zeitungen, nunmehr mit dem Verkauf des ‚Republikaner' ehrlich sein Brot verdienen will. Daß ich ihm hierzu Gelegenheit gab, ist menschlich, aber gewiß nicht undeutsch.

Wenn Sebottendorff ein echtes Menschtum darin erblickt, daß ein wehrloser Kriegsgefangener bei der Polizei als Bolschewiki denunziert wird und daß man diesen Kriegsgefangenen um sein bißchen Brot bringt, weil er durch die Schuld des verbrecherischen Militarismus seiner Heimat fern bleiben muß, dann ist es bedauerlich, daß nicht dieser einzigste Deutsche, namens Sebottendorff, auf dem Felde der ‚Ehre' fiel, ja, dann ist es im höchsten Maße bedauerlich, daß für ein solches Deutschtum Millionen von Männer ihr Leben lassen mußten. Nicht derjenige schändet das Deutschtum, der im Ausländer den Menschen sieht, das tut vielmehr der halb und halb verrückte furor teutonicus, der seine nationale Unduldsamkeit über die Menschlichkeit stellt. Von dieser Seite können in einem alldeutschen Gehirne Eiterungen entstehen, so daß man in einem harmlosen Kriegsgefangenen einen gefährlichen Bolschewiken sieht. Einen Milderungsgrund aber will ich dem Schriftleiter des rühmlichst unbekannten Blattes gern zugestehen, gehört er doch zu den tief unglücklichen Erdenpilgern, denen erst vor wenigen Tagen das stolze Wörtchen ‚von' gezwackt wurde. Sebottendorff hat zweifelsohne mit dem Wörtchen ‚von' auch den Verstand verloren. Leib.

Die Sache sah doch ernster aus; die beiden Artikel waren wohl berechnet, die Leute aufzupeitschen. Ohne Grund macht man aus einer kleinen Notiz, die wahrlich keine polizeiliche Denunziation bedeuten konnte, keinen Artikel und stellt einen „Junker" an den Pranger.

„Also um 6 heut Abend wollt Ihr den Bazi holen?"

„Ja, heut Abend um 6 Uhr."

In der Pension Doering am Siegestor angekommen, erbat sich Sebottendorff von dem Inhaber Hornstein den Schlüssel zur Hintertür des Hauses, durch die man in den Hof des Serenissimus gelangen konnte.

„Heut Abend bekomme ich Besuch, Herr Hornstein, die Spartakusleute wollen mich holen. Erschrecken Sie nicht, wenn Sie mich bei der Haussuchung dabei sehen."

„Machen Sie doch keine Dummheiten, Herr Baron."

„Nein, nein, ich mach schon keine."

Pünktlich um 6 Uhr erschien auf zwei Lastautos republikanische Schutzwehr, begleitet von einigen Leuten der Sektion Schwabing. Ihnen schloß sich Sebottendorff an. Man beschlagnahmte einige Blätter Runenmanuskripte, ein paar belanglose Briefe und, da man gerade im Hause war, wurden die anstoßenden Zimmer mit untersucht. Eines dieser Zimmer wurde von der Baronin Mikusch bewohnt, deren Sohn während des Krieges in Haidar Pascha Bahnhofskommandant war. Das Bild des Baron Mikusch in türkischer Uniform stand auf dem Schreibtisch der Mutter; es war Sebottendorff bekannt, daß sich der Hauptmann Mikusch in der Tschechoslowakei befand. Als die Soldaten das Bild sahen, rief einer:

„Das ist der Sebottendorff."

„Ganz recht, er ist ein Türke", meinte ein anderer. Ein dritter, der hinzu drängte, fiel ein: „Und a Monakle tragt er a, der Bazi."

„Wißt Ihr, dös Bild muß konfisziert werden und a jeder muß es in der Taschen haben, damit wir den Bazi endlich erwischen", hetzte Sebottendorff.

„Recht hast, dös Bild wird konfisziert", entschied der Anführer.

In den nächsten Tagen wurden die Kopien der Photographie in den Sektionen verteilt, damit jeder den Sebottendorff sofort erkenne und festhalte.

Frau Eisner hat nie eine Beleidigungsklage erhoben. Landauer wurde bei der Einnahme Münchens festgenommen und, als er auf dem Wege zur Polizei einen Fluchtversuch machte, erschossen.

Nummer 13 des Beobachters vom 5. April 1919 sollte die letzte sein, welche bis zur Befreiung Münchens von der Räteherrschaft erschien (s. Bilderteil S. 207, Abbildung mitte). Nummer 14 vom 12. April 1919 konnte nicht mehr ausgegeben werden, da an diesem Tage ein Verbot des Beobachters erfolgte. Infolge dieses Verbotes gab Büchold am nächsten Samstage den Beobachter nur als Sportblatt heraus. Das Sportblatt war für die Rennen in Daglfing bestimmt. Durch die Herausgabe dieses Blattes wurde der Hofrat Schülein auf den Hanseaten Valentin Büchold aufmerksam und brachte es durch Beeinflussung von Bücholds Vater fertig, daß dieser nicht weiter studieren konnte.

*

Der Deutsch-völkische Schutz- und Trutzbund wurde in Deutschland durch folgendes Inserat bekannt gemacht:

Nehmt Juden in Schutzhaft, dann herrscht Ruhe im Lande!
Juden hetzen zum Spartakismus.
Juden wiegeln das Volk auf.
Juden drängeln sich überall an die Spitze.
Juden verhindern, daß sich die Deutschen verständigen.
Darum fort mit den jüdischen Machern und Unruhestiftern.

Deutschland den Deutschen, das sei die Losung. Männer und Frauen deutschen Blutes schließt Euch zusammen im Deutschen Schutz- und Trutzbund.

Über die erste öffentliche Versammlung des Schutz- und Trutzbundes berichtet der „Völkische Beobachter" in Nr. 68 vom 6. Dezember 1919:

Aus der Bewegung.

Vortrag Gottfried Feder. Am Montag, dem 1. Dezember 1919, veranstaltete der Deutschvölkische Schutz- und Trutzbund die erste öffentliche Versammlung. Im vollbesetzten Konzertsaale des Wagnerhotels, München, sprach Herr Diplom-Ingenieur Gottfried Feder über das Thema: „Der Mammonismus, die Weltkrankheit und seine Bekämpfung durch Brechung der Zinsknechtschaft". Mit einwandfreien, zahlenmäßigen Berichten legte der Redner die furchtbare Verschuldung des deutschen Volkes dar, die den Anstoß zum sittlichen und sozialen Verfall unseres Gemeinschaftslebens gegeben hat. Eingehend zergliederte er den Stand des deutschen Volksvermögens, doch nicht allein nach seinem wirtschaftlich-kapitalistischen, sondern auch nach seinem völkischen Wert. Nicht bloß in willkürlich angenommenen Ziffern, in der Arbeitskraft, im Arbeitswillen, in den Arbeitsmöglichkeiten findet das Nationalvermögen seinen Ausdruck. Es ist verfehlt, dem Gelde einen inneren Wert beizumessen. Geld ist keine Ware, sondern Anweisung auf geleistete Arbeit. Redner setzte sich mit der Freigeldbewegung auseinander, worüber wir noch eingehend berichten werden. Mit der Einschätzung des Geldes als Selbstwert beginnt das Verhängnis für die schaffende und schöpferische Menschheit. Der Leihzinsgedanke ist die Quelle des Mammonismus, der goldenen Internationale; er schafft den mühelosen und endlosen Güterzufluß und überspannt den an sich gesunden Erwerbstrieb ins Maßlose und verrichtet furchtbare Zerstörungsarbeit. Die nackte Gier nach Zins — nicht nach Geld — ist das dämonische Streben nach der restlosen Ausbeutung der Arbeitskraft der Völker. Die politische Auswirkung führte zum Weltkrieg. Die ganze Welt wurde in ein Blutbad gesetzt, um das Werk, dem Deutschland im Wege stand, zu vollenden. Nun verbreitete sich Redner über das Zinsproblem. Die Darlehensfrage von Mensch zu Mensch wird durch das Zinsproblem nicht berührt. Auch mit Sparen hat der Leihzins nichts zu tun. Entscheidend ist die Tatsache, daß dem deutschen Volke Jahr um Jahr 15000 Millionen, zumeist in Gestalt von Steuern, abgepreßt wurden, damit der Staat dem Großleihkapital die Zinsen bezahlen kann. Die wertschaffende Arbeit muß erst wiederum die Werte aufbringen, alle Erzeugnisse müssen um soviel im Preise gesteigert werden — dafür sorgen die indirekten Steuern — als die Deckung jener Abgaben beträgt, und so muß das gesamte Volk die ungeheuerliche Zinsenlast tragen. Wohl wird dem verblendeten Volk ein Bruchteil hingeworfen, der indes durch indirekte Steuern spurlos wieder hinweggenommen wird. Scharf und klar umriß der Redner die Begriffe Leih= und Industrie=kapital, stellte die wahrheitsgetreuen verblüffenden Größenordnungen auf und zog daraus die Folgerungen. Es hieße der Wucht dieser furchtbaren Tatsachen Abbruch tun, wollte man in diesem engen Rah=men den jeden kleinlichen Widerspruch auslöschenden Ausführungen Gottfried Feders Rechnung tragen. Ein minutenlanger Beifalls=sturm belohnte den Redner, der mit der Kraft wahrhaftiger Über=zeugung und unerbittlicher Klarheit den erlösenden Ausblick schuf, nach dem unser Volk heute lechzt. — Die Versammlung verlief ohne Zwischenfall und darf als ein Erfolg der Völkischen Bewegung ge=bucht werden.

VIII.
Der Kampfbund der Thule und die Gegenrevolution von 1919

Wie schon erwähnt, reichen die Ansätze zum Kampfbunde bis zum Beginn der Revolution von 1918 zurück, in Erscheinung trat er aber erst mit dem Tode Eisners.

Bis zu diesem Zeitpunkte hatte die Hoffnung bestanden, von innen heraus die Regierung auszuhöhlen, die rechtsstehenden Parteien zu einer starken völkischen Einheit zusammen zu bringen und die Frontsoldaten in einer völkischen Partei zusammen zu schweißen. Der Aufruf zur Gründung einer solchen Partei war beschlossen worden und war ergangen. Auch in der sozialdemokratischen Partei, besonders in der bayerischen, hatten sich viele Anzeichen der beginnenden Erkenntnis gezeigt, daß die Fremdlinge, wie man die Juden bezeichnete, die Fremdstämmigen an dem ganzen „Saustall" die Schuld hätten. Die angeführte, vom III. Armeekorps über München abgeworfene Aufforderung zeigt ja deutlich genug, wie man unter den Frontsoldaten über die Sache dachte.

Eisners Tod und die nachfolgenden Ereignisse hatten aber klar gemacht, daß es zu einem Kampfe kommen mußte. Die Organisation des Bundes war in wenigen Stunden vollendet, jedes Glied fügte sich reibungslos an die Stelle, die ihm angewiesen wurde.

Es waren zuerst zwei Abteilungen, die unabhängig von einander waren und die sich auch gegenseitig nicht kannten.

Die erste Abteilung unter dem Oberleutnant Heinz Kurz befaßte sich mit der Werbung für die Freikorps, namentlich für das Freikorps Epp. Um sich bei den Linkssozialisten einzuschmeicheln, hatte die Regierung eine Verfügung erlassen, die das Anwerben verbot. Man fürchtete, daß eines Tages Epp in Bayern einmarschieren würde, wenn sich bei dem Korps die Landeskinder sammelten.

Die Bekanntmachung lautete:

Zur Erhaltung der öffentlichen Sicherheit werden die Einrichtung von Werbestellen für freiwillige Verbände, Werbeofferten in den Tageszeitungen und Werbeplakate hiemit innerhalb Bayerns verboten. Zuwiderhandlungen werden, wenn nicht durch die Gesetze eine schwerere Strafe vorgesehen ist, mit Gefängnis bis zu einem Jahre, bei Vorliegen mildernder Umstände mit Haft oder Geldstrafe bis 1500 Mark bestraft. Vorstehende Verordnung tritt mit der Veröffentlichung im Bayerischen Staatsanzeiger in Kraft.

gez. Simon   gez. Schneppenhorst
Landes=Soldatenrat   Minister für militär. Angelegenheiten

Bis zu dem Zeitpunkt, an dem die Regierung Hoffmann nach Bamberg übersiedelte, war es nicht schwer, die Leute als Reisende über die Grenze zu bringen; erst als die scharfe Grenzkontrolle bei Bamberg einsetzte, wurden die Leute zurückgesandt. Diese sammelten sich in München an und besuchten die Thuleräume. Es schien gefährlich, eine solche Menge beisammen zu haben, sie erregten Aufmerksamkeit, und sie wollten etwas zu tun haben; Sebottendorff beschloß, sie nach auswärts zu bringen, nicht zu weit von München, damit man sie sofort zur Hand habe, und doch nicht so nahe, daß die Roten aufmerksam würden.

Oberleutnant Kurz hatte eine Verbindung mit den Echinger Bauern und so kam mit diesen eine Vereinbarung zustande, daß die Leute sich dort sammeln konnten und den Schutz der Gegend gegen Plünderung der Roten übernahmen. Das Kommando hatte Hauptmann Römer.

Die zweite Abteilung, den Nachrichtendienst, hatte Leutnant Edgar Kraus in Händen. Kraus ist der Sohn des Ersten Staatsanwaltes in Augsburg, der sich später im bayerischen Femeprozeß einen Namen machte. Kraus hatte als siebzehnjähriger Fähnrich von Beginn des Weltkrieges an bis zum bittern Ende mitgekämpft, er hatte sich bei seinen Leuten sehr beliebt gemacht und nun zeigte es sich, daß diese zu ihm hielten. Der Führer der ersten Schwadron der Schweren Reiter war zu gleicher Zeit Kommandeur der roten Kavallerie. Egetemayer stellte mit seinen Leuten die Verbindung mit den Truppen der Regierung her, er brachte seine Erkundigungen zuerst nach dem Kampfbunde, dort wurden sie bearbeitet und weitergegeben.

Aber durch diese Verbindung wurde auch eine direkte Einwirkung auf die Soldaten und militärischen Verbände in München ermöglicht.

In jeder kommunistischen Sektion saßen Leute des Kampfbundes, meist als Schreiber und Schriftführer, die jeden Abend die Nachrichten nach der Marstallstraße brachten. Alle so eingegangenen Berichte wurden zusammengestellt und mit dem letzten Zuge nach Augsburg und von da aus nach Bamberg befördert. Wichtiges wurde von Augsburg aus telephonisch übermittelt.

Die Regierung Hoffmann war durch einen bekannten Augsburger Rechtsanwalt an Sebottendorff herangetreten und hatte angefragt, ob er für die Regierung tätig sein wolle. Um die nötigen Verabredungen zu treffen, war Sebottendorff nach Augsburg gefahren und im

„Goldenen Lamm", einem kleinen Gasthofe, in dem er nicht auffiel, abgestiegen. Dort wurde vereinbart, daß die Publikationen der Regierung durch Sebottendorff vervielfältigt werden sollten; er erhielt den Auftrag, die Gegenrevolution mit allen Mitteln zu organisieren, damit die Regierung Hoffmann in Kürze auch in München wieder die Macht habe. Mit diesem Auftrag waren alle Handlungen des Kampfbundes als legal gedeckt. Wie damals bei der Waffensache, so warnte auch in Augsburg ein merkwürdiger Umstand. Es mußte über die Verhandlungen etwas durchgesickert sein. Die Matrosen hatten am frühen Morgen beschlossen, Sebottendorff im Goldenen Lamm auszuheben; er war aber mit dem ersten Zuge nach München gefahren und war gerade im Büro der Thule Gesellschaft angekommen, als ihn ein Telephonruf aus Augsburg erreichte, der ihm den Vorfall mitteilte.

War so die Handlungsfreiheit des Kampfbundes gesichert, so fehlten nun andererseits die Mittel; jetzt trat Baron Malsen und Werner von Heimburg auf, die von Münchener Bürgern die Summen erhielten, die notwendig waren, um die verschiedenen Aktionen durchzuführen. Die Kassensachen, bei denen aus begreiflichen Gründen keine Quittungen gegeben und verlangt wurden, führte bis zur Abreise Sebottendorffs Johann Ott.

Die Leute in Eching wurden bewaffnet, indem man den Rotgardisten Waffen abkaufte. Bezahlt wurden durchschnittlich für ein Gewehr mit Munition 60 bis 80 Mark, für eine Mauserpistole mit Munition 10 Mark, Eierhandgranaten wurden mit 1 Mark, Stielhandgranaten mit 3 Mark bezahlt. Die Waffen wurden durch die beiden Studenten Witzgall und Stecher nach Eching gebracht. Die beiden sind mehr als einmal dabei abgefaßt worden, doch ist es ihnen immer gelungen sich herauszureden.

Durch den Nachrichtendienst Kraus erfuhr der Kampfbund alles, was von den Räten geplant wurde und so ist es gelungen, mehr als einmal große Aktionen der Roten Armee zu verhindern. Dreimal wurde der gesamte Automobilpark durch Vertauschen der Magnete lahmgelegt, die Tanks der Schleißheimer Flugzeuge wurden durch Anschlagen unbrauchbar gemacht. Gemeinden, in denen man requirieren wollte, konnten gewarnt werden.

Bei aller Begeisterung war die Lage immerhin kritisch genug; namentlich die Leute, die in den kommunistischen Sektionen saßen, waren in Gefahr infiziert zu werden; es bedurfte oft der ganzen Überzeugungskraft Sebottendorffs, um Wankende wieder zurückzuführen.

Da die Münchener Regierung die Abreise aller Männer über 16 und unter 60 Jahren zu verhindern versuchte, wurden Freifahrtscheine der Eisenbahn mit Erlaubnis des Verkehrsministers nachgedruckt und die Kuriere reisten als Münchener Eisenbahnbeamte. Die Stempel, die gefunden wurden, als man die Thule Gesellschaft aushob, dienten diesen Zwecken.

Man hat der Thule Gesellschaft vorgeworfen, daß sie Stempel gefälscht habe. Das war gar nicht notwendig; die Fälschungen, wenn es welche waren, wurden bei den Sektionen selber ausgeführt, die Stempel wurden gekauft. Ebenso liederlich wie mit den Stempeln ging man in den Kommunistenklubs mit den Mitgliedskarten und Urlaubsscheinen um, es war alles käuflich. Jedes Mitglied des Kampfbundes hatte eine, natürlich auf einen anderen Namen lautende, echte Mitgliedskarte des Spartakusbundes. Wechselte die Leitung der Kommunistengruppen sehr schnell, so wurden Faksimile angekauft, um die eigenen Leute zu schützen.

In München selber bildeten sich andere kleinere Formationen. So organisierte Hauptmann Mayer die Bürgerwehr neu; der Verein der Unteroffiziere, die entlassenen Polizisten bildeten eigene Verbände, in denen die Leute des Kampfbundes die Führung hatten. Die Organisation war damit so stark geworden, daß man einen Schlag wagen konnte. Der Vorsitzende des Soldatenrates und Kommandeur der Stadt war Seiffertitz, hinter dem die Garnison mit Ausnahme des Leibregimentes und einiger kleinerer Abteilungen, die stark kommunistisch waren, standen. Seiffertitz wollte eine Militärdiktatur ausrufen und es war ihm von der Regierung Hoffmann die Vollmacht versprochen worden. Zwei Vertreter der Regierung sollten am Samstag vor dem Palmarumtage an Seiffertitz die Vollmachten überbringen, die dann der Versammlung der Soldatenräte vorgelegt werden sollten. Zur Einleitung des Schlages wurde von der Regierung durch Flieger ein Plakat abgeworfen, das durch Sebottendorff nachgedruckt und verbreitet wurde. Es lautete:

Münchener!
Im ganzen Lande lodert die Empörung auf über die Tyrannis in München. Fremdstämmige und Phantasten herrschen bei Euch. Ihr seid verwirrt und entmutigt. Besinnt Euch, ermannt Euch!
Das ganze Land steht auf. Das gesamte Nordbayern steht fest hinter der Regierung Hoffmann=Segitz. Von Stunde zu Stunde bessert sich die Lage. In Würzburg ist ein Kommunistenputsch am Mittwoch glatt niedergeschlagen worden, die Geiseln sind befreit, die spartakistischen Rädelsführer, darunter Sauber und Hagemeister aus München, mit ihrem ganzen Anhange verhaftet.
Mit Ausnahme weniger Irregeleiteter wirft sich die Arbeiterschaft begeistert in den Kampf gegen den Bolschewismus. Die Bauernschaft ganzer Gaue erhebt sich zum Schutze der sozialistischen Regierung. Die Soldaten säubern rücksichtslos die Nester der Anarchie.
Auch in Südbayern wird es lebendig. Die schwäbischen und alt=

bayerischen Bauern machen mobil gegen den Münchener Saustall. Die Behauptung, das Freikorps Epp sei im Anzuge, um in Bamberg die Regierung zu stürzen, ist ein großer Schwindel. Bayern braucht keine auswärtige Hilfe.

Wie lange wollt Ihr, Münchener, noch zusehen? Steht auf! Nieder mit der Tyrannis! Hoch der Freistaat Bayern!

Hoch die Regierung Hoffmann=Segitz!
Bamberg, den 10. April 1919.
Die sozialdemokratische Landespartei.

Sebottendorff hatte am 8. April 1919 mit genauen Vorschlägen zu einem Staatsstreich ein Mitglied der Thule Gesellschaft, Kf, einen Bahnbeamten, nach Bamberg gesandt. Der Regierung erschien dieser Mann nicht verläßlich genug, man hielt ihn unter Vorwänden bis zum Sonnabend Mittag zurück und ließ ihn erst dann nach München zurückreisen, als dort alle Verabredungen getroffen waren. Wenn alles gut ging, solle ein Mitglied der sozialdemokratischen Partei, Rechtsanwalt Ewinger, sofort die Regierung vertreten.

Es war ausgemacht worden, in der Nacht vom Samstag zum Sonntag, der Nacht vor Palmarum, die Häupter der Kommunisten festzunehmen und sie sofort nach Eichstätt zu bringen. Schneppenhorst sollte sofort von Ingolstadt her Artillerie, Fußvolk und Reiterei in Bewegung setzen, so daß am Sonntag morgen diese Abteilungen in München eintreffen konnten.

Die Truppe sollte aus 6000 Mann zuverlässigen Leuten bestehen, die als Kampftruppe zur besonderen Verwendung dienen sollte, die Münchener Garnison sollte den Wachtdienst versehen, bis die gesetzmäßige Regierung wieder in München eintraf. Die bei Eching stehenden Leute sollten beim Eintreffen der Regierungstruppen bewaffnet werden und den Flugplatz Schleißheim besetzen.

Seiffertitz hatte die Garnison einberufen und erwartete die Vollmachten der Regierung. An Stelle der Beauftragten erschienen um 11 Uhr nachts Leute, die meldeten, daß der Kommandeur des Leibregimentes die Beauftragten ausgehoben hatte; die Vollmachten jedoch befanden sich auf dem Wege zum Vollzugsrat. Trotzdem sind die Aktionen nicht aufgegeben worden, es wurden sofort die Verhaftungskommandos in Tätigkeit gesetzt, doch gelangen die Verhaftungen nur zum Teil; die Frau des verhafteten Mühsam konnte die meisten Funktionäre telephonisch warnen. Fechenbach, Mühsam und etwa zwanzig andere der Häupter konnten festgenommen werden und wurden nach dem Hauptbahnhof gebracht, wo Aschenbrenner kommandierte. Vom Hauptbahnhof aus wurden die Verhafteten nach Eichstätt verbracht und dort in Verwahr genommen.

Der Palmsonntag Morgen sah ein freies München, die Kommunisten waren verschwunden, die Räte hatten sich verkrochen.

Die Freude war groß und in den Straßen wogte eine erregte Menschenmenge. In der Ludwigstraße wurde von frühen Kirchgängern ein Auto festgehalten, dessen Insassen kommunistische Aufrufe verteilen wollten. Die Leute wurden verprügelt, die Flugblätter mit dem Auto verbrannt.

Aber Schneppenhorst hielt sein Wort nicht. Die erwarteten Truppen trafen nicht ein.

Gegen Mittag wurde die Lage wieder kritisch. Mit Schnellfeuergeschützen bestückte Kommunistenautos durchrasten die Straßen, es gab Tote und Verwundete.

Ansammlungen wurden allenthalben gemeldet, Bamberg versicherte durch den Fernsprecher, daß die Truppen jeden Augenblick in München eintreffen müssen.

Sebottendorff sandte in kleinen Trupps seine Leute, man schickte sie zurück. „Offiziere und Studenten könne man nicht gebrauchen, die eigenen Leute würden streiken."

Der Versuch, die in den Kasernen liegenden Truppen zum Eingreifen zu bringen, mißlang.

So kam, was kommen mußte: der Putsch war als gescheitert anzusehen und jeder weitere Einsatz wäre zwecklos gewesen. Um 6 Uhr abends räumte Seiffertietz das Armeemuseum; es gelang ihm unangefochten davon zu kommen. Um 9 Uhr fiel der Hauptbahnhof, den Aschenbrenner bis dahin gehalten hatte, hoffend, daß die Regierungstruppen doch noch erscheinen würden. Gegen den Bahnhof hatten die Kommunisten zu dieser Zeit mehrere schwere Minenwerfer in Tätigkeit gesetzt. Doch konnte Aschenbrenner mit seinen Leuten ebenfalls ohne allzu große Verluste entkommen.

Der Putschversuch hatte zur Folge, daß nunmehr auch die Republikanische Schutzwehr aufgelöst und die Polizei vollständig entwaffnet wurde. Es bildete sich eine Arbeiterwehr, die in den Kasernen bewaffnet wurde und den Sicherheitsdienst ausüben sollte. Noch am Sonntag abend wurde das Hauptpostamt von der Arbeiterwehr besetzt und aller Fernsprechverkehr nach auswärts unterbunden. Augsburg und Rosenheim, wo die Räteregierung für einige Tage verjagt worden war, wurden wieder gewonnen.

Schneppenhorst hat später behauptet, daß er die Order rechtzeitig gegeben habe und daß die Truppen unbedingt zur rechten Zeit in München hätten eintreffen müssen. Das Versagen sei auf eine Reihe von unglücklichen Zufällen zurückzuführen gewesen. Lastautos seien stecken geblieben usw. Das ist ihm zu glauben; die Sache ist von anderer Seite aus sabotiert worden.

Die Truppen rückten erst am Montag abend in Dachau ein, wo sie mit den Rotgardisten unter Toller zusammenstießen. Die „Schlacht bei Dachau", mit der sich der Jude Toller brüstete, beschränkte sich auf wenige Schüsse, wobei ein Mann durch einen Streifschuß verwundet wurde. Hauptmann Römer vom Echinger Trupp konnte durch ein in Stellung gebrachtes Schnellfeuergeschütz den Rückzug der Regierungstruppen, der schon eher eine Flucht war, decken. Dabei wurde er gefangen genommen und in das Spritzenhaus gesperrt. Es gelang ihm jedoch zu entkommen und sogar ein Fahrrad zu finden, so daß er bereits um vier Uhr morgens Sebottendorff genauen Bericht erstatten konnte. Danach waren die Reiter der Regierungstruppen, ohne gehindert zu werden, in Dachau eingedrungen, dort hatten sie sich einer wütenden Volksmenge gegenüber gesehen; die Frauen hatten die Soldaten beschimpft und sie von den Pferden reißen wollen. Als dann die roten Truppen das Feuer eröffneten, mußte das Gros zurückgehen.

„Was soll nun werden?" schloß Römer seinen Bericht. „Die Leute in Eching hängen in der Luft, wir sind zu schlecht bewaffnet, um einen längeren Widerstand leisten zu können. Und man weiß sicher, daß wir in Eching stehen, morgen oder übermorgen wird der Angriff kommen. Ich habe übrigens meine Gefangenschaft mit einem gewissen Klöppel geteilt, der Mann behauptete von Ihnen zu kommen, er hatte sehr viel Geld bei sich."

„Ich hatte Klöppel zu Ihnen mit Geld gesandt; er sollte auch Geld nach Freilassing, zu den dortigen Jägern bringen."

„Davon hat er mir nichts gesagt, offen gestanden, ich traue dem Manne nicht, er ist mir zu beredt und außerdem zu konfus. Er hält es wohl mit den Roten. Ist das aber der Fall, so sind wir um so mehr gefährdet."

„Lassen Sie mich ein wenig nachdenken, Hauptmann. Können Sie mit Ihren Leuten nach Eichstätt kommen? Ja? — In welcher Zeit?"

„In drei Tagen!"

„Gut, Hauptmann, morgen sind Sie in Eching, vielmehr heute mittag. Wenn Sie morgen abrücken, können Sie spätestens am

Franz Dannehl, vom Kampfbund der Thule

Sonnabend in Eichstätt sein. Würden Sie auf meine Order die Kaserne in Eichstätt besetzen, sich dort bewaffnen und abwarten, bis ich Ihnen Bericht sende?"

„Was haben Sie vor, Herr Baron?"

„Ich will nach Bamberg und will dort die Erlaubnis zur Aufstellung von Freikorps holen. Dann sind Sie mit den Echinger Leuten der Stamm der neuen Organisationen."

„Geben Sie mir die Order schriftlich, ich fahre noch heute zurück."

Der Auftrag wurde in zwei Exemplaren ausgefertigt, da Hauptmann Römer der Sicherheit wegen seinen Bruder auf einem anderen Wege nach Eching senden wollte. Es wurde dann noch vereinbart, daß die Eisenbahnstation Treuchtlingen von München aus sofort besetzt werden sollte, um den Zuzug nach Eichstätt zu sichern.

Zur Besetzung des Knotenpunktes Treuchtlingen bestimmte Sebottendorff den Leutnant Kraus, der am Mittwoch morgen abfuhr. Kraus nahm sich einige Leute mit, die aus dem Kampfbunde ausgewählt wurden. Sein Auftrag lautete dahin, daß er den Bahnhof zu halten und die ankommenden Trupps nach Eichstätt zu beordern habe. Er selbst solle sofort Werbungen für das dort aufzustellende Freikorps vornehmen.

Noch am selben Mittag reiste Oberleutnant Kurz nach Bamberg mit der Order, dort die Ankunft Sebottendorffs zu erwarten.

Die Abreise so vieler „Bahnbeamten" mußte auffallen; durch geschickte Dispositionen gelang es aber, alle Leute aus München hinauszubringen; nur Leutnant Arndt wurde angehalten, weil er für einen Bahnverwalter zu jung aussah, er war jedoch frech genug, wieder zurückzukommen und mit einem neuen Fahrschein als Assistent abzureisen. Am Mittwoch, dem 16. April 1919, abends, waren fast alle Leute des Kampfbundes unterwegs. Es galt nun noch, die Thule zu sichern. Kf und Deby unternahmen es, die Kartothek der Gesellschaft, die mit den Papieren Sebottendorffs und Dokumenten der Thule in zwei mit R. v. S. signierte Militärkoffer verpackt waren, beiseite zu schaffen. Wer freiwillig weiter arbeiten wollte, wurde darauf aufmerksam gemacht, daß er gefährdet sei, wenn in München bekannt werde, daß Sebottendorff ein Freikorps aufstelle.

Gräfin Westarp, Johann Ott, Valentin Büchold erboten sich mit vielen andern unter Kf und Deby weiter zu arbeiten. Während so die letzten Dispositionen getroffen wurden, erschien der frühere republikanische Schutzwehrmann Ritzler und teilte mit, daß Verhaftbefehl gegen Sebottendorff ergangen sei. Der Befehl könne bis 8 Uhr abends zurückgehalten werden, dann dürfe Sebottendorff weder in der Thule noch in der Wohnung zu finden sein.

Es war damit keine Zeit mehr für Sebottendorff länger in München zu bleiben, denn die Leute in Eching, in Treuchtlingen hingen von ihm ab. Noch einmal ermahnte er zur Vorsicht, riet, an verschiedenen Orten zu arbeiten, bat nochmals, die Koffer sofort zu sichern und ging fort. In der Pension Doering benachrichtigte er Frau Baronin Mikusch und Frl. Bierbaumer, daß sie gefährdet seien und bat sie, sofort alles zu packen, was sie für einige Tage benötigen und spätestens um 7 Uhr im Hotel „Deutscher Hof" zu sein, wo Zimmer reserviert seien.

Sebottendorff war im Hotel „Deutscher Hof" bekannt; er verständigte den alten Hausdiener Siegfried, daß er den Namen eines Bahnverwalters Kallenbach führe.

In der Nacht wurde das Hotel zweimal von Arbeiterwehr durchsucht; am Zimmer des Bahnverwalters Kallenbach ging man vorüber, doch wurden die beiden Damen visitiert. Frl. Bierbaumer gab sich als eine eben aus Ungarn angekommene Kommunistin aus und wurde in Ruhe gelassen, auch Baronin Mikusch wurde nicht weiter belästigt.

Da der Zug um 6 Uhr morgens abging und nach der letzten Visitation an Schlaf doch nicht mehr zu denken war, beschlossen die Drei, daß Sebottendorff versuchen solle, mit seiner Handtasche und dem Gepäck der Damen nach dem Bahnhof zu kommen und daß die Damen nachfolgen sollten.

Als er, in jeder Hand eine Tasche, die Treppen des Hotels herabkam, sah er, daß das Vestibül besetzt war. Doch schon kam ihm der Hausdiener entgegen und sagte: "Ja mei, Herr Bahnverwalter, wollen Sie denn scho auf den Bahnhof?"

"Ja, Siegfried, i muß scho mit dem Zug fort, mei Schwiegermutter in Nürnberg ist so scho am Sterben und wann i net da bin, dann kriag i nix."

"Scho recht, Herr Bahnverwalter, i komm scho mit."

"Aber nicht doch, Siegfried, Sie ham doch Gäste."

"Das sind keine Gäste nicht, das sind die Herren von der Arbeiterwehr, die suchen einen Sebottendorff."

"A so, na dann wünsch ich Ihnen viel Glück, daß Sie den Kerl kriagn."

Am Bahnhof war alles abgesperrt, die Posten ließen niemanden ohne Erlaubnis des Bahnhofkommandanten passieren. Während Sebottendorff mit dem Posten verhandelte und seinen Freifahrtschein vorwies, kam ein Beamter, ein Fahrdienstleiter, in die Halle. "Sie, Herr Kollege", rief ihn Sebottendorff an, "kommens doch a mal her. Schauns, i muß heut nach Nürnberg, da ist mein Schein und der Posten will mi net durchlassen."

"Ja, der Befehl gilt doch net für Bahnbeamte, geh laß den Herrn passieren, das is ja ein Kollege."

So gelangte Sebottendorff in die Halle, wo er die beiden Damen traf, die Fahrscheine erhalten hatten.

Der Zug war stark besetzt, sehr viele Rotgardisten fuhren nach Augsburg, im Abteil herrschte erregte Stimmung, alles war froh, daß es München verlassen konnte. Unter den Mitreisenden war der Schriftleiter der Münchener Neuesten Nachrichten, Dr. Hohenstätter, mit dem sich Sebottendorff bekanntmachte und mit dem er in Augsburg noch ein kleines Abenteuer erlebte. Der Zug ging nicht weiter, alles mußte in Augsburg aussteigen. Über diesen Ort hinaus wollten nur die vier Passagiere: Sebottendorff, der seinen Freifahrtschein als Bahnverwalter hatte, die beiden Damen und Dr. Hohenstätter. Der Beamte riet, man solle im Restaurant am Bahnhofplatz warten; wenn die Möglichkeit bestehe einen Zug abzulassen, werde er Bescheid senden.

Nach jener Episode im „Goldenen Lamm" war Augsburg für Sebottendorff ein besonders gefährliches Pflaster, er mußte damit rechnen, daß man auf ihn fahnde und daß die betreffenden Stellen in Augsburg bereits unterrichtet waren. Zum Glück dauerte es nicht lange, ein Beamter brachte die Nachricht, daß „die Preißen ihre Wagen wieder haben wollten" und daß ein Schnellzug in einigen Minuten abgelassen würde. Wenn die Damen mitfahren wollten und der andere Herr, müßten sie sich schnell eine Erlaubnis vom Bürgermeister verschaffen. Auch das gelang und im letzten Augenblick konnten die Drei den abfahrenden Zug gerade noch erreichen.

In Bamberg traf Sebottendorff mit Oberleutnant Kurz zusammen, Seiffertitz war ebenfalls dort und setzte sich dafür ein, daß der Ministerrat sofort zusammengerufen wurde und daß Sebottendorff noch am selben Abend seinen Bericht erstatten konnte. Hier wußte man noch nichts von der Schlacht bei Dachau und von der Flucht der Regierungstruppen. An diesem Abend wurde vom Ministerrat beschlossen, die Reichshilfe, das Freikorps Epp, herbeizurufen. Es war besonders Professor Stempfle, der sich sehr energisch für das Freikorps Epp einsetzte. Sebottendorff erhielt die gewünschte Bewilligung, die am 19. April 1919 vom Minister Schneppenhorst und vom Landessoldatenrat ausgefertigt wurde. Zu gleicher Zeit wurden ihm verschiedene andere Vollmachten gegeben; das III. Armeekorps in Nürnberg erhielt Anweisung, ihm jede Förderung zuteil werden zu lassen.

Durch einen Notar in Bamberg wurden sofort Abschriften genommen und an Hauptmann Römer eine Untervollmacht gesandt, ebenso wurden entsprechende Benachrichtigungen nach Regensburg, Würzburg und anderen Orten gesandt. Am 19. April 1919 kehrte dann Sebottendorff nach Nürnberg zurück und nahm im Hotel Fürstenhof Wohnung, wo er sein Hauptquartier einrichtete.

Es ist nun noch notwendig, über die Münchener Verhältnisse zu berichten, über Dinge, die leicht vergessen werden und die zeigen, was in Deutschland geschehen wäre, wenn der Bolschewismus gesiegt hätte. Schnell wird vergessen, welchem Terror und welchen Greueltaten damals München ausgesetzt war. Nirgends in Deutschland konnte sich eine Räteherrschaft so lange halten, nirgends so ins Leben eingreifen, wie gerade in München.

Wie schon einmal gesagt, bildete die Stadt mit einem größeren Landbezirk eine kommunistische Insel im Lande. Die Grenzen waren von Rotgardisten besetzt, die jeden Zu= und Weggang kontrollierten und zwar nicht allein von Reisenden, sondern auch von Waren.

Die Bauern der nicht unmittelbar von Roten besetzten Gebiete lieferten nichts mehr nach München, die Lebensmittelnot war unsagbar. Da wenig Milch in die Stadt kam, starben die Kinder in größerer Zahl. Einer Kommission, die sich bei Levine=Nissen beklagte, antwortete dieser: „Lassen Sie doch die Bürgerbälger verrecken, jedes Kind, das so stirbt, ist ein Feind des Proletariats weniger."

Unter dem Vorwande, nach Schmuggelwaren suchen zu müssen, drangen die Arbeiterwehren in die Häuser ein und nahmen mit, was sie fanden. Systematisch wurden Hospitäler, Krankenhäuser, Klöster ausgeplündert. Um die Meute auf ein Haus loszulassen, genügte die Behauptung daß dort gehamsterte Lebensmittel lägen.

Neben den Lebensmittelkontrollen wurde die Bürgerschaft durch die dauernde Festnahme von Geiseln in Angst und Schrecken gehalten. Zwei Berichte über solche Vorfälle seien hier wiedergegeben. Unterm 23. April 1919 berichten die Münchner Neuesten Nachrichten:

Am Osterdienstag um 6 Uhr erschien ein Lastkraftwagen, der mit 10 bewaffneten Soldaten und Arbeitern besetzt war, am Bavaria=ring, um zur Festnahme von Geiseln zu schreiten. Sie drangen in verschiedene Häuser ein und erklärten insgesamt 13 Personen, dar=unter Gebrechliche und Greise für verhaftet. Die Festnahme erfolgte zum Teil in rohester Form. Einen Haftbefehl konnten die Leute nicht vorzeigen, nachträglich wies ein Soldat einen Streifen Papier vor, unterzeichnet vom revolutionären Obmann des Bezirkes Westend des Inhalts: Der Vorzeiger ist ermächtigt, Geiseln festzunehmen.

Die Auswahl der Personen erfolgte anscheinend auf Grund eines alten Adreßbuches, denn auf der Liste stand auch ein Oberregierungs=rat von Grundherr, der spätere Polizeipräsident, der im Jahre 1917 verstorben war. Unter den Verhafteten befand sich ein 68 Jahre alter Studienrat, ein nerven= und blasenkranker Privatier, ein Haupt=mann a. D., ein protestantischer Geistlicher, ein Oberregierungsrat vom Verkehrsministerium. Dieser hatte einen Ausweis des Volks=beauftragten Paulukum, der ihn unter den Schutz der Räteregierung stellte, seine Festnahme untersagte. Die Antwort des Soldaten lautete kurz: „Den Schwindel kennen wir schon."

Die Geiseln wurden bei 2 Grad Kälte auf einem offenen Lastwagen in die Guldeinschule befördert und dort im ungeheizten Turnsaale untergebracht. Um 10 Uhr vormittags wurden sie in die Polizeiwache in der Astallerstraße gebracht und dort in zwei Verbrecherzellen ein=gesperrt. Hatten sie sich auch nicht über die Behandlung selbst zu be=klagen, so mußten sie doch wilde Drohungen über Erschießen, An=die=

Wandstellen anhören. Ein Soldat erklärte, in München würden 1500 Geiseln festgenommen, die beim Anrücken der Regierungstruppen diesen entgegengeschickt würden. Am späten Nachmittag erfuhren die Geiseln die Anwesenheit eines Vollzugsratsmitgliedes. Durch Bestechung des Postens gelang es den Geiseln, mit diesem zu sprechen. Dieser bezeichnete die Festnahme als Eigenmächtigkeit und seinem Einschreiten ist es zu verdanken, daß man am Abend die Geiseln wieder freiließ. Der letzte, der die Zelle verlassen durfte, war der protestantische Pfarrer. Gegen seine Freilassung hatte die Wache sich besonders gewehrt, wobei ein Soldat erklärte: „Sie sind von Beruf aus Geistlicher und die Räteregierung sieht in jedem Geistlichen einen gefährlichen Menschen, da das System der Kirche gegen die Räteregierung ist." Um ½8 Uhr abends wurde jedoch auch der Pfarrer in Freiheit gesetzt.

Die Angabe des Soldaten, daß 1400 oder 1500 Geiseln erschossen werden sollten, bezieht sich auf ein Protokoll der Kommandantur, in dem der Antrag gestellt und mit 6 gegen 7 Stimmen abgelehnt wurde, daß Geiseln auf der Theresienwiese zusammengetrieben und mittels Maschinengewehren niedergeschossen werden sollten, wenn die Regierungstruppen vormarschierten.
Über eine Erinnerung an die Geiselverhaftungen berichtet ein Transrhenane in der Korpszeitung Nr. 2 des Jahres 1929:

„Unter den verschiedenen Regierungsformen, die München in jener Zeit über sich ergehen lassen mußte, gab es einen sogenannten Zentralrat, der sich in Unterorganisationen gliederte, in denen mehr oder weniger zweifelhafte Elemente sich zusammenfanden, um die Massen einem Leben in Schönheit und Würde entgegen zu führen und dabei selber ein wenig im Trüben zu fischen. Diese Herrschaften fühlten sich auf ihrem Throne nicht ganz sicher und hatten das Bedürfnis, sich gegen etwaige Angriffe zu sichern. Das geeignete Mittel hierzu schien ihnen die Festnahme von Geiseln aus einflußreichen Kreisen zu sein.

Es war an einem Frühjahrsmorgen des Jahres 1919. Wir paar überalterten Aktiven mit dem Reifezeugnis zum a. H. in der Tasche, das wir nicht hervorziehen durften, saßen in der ‚Neuen Börse', da kam vom Präsidenten des Präsidialen Korps die Meldung, wir sollten uns sofort zu einem a.o.S.C. einfinden. Was wir da erfuhren, war überraschend genug. Der Zentralrat hatte von den waffenführenden Studenten Münchens Geiseln gefordert...

Der Bauernrat hatte im Hotel ‚Bayerischer Hof' eine Flucht der besten Zimmer inne, wo er auf Kosten der Allgemeinheit nicht gerade sehr bäuerlich lebte. Hier wurden wir vorgelassen und erfuhren, daß der Zentralrat unweigerlich auf seinem Standpunkt festhalte und die Gerüchte von einer bevorstehenden Aktion der Studentenschaft ihn zwinge zu den angekündigten Maßnahmen."

Der Verfasser, Herr Max Schmitt, berichtet dann über die Verhandlungen und schildert seinen Gang nach Stadelheim, wo er vom späteren Polizeipräsidenten Pöhner empfangen wurde. Dieser sagte ihm, er könne nicht viel für die Geiseln tun, da er selber stramm unter Aufsicht stehe, was aber getan werden könne, solle geschehen. Der Berichterstatter kommt dann in die Zelle, wo er vier Kommilitonen vorfindet. Beim gemeinsamen Abendbrot macht er die Bekanntschaft der andern Geiseln:

„Man mußte es den Herren vom Zentralrat schon lassen, sie hatten bei der Auswahl dieser Geiseln Sinn und Verständnis für Qualität bewiesen. Man sah in der Tischrunde den kommandierenden General von F., den General von L., den Obersten K. von Kr., den Reichsrat von A., den fanatisch national denkenden Verlagsbuchhändler Lehmann und manch andere hochgestellte Persönlichkeit, deren Name mir im Laufe der Jahre entfallen ist. Diese Männer saßen bereits ununterbrochen seit 14 Tagen in Haft..."

Wer denkt noch daran, daß Sontheimer in den Münchener Kindl=
sälen vor Tausenden von Schulkindern einen Lichtbildervortrag hielt,
in dem er erklärte, wie eine Empfängnis verhindert wird. Wer weiß
noch, daß in allen Kommandanturen, in den Wachtstuben sich Frauen
und Mädels schamlos herumtrieben und daß zum Beispiel in der Re=
sidenz die Kinder durch die Scheiben dem Treiben zusahen, daß Ver=
nehmungen stattfanden, bei denen der Vernehmende sein Mädel auf
dem Schoße hatte!

Anfang April 1919 war sehr viel Schnee gefallen, bis weit in die
Ostern blieb der Schnee liegen, warum sollte er auch entfernt werden,
es wurde ja doch jeden dritten Tag gestreikt.

Wer Plakate aufhob, die von Fliegern abgeworfen wurden, mußte
zur Strafe in den Kasernen, Schulen und Wachtstuben die Klosette
reinigen.

Als das Geld zu Ende ging, wurden die Safes in den Banken
ausgeräumt (s. Bilderteil S. 217, Abbildung unten rechts). Das
Gold der Reichsbank und der Preußischen Botschaft konnte jedoch mit
Hilfe des Kampfbundes nach Berlin gebracht werden, ebenso wie es
dem Kampfbunde gelang, die in der Residenz lagernden Kisten vor
dem Zugriff der Roten zu schützen.

Die Straßen wurden überhaupt nicht mehr gereinigt. — Ja,
München war ein Saustall, bildlich und wirklich, geworden. Es war
Zeit, daß ausgemistet wurde.

IX.
Einmarsch des Freikorps Oberland in München

Am Ostersonntag 1919 erschien Sebottendorff in der Kommandantur des III. Armeekorps und zeigte seine Vollmachten vor. In Übereinstimmung mit den bereits getroffenen Vorkehrungen wurde Eichstätt zum Standort des Freikorps Oberland bestimmt.

Die Order der Regierung lautete:

Durch Beschluß des Ministerrates und des Landessoldatenrates erhält Rudolf von Sebottendorff die Ermächtigung, in Treuchtlingen das Freikorps Oberland aufzustellen.

Bamberg, den 19. April 1919.

Der Landessoldatenrat   Der Minister für militär. Angelegenheiten
     gez. Simon   gez. Schneppenhorst

Sebottendorff erhielt zwei Zahlmeister für seinen Stab zugeteilt. Auf Vorschlag des Oberleutnants Kurz wurde Major Ritter von Beth gewonnen, der die militärische Führung des Korps übernahm. Eine unangenehme Sache wurde erledigt. Der schon erwähnte Klöppel tauchte auf und versuchte, für die Korps Privatgelder zu bekommen. Er wurde bis zur Einnahme Münchens auf Veranlassung Sebottendorffs in Eichstätt in Schutzhaft genommen. Das Korps hat keinen Pfennig Bargeld von privater Seite erhalten und genommen. Wohl aber nahm die Zentrale Zigaretten und andere Gaben für die Freikorps an.

Nachdem noch ein Büro und ein Gasthaus gemietet worden waren, wurde am Nachmittag Rothenburg ob der Tauber besucht, wo man eine Werbeversammlung abhalten wollte. Der damalige Oberbürgermeister Siebert erklärte jedoch, daß eine solche Versammlung unnötig sei, er würde von sich aus alles tun. Tatsächlich war der Zuzug von Rothenburg der stärkste und setzte schon am Osterdienstag ein. Oberbürgermeister Siebert hatte bereits wacker vorgearbeitet.

Am selben Tage wurden noch in Ansbach und Gunzenhausen Werbeversammlungen abgehalten und Werbebüros eingerichtet. Das gleiche war am Ostermontag in andern Städten befohlen. Die ankommenden Freiwilligen wurden im Gasthause verpflegt und bis zum Nachmittag eintreffende noch am selben Tag zu den einzelnen Korps abgesandt. Wer am Nachmittag eintraf, konnte im Gasthof schlafen, erhielt einen Zehrpfennig und wurde nach guter Verpflegung am nächsten Tag weiterbefördert.

Am Osterdienstag besuchte Sebottendorff Weißenburg und Treuchtlingen, wo Kraus einen sehr schweren Stand gehabt hatte. Er war ohne Legitimation losgezogen, hatte es aber verstanden, sich zu halten. Er hatte sich eine Truppe von 10 Mann geschaffen, hatte geworben und eine ganze Menge Leute nach Eichstätt geschickt.

In Eichstätt teilte Sebottendorff Hauptmann Römer mit, daß Major von Bekh die Führung übernommen habe und ersuchte ihn, bis zum Eintreffen des Führers die Geschäfte wahrzunehmen.

Treuchtlingen sollte vom Korps aus besetzt werden; Leutnant Kraus sollte mit seinen Leuten nach Nürnberg kommen. Dort hatte sich der Dienst des Hauptquartiers, das sich als Zentralstelle aufgemacht hatte, erweitert. Es waren nicht allein die Werbungen zu erledigen, es sollten auch Waffentransporte aufs Land durchgeführt werden. Dazu kamen Spezialaufträge, die Sebottendorff auszuführen hatte.

Die Zentrale war so organisiert, daß Oberleutnant Kurz die Büroarbeiten und den persönlichen Dienst hatte und Leutnant Kraus die Organisation der Waffentransporte. Seine getreuen Helfer dabei waren Leutnant Karl Schwabe, Leutnant Arndt, Leutnant von Feilitzsch. Die technische Aufsicht über den Fuhrpark hatte Chauffeur Schödel.

Major von Bekh hatte sich einen Adjutanten namens Kupfer genommen und mit diesem gab es verschiedene Zusammenstöße. Er versuchte die Leute in Treuchtlingen nach Eichstätt abzustellen; erst auf energischen Einspruch hin mußte er zurücktreten. Dann beschwerte er sich, daß das Korps Oberland zu wenig Leute erhielt, die Zentrale sende an die andern Korps mehr Leute. Wie es sich später herausstellte, paßte Kupfer die antisemitische Einstellung Sebottendorffs nicht; daher seine Quertreibereien.

Dem Korps wurde ein dritter Zahlmeister zugewiesen.

Aus München waren durch einen Kurier, Dr. Kummer, einem Mitglied des Germanenordens, böse Nachrichten gekommen; es gehe dort wie in einem Taubenschlage zu, man arbeite ganz offen gegen die Räteregierung. Diese Nachrichten wurden durch einen Kurier der Maschinenfabrik Augsburg=Nürnberg bestätigt. Sebottendorff war beim Abmarsch des Freikorps am 24. April 1919 in Eichstätt und hatte auf der Rückfahrt kurz vor Treuchtlingen eine Panne. Der Bahnhofkommandant ließ einen Leerzug anhalten. Hier traf Sebottendorff den Kurier, der Reichert, einen Unterführer der Roten Armee, als Gefangenen mit sich führte.

Der Kurier war am Vormittag in der Marstallstraße gewesen und hatte dort Kf getroffen, dieser hatte seine Warnungen verlacht und sich sehr sicher gefühlt.

Der Kurier berichtete, daß an diesem Tage mindestens 100 Freifahrtscheine ausgegeben worden seien und daß das Treiben nicht lange verborgen bleiben könne, die Thule müsse jeden Augenblick auffliegen.

Die Scheine wurden, nachdem Leutnant Rudolf Heß die Vorprüfung vorgenommen habe, durch Ott ausgegeben. Heß sei aber heute auch zum Freikorps Regensburg abgegangen.

Diese Nachrichten bewogen Sebottendorff, den Prinzen Thurn und Taxis, der am selben Abend mit Nachrichten ankam, nach München zurückzusenden, mit dem Auftrage, unbedingt zur Vorsicht zu mahnen und sich vor allem zu überzeugen, ob die beiden Militärkoffer weggebracht worden seien.

Das Verhängnis wollte es, daß der Prinz am nächsten Tage nicht bis nach München gelangen konnte; der Zugverkehr war unterbrochen, er kam erst am 26. April 1919 nach München und da war das Unglück schon geschehen; der Prinz selbst wurde im Parkhotel verhaftet. Das Büro in den „Vier Jahreszeiten" war ausgehoben, die Sekretärin, Gräfin Westarp, abgeführt worden.

Doch davon erfuhr die Zentrale des Freikorps Oberland nichts.

Am 26. April 1919 nachmittags erhielt Sebottendorff die dringende Aufforderung, auf der Kommandantur zu erscheinen. Dort teilte man ihm mit, daß der Anmarsch der Reichstruppen in Nürnberg bekannt geworden sei, daß der Spartakusbund einen Putsch beabsichtige, schon könne man Zusammenrottungen in den Straßen beobachten. Leider liege von Bamberg der bestimmte Befehl vor, auf keinen Fall von der Waffe Gebrauch zu machen. Das wisse der Mob. Es komme nun darauf an, diesen Befehl rückgängig zu machen, dazu sei Sebottendorff der geeignete Mann. Er solle sofort nach Bamberg fahren.

In Bamberg angekommen, gelang es trotz des Widerstandes des Adjutanten Schneppenhorsts, Major Paulus, den Ministerrat zu überzeugen, daß es sehr gefährlich sei, im Rücken der anmarschierenden Truppen einen Aufstand zu haben, daß man Tausenden das Leben rette, wenn man zehn Leute an die Wand stelle.

Mit dem Befehl, im Notfalle bei einem Angriff feuern zu können, kam Sebottendorff zur rechten Zeit zurück, gerade, als die Truppen sich bedrängt zurückziehen wollten.

Die Dispositionen des Oberkommandierenden, General von Möhl, dem alle Freikorps, alle preußischen und württembergischen Truppenteile, das Korps Epp unterstellt waren, waren so getroffen, daß am 2. Mai 1919 die Umzingelung Münchens beendet gewesen wäre. Den 1. Mai wollte man wegen der Maifeier der Arbeiter nicht zu einem Angriff benutzen.

Da die Zentrale Oberland noch einen Waffentransport nach Tölz zu erledigen hatte, setzte sie sich am 29. April 1919 in Bewegung, um über Ingolstadt, wo Waffen, Handgranaten und Decken übernommen werden sollten, nach Rosenheim und Tölz zu kommen. Leider wurde die Truppe durch schlechte Transportmittel und durch die verzögerte Bereitstellung in Ingolstadt aufgehalten; dann kam noch ein Gefecht bei Kolbermoor dazu und so traf sie erst am 3. Mai in München ein, wo sie die grauenhafte Ermordung der sieben Thule-Leute und die Erschießung der beiden Husaren erfuhr. Karl Stecher vom Kampfbund der Thule war in den Straßenkämpfen um München gefallen. Die Zentrale Oberland nahm ihren Standort in den Räumen der Thule; in den „Vier Jahreszeiten" hatte auch General von

Epp sein Quartier aufgeschlagen. Das Freikorps Oberland hatte unter Major von Beth sich ausgezeichnet; es war vom Maximilianeum her in die Stadt eingedrungen, Verluste hatte es nicht gehabt. Das Freikorps Oberland ist der Stamm der heutigen S.A. Hochland und der ersten deutschen S.A.-Abteilungen überhaupt.

Das Freikorps Chiemgau, das ebenfalls von der Zentrale Oberland bedient wurde, war von dem Oberamtmann R. Kanzler gegründet worden. Ihm hatte die Bamberger Regierung eine Vollmacht zur Gründung gegeben und Dank seiner energischen Tätigkeit konnte es am 27. April bei Haar vorstoßen, den Bahnhof nehmen und besetzen. Dadurch war die militärische Leitung mit der Einschließung Münchens um zwei Tage früher fertig geworden, da sie nicht den Umweg über Mühldorf—Wasserburg zu nehmen brauchte. Bei diesem Vorstoß fiel der Leutnant Wiedemann, der bis zum 14. April dem Kampfbunde der Thule angehört hatte.

Über die Einnahme von München sei kurz folgendes berichtet:

Durch den Vorstoß bei Haar war die Einschließung schon am 30. April beendet. Der 1. Mai war Ruhetag; wenn die Rote Armee nicht kapitulierte, sollte der Angriff am 2. Mai erfolgen. Es war jedoch alle Wahrscheinlichkeit vorhanden, daß die Räteherrschaft sich ergeben würde.

Der Mord an den Thule-Leuten verhinderte die Übergabe und veranlaßte, daß sich die einzelnen Trupps ohne Kommando schon am 1. Mai in Bewegung setzten und in der Stadt selbst die Organisationen zum Angriff übergingen.

Am 2. Mai steigerte sich der Straßenkampf, überall feuerten Dachschützen, viele Frauen nahmen an den Kämpfen teil, die Erbitterung der Truppen stieg mit dem geleisteten Widerstande. Es gelang jedoch noch an diesem Tage den größten Teil der Regierungsgebäude in München zu besetzen.

Am Sonnabend, dem 3. Mai 1919 wurde im Bahnhofsviertel noch erbittert gekämpft; am Sonntag, dem 4. Mai flaute der Kampf ab, doch kamen immer noch Überfälle vor. Die ganze Zeit bis zum

Oberleutnant Kurz, vom Kampfbund der Thule

10. Mai war sehr unruhig, fast jede Nacht erfolgten Angriffe auf Patrouillen und Einzelposten; auf General von Epp wurde von einem Dachschützen geschossen; glücklicher Weise ging der Schuß fehl.

Um den Mord an den Thule-Leuten zu rächen, richtete Sebottendorff sofort die Nachrichtenabteilung unter Kraus ein. Als Hauptschuldige kamen die drei Juden Axelrod, Levien und Levine-Nissen in Frage.

Axelrod, das wurde bald ermittelt, war mit Unterstützung des Polizei-Präsidenten Mairgünther am 29. April geflohen; er wurde am 16. Mai von einem Agenten der Nachrichtenabteilung des Freikorps Oberland im Achental mit zwei Begleitern festgestellt, von der Landespolizei festgenommen und vom Standgericht München zu 15 Jahren Zuchthaus verurteilt. Am 20. September 1919, an dem Tage, an dem die sieben von ihm verführten Arbeiter in Stadelheim ihr verwirktes Leben ließen, wurde Axelrod von der Regierung Hoffmann im Wagen 1. Klasse nach Berlin gebracht und an die Räteregierung Rußland ausgeliefert. Die Regierung Ebert-Scheidemann hatte ihn angefordert und Hoffmann gehorchte.

Levien konnte über die Grenze entkommen. Er wurde später in Wien verhaftet, aber nicht ausgeliefert. Levien ist heute Organisator in Sowjet-Rußland.

Der dritte, Levine-Nissen, wurde vom Nachrichtendienst der Zentrale festgenommen. Kraus hatte in Erfahrung gebracht, daß der Universitätsprofessor Salz aus Heidelberg Levine an den Architekten Zimmer empfohlen hatte. Zimmer hatte ihn zu dem Kunstmaler Schmitt, Schneckenburgerstraße 20, gebracht und dieser war bemüht, Levine andere Ausweispapiere zu verschaffen. Kraus bewog das Polizeipräsidium, dem Schmitt die Ausweispapiere auszufolgen und ließ durch Ott den Zimmer verfolgen. Während sich Ott an die Spur Zimmers hängte, kamen hinter Ott her in einem requirierten Auto Witzgall und Schödel, die dann Kraus benachrichtigten, wohin Schmitt gegangen sei.

Während dieser Zeit hatte sich Kraus mit Adjutant Kupfer vom Freikorps Oberland in Verbindung gesetzt; dieser hatte aber die Stellung von Leuten abgelehnt. Darauf wandte sich Leutnant Kraus an

General von Epp, der sofort Befehl zur Stellung von Leuten gab. Um Mitternacht war der Häuserblock umstellt. Erst nach vielem Läuten wurde das Haus geöffnet; Schmitt leugnete, daß sich außer ihm noch andere Personen im Hause befänden und als Kraus ihn geradezu nach Levine fragte, antwortete er höhnisch: „Das müssen Sie besser wissen als ich". Im Atelier wurde der abgeschnittene Bart und das Haupthaar des Gesuchten gefunden, Levine selbst wurde vom Dache heruntergeholt.

Im Hause wurde durch Ott ein großes Warenlager von neuen Schuhen, Anzügen und andern Dingen gefunden, die von Diebstählen und Beschlagnahmen herrührten.

Das Standgericht verurteilte Levine zum Tode. Das Urteil wurde vollstreckt.

Kurz nach dem Einmarsch übergab Major von Bekh das Freikorps Oberland an Major Petri. Dieser übernahm die Überführung des Korps in die Reichswehr. Infolge einer Unterredung, die Sebottendorff mit General Ritter von Epp hatte, versprach der General, daß der Name des Freikorps in dem ersten Bataillon der Bayerischen Schützenbrigade weiterleben sollte. Das Korps hat sich später im Ruhrkampf und dann in Schlesien unter Major Horadam beim Sturm auf den Annaberg ausgezeichnet. Kurz vor der Auflösung gab die Stadt München dem Freikorps eine Ehrenvorstellung im Gärtnertheater: „Die Fledermaus".

Die Zentrale Oberland war schon früher aufgelöst worden, ehe sie aber verschwand, gelang der Nachrichtenabteilung noch ein Fang. Leutnant Kraus konnte aus Innsbruck mit Genehmigung der italienischen Behörden den berüchtigten Berliner roten Soldatenrat Buditsch herausholen und ihn dem Korps Lüttwitz in Berlin übergeben.

Um aber dem Trauerspiel noch das Satyrspiel folgen zu lassen, sei berichtet, daß im Kasernenhofe des Freikorps Oberland, Adjutant Kupfer den „Münchener Beobachter" feierlichst verbrannte und veranlaßte, daß Sebottendorff vom Oberkommandierenden wegen seiner antisemitischen Taten gerüffelt wurde. Das Schreiben führte aus, daß Sebottendorff durch Verbreitung des antisemitischen Beobachters im Freikorps sich gegen den obersten Grundsatz: Soldaten von der Politik fernzuhalten, vergangen habe. Bei den großen Verdiensten, die Sebottendorff sich bei der Aufstellung der Organisationen erworben habe, müßte erwartet werden, daß er keine antisemitische Propaganda mehr betreibe.

Von den Mitarbeitern der Zentrale sei wiedergegeben, was über ihr ferneres Leben bekannt wurde:

Oberleutnant Kurz studierte Philologie, machte seinen Doktor und wurde Führer in der S.S.

Leutnant Kraus ging nach der Auflösung ins Baltikum, zeichnete sich dort aus, gehörte dann der Berliner Polizei an und wurde auf Veranlassung des Polizeipräsidenten Pöhner nach München berufen, um eine Truppe zur besonderen Verwendung zu gründen. Er ist heute Hauptmann der Grünen Landespolizei.

Leutnant Karl Schwabe ist der bekannte Afrikaflieger.

Leutnant Parcus ist abenteuernd durchs Leben gezogen; sein Buch Schiggi-Schiggi zeugt von seinen Taten.

Karl Witzgall kam bei einem Autounglück wenige Jahre später ums Leben.

Johann Ott wurde 1919 Verlagsleiter im „Münchener Beobachter, Verlag Franz Eher Nachf.", und ist heute Bücherrevisor.

Schödel hat eine Motorradfabrik in Erlangen.

X.
Die Opferzeit der Thule – Mord an den Thule-Leuten

Wie bereits gesagt, arbeiteten die Vertreter Sebottendorffs in der Marstallstraße während seiner Abwesenheit eifrig weiter. Sie verließen sich aber zu sehr auf das Glück, das jenen begleitet hatte. Es fehlte ihnen auch das In-die-Bresche-springen, wenn es darauf ankam. Es sind in der Zeit vom 18. April 1919 bis zur Aufhebung der Thule durch die revolutionäre Polizei weit über 500 Freifahrtscheine ausgegeben worden; die Abreisenden wurden in eine Liste eingetragen, die im großen Saale auflag.

Am 26. April 1919 nachmittags griff die Polizei zu und sandte ein Kommando Arbeiterwehr und einige Matrosen, um die Thule Gesellschaft, das heißt, das in ihren Räumen befindliche Werbebüro aufzuheben. Man fand dort nur die Sekretärin Gräfin Westarp vor, die man verhörte, nach der Polizei mitnahm und dort entließ. Während des Verhörs erschienen mehrere Leute, die vernommen wurden und wieder gehen konnten.

Da war zuerst Griehl, der mit Kf und Dietrich Eckart verabredet hatte, sich in der Thule zu treffen, um nach Stadelheim zu fahren. Griehl wurde zwei Stunden festgehalten; da man seinen Namen nicht in der aufliegenden Liste, jener Liste der Abgereisten fand, wurde er wieder entlassen.

Eckart und Kf waren im Auto angekommen und hatten gewittert, daß etwas vorgegangen war, dadurch konnten sie entkommen. Wie sehr Kf die Gefahr unterschätzte, geht daraus hervor, daß er am selben Tage ein anderes Büro zu eröffnen versuchte; er glaubte, weiter arbeiten zu können. Hätte er nicht vergessen, die Militärkoffer im Büro fortzuschaffen, so wäre nichts passiert.

Der Wirtschafter der Gesellschaft, Weber und seine Frau, wurden beim Eintritt in den Hausflur vom Portier Sell gewarnt und diese konnten wiederum andere Mitglieder warnen, so die Nichte Dannehls, die mit einem Rucksack Flugblätter (s. Bilderteil S. 209) erschien. Sie gab an, daß sie sich in der Treppe geirrt habe, sie wolle nach der Wäscherei. Durch Dannehl wurden noch weitere Mitglieder gewarnt. Ein Offizier, der mit Ott an der Ausgabe der Freifahrtscheine arbeitete, wurde ebenfalls entlassen, als er sagte, daß er nur gekommen sei, um den Redakteur des Beobachters eine runter zu hauen, weil ihm dieser das Schmierblatt immer noch zusende. Der Matrose bedauerte, daß man den Kerl nicht erwischt habe und ließ den Offizier gehen.

Aus allem, besonders aus der Entlassung der Gräfin auf der Polizeiwache geht hervor, daß man nur die Aufhebung des Werbebüros beabsichtigte und sich damit zufrieden gab. Aber nun kamen zwei Umstände hinzu, die andere Kreise in Bewegung setzten.

Man hatte die beiden Militärkoffer, die antisemitischen Plakate und Flugblätter mit nach der Polizeidirektion genommen und dort hatte sie Axelrod, der Beauftragte der russischen Sowjets eingesehen. Er hatte nunmehr die Quelle der ihn beunruhigenden antisemitischen Propaganda entdeckt. Und wie der Teufel sein Spiel mischt: am selben Tage ging die ausgestreute Saat auf. Der bayerische Arbeiter hatte genug von der Judenwirtschaft; im Rätekongreß nannten die Räte Levien einen „verfluchten Judenbengel", sie bezeichneten den „Juden=

jungen" als Arbeiterverführer und zwangen ihn sein Amt niederzulegen. Auch Levine-Nissen mußte abdanken. Beide Juden traten aus dem Vollzugsrat aus, waren damit aber noch nicht machtlos. Im Kriegsministerium saß als ihr intimster Freund der Kommandeur Egelhofer und diesem war direkt Seidel unterstellt, Kommandeur im Luitpoldgymnasium, wo etwa 800 Rotgardisten versammelt waren.

Als Levien und Levine-Nissen durch Axelrod von der antisemitischen Propaganda der Thule, der sie die Schuld ihres Mißerfolges zusprachen, erfuhren, war ihr Plan gefaßt: die Thule-Leute mußten sterben. Da sie aber am 26. April die Lage bereits genau beurteilen konnten, mußte der Tod der Thule-Leute ihnen in ihrer Machtpsychose noch größtmögliches Renommee bringen. Es lag die Gefahr nahe, daß die Räteregierung und die Rote Armee kapitulierte. Geschah das, dann war natürlich für sie nichts gewonnen. Es mußte zum Kampfe kommen, es mußte Blut fließen; wenn die feindlichen Brüder nicht zusammenkommen konnten, bestanden für sie noch Möglichkeiten. Stellte sich die Rote Armee nicht zum Kampfe, so mußte man sie zwingen, sich zu verteidigen; man mußte die Gegner so weit bringen, daß sie angriffen. Das konnte geschehen, wenn kurz vor der Katastrophe Bürgerblut floß. So wurden die Rollen in diesem Sinne verteilt, Levien und Levine-Nissen übernahmen es, die festzunehmenden Thule-Leute zu sichern und die Arbeiter im Luitpoldgymnasium die zum Morde bestimmt waren, zum Morde zu bringen; Axelrod sollte die Bekanntmachung der vollzogenen Tat draußen bei den Truppen veranlassen. Der Plan gelang. Mehrer wurde beauftragt, nach den aufgefundenen Listen die Verhaftungsbefehle auszufertigen und der Stadtkommandant folgte diesem Befehl, der durch Egelhofer erteilt wurde.

Seidel wurde mit seiner Meute losgelassen und nur dem Umstande, daß die meisten Thule-Leute gewarnt, sich hatten sichern können, ist es zuzuschreiben, daß nur sieben gefaßt wurden; das war ein Glücksfall, denn keines der mehr als zweihundert Mitglieder ist ungesucht geblieben. In jeder Wohnung sind die Häscher gewesen. Rechtsanwalt Dahn entging nur durch die Umsicht seines Hauswirtes der Verhaftung. Riemann, Gaubatz, Griehl, kurz alle, die man in den Listen fand, suchte man.

Riemann hatte die Gräfin einige Tage vor der Verhaftung gewarnt: „Schwester, es geht hier jetzt hochpolitisch zu, das ist nichts für eine Frau, wir halten unsere Köpfe hin, aber bleiben Sie weg." Sie gab ihm zur Antwort: „Ich bin eine deutsche Frau, ich werde meine Pflicht tun." Am Tage vor der Verhaftung, am 25. April, hatte Büchold zu ihr gesprochen: „Schwester Heila, hier ist, seit Sebottendorff fort ist, dicke Luft... Am besten ist es, wenn Sie morgen nicht mehr kommen, ich traue der Sache nicht; ich gehe nach einem der anmarschierenden Freikorps ab." Gräfin Westarp hat dies Griehl gesagt und dieser hat ihr ebenfalls geraten, weg zu bleiben, wenn sie Furcht habe; er selber müsse am nächsten Morgen nach der Marstallstraße, er wolle sie entschuldigen. Aber aus Pflichtgefühl war die Gräfin doch an ihre Arbeit gegangen. Nach ihrer zweiten Entlassung war sie in ihre Wohnung gekommen, um etwas Wäsche zu holen; beim Bereiten des Abendbrotes wurde sie zum dritten Male verhaftet und nach der Stadtkommandantur gebracht. Hierher hatte man nun gerade die Mitglieder der Thule, die am schuldlosesten und die daher nicht gewarnt worden waren, geschleppt. Es waren dies: Walter Nauhaus und Walter Deike, die man in der Wohnung Nauhaus festgenommen hatte, Baron Seidlitz, der aus dem Atelier geholt worden war, und

Hauptmann Utſch; etwas ſpäter brachte man noch Anton Daumen=
lang an.

Während Utſch, der kein Mitglied, ſondern noch Gaſt der Thule war, nach dem Verhör entlaſſen wurde, wurden die andern nach dem Polizei=
präſidium gebracht. Aber das Wichtigſte: Bei dieſem von Egelhofer durchgeführten Verhör war Levien anweſend, jener Levien, der am Morgen aus dem Vollzugsrat ausſcheiden mußte.

In dieſer Nacht vom 26. zum 27. April begann der teufliſche Plan zur Ermordung der Thule=Leute greifbare Formen anzunehmen. Es war ein teufliſcher Plan, denn er ging darauf hinaus, durch dieſe Ermordung die Macht wieder zu gewinnen, ſich zu halten, koſte es, was es wolle. Und konnte die Macht nicht gehalten werden, dann war Blut gefloſſen. Die Täter waren ja Deutſche, die ihre Brüder morde=
ten. Und Levien wußte, wie man die Deutſchen zu behandeln habe: im Mordprozeß hat es ja Schicklhofer geſagt, wie begeiſtert er „von Levien ſeinen Reden" geweſen war. Noch gingen Leviens Worte von Mund zu Mund und wurden geglaubt: „Aug' um Auge, Zahn um Zahn, Bruſt gegen Bruſt, Schuß um Schuß, Stich um Stich."

Egelhofer verfaßte jenes Plakat, das die gefangenen Thule=Leute als Plünderer hinſtellte. Dieſes wichtige Glied in der Kette lautet:

Die reaktionären Diebe und Plünderer in Haft!

Am Samstag, dem 26. April 1919 nachmittags wurden in dem hochvornehmen Hotel „Vier Jahreszeiten" eine gemeingefährliche Bande von Verbrechern und Verbrecherinnen durch die Organe der Räteregierung abgefaßt und in Haft genommen. Es waren durchwegs „Damen" und Herren der ſogenannten guten Geſellſchaft. Ein Ober=
leutnant und eine Gräfin war auch dabei.

Dieſe Leute haben militäriſche Stempel nachgemacht und gefälſcht und zu Diebſtählen und Plünderungen größten Stiles benützt, indem ſie Beſchlagnahmungen durchführten.

Sie haben riesige Mengen von Waren aller Art beschlagnahmt und auf dem Lande bei den Bauern räuberisch Vieh requiriert.

Diese Verbrecher sind Erzreaktionäre, Agenten und Zutreiber für die weißen Garden, Hetzer gegen die Räterepublik, die dem Schieber=unwesen rücksichtslos zu Leibe geht und den Schiebern und Kriegs=gewinnlern deshalb aufs Blut verhaßt ist.

Natürlich haben sie die Räterepublik als Anstifter und Verüber dieser Plünderungen ausgeschrieen und damit Glauben gefunden, weil ja die Ausgeplünderten nicht wissen konnten, daß sie von den Ver=brechern mit Hilfe gefälschter Stempel vergewaltigt wurden.

Der Name Egelhofer wurde durch Fälschung seines Faksimiles mißbraucht, die wohl berechnete Absicht war, sich falsche Ausweise zu verschaffen, um im Namen Egelhofers und der Regierung Verbrechen zu begehen und dadurch zugleich sich selbst zu bereichern und die Räte=regierung verächtlich und verhaßt zu machen.

Das Faksimile, der Stempel mit dem Namen Egelhofer ist un=gültig. Gültig allein ist die eigenhändige mit Tinte geschriebene Un=terschrift. Damit ist der verbrecherische und hochverräterische Plan durchkreuzt und abgewehrt.

München, den 27. April 1919   R. Egelhofer.

Es hieß nun noch die gefangenen Thuleleute an den Ort zu bringen, wo sie für die Mörder erreichbar waren, in das Luitpoldgymnasium. Das war der einzige Ort, wo die geplante Tat ausgeführt werden konnte; Seidel, der dort das Kommando führte, holte die Gefangenen im Polizeipräsidium ab und verbrachte sie nach dem Gymnasium. Der Transport erfolgte zu Fuß. Daumenlang versuchte zu fliehen, wurde aber eingeholt und blutig geschlagen.

Die Thuleleute wurden mit andern dort gefangen gehaltenen Leu=ten nachts in einen Keller gesperrt, am Tage mußten sie Kartoffeln schälen. Die Gräfin Westarp wurde gezwungen, Stuben zu reinigen und mußte in einem Verschlage der Wachtstube schlafen.

Am 28. April 1919 zog sich der Ring um München enger und enger, am 29. war bereits Starnberg nach kurzem Kampfe genommen worden, Fürstenfeldbruck war in den Händen der Regierungstruppen, es war Zeit an die Ausführung der Tat zu gehen.

Axelrod floh an diesem Tage mit Hilfe des Polizeipräsidenten Mairgünther, aber am Abend vorher fand im Luitpoldgymnasium noch eine Zusammenkunft der drei Juden statt, der eine nächtliche Opferschau folgte. Man stieg in den Keller hinab und besah sich dort bei Kerzenlicht die Thuleleute.

Zu ihnen war noch Prinz Thurn und Taxis gekommen, den Seidel im Parkhotel festgenommen hatte.

Am 29. April war bei einem Erkundigungsritt der Baron Teuchert vom Regensburger Freikorps gefangen genommen worden und da sein Name in den Listen der Thule Gesellschaft stand, wurde er von der Stadtkommandantur nach dem Luitpoldgymnasium gebracht. Man hielt dort nun sieben Mitglieder der Thule fest.

Es galt noch die Bestie zu wecken und dazu benutzte man die zwei Weißgardisten, die beiden Husaren, die an der Front gefangen genommen waren; der Pöbel wurde dadurch aufgehetzt, daß man die tollsten Märchen verbreitete. Seidel erpreßte durch Drohungen von den beiden Husaren Aussagen, die er sofort in Druck gab und anschlagen ließ.

So war das Verbrechen vorbereitet, so wurde es ausgeführt. Am Morgen des 30. April 1919, vormittags 10 Uhr wurden die beiden Husaren an die Wand gestellt.

Es mögen nun die beiden polizeilichen Bekanntmachungen, der offiziöse Bericht der Agentur Hoffmann, ein Bericht aus „Ein Jahr bayerischer Revolution im Bilde" (Photobericht Hoffmann) und die

Anklagerede des ersten Staatsanwaltes Hoffmann folgen, die im Mordprozeß gehalten wurde.

Bekanntmachung 1.

Die bestialische Tat vertierter Menschen (Erschießung von Geiseln im Luitpoldgymnasium) muß raschest ihre verdiente Sühne finden, das Polizeipräsidium erachtet es als seine heiligste Pflicht, alle Beteiligten ihrer verdienten Strafe zuzuführen. Um den Tatbestand einwandfrei festzustellen, werden alle Personen bei Androhung der Strafe aufgefordert, zweckdienliche Angaben zu machen. Insbesondere sollen alle Soldaten namentlich gemacht werden, die unter ihrem Kommandanten im Luitpoldgymnasium gedient haben, damit ein einheitliches Bild über diese Unmenschen geschaffen wird. Schriftliche oder mündliche Aussagen werden täglich im Polizeigebäude Ettstraße entgegengenommen. Zimmer 365.

München, den 3. Mai 1919   Der Polizeipräsident
Vollnhals.

Bekanntmachung 2.

Die Namen der im Luitpoldgymnasium erschossenen Geiseln sind bis auf zwei Angehörige der Gardeschützendivision festgestellt. Es sind dies:

Walter Nauhaus aus München.
Baron Karl von Teuchert aus Regensburg.
Wilhelm von Seidlitz aus München.
Walter Deike aus München.
Gräfin Heila von Westarp aus München.
Prinz Gustav Maria v. Thurn und Taxis aus München.
Anton Daumenlang aus München.
Professor Berger aus München.

Die Öffentlichkeit erhält sofort durch die amtliche Korrespondenz Hoffmann genauesten Bericht über die Mordtaten. Einwandfrei ist festgestellt, daß die unglücklichen Geiseln ohne jede vorausgegangene Vernehmung erschossen worden sind. Die beiden Soldaten wurden vormittags um 10 Uhr, die übrigen Geiseln nachmittags zwischen 4 und 5 Uhr im Hofe des Luitpoldgymnasiums hingerichtet. Alle Verurteilten, auch die Gräfin Westarp, benahmen sich bis zum letzten Augenblicke tapfer und würdevoll. Sie wurden bis auf Baron von Teuchert, der dem Tode in aufrechter Haltung entgegensah, von hinterrücks hingemäht. Die grauenhaften Kopfverletzungen bei drei Opfern sind durch Gewehrschüsse aus nächster Nähe entstanden. Eine Verstümmelung der Hingerichteten hat nicht stattgefunden. Einzelne Beraubungen müssen erst in der Nacht erfolgt sein. Den Befehl zur Hinrichtung gab der Kommandant Fritz Seidel aus Chemnitz und sein Stellvertreter Willi Haußmann aus München. Es ist nicht festgestellt, ob die beiden auf Befehl des Oberkommandos handelten. Willi Haußmann hat sich gestern in dem Augenblicke als er festgenommen werden sollte, in seiner Wohnung selbst gerichtet. Alle übrigen Beteiligten werden aufs schärfste verfolgt und es wird mit allen Mitteln gearbeitet, um die Schuldigen festzuhalten und zur Aburteilung zu bringen.

München, den 4. Mai 1919   Polizeipräsidium
                                            Vollnhals.

Die Namen der mit den Thule=Leuten gemordeten Männer sind: Husarengefreiter Fritz Linnenbrügger aus Bielefeld, verheiratet. Husar Walter Hindorf aus Weißenfels a. d. Saale. Professor Berger aus München, Jude.

Amtliche Darstellung der Korrespondenz Hoffmann.

In den Abendstunden des 30. April verbreitete sich in München wie ein Lauffeuer das Gerücht, daß im Luitpoldgymnasium Geiseln erschossen worden sind und daß diese verstümmelt waren. Die Polizeidirektion, die zu dieser Zeit nach Abzug des kommunistischen Polizeipräsidenten Mairgünther durch einige beherzte Beamte der Militärpolizei besetzt worden war, nahm sofort unter Leitung des Polizeipräsidenten Vollnhals als erstes die Klärung des Tatbestandes auf über die Erschießung der zehn Geiseln. Am 1. Mai früh wurden die

Leichen in das gerichtlich-medizinische Institut gebracht und es wurden eingehende Erhebungen zur Feststellung der Leichen eingeleitet. Die Schillerstraße lag vollkommen unter dem Feuer der Spartakisten, die dort zwei schwere Maschinengewehre und ein Geschütz aufgefahren hatten und es war den Beamten nicht möglich, in das gerichtlich-medizinische Institut zu kommen. Der Versuch wurde mehrmals in der Nacht wiederholt und man versuchte, mit den damals zur Verfügung stehenden schwachen Kräften die Zufahrtstraße zur Schillerstraße zu nehmen. Da keine Verstärkung von auswärts kam, konnte man noch nicht vorstoßen. In den Morgenstunden wurde dann die Schillerstraße frei. Sofort begannen die Agnoszierungen. Mittlerweile wurde der Tatbestand durch sehr zahlreiche Zeugen protokollarisch festgestellt. Nach übereinstimmenden Aussagen spielte sich die Erschießung der Geiseln folgendermaßen ab:

Die Geiseln wurden über Nacht im Keller eingesperrt und es wurden am 28. April noch zwei Soldaten der Gardeschützendivision eingeliefert, deren Namen noch nicht feststeht. Sie wurden geschlagen und es wurde ihnen gesagt, daß sie erschossen werden würden. Infolgedessen war die Stimmung unter den Geiseln sehr gedrückt, um so mehr, als tags zuvor von der Polizeidirektion, die unter kommunistischer Leitung stand, die in den „Vier Jahreszeiten" verhafteten Personen eingeliefert worden waren und zwar: Walter Nauhaus, Walter Deike, Max Aumiller, Heila von Westarp, Anton Daumenlang. Diesen Geiseln wurde schon in der Polizeidirektion mitgeteilt, welchem Schicksal sie entgegengingen. Sie waren deshalb in furchtbarer Aufregung. Obersekretär Daumenlang weinte bitterlich und es machte auf alle einen erschütternden Eindruck, wenn er erzählte, daß er ganz und gar unschuldig und nicht wisse, warum er hier sei, er habe Frau und Kind und wollte gern frei sein. Daumenlang war blutüberströmt, als er eingeliefert wurde, er wollte flüchten und war deshalb roh mißhandelt worden. Es scheint schon damals die Absicht bestanden zu haben, die Geiseln zu erschießen.

Am 30. April vormittags 10 Uhr wurden die zwei von der Roten Garde eingebrachten Soldaten, von denen der eine, wie er erzählte,

Familienvater und in Berlin wohnhaft war, während der zweite ein 19- bis 20jähriger Mann, ledig war, hingerichtet. Der junge Soldat wurde furchtbar geschlagen und mißhandelt. Die beiden Soldaten wurden in den Hof geführt, mußten sich an die Wand stellen, kamen in ein Schützenfeuer und brachen zusammen. Die übrigen Geiseln mußten dabei zusehen. Damit war sicher, daß auch sie das gleiche Schicksal ereilen würde. Die Geiseln schrieben Abschiedsbriefe und hörten am Nachmittage, daß Levien da sein solle. Was er dort tat, weiß bis jetzt niemand. Der Kommandant Fritz Seidel gab nun seinem Stellvertreter Willi Hausmann den Befehl, die Geiseln auszusuchen, die hingerichtet werden sollten. Hausmann kam mit einem Schreiber in das Zimmer der Geiseln und rief die einzelnen Namen nach seinem Ermessen dem Schreiber zu. Nachdem er sich acht ausgesucht hatte, nahm er einen Rotstift, unterstrich die Namen und schrieb dazu: Erschießen. Hierauf wurden die Geiseln in den Hof gebracht und auf Alarmläuten versammelten sich im Hofe des Luitpoldgymnasiums etwa 200 Soldaten, aus den Fenstern sahen ebenfalls 150 bis 200 Soldaten heraus. Außerdem standen im Hofe 8 bis 10 Mann, darunter Soldaten, Matrosen und ein Zivilist mit einer Kraftfahrerlederjacke. Der Zivilist lachte und freute sich der kommenden Dinge. Die Opfer standen zusammengedrängt in einer Ecke zwischen zwei Bäumen. Im Hofe standen der Schreiber und Hausmann. Es wird auch behauptet, daß Seidel im Anfang unten war, später aber vor der Exekution hinaufging und in seiner Kanzlei Geld für die Löhnung zählte. Vorn in der Wache spielten die Soldaten Mundharmonika.

Hierauf wurden die Namen aufgerufen und etwa acht Meter vor der Wand nahmen die Mörder Aufstellung. Vorher mußten die Opfer alle ihre Wertsachen und Briefschaften an den Soldaten abgeben, der das Kommando führte. Das erste Opfer war der Obersekretär Anton Daumenlang. Er wurde von rückwärts erschossen. Er betete. Die Schüsse fielen unregelmäßig und es ist nicht erwiesen, ob ein Kommando abgegeben worden ist. Obersekretär Daumenlang wurde von den Truppen als Plünderer bezeichnet.

Wer als zweiter erschossen worden ist, konnte einwandfrei nicht festgestellt werden. Auf das Opfer wurde noch nachträglich ein Schuß, den der Zivilist abfeuerte, abgegeben und zwar ganz in der Nähe des Kopfes, wodurch die Schädeldecke zertrümmert wurde.

Der dritte, der exekutiert wurde, war Oberleutnant von Teuchert, der sich nicht umdrehen wollte, sondern aufrecht stand und zu den Soldaten sagte: „Ich sehe dem Tode ins Auge".

Leutnant Kraus, vom Kampfbund der Thule

Mittlerweile wurde der Prinz von Thurn und Taxis, da er sagte, daß er nicht der gesuchte Thurn und Taxis, sondern ein anderer sei, nochmals zur Seite geführt, da die Soldaten ausdrücklich verlangten, daß man keinen Unschuldigen töten solle. Seidel, der mit einem Weibe an seinem Schreibtisch saß, sagte bloß: „Weg damit, bei uns gibt es kein Verhandeln, entweder ja oder nein". Als nächster wurde wahrscheinlich Professor Berger erschossen, wobei vermutlich auch Dum-Dum-Geschosse verwendet wurden, da seine obere Gesichtshälfte vollständig zertrümmert wurde. Als fünfter ist wahrscheinlich Walter

Nauhaus auch von rückwärts erschossen worden. Als sechster wurde Friedrich Wilhelm von Seidlitz ermordet.

Als siebentes Opfer kam die Gräfin Westarp daran. Sie bat noch schreiben zu dürfen. Dies wurde ihr gestattet und sie schrieb auf dem Rücken eines Soldaten etwa 10 bis 15 Minuten. Sie sagte zu den Soldaten: „Ich bin unschuldig, macht doch keine Leiche aus mir". Den Zettel gab sie dem Schreiber, nahm das Gesicht in die Hände und fiel getroffen von einigen Kugeln, auf die andern Leichen nieder. Als letzter kam Prinz Thurn und Taxis an die Reihe. Er war sehr gefaßt und ruhig und gab noch den Auftrag, wenn jemand von den andern Geiseln entlassen werden sollte, so solle er das im Parkhotel melden. Auch Prinz Thurn und Taxis mußte von Dum=Dum=Geschossen getroffen worden sein, da der obere Teil des Gesichtes vollständig zerstört worden ist.

Von einem Augenzeugen wird berichtet, daß gegen 4 Uhr im Luitpoldgymnasium ein Plakat aufgehängt worden ist, auf dessen Rückseite folgendes mit Bleistift geschrieben stand: „Erschießt 22 Leute, aber sucht Euch die Feinsten heraus. gez. Egelhofer."

Daß das Oberkommando den Befehl gegeben hat, geht auch aus dem Abschiedsbriefe des sich selbst gerichteten Willi Haußmann hervor. Die Sekretärin des Egelhofer behauptet, daß Egelhofer nichts davon wisse und auch die andere Schreiberin erklärt, daß Egelhofer, als er von der Erschießung erfuhr, mit Tränen in den Augen sagte: „das habe ich nicht gewollt." Bis jetzt ist noch nicht erwiesen, wie die Dinge zusammenhängen. Eins steht fest: Seidel, Haußmann und Konsorten scheinen von einer ganz tierischen Rohheit und Bestialität im Charakter gewesen zu sein. Die Leichen wurden nicht verstümmelt und auch von den Soldaten nicht beraubt. Wahrscheinlich wurden in der Nacht die Opfer durch Leichenschänder ausgeplündert.

Die Kunde über die furchtbare Tat verbreitete sich mit Blitzesschnelle in der Stadt. Diesem Umstande ist es zuzuschreiben, daß sich wie ein Mann die Bürger bewaffneten und auch kleine Trupps in die Stadt einmarschierten und die einzelnen Stadtteile früher, als es im militärischen Plane lag, besetzten.

Über das Gerichtsverfahren kann noch nichts gesagt werden, die Angelegenheit ruht in den Händen des Staatsanwaltes. Alle Täter werden verfolgt und zur raschesten Aburteilung gebracht.

Die Voruntersuchung und die Verhandlung, die am 1. September 1919 begann, ergab eine solche Summe von widerlicher Rohheit der Mörder, daß es nicht wiedergegeben werden kann. Auch die Bilder der Ermordeten können aus diesem Grunde nicht gebracht werden; sie sind grauenerregend. Die Untersuchung ergab aber ein Bild, das von der obigen Darstellung etwas abweicht. Es ist in dem Buche „Ein Jahr bayerischer Revolution im Bilde" (Photobericht Hoffmann) enthalten.

Die Fahne raus! Auf gehts!

Nachmittags vier Uhr. Im Geiselzimmer sitzen die Verhafteten. Die einen lesen, die andern spielen Karten. Daumenlang jammert nach Frau und Kind. Da kommt Haußmann mit zwei Schreibern und diktiert ihnen Namen. „Erst die von den Vier Jahreszeiten". Hesselmann stellt die Gruppen zusammen. „Erst die, dann die, dann die."

Man ahnt, es geht zum Tode. Nur Professor Berger nicht, er gehört nicht zu den Thuleleuten, im Gegenteil, er ist Jude.

Die andern Schicksalsgenossen wollen ihn zurückhalten — aber er drängt sich hinzu, weil er glaubt, es geht zum Verhör. Die Posten weisen ihn zurück „Du gehörst nicht dazu". Aber er geht nicht weg, er drängt sich zum Tode. Posten kommen und holen die erste Gruppe ab. Voraus Daumenlang mit gefalteten Händen. Unterdessen ist das ganze Gymnasium rebellisch geworden. Als der Zug der Todgeweihten auf den Korridor kommt, da schreit einer in die Zimmer hinein: „Die Fahne raus! Auf gehts!" und man schreitet — welch teuflische Kunst der Regie — mit der blutroten Fahne hinter den armen Opfern her. Im Hofe wimmelt es von Soldaten. Sechshundert, achthundert sind drunten. Man sucht nach Schützen.

Haußmann ist menschlich. Die Todgeweihten dürfen noch ein paar Zeilen an ihre Lieben schreiben. Briefe, die sie nie erreichten. Schon bringt man die zweite Gruppe in den Hof. Darunter die Gräfin Westarp.

„Sollermensch!" „An die Wand mit der Hur!" jubelt die Soldateska. „Nur eine Stunde laßt mich noch leben," fleht die Gräfin, „macht doch keine Leiche aus mir." Eine Gnade gewährt man auch ihr, sie darf auf dem Rücken eines Schreibers noch einen Brief schreiben. Derweilen fällt Daumenlang als Erster. Betend geht er in den Tod.

Leutnant von Teuchert und Nauhaus, sie kehren den Mördern tapfer das Gesicht zu, folgen.

Zitternd an allen Gliedern schreibt die Gräfin an ihrem Abschiedsbriefe. Die Zuschauer werden ungeduldig. „Die soll stenographieren." „Die gehört an die Wand!" „Es ist Schluß jetzt!" Da packt sie — das Zeichen des Roten Kreuzes am Arm — ein Sanitäter mit rohem Griff und zerrt sie vor. Ohnmächtig bricht sie zusammen. Man läßt ihr einige Momente der Erholung. Die Alarmglocken schrillen, die Sirenen pfeifen: „Jetzt kommt der Clou der Exekution". An den Fenstern erscheinen lachende „Damen". Man spielt Ziehharmonika und tanzt. In der Kantine ruft die Kellnerin, diese Prachtfigur aus dem Blutgymnasium die Gäste ans Fenster. Alles ist in tollster Aufregung.

Da bringt man die letzte Gruppe, darunter den Prinzen Thurn und Taxis und den ahnungslosen Professor Berger, der immer noch glaubt, er werde zum Verhöre geführt. Der stutzt, als er die Leichen liegen sieht. Er will sich losreißen. Ein paar Dutzend Hände krallen nach ihm und reißen ihm, dem Greise, den halben Bart aus.

Unterdessen ist die Gräfin wieder zu sich gekommen. Noch einen Augenblick lehnt sie an einem Baum, sie weint, dann geht sie entschlossen und aufrecht an die Mauer. Schüsse krachen. Eine Kugel reißt der Armen das Herz heraus.

In diesem Augenblick erscheint wie Hilfe im letzten Moment der Adjutant aus dem Kriegsministerium, der Kunstmaler Seyler. Er sieht, wie man sich um den ihm bekannten Professor Berger rauft. Aber ehe er noch recht begreift, was vorgeht, steht auch schon Berger an der Wand. Schüsse krachen!

Da stürzt sich Seyler in den Haufen, in dem gerade Prinz Thurn und Taxis seine Unschuld beteuert: "Ich will noch einmal verhört werden, ich bin nicht der Richtige". Seyler reißt ihn aus dem Haufen und rennt mit ihm ins Gymnasium hinein. Dort trifft er Seidel, der selber an allen Gliedern bebt.

"Wie könnt ihr nur wagen?... Wer hat den Befehl gegeben?... Ich bin der Adjutant aus dem Kriegsministerium!"

Seidel brüllt ihn an: "Mach, daß Du Dich drückst, bei uns sind die Kugeln heut billig."

Seyler flieht: "Keinen Augenblick länger in dieser Hölle".

Noch einmal wird Thurn und Taxis zu Seidel geführt, der muß Löhnung auszahlen.

"Ich habe keine Zeit jetzt. Wie viele sind schon erschossen?"

"Sieben".

"Acht müssen wir haben."

Einige Minuten später fällt der Fürst.

Die Spannung löst sich, man besichtigt die Toten. Der Gräfin spukt einer ins Gesicht und hebt ihr die Beine auf.

Auf einem besonderen Zimmer treffen sich die Schützen. Es gibt extra Wein und Zigaretten. Die Ziehharmonika spielt noch immer. Es wird zehn Uhr. Aus dem Parterre dringt fröhliches Tanzgetrampel herauf ins Kommandantenzimmer. Seidel ist fertig mit der Löhnung. Es hat viel Arbeit gegeben heute.

Und bei der Löhnung sind 60000 Mark übriggeblieben. Seidel teilte sie für sich und andere; "Es ist Flüchtlingsgeld", sagt er dabei.

Die Anklagerede, nach dem vom Ersten Staatsanwalt Heinz Hoffmann entworfenen Texte lautet, unter Weglassung der unwichtigeren Ausführungen:

"Wenn einmal unser Zeitgeschehen mit seinem Gähren und Brausen und Toben Geschichte sein wird, da werden die Urenkel des jetzigen

Geschlechtes des Rühmens und Staunens voll sein von jenem Heldentum und jener titanischen Kraft, mit welcher der Deutsche vier Jahre lang gegen die erdrückende Übermacht einer Welt von Feinden gerungen hat.

Die Schlacht ist vorbei, der Krieg ist verloren.

Der schrecklichste aber aller Kriege, der Bruderkrieg zerwühlt unser armes Vaterland, von dem die Schrecken des Krieges und die Greuel und die Schrecken des Kampfes ferngehalten waren.

Wir sind besiegt. Da wird unsere Heimat zum Schauplatz auch noch der traurigen Tat jenes Kriegsgefolges aus feigem Versteck von überall und nirgends her, das zu bezeichnen wir Deutsche in unserm Vaterlande im Tierreich selbst keinen Vergleich finden können, für das wir den Namen im Auslande entlehnen: Hyänen des Schlachtfeldes.

Eine Tat dieses Gepräges der Leichenfledderei von einem solchen Gelichter untersteht Ihrer Aburteilung. Der Geiselmord vom 30. April 1919 im Münchener Luitpoldgymnasium."

Der Staatsanwalt begründet nun die Zuständigkeit des Volksgerichtes und seine Rechtmäßigkeit, die von verschiedenen Verteidigern angefochten worden war und fährt dann fort:

„Die zur Aburteilung stehende Tat war Mord. Kein Kampf war dort, wo sie geschah. Ganz und gar wehrlose Menschen wurden hingeschlachtet; auch kein Schein von Recht umgibt die Tat. Aufrührer und mordgierige Meute vollbrachten sie und obendrein haben sie nicht einmal den Versuch gemacht, dem Morde auch nur den Schein einer Berechtigung zu geben. Kein richtiges Verhör, keine Feststellung, keine Spur einer wirklichen Schuld, nicht der Versuch einer Aburteilung. ‚Wir scheißen auf das Tribunal', hat der Herr Kommandant Seidel gesagt. Deutlicher kann man seine Verachtung des Rechts nicht zum Ausdruck bringen und Geiseln hat man hingemordet, Geiseln aus der Bürgerschaft, aus der Reichswehr! Wohl in der Erkenntnis, daß ein deutsches Wort dem Deutschen den Inbegriff des nötigen Bluthasses gar nicht auszudrücken vermag, erfand man, nein, entlieh man, da eigene Zeugungskraft fehlte, das französische Wort ‚Bourgeoisie'. Das ist den richtigen Hetzern und Verhetzten wohl dasselbe, was für die Franzosen das schöne Wort Boches bedeutet.

Mit welch schönem Tonfall hat nicht der Vorstand der kommunistischen Partei Deutschlands Sektion Westend dieses Wort hier ausgesprochen, der Mann, der, wie er selber sagt, ein Mann der radikalen Phrase ist, der beim Schnapsglase den Geiseln wie den Katzen die Hälse umdreht, der die Leichen aus dem Gymnasium in die Isar zu transportieren als ehrenvollen Auftrag übernimmt, sich die Begleitung eines Rotgardisten gefallen läßt, der nur deswegen mitkommt, um für seinen Freund Hausknecht ein Gewand den Leichen zu stehlen. Hyänen des Schlachtfeldes!

Man wird, meine Herren, Ihnen vielleicht viel erzählen von der fürchterlichen Gefährlichkeit der Thuleleute. Herr Rechtsanwalt Liebknecht hat nicht ohne gewisse Feierlichkeit selber am Freitage verkündet, es liege ihm vollständig fern, eine Schuld der Toten behaupten zu wollen, ja je zu behaupten, daß eine solche Schuld bestehe.

Was aber sollen in einem Verfahren, das der Sühne der Gerechtigkeit für den Tod der Ermordeten gewidmet sein muß, der Irrgang auf die angeblichen Taten der lebenden Vereinsbrüder der Toten? Und nicht einmal alle Geiseln waren Thuleleute!

Wo ist der Mann, der nach diesen Verhandlungen den Mut hätte, von einer Todesschuld des greisen Professor Berger zu sprechen oder des Schutzmann Nies, der schon zur Richtstätte geschleppt war? Baron Teuchert, Prinz Thurn und Taxis, Gräfin Westarp, Freiherr von Seidlitz sind wohl mehr ihrem Adel zum Opfer gefallen, als ihrer Anmeldung zur Thule.

‚Ein Diamant in unsrer Hand ist der Prinz', so hat ein Rotgardist gesagt. Als Prinz und nicht als Thulemann ist der Prinz des öfteren verhaftet worden! Baron Teuchert wurde ja draußen gefangen, nicht als Thulemann! Die Gräfin erwies sich als unschuldig, selbst Egelhofer und Levien erklärten das. Auch nicht die Gesinnung erschien verdächtig.

‚Sucht Euch die Feinsten heraus', so stand auf dem Mordpapier des Egelhofer an Seidel. Bei den Verhetzten des Gymnasiums waren nun wohl die Thuleleute als Plünderer aus den ‚Vier Jahreszeiten' allgemein bekannt, allein, was beweist das? Es kommt doch darauf an, daß gemordet wurde. Auf den Mord kommt es an.

Es war kein Kampf im Gymnasium, kein Schein der Berechtigung zum Menschentöten. Bei den Feldküchen ist gemordet worden, nicht an der Front. Die Tat war Mord an den Geiseln.

Allgemein hieß es, es werden Geiseln erschossen! Ob schuldig oder unschuldig, das war ja so gleichgültig wie die Frage, ob alt oder jung, ob Mann oder Frau. Für die unmittelbare Ausführung — und nur diese steht hier zur Beurteilung — genau so gleichgültig, wie die Frage, ob die Thuleleute Antisemiten waren oder ob Berger selbst Jude war.

Am 30. April im Hofe des Gymnasiums der gräßliche Mord. An der Stätte, die erbaut ist für die Erziehung der Jugend zur Humanität. Vormittags die beiden Husaren, nachmittags die andern acht Geiseln! Ein Dunghaufen in der Ecke die Hinrichtungsstätte! Welche Rohheit!

Doch war nicht das ganze Gymnasium damals zu einer abscheulichen Hölle geworden, in der von Dutzenden von Menschengehirnen kaum eines nicht von einem Gedanken erfüllt war, der das Licht des Tages nicht zu scheuen hatte. Die kleinen Sünder waren die Tagediebe, die Essen und Trinken und Kleidung und Löhnung stahlen und deren ganzer Eifer sich darauf richtete, keinen Dienst zu machen. Die andern gingen schon darauf aus, als Bürgerschrecken durch Stehlen und Plündern den Dienst zu versehen, wie sie ihn verstanden. War doch mancher zu faul, sich zu den Bourgeois zu bemühen, sie stahlen im Gymnasium selbst.

O Ironie! Man verteidigt allgemein das schroffe Auftreten des Kommandanten und der Untergötter im Gymnasium damit, daß ihr Unteroffizierston notwendig war, um unter den Herren einigermaßen Ordnung zu halten. Was haben diese Hetzer den tüchtigen deutschen Unteroffizier nicht ob seines Tones als Sklavenhalter verschrieen!

Freie Menschen versprachen sie zu schaffen und unter sich, da brauchen sie den Kasernenhofton.

Und wer übte diesen Ton? Es ist vom höchsten Interesse, von psychologischem und kriminellem Interesse, sich darauf die Herren einmal anzusehen. Der Oberkommandierende Egelhofer kam aus der Marine, ein in Köln entsprungener Sträfling. Seidel war nie Soldat. Es ist die Konstatierung interessant, daß Herr Seidel ausgerechnet in dem Augenblicke, wo er kommandierte, wegen kaputer Nerven eben von seinem Arbeitsplatz, sich Urlaub erschwindelt — wollte sagen erbeten — hatte und daß er zugibt, Lohnzettel gefälscht zu haben. Der Weltkrieg hat uns diese hier landfremde Kraft aus dem Hafen Triest hierher geführt. Ins Gefängnis eingeliefert, wurde er sofort wieder krank und verlangte ins Lazarett. Haußmann, der zweite Kommandant war auch seiner Nerven willen von der Arbeitsstätte fern geblieben. Pfister erlitt am Morgen der Erschießung einen schweren Nervenzusammenbruch. Schicklhofer, der Oberzugführer war Kohlentrimmer, auf vielen Fahrten hat er sich die Welt angesehen, hat die Syphilis und die Liebe zum Alkohol mitgebracht, die Körper und Geist allmählich zu zerstören drohen. Hesselmann, der den Kommandanten vertretende Oberschreiber, der im abgetakelten Offiziersrock herumsteigt, der sich als großer Filmdarsteller dargestellt hat, hier als Heiratsschwindler entlarvt wurde, ist wegen Diebstahls im Rückfalle vorbestraft. Fehmer ist wegen Zuhälterei vorbestraft und war so besonders geeignet für den Vertrauensposten als Vorsteher der Verpflegestation. Landstreicherei ist das Delikt des Schirmflickers Huber. Völkl ist wegen Diebstahls im Rückfalle wiederholt bestraft. Pürzer ist Psychopath und sogar der Herr Türsteher des Kommandanten, Schmittele, ist frisch aus der Feldstrafkolonie bezogen.

Wirklich eine famose Gesellschaft zur Ausübung der Kommandogewalt!

Und meine Herren, ein klein wenig Statistik zur Kriminalogie des Falles. Sieben der sechzehn Angeklagten sind unehelicher Abstammung, zwei, Hesselmann und Schicklhofer, leben in zerrütteten Eheverhältnissen, drei sind minderwertige Psychopathen, den Egelhofer hat eine Zeugin als größenwahnsinnig geschildert, als der Krieg ausbrach, waren von all den sechzehn ‚Helden' ganze vier volljährig und zwölf minderjährig.

Was Wunder, wenn nach dieser doch die Spitzen der Behörden mit umfassenden Auslese, wenn es im Gymnasium drunter und drüber ging. Jeder tat, was er wollte oder richtiger gesagt, jeder tat nicht, was er nicht wollte, trotz des vom alten Vaterlande entliehenen Kasernenhoftons.

Hierher gehört auch des Feldwebels Schicklhofer, der sich in rührender Bescheidenheit nur Unteroffizier nennen ließ, bewegliche Klage, daß er und die andern so häufig Einladungen zu den Kirchweihen erhielten, und daß er bei seiner Unentbehrlichkeit im Gymnasium unmöglich hat diesen nachkommen können, hierher gehört, daß die Unterschriften der Urlaubsscheine und -zettel gleich zu Hunderten im Gymnasium verfälscht wurden, von Leuten im Gymnasium selber.

Für den, der etwa durch die Gespensterbrille nachtschwarzen Verrates der Bourgeoisie in bezug auf Plünderung und Fälschung wittert, darf die Bemerkung eingeflochten werden, daß diese Gesellschaft wahrlich Mannes genug war, all die schwarzen Taten selber in aller Form zu begehen.

Was sagen Rektor und Pedell des Gymnasiums? Nichts war sicher! Wie sagt Hesselmann? Die Kammer wird ausgestohlen! Weshalb legt dieses hohen Herrn Geliebte ihr ‚Ehrenamt' als Schwester des Roten Kreuzes am Schreibtisch nieder? Um eines kameradschaftlichen Sittlichkeitsverbrechens willen. Rohheit über Rohheit und Verbrechen!

Ein Neugieriger von der Roten Garde möchte Geiseln sehen, man zeigt ihm drei edle Schweine. ‚So sehen Geiseln aus'. Geklärt hat diese Rohheit jedenfalls die Herkunft der frischen Eingeweide, die man im Blutgymnasium fand und die in der ersten Aufregung für Menschenteile gehalten wurden.

Rüd war der Ton! Ohrfeigen wurden ausgeteilt. Die eingelieferten Gefangenen wurden von Beginn der Verhaftung an mit dem Tode bedroht. Ihren Angehörigen, Frauen und Kindern sagte man:

‚Es geht mit ihnen zu Tode.' Hat man sie im Gymnasium, so sagt jeder, der sich berechtigt glaubte, den Mund aufzureißen: ‚Euer Leben ist verfallen, Ihr seid des Todes!'

Die beiden Husaren, die arme Gräfin, den greisen Professor behandelt man roh und gemein, sie werden schamlos beschimpft und verhöhnt bis zu dem heiligen Augenblicke, wo sie den schuldlosen Opfertod für ihr Bürgertum erleiden müssen. ‚Du alter Lump', ‚Du alte Hure', ‚Du Sollermensch', das sind die Ausdrücke, die man ihnen beim letzten Gange ins Gesicht schleudert!

Da kann man auch die Bekanntschaft der ‚Damen' machen, auf die jene Schimpfende sich berufen hat in frecher zynischer Gemeinheit einer wirklichen Dame gegenüber. Auch im Gymnasium waren ‚Damen'. Hat ein Zeuge recht, so drängten sich diese Edlen sogar zum Zuschauerraum der scheußlichen Tat. Eine holde Ehefrau ruft freudestrahlend: ‚Auch meiner macht mit'. Und welch edle Vertreterin ihres Geschlechtes schildert uns der Angeklagte Hannes in der ‚Dame', die ihren Artistenstand mit dem einer kommunistischen Kellnerin im Luitpoldgymnasium vertauschte. Sie animiert ihren Hanns zum Schießen auf ihre Mitschwester, die sie gar nicht kennt, die ihr nie etwas zu leide getan hat! Und als er nicht zielt, da wird sie im echten Sollerstil deutlich! Welch ein Abgrund von Rohheit!

Sollte man meinen, daß es noch Gräßlicheres, noch Scheußlicheres zu schildern gibt? Aber aus dem eigenen Munde jener ‚Dame' hören wir noch Unmenschlicheres. Sie geht in die Küche, um ihr Mittagessen zu holen und im Vorbeigehen, vielleicht, damit es ihr besser schmeckt, sieht sie sich die Leichen der armen ermordeten Soldaten an. Sie steht auf dem Stuhl in der Kantine, damit ihr auch nichts entgeht! Ja, sie hat auch hernach, diese ‚Dame', sich die Leichen angesehen. Leichen, von denen der erfahrene, im Felde tätig gewesene Sachverständige aussagt, daß er nie etwas Gräßlicheres gesehen hat!

Die arme Gräfin! Im Leben nicht und nicht im Tode hatte sie Ruhe vor ihren Peinigern. Man beschimpfte sie, man sperrte sie unter Todesdrohungen in den Keller, man zwang sie unter Todesdrohungen das Zimmer des Herrn Schickelhofer zu reinigen! Sie wird roh unterbrochen: ‚Das langt jetzt', als sie ihren letzten Brief schreiben will, der nie seine Adresse erreichte. Man zerrt sie vor mit einem Stoß, mit unflätigen Schimpfworten und die Tote — es graust einem vor so viel Gemeinheit — wird von einem Rohling an den Beinen in die Höhe gehoben, man versetzt ihr einen Fußtritt und speit ihr in das edle Angesicht. Wahrlich eine Märtyrerin!

Nie wird sich der Schleier lüften, woher die verdächtige Sorgfalt kam, welche die Herren Zugführer der Dame angedeihen ließen. Sie zwangen die Gräfin oder wie sie sagten — sie gestatteten ihr — in ihrem Zimmer zu schlafen! Ausgerechnet Herr Schicklhofer, der Anbeter Leviens, deutet Entsetzliches an. Ihm fiel auf, daß in dem Nebenzimmer, zu dem auch ihm der Zutritt verwehrt wurde, die arme Gräfin hinter verschlossenen Türen verhört wurde! O Ärmste der Armen!

Ein anderer Unglücklicher zuckt noch im Sterben, er erhält einen Fangschuß. ‚Laß ihn doch verrecken, der braucht keinen Gnadenschuß!' sind die Worte. Ein anderer ist auf die Stiefeln der Erschossenen scharf. Wie sagte ich doch vorhin? Von überall und nirgends her Hyänen des Schlachtfeldes, Leichenfledder!

Und nun zur Tat selbst. Hinsichtlich der Verhaftung und Ablieferung kann ich mich auf die Anklageschrift beziehen, die durch die Hauptverhandlung ihre volle Bestätigung gefunden hat. Ich darf schon hier bemerken, daß ich in der richtigen Beurteilung der Taten der Anregung des Herrn Vorsitzenden folgen werde, welcher die beiden Erschießungen als einen Komplex auffaßt, als je ein fortgesetztes Verbrechen des Mordes.

Noch einmal muß ich mit aller Eindringlichkeit an dieser Stelle betonen, in der ganzen Verhandlung ist keinem der Toten eine wirkliche Schuld nachgewiesen worden. Die feierliche Erklärung des Herrn Rechtsanwalts Liebknecht hat das auch konstatiert.

Weshalb Brudermord? Blutrünstig war die Stimmung der Rotgardisten, die Agitatoren hatten in den Versammlungen mit Hetzen nicht gespart.

Ein Ort aber in München war gefährlich, das Luitpoldgymnasium.

Seidel mit seinen radikalen Leuten ist zu fürchten, so sagten jene Räte=
gewaltigen, von denen Seidel behauptet, sie seien seine Vorgesetzten
gewesen.

Bei den wichtigen Gefangenen setzte sich nach Gebühr die Leitung
des Luitpoldgymnasiums durch und noch höhere Stellen sorgten
für sicheren Gewahrsam und bei den ausgewählten Opfern für
den sicheren Tod. Mit den Schutzmannschaftsschülern wurde der An=
fang gemacht: Nies entrann kurz vor dem Schaffott dem Tode. Der
Kommunist Jung, der gefährliche Mann, dessen einzigstes Verbrechen
darin bestand, daß er sich gegen den Wahnsinn gesetzt hatte, zwei=
tausend Münchener Arbeiter in den sicheren Tod zu treiben, war die
zweite Art der gefährlichen Gefangenen, Reichswehr und die Thule=
leute war die letzte und wichtigste Gruppe.

Weshalb das nun? Diese Frage wurde in der Hauptverhandlung
restlos geklärt. Mit zynischem Pharisäismus hat in den letzten Räte=
tagen eine geheime Verbrechergruppe ihre Herrlichkeit halten wollen.
Lüge wurde auf Lüge gehäuft, Hetze auf Hetze. Hinter den Kulissen
dieses Prozesses tauchen jene landfremden Hetzer und Schürer auf und
wurden entlarvt, wie sie mehr und mehr die Instinkte von Stufe
zu Stufe zur Blutgier aufstacheln!

Seidel und Egelhofer sind Anbeter von Levien, seine Treuen, die
zu jeder Schandtat bereit sind.

Nicht anders Haußmann!

Levien ist bei jenem Verhöre der Thuleleute zugegen. Levine und
Levien besuchen heimlich die Gefangenen, besonders die Thuleleute,
ganz heimlich nach Verbrecherart sich nicht verratend!

Geheime Beratungen und Tagungen finden im Luitpoldgymnasium
statt! Und zwischen Verhör und jener nächtlichen Opferschau liegt
jene pharisäische systematische Hetze, welchen hellen Fackelschein in
die Gänge des Gymnasiums wirft.

Wir haben es hier alle erlebt. Zuerst Plakate in der Stadt: ‚Plün=
derer werden erschossen!' Ja, in Miesbach wurde ein Mann erschossen,
der völlig unschuldig war, er wurde deswegen ermordet, weil er ver=
dächtig war, die Rote Garde verraten zu haben, aber seine Ermor=

dung wurde als gerechte Strafe für die Plünderung hingestellt, wurde so plakatiert!

Hat nicht der Kommunist Seidel selber geplündert? Die sogenannte Beschlagnahme der fünf silbernen Rasierapparate war Plünderung unter Anmaßung eines Amtes, das er nicht hatte.

Man warf ein Flugblatt in die Stadt: ‚Reaktionäre Diebe und Plünderer, hochgestellte Fälscher und Plünderer hat man gefunden!' Dieses Plakat galt nicht dem Herrn von Sebottendorff und nicht sonst jemandem, der nicht gefangen war, sondern es war bluthetzerische Ehrabschneidung den Todesopfern auf den Kopf geschrieben.

Nie ist größere Niedertracht gesehen worden!

Man verleumdet die, die man am unschuldigsten weiß, die Gräfin! Nicht das Mitglied der Thulegesellschaft — die Gräfin wollte man töten!

Damals, Herr Rechtsanwalt Sauter, hätte man den Adel des Freiherrn von Sebottendorff nicht angezweifelt, sondern in Sperrdruck an die Säulen geschlagen: Einen Baron hat man auch gefangen!

Man hat die Genossen erst gegen die Plünderer scharf gemacht. Die Höllenmaschine war geladen, man brauchte nur noch die Lunte!

Diese war der Mord an den Husaren! Bei ihrem Verhöre kam es niemanden darauf an, die Wahrheit zu wissen. Seidels Revolver schnellt empor und erpreßt die schamlosesten Lügen, wie man sie zur Hetze brauchte. Jedes Revolverknacken erpreßt ein Ja und alles wird fein säuberlich zu Papier gebracht, vom Kommandanten, Herrn Seidel, eigenhändig in der Druckerei bestellt und in der Nacht als Flugblatt herausgebracht — als Hetzblatt unter die entsetzte Münchener Arbeiterschaft geworfen!

So wird der Brand gestiftet, der Mord an den Thuleleuten vorbereitet! Ohne Zweifel baut sich der Mord im Gymnasium auf dieser Hetze auf. Nach der Ermordung der Husaren kommt ein Zivilist zu Seidel und fragt: ‚Habt Ihr Unterlagen, daß die Erschossenen Noskehunde und Liebknechtmörder waren?' Da erst läßt Herr Seidel die Leichen nach Papieren untersuchen, die diese Beweise erbringen sollen. Aber man findet keine solchen Beweise. Welch abgrundtiefe Fülle von heuchlerischem Lügentum! Und diese Leute haben nachher die schamlose Frechheit, in gemeiner Lüge die eigenen Leute zu beschmutzen: ‚Unsere Leute waren so roh, und so gemein, daß wir uns vor ihnen nicht retten konnten, die haben gemordet, wir hätten es verhütet!'

*

Der Staatsanwalt ging dann auf die einzelnen Angeklagten ein; um jemanden anzuklagen, habe er drei Bedingungen gefordert:

1. Daß er als Rotgardist oder sonstwie, womöglich mit der Waffe, im Gymnasium war;

2. daß er zur Mordzeit dort war;

3. daß er zum Geiselmord in irgend einer direkten oder indirekten Beziehung stand.

Die Verteidigung könne nicht behaupten, daß er Leute auf die Anklagebank geschleppt habe, denen nichts nachgewiesen werden könne als ein unvorsichtiges Wort.

Hier stehe nur die Tat selbst zur Aburteilung, die Angeklagten, die er hier habe, seien schuldig. Er stellte dann seine Anträge.

Das Gericht verurteilte am 15. Verhandlungstage sechs der Angeklagten zum Tode, die übrigen zu langen Zuchthausstrafen.

Da das Gesamtministerium das Urteil bestätigte, wurden die Todesurteile im Hofe des Gefängnisses zu Stadelheim durch Erschießen vollzogen.

Wenn jetzt, nach 14 Jahren, offen über die Mörder gesprochen werden kann, so ist dabei zu berücksichtigen: Die wahren Mörder waren jene drei Juden, die die Macht in den Händen hielten und in den Händen behalten wollten. Ihrem Gehirn entsprang der teuflische Plan die Gegner zu vernichten. Die Ausführenden, die Mörder waren verführte Opfer.

Das wäre der Weg gewesen, auf dem die Rechtsanwälte Sauter und Liebknecht die Köpfe der Mörder hätten retten können.

Aber der Weg war nicht gangbar, er hätte die herrschenden Parteien bloßgestellt.

So versuchte man eine Schuld der Thule Gesellschaft zu konstruieren. Um das klar zu erkennen, muß man die Hetze berücksichtigen, die nach der Einnahme Münchens gegen den Gründer der Thule Gesellschaft, Sebottendorff, einsetzte.

An dieser Hetze waren wieder nur Juden beteiligt. Sie hatten das Material geliefert, das Liebknecht und Sauter im Geiselmordprozeß benutzten.

Der „Beobachter" brachte zum Geiselmordprozeß in Nr. 45 vom 17. September 1919 folgenden Bericht (s. Bilderteil S. 219):

Die Drahtzieher.

Lange Abhandlungen wurden in anderen Zeitungen darüber geschrieben. Wir allein haben bis heute geschwiegen, wie wohl niemand sonst; denn für uns stand alles auf dem Spiel, für uns entschied sich die Frage, ob wir rücksichtslose Wahrheitskämpfer oder gewissenlose Hetzer waren. Immer wieder hatten wir auf den Zusammenhang zwischen Juda und Bolschewismus hingewiesen, immer wieder waren wir der verhängnisvollen Legende entgegen getreten, die Macher der Münchener und aller anderen Räterepubliken seien nur zufällig Juden gewesen, Juden, die aus reinem Idealismus für die Menschenverbrüderung kämpfen und nur mit Schmerz ihren Weg über Leichen nahmen. Man verlachte uns als Toren oder schob uns selbstsüchtige Beweggründe für unsere Aufklärung unter. Rußland ersoff im Blut: Die deutschen Arbeiter glaubten es nicht. Ungarn verwandelte sich in einen rauchenden Trümmerhaufen: die deutschen Arbeiter wollten es nicht sehen. Willkür und Mord rasten durch München: man hielt sich noch immer krampfhaft die Augen zu. Aber drohender und immer dringlicher erhob sich die Frage: Wer sind die Schuldigen an Tod und Unglück vieler Tausender...?

Doch endlich kam der ängstlich erwartete Geiselmordprozeß. Er entrollte ein erschütterndes Bild abgrundtiefer Gemeinheit und teuflischer Niedertracht. Die Welt starrt gebannt auf das entsetzliche Schauspiel, und langsam, ganz langsam mit unentrinnbarer innerer Notwendigkeit schießen die Fäden in einem Punkt zusammen: Haußmann, Seidel und der viel gelästerte Egelhofer waren nur die Henkersknechte. Zwei Namen sind aber, am Schluß der Beweiserhebung, mit grellem Höllenschein beleuchtet: Levien und Levine. Und noch ein Dritter wird in ihren Bannkreis gezogen: Toller, der glimpflich Davongekommene. Sie waren die Spieler, an deren Hand die willenlosen Puppen tanzten. Sie haben zum Mord berechnende Grausamkeit gesellt. Auf ihren Befehl wurden die Mitglieder der Thule Gesellschaft dem Tod überantwortet, auf ihren Befehl die Opfer wie Schlachtvieh in einem feuchten Loch zusammengepfercht. Sie haben die Scheußlichkeit begangen, die zum Himmel schreien wird, solange es Menschen deutschen Blutes gibt: Sie haben Heila von Westarp, die Unschuldigste von allen, geschändet, sie körperlich und seelisch zugrunde gerichtet, längst vor ihrem leiblichen Tod. Mit höllischer Niedertracht haben sie ihre asiatische Wollust und Unversöhnlichkeit an ihr gebüßt. Ein wahres Glück, daß die Gemarterte starb. Ihr Leben war zerbrochen, in ewigem Siechtum hätte sie es weitergeschleppt.

Und warum taten sie das? Merke es Dir, deutscher Arbeiter: Nicht zur Strafe für angebliche Verfehlungen gegen den heiligen Geist der Räterepublik. Sie wollten vernichten und entehren, was ihrem Wesen fremd, ihrer Herrschsucht das einzige wirkliche Hindernis war: das Deutsche. Wie sie in Rußland alles edle Blut vergossen und in Ungarn gegen alles Nichtjüdische mit schonungsloser Härte vorgingen, so sollte, was den deutschen Namen mit Recht noch trägt, verderben und verkommen...

XI.
Die Thule Gesellschaft nach dem Geiselmord

Die gemordeten Mitglieder der Thule Gesellschaft waren:

1. Heila Gräfin von Westarp war im Februar 1919 in die Thule Gesellschaft gekommen und als zweite Sekretärin angestellt worden. Sie war im Jahre 1886 geboren und hatte sich von ihrer Familie getrennt um durch Arbeit ihr Leben zu fristen. Die Gräfin hatte einen kunstgewerblichen Kurs mitgemacht, war dann als Hütegarnierin tätig und war zufrieden und dankbar gewesen, als sie eine bescheidene Anstellung bei einer Brotkartenverteilung bekommen hatte. Im Januar erfuhr die Behörde, daß sie eine Gräfin sei und entließ sie aus diesem Grunde.

2. Walter Nauhaus wurde am 20. September 1892 in Botschabelo-Transvaal als Sohn des dortigen Missionssuperintendenten geboren, hatte sich bei Kriegsbeginn als Freiwilliger gemeldet und wurde schon in den ersten Kämpfen im Westen sehr schwer verwundet. Als er 1916 als geheilt, aber kriegsuntauglich entlassen wurde, trat er in Berlin in die Schule von Professor Wackerle ein, um sich zum Bildhauer auszubilden. 1917 lernte er den Germanenorden kennen und kam mit Professor Wackerle nach München.

3. Walter Deike, der Freund Nauhaus, wurde im Jahre 1894 in Magdeburg geboren, auch er war Kriegsfreiwilliger und wurde schon in den ersten Kämpfen von 1914 schwer verwundet, er war zu drei-

viertel erwerbsunfähig. Deike besuchte in München die Kunstgewerbe=
schule; der Gruppe Nauhaus war er im Juli 1918 beigetreten.

4. Friedrich Wilhelm Freiherr von Seidlitz war 1891 in Langen=
bielau (Schlesien) geboren, er war ein Urenkel des bekannten Reiter=
generals Friedrichs des Großen. Auch er hatte den Krieg von Beginn
an mitgemacht und war mehreremale verwundet worden. Der Thule
gehörte er seit September 1918 an. Seidlitz war Maler und durch
und durch Künstler. Bei geselligen Anlässen spielte er meisterhaft
Flügel oder Harmonium.

5. Anton Daumenlang, Eisenbahnobersekretär, war am 16. Sep=
tember 1870 in Königshofen geboren, hatte sich 1898 verheiratet.
Er hinterließ eine Frau und eine Tochter. Sein Steckenpferd war
Wappenkunde und Familienforschung. Der Thule war er im Januar
1919 beigetreten.

6. Gustav Franz Maria Prinz von Thurn und Taxis war 1888
in Dresden geboren und hatte sich der Thule Gesellschaft angeschlossen,
ohne Mitglied zu sein. Er hatte im Feldzug ebenfalls mitgekämpft
und war nach Nürnberg gekommen, weil er seines Standes wegen
schon mehreremale verhaftet worden war. Er ging nach München zu=
rück, um die Thule zu warnen.

7. Franz Karl Freiherr von Teuchert war am 20. Juli 1900 in
Marburg (Steiermark) geboren, trat bei Kriegsbeginn bei den frei=
willigen Schützen ein und kam bei Kriegsschluß nach Regensburg
um zu studieren. Er hatte sich dem Freikorps Regensburg angeschlossen.
Der Thule war er im Januar 1919 beigetreten.

Es ist wohl unnötig, zu sagen, daß diese sieben Thule=Leute wußten,
wofür sie starben und warum sie den Tod erleiden mußten.

Wohl kämpften sie für ihr Leben, solange sie die Hoffnung hatten, als es aber so weit war, daß alle Hoffnung schwand, da traten sie alle zusammen stolz und aufrecht den verführten Arbeitern gegenüber, die sie im Solde Judas morden sollten.

Die Thule=Leute starben als erste den Opfertod für das Haken=kreuz.

Von dem Augenblicke an, da sie Levien bei dem Verhöre im Kriegs=ministerium sahen, wußten sie, daß nur ein Wunder sie retten konnte.

Der Tod wurde zur Gewißheit, als sie die drei Juden bei jener nächtlichen Opferschau sahen. Da schon wußten sie, daß der Tod be=schlossen und unabwendbar sei.

Ein Anderes ist es, im frischen, fröhlichen Kampfe zu fallen, ein Anderes vier Tage lang zu warten, wann kommt die Stunde?

Wenn sie beteuerten, daß sie unschuldig seien, dann meinten sie damit den Vorwurf der Plünderung, den man ihnen gemacht hatte.

Alle wußten sie sehr wohl, was sie zu erwarten hatten, daß der Haß, mit dem Juda sie verfolgte, grenzenlos sei. Zumal Nauhaus gab sich keinen Illusionen hin, er war ja das älteste Mitglied und in mancher Unterredung hatte er zum Ausdruck gebracht, daß er in den Sielen sterben würde. Auch Deike wußte Bescheid. Wenn der Kunstmaler Seyler, der Adjutant Egelhofers im Kriegsministerium, aussagte, daß sich die beiden feig benommen hätten, dann ist es wohl nur ein falscher Eindruck gewesen, sie wußten beide, daß sie in den Fängen der Juden waren.

Die Gräfin wurde von Sebottendorff beim Abschiede gewarnt, sie sagte: „Reißen Sie denn aus, Bruder? Lassen Sie mich am Platze, und sei es nur, daß ich mein verdientes Brot esse." Noch am 25. April äußerte die Gräfin Todesgedanken zu Bruder Griehl und ging doch am nächsten Morgen an ihre Arbeit. Bei einem Nachhausegange, als man am Siegestor abschiednehmend zusammenstand, sagte Seidlitz: „Glauben Sie mir, Meister, es wird wohl erst dann etwas aus unserer Bewegung, wenn sich Juda hinreißen ließe, einige von uns an die Wand zu stellen." „Und wenn wir dabei wären?" „Gott, dann wüßte man wenigstens wofür und warum."

Thurn und Taxis war sicher nicht Antisemit in der Überzeugung, wie sie die andern hatten, er war etwas weich und doch machte er sich auf, um die Brüder zu warnen. „Ich habe einen Schein, der mich schützt, und wenn, nun dann ist es auch nicht schade, man weiß doch, wofür."

Nein, die Thule-Leute gingen aufrecht und bewußt in den Tod, sie starben als Helden, als Märtyrer für ihre Sache.

Keiner hat sich gewehrt, keiner hat sich gesträubt, als es zum letzten Gange kam. Aufrecht boten sie sich den Kugeln dar. Daumenlang betend, er dachte noch an Weib und Kind, Nauhaus, Seidlitz und Teuchert wandten den Mördern das Gesicht zu. Deike, der Prinz, die Gräfin starben aufrecht und würdevoll.

Zehn entschlossene Männer hätten sie retten können, aber diese waren nicht vorhanden und der, auf den sie insgeheim hofften, der wußte von nichts. Man hatte ihm keine Nachricht gesandt. Er kam zu spät, er konnte nur noch rächen.

Ein gemeinsames Grab konnte den Thule-Leuten nicht bereitet werden. Seidlitz, Thurn und Taxis und Teuchert wurden in den Familiengrüften der Heimat beigesetzt. Deike und Nauhaus ruhen in einem gemeinsamen Grabe. Zwei Tage nach der Beerdigung der Gräfin Heila, fand in der Thule die Trauerloge statt. Das Rednerpult war mit einer erbeuteten Kommunistenfahne bedeckt, an Stelle des Hammers und der Sichel hatte eine Schwesternhand das Hakenkreuz im weißen Felde angebracht, das Hakenkreuz, das alle Wände der Loge schmückte, für das die Thule-Leute in den Tod gegangen waren.

Wenn Sebottendorff in seiner Rede sagte, daß das Opfer nicht umsonst gewesen sei, daß die Bewegung immer und immer wieder neue Kräfte aus diesem Opfer ziehen werde, dann sah es nicht so aus, als solle sich das bewahrheiten. Es setzten schwere innere Kämpfe ein, die der Gesellschaft ein Ende bereiten sollten. Sie hatte ihren Zweck erfüllt, sie mußte vergehen, damit das Neue werden konnte, das schon an der Schwelle stand. Wenige Wochen nach Sebottendorffs Weggang betrat Adolf Hitler die Räume der Thule und er war an jenem Großkampftage beteiligt, an dem unter Dannehls Leitung ganz München mit Flugblättern und Klebezetteln bedeckt wurde.

Es waren nicht geldliche Angelegenheiten allein, die Sebottendorff zum Weggange zwangen, die hätten überwunden werden können. Wohl hatte er einen Großteil von seinem und seiner Frau Vermögen der Bewegung gegeben und es war unmöglich, auf längere Sicht die drei von ihm ins Leben gerufenen Gründungen zu halten; seine monatlichen Bezüge wurden kleiner und kleiner.

Aber das war es nicht; es war der Angriff der Juden, der Angriff der Sozialdemokratischen Partei, der ihn zum Fortgehen zwang. Er war der Gründer der Bewegung, er war verwundbar, ihn konnte man treffen und i h n mußte man treffen.

Zwei Gründe waren es vornehmlich, die zu den Angriffen führten. Der erste war: man mußte dem kommenden Geiselmordprozeß die Spitze abbrechen, indem man die öffentliche Aufmerksamkeit durch einen Beleidigungsprozeß ablenkte. Das war dasselbe Manöver, das man später mit Glück durch die inszenierten Femeprozesse versuchte, um die Öffentlichkeit von den Finanzskandalen abzubringen.

Der zweite Grund war, daß die Judenschaft, durch die antisemitische Propaganda beunruhigt, der Sozialdemokratie die geldliche Unterstützung entziehen und sich mit den Unabhängigen zusammentun wollte. Die erste Warnung erhielt Sebottendorff aus Frankfurt am Main, sie ist dann in Nr. 291 der „Deutschen Zeitung" Berlin vom Jahre 1919 veröffentlicht worden. Justizrat Timmermann, der Syndikus des Staatsvereins hatte die Sache in die Hand genommen. Verhandlungen wurden von ihm über die Subventionen mit den Unabhängigen in Weimar geführt; sie drehten sich darum, die Agitation der Antisemiten einzuschränken, wenn sie zur Macht kommen sollten. Hierzu war Juda bereit, alle geldliche und sonstige Unterstützung zu leisten. Für die Sozialdemokraten bestand also die Gefahr, daß diese ergiebige Geldquelle versiege, wenn sie nicht handelten.

In München, dem Hauptzentrum der gefährlich werdenden Bewegung mußte zugegriffen werden und hier konnte man zugreifen. Man hatte „Material" gegen Sebottendorff gesammelt.

Das erste Material war von Hofrat Schülein, dem Bruder des Geheimen Kommerzienrats Schülein, gesammelt worden.

Sebottendorff hatte die Saphirwerke, an denen Schülein und sein Bruder beteiligt waren, im Beobachter angegriffen. Ein Unterhändler, der Geld anbot für einen Widerruf, war an die frische Luft gesetzt worden. Schülein hatte sich mit dem bekannten Rechtsanwalt Alsberg-Berlin in Verbindung gesetzt und dieser war ein Freund der Liesbeth Seidler. Alsberg war geldlich an Sebottendorff interessiert, hatte doch dieser bei seiner Verheiratung mit Frau Iffland dem Juden die Vermögensverwaltung entzogen und Alsberg hatte versucht, durch den Polizeirat Heindl in Dresden, den nachmaligen Legationsrat im Ministerium des Außern, die Ehe auseinander zu bringen.

Sebottendorff war leichtfertig genug gewesen. Er hatte nie gefragt, was darnach komme, sondern hatte gehandelt, wie er es für Recht befunden, nicht nach dem Gesetz, sondern nach seinem Gewissen.

Durch eine unwiderrufliche Generalvollmacht hatte er sein und seiner Frau Vermögen in die Hände eines getauften Juden gegeben, der Handelsrichter und ein angeheirateter Verwandter war. — Durch diese Vollmacht wurde er in Zwangsverwaltung gebracht und später wegen Verschwendung entmündigt.

Sebottendorff war im Jahre 1911 türkischer Staatsangehöriger geworden; er entstammt einer bürgerlichen Familie, ist in Hoyerswerda geboren und war nach türkischem Recht von einem Baron Heinrich von Sebottendorff adoptiert worden. Diese Adoption war, weil sie in Deutschland nicht galt, von den beiden letzten Mitgliedern der Familie Sebottendorff wiederholt worden. Siegmund Sebottendorff von der Rose hatte ihn 1914 in Wiesbaden als Mitglied der Familie anerkannt und seine Frau hatte nach dem Tode ihres Mannes die Adoption durch einen Notar in Baden-Baden wiederholt.

Aber diese Papiere waren in die Hände der Bolschewiken gefallen, ebenso die Heimatpapiere. Bei der Einnahme Münchens hatte sich der Pflegesohn Auers, der bekannte Sozialdemokrat Buisson dieser Papiere bemächtigt und sie nicht mehr zurückgegeben, sie waren eben „geraubt".

Hier konnte man also zufassen. Unter dem Titel: Seltsame Geschichten veröffentlichte die „Münchener Post" ein Pamphlet, in dem Sebottendorff vorgeworfen wurde:

Er führe einen falschen Namen.

Er habe die Thule feige im Stich gelassen.

Er sei Türke geworden, um sich vom Kriegsdienste zu drücken.

Er habe Gelder kassiert und nicht verrechnet.

Er sei entmündigt.

Damit wollte man Sebottendorff zwingen, den Beleidigungsprozeß anzustrengen, man hatte noch mehr Pfeile im Köcher.

Durch den Einfluß des obenerwähnten Schülein, der mit dem Handelsrichter Spitzer, mit dem Justizrat Timmermann, mit dem Anwalt Alsberg=Berlin und dem Polizeirat Heindl zusammenarbeitete, hatte man ein wunderbares Aktenstück zusammengebracht, das unbedingt vernichtend wirken mußte. Dann war ein Skandal da, der sicher den Geiselmordprozeß auf eine andere Basis geschoben hätte.

Also auf zur Jagd, Sebottendorff mußte fallen. Er mußte den Beleidigungsprozeß anstrengen. Doch der tat ihnen nicht den Gefallen. Hatten sich jene sieben Thule=Leute für die Idee geopfert, so mußte Sebottendorff sich für die Bewegung opfern, er mußte gehen, um nicht die zarte Pflanze zu ersticken. Wohl wäre es ihm möglich gewesen, seine Nichtschuld nachzuweisen, aber der Staub, den die herrschenden Parteien aufgewirbelt hätten, hätte alles bedeckt, es wäre die Thule, der Beobachter, die Partei vernichtet worden.

Und was das Schlimmste war, man hätte die Namen der Leute erfahren, die mitgearbeitet hatten, man hätte auch sie angreifen können, hunderte anderer Existenzen wären vernichtet worden.

Zu seinem Nachfolger in der Führung der Thule ernannte Sebottendorff den Rechtsanwalt Hanns Dahn, der vom Germanenorden bestätigt wurde. Leider blieb Dahn nicht lange Vorsitzender, die Opposition der Jüngeren zwang ihn zum Rücktritt. An seine Stelle trat Johannes Hering.

XII.
Die Gründungen aus der Thule Gesellschaft

Aus der Thule Gesellschaft gingen hervor und wurden selbständig: der Deutsche Arbeiterverein, später Deutsche Arbeiterpartei (D.A.P.) und die Deutsch-Sozialistische Arbeitsgemeinschaft, später Deutsch-Sozialistische Partei (D.S.P.) mit ihrem Organ: Münchener Beobachter, später Völkischer Beobachter.

Auf der Weihnachtstagung des Jahres 1918 beschloß der Germanen-Orden den folgenden Aufruf an das Deutsche Volk. Der Aufruf ist in den Allgemeinen Ordens-Nachrichten Nr. 15, Julmond des Einbulwinters 1918/19, veröffentlicht (s. Bilderteil S. 205) und wurde den Logen zur Weiterverbreitung freigegeben:

An das Deutsche Volk!

Weltkrieg, Umsturz und Aufruhr liegen hinter uns! Durch Elend, Blut und Erniedrigung sind wir gewatet und dennoch ist alles beim Alten geblieben, ja, schlimmer wie zuvor droht es zu werden. Nur Regierungsform und führende Männer haben gewechselt, aber Kapitalismus und Judentum werden unter der Demokratie ihr Haupt höher als je erheben. Nach wie vor wirst Du, Deutsches Volk, ausgesogen, bewuchert und zu Mühen und Sorgen verdammt sein. Wie kommt das und soll das ewig so bleiben? Der Grund des Mißerfolges liegt darin, daß der Kampf gegen jene beiden Mächte bisher getrennt geführt wurde. Beide sind aufs engste verkuppelt.

Die Sozialdemokratie kämpft nur einen Scheinkampf gegen den Kapitalismus, denn ihre Führer sind Juden und Kapitalisten!

Die Judenkenner aber kämpfen vergeblich gegen das Judentum, weil sie auf dem Boden der kapitalistischen Staatsordnung stehen, so mußten beide Fronten zusammenbrechen.

Karl Harrer †, 1. Vorsitzender der D.A.P.

Hier Wandel und endlich dem deutschen Volke die wirkliche Freiheit zu schaffen, ist eine Deutsch=Sozialistische Partei zu bilden.

Deutschvölkisch und sozialistisch.

Lassalle, der Gründer der deutschen Sozialdemokratie, mußte als Jude seine Rassegenossen kennen, wenn er sagte: „Eine Volksbewegung hat sich reinzuhalten von Kapitalisten und Juden, wo diese als Leiter und Führer auftreten, da verfolgen sie auch eigene Zwecke."

Die sozialistische neue Partei nimmt nur deutschgeborene Männer auf. Sie steht natürlich auf dem Boden der politischen Umgestaltung; wird an der Demokratie zuerst nicht rütteln, will jedoch keine Demokratie nach westlichem Muster mit jüdisch-plutokratischer Spitze, sondern einen freien Volksstaat, in dem Kapitalismus und Judentum überwunden sind.

Der reine Parlamentarismus, bei welchem die ausführende Gewalt allein bei den Abgeordneten liegt, genügt ihr nicht, sondern sie fordert für grundlegende Neugesetze jedesmal die Volksbefragung, um die Gefahr der Parteimißwirtschaft auszuschalten.

Die Hauptforderungen sind durchgreifender Art, mit Scheinreformen gibt sich die neue Partei nicht ab. Sie geht an die Wurzel der völkischen und sozialen Not.

Solchen Reformen standen bisher der Kapitalismus und das Judentum im Wege. Alle unsere Parteien waren mehr oder weniger bewußt oder unbewußt Schleppenträger des einen oder des anderen, oder gar beider Mächte. Das ist der Grund, warum bis jetzt alle Arbeit unnütz war und nur Scheinreformen gebar. Die neue Partei kennt keine Rücksichten, sie ist aber durchaus unkapitalistisch und judenrein. Sie läßt sich allein von der Wohlfahrt des Ganzen leiten und erstrebt eine weit gleichmäßigere Verteilung der Lebensgüter und die Gesundung sowie Erweckung der deutschen, so schwer getroffenen Volkskraft. Aber nicht durch neuen Umsturz und plötzliche Änderung soll das Neue erstrebt werden, denn das führt stets zum Gegenteil des Gewollten, sondern auf gesetzlichem Wege durch stufenweisen Abbau des Bisherigen und Aufbau des Neuen.

Die Grundursache unserer Not liegt in unserer falschen Bodengesetzgebung, in unserm sozialen Recht und in unserm Geldwesen.

Dementsprechend fordern wir:

1. **Freien Grund und Boden**, da der Krebsschaden der Volkswirtschaft sowie der Haus- und Werkwirtschaft, auch des einzelnen Volksgenossen in der Grundlast liegt. Die Verschuldung der deutschen Erde (vor dem Kriege 100 Milliarden) hat alle sozialen und wirtschaftlichen Übel im Gefolge: Mietskasernen, Wohnungselend, Kindersterblichkeit, Volksseuchen, Armut, Verbrechen, Verpöbelung und Volkszersetzung.

Dem ist dadurch abzuhelfen, daß der deutsche Boden über den Besitz hinaus als Staatseigentum erklärt wird, d. h. daß der Verkauf von Grund und Boden von Privathand zu Privathand in Zukunft ausgeschlossen ist. Der Boden verliert den Charakter als Ware. Ware ist dadurch gekennzeichnet, daß sie ersetzbar ist. Boden aber ist unersetzbar. Wer verkaufen will oder muß, kann es nur an die Gemeinde. Diese gibt den Boden an die Interessenten in Zeit- oder Erbpacht. Sodann darf der Boden in Zukunft nicht mehr zur Aufnahme von Kapitalien dienen. Er wird für unbelastbar erklärt. Dementsprechend ist der Personalkredit gegenüber dem heutigen Realkredit zu heben. Alle laufenden Hypotheken werden, sofern sie es noch nicht sind, zu unkündbaren, kurzfristigen Tilgungshypotheken erklärt, unter Herabsetzung des Zinsfußes. Auf diese Weise wird stufenweise der deutsche Boden befreit und eine wirklich großzügige Siedelung erreicht. Auch dem einfachsten Manne wird es wieder möglich sein, auf eigener Scholle, im eigenen Häuschen zu wohnen. Die Entstehung des Überkapitalismus liegt in der bisherigen Freiverkäuflichkeit und Belastbarkeit des Bodens. Bei freiem Boden gibt es keinen Überkapitalismus.

2. **Ablösung des bisherigen Römischen Rechtes durch ein Deutsches Gemeinrecht.** Unser heutiges Bodenrecht ruht auf dem

Römischen Rechte, deshalb sind alle Schäden unseres öffentlichen Lebens Rechtsschäden. Das Römische Recht wurde vor 400 Jahren von den Fürsten und der hohen Geistlichkeit eingeführt; vergeblich hat sich das Volk dagegen gewehrt, wohl fühlend, daß ihm mit dem fremden Recht der Boden unter den Füßen und andere Gerechtsame entzogen wurden. Die Bauernkriege, die erste soziale Erhebung, war der blutige Kampf gegen das fremde Recht. Immer wieder forderten die Bauern die Wiederherstellung des alten Deutschen Rechtes.

Heute erheben wir erneut die gleiche Forderung, es liegt an Dir, Du Deutsches Volk, daß sie nicht wieder ungehört verhalle. Diese Frage ist wichtiger als sie den meisten scheinen mag, sie ist der Angelpunkt unseres künftigen Seins und Bestehens. Das Römische Recht ist entstanden zur Zeit des untergehenden, von Juden überfluteten Rom, es ist unsozial und schützt den privaten Gewinn auf Kosten der Gemeinschaft. Es ist ein Recht der Gerissenen und der Schlauen. Auf diesem undeutschen Rechtsboden ist der Deutsche dem Juden immer unterlegen. Tatsachen beweisen das Gesagte. Deshalb muß dem Deutschen Volke ein Recht seiner Art und seiner Gesinnung nach gegeben werden, das dem alten Grundsatz: Gemeinnutz geht vor Eigennutz entspricht. Die tief eingerissene Habsucht, Unredlichkeit, Unmoral, die sich im Handel und Wandel breit machen, die Verjudung unseres Volkes ist auf das Römische Recht zurückzuführen, ebenso das Auswachsen unserer Wirtschaft zu einer ausgesprochenen Interessenwirtschaft, die der Welt letzten Endes unter der Führung der jüdischen Rasse den Krieg und das Elend der letzten Jahre gebracht hat.

3. Verstaatlichung des Geldwesens. Unser Geldwesen liegt in den Händen von Privaten, besonders Juden und anderen inter=

nationalen Leuten. Das ist ein Unding an sich, da das Geld das Blut des nationalen Volkskörpers darstellt. Der Staat als Vertreter des Volkes kann nur wirklich regieren, wenn er die Verfügungsmacht über Geld und Geldwesen besitzt. Heute ist auch das Geld seinem Zwecke, ein bequemes Tauschmittel zwischen Arbeit und Lohn, Ware

Anton Drexler, 2. Vorsitzender der D.A.P.

und Kaufpreis, zwischen Hersteller und Verbraucher zu sein, entfremdet und entzogen worden. Das Geld dient heute dazu, immer wieder Geld zu machen durch Bank- und Börsenmanöver, ohne wirkliche Arbeit.

Dem Großteil unseres Volkes, das von der Arbeit lebt, ist heute noch das Geld nichts anderes als ein Tauschmittel, es liegt kein Anlaß vor, es für einen raffenden Kleinteil von Kapitalisten und Spekulanten auf Kosten des schaffenden Volkes zu einem ungesunden Bereicherungsmittel entwürdigen zu lassen. Nur wirkliche Arbeit soll belohnt und bezahlt werden.

Unsere wirklichen Spar- und Kreditanstalten müssen die verstaatlichten Banken unter Ausschaltung von Riesengewinnen für die Aktionäre werden, ebenso von fürstlichen Gehältern der Direktoren und Tantiemen der Aufsichtsräte. Neugründungen von Banken und Unternehmungen sind von dem von uns geforderten Reichswirtschaftsrate auf die wirkliche Bedürfnisfrage und auf die Wohlfahrt der Gemeinschaft zu prüfen. Die künftige Kreditfähigkeit wird sich nicht mehr auf Sachen, sondern auf Personen erstrecken. Hieraus folgt, daß sich das Geschäft wie früher auf die Tüchtigkeit, die Solidität und Ehrbarkeit des Einzelnen aufbaut, wodurch die nötige Ruhe und das organische Wachsen in unsere Wirtschaft kommen wird.

Das Börsenspiel ist als unnütz und schädlich ausgeschlossen, da der Handel mit Werten verboten ist. Unsere Währung ist neu zu gestalten. Der ewige Zins, der zur Voraussetzung die unmoralische von seinen Erfindern und Hütern schlau ersonnene Auslegung der Unsterblichkeit des Kapitals hat, wird abgelöst durch einen das Kapital allmählich ablösenden Zinsendienst. Damit wäre dem aus dem Orient stammenden Zinssklaventum ein für allemal ein Ende gemacht.

Dieses sind die drei Hauptpunkte und die drei Hauptforderungen der neuen Partei. Hierdurch werden die ungelösten Fragen des Überkapitalismus und Semitismus zum Wohle des Ganzen entschieden.

Wer aus deutschem Blut geboren, diese Forderungen und Ausführungen anerkennt, gehört zu uns, wer aber nicht sehen will, und damit das heutige Bewucherungssystem stützt, oder wer zu einfältig ist, der mag ruhig bei seiner Partei bleiben.

Der Sieg unserer Gedanken ist gewiß, wie stets die Wahrheit über Trug und Lüge siegt! Die Interessenwirtschaft wird zusammenbrechen, die Menschen werden sich zu naturgemäßem Leben im Sinne der beglückenden Gemeinschaft in Liebe zu ihrem angestammten Volkstum zusammenfinden. Weitere Folgerungen, die sich sinngemäß auf der Richtung der drei Hauptforderungen ergeben, sind:

4. Allmähliche Umgestaltung unserer Wirtschaft derart, daß dieselbe zu einer wirklichen Volkswirtschaft wird.

5. Beschneidung unseres Großgrundbesitzes je nach der Ertragsfähigkeit der einzelnen Landschaften zum Zwecke der Siedelung. Staatsdomänen sind aufzuteilen, Ödländereien zu besiedeln.

6. Eine gerechte Steuerverteilung, die dem Entstehen von Überkapitalien Schranken setzt.

7. Gestaltung unseres Handels nach dem natürlichen Gesichtspunkte, daß die Ware den billigsten und kürzesten Weg vom Erzeuger zum Verbraucher nimmt. Ohne Ausschaltung des ehrlichen Zwischenhandels müssen alle unnötigen Zwischenstellen, die nur irgendwie vermeidbare Gewinnaufschläge bewirken und zur Verteuerung der Sachen führen, verschwinden. An unseren Lebensnotwendigkeiten, besonders Lebensmitteln, brauchen sich nicht tausende von Nichtstuern zu bereichern.

8. Bei einschneidenden grundlegenden Gesetzen und Verfassungsänderungen hat das Parlament nur eine beratende, das Volk durch Abstimmung über Ja und Nein die entscheidende Stimme.

9. Schaffung eines Reichswirtschaftsrates, der nach weiteren Gesichtspunkten unserer gesamten Wirtschaft Maß und Ziel steckt. Er läßt sich ganz allein von der Wohlfahrt des Landes leiten. Die Männer dieses Amtes – keine Kapitalisten und Juden – müssen

im praktischen Leben gestanden und sich im Dienste für die Gemeinschaft ausgezeichnet haben.

10. Schaffung einer wirklich unabhängigen Deutschen Presse. Im Hinblick darauf, daß unsere Presse zu 90% in jüdisch-kapitalistischen Händen, zum Großteil von Juden geleitet wird und abhängig ist von jüdischen Großanzeigern, ist eine grundlegende Änderung notwendig. Heute gibt die Presse nicht die Stimmung des Volkes wieder, sondern die Stimmung wird künstlich geschaffen zur Befriedigung selbstsüchtiger Pläne der Kapitalisten und Juden, ohne daß das Volk diese Pläne erkennen kann. Wir fordern: Deutsche Zeitung darf sich nur ein Unternehmen nennen, das deutsch ist und deren Leiter Deutsche sind. Zeitungen, wo diese Voraussetzungen nicht zutreffen, sind als jüdische am Kopf der Zeitung zu bezeichnen.

11. Grundlegende Änderung in der Stellung der Deutschen zum Juden. Prüfung der Gesetze und Religion der Juden. Die heutige staatsbürgerliche Gleichberechtigung gründet sich auf die irrtümliche Auffassung, daß es sich bei dieser Frage um die Verschiedenheit der Religion handle. Forschung und bewiesene Tatsachen lassen heute keinen Zweifel mehr, daß die Judenfrage eine Rassenfrage ist, die mit religiösem Bekenntnisse nichts zu tun hat. Es handelt sich um die Frage: Wollen wir deutsche Volksgenossen uns in Zukunft weiter politisch, wirtschaftlich und geistig von einer verschwindenden Minderheit eines rassefremden Volkes, das sich bewußt als solches fühlt und sich durch Gesetz und Religion, die bei den Juden zusammenfließen, geflissentlich blutrein und abseits hält, beherrschen lassen? Es ist dies eine Angelegenheit unserer Ehre, um so mehr, als es für den einfachsten Mann heute ersichtlich ist, daß die angeborene Herrschsucht und Raffgier des Juden auf jedes Volk zerstörend wirkt.

Wir fordern: Das neue Deutschland dem Deutschen, nicht dem Juden! Die Juden sind durchaus ein Fremdvolk, sie sollen den Schutz des Staates, seine Wohltaten genießen, aber nicht mehr das Recht haben, Vertreter, Führer, Lehrer des Volkes zu sein. Das jüdische Volk kann seiner Kopfzahl nach Vertreter in das Deutsche Parlament senden. Zum jüdischen Volke zählen Getaufte und Mischlinge.

12. Schutz dem Deutschen Arbeiter gegen ausländische Arbeitskräfte, die die Löhne und Lebenshaltung des deutschen Arbeiters herabdrücken.

Ganz allgemein muß unsere nationale Wirtschaft so geführt sein, daß wir uns möglichst selbst erhalten können.

Im Mittelpunkte unserer ganzen Politik, Verwaltung und Wirtschaft darf nicht mehr, wie bisher die Ware, sondern muß der Deutsche Mensch stehen. Unser Volkstum ist unser Reichtum.

Nicht wollen wir reicher und reicher werden an Geld und irdischem Luxus, der nur einem Kleinteil zu gute kommt, sondern wir wollen reich sein an zufriedenen, kräftigen, ihr sicheres Auskommen habenden und auf eigener Scholle lebenden Menschen. Durch diese, von unserer Partei vertretenen Grundsätze und Forderungen, die frei von jeder Bindung und Bevormundung sind, ist es möglich, der Interessenwirtschaft und den Juden, die noch immer die Völker fressen und zum Ruin führten, endgültig niederzuringen. Nach Durchsetzung unserer Forderungen, schon nach dem ersten stufenweisen Abbau der heutigen Interessenwirtschaft würde ein Aufatmen durch das Deutsche Volk gehen. An Stelle der Wenigen, die immer mehr Schätze sammelten und der Vielen, die sich ihr Leben lang durchquälen mußten, würde eine gleichmäßigere Verteilung aller Lebensgüter treten; wie Überreichtum, Protzentum und Luxus verschwinden würden, so wären auch Armut und Arbeitslosigkeit verbannt, Ehrlichkeit und Biederkeit würden Schein, Trug und Gerissenheit in den Hintergrund drängen. Unsere hochgetriebenen Bodenpreise, die steigenden Mieten, der immer teurer werdende Lebensunterhalt, alles die selbstverständlichen Folgen der Interessenwirtschaft, würden von selbst sinken, das

Hans Georg Grassinger, Vorsitzender der D.S.P.

Nationalvermögen sich richtig und gerecht verteilen und sich nicht, wie bisher, in den Händen der Skrupellosen zusammenballen. Unser ganzes Leben würde sich vereinfachen, verbilligern und verschönern; an Stelle der Hast, der Aufregung und der ewigen Sorgen würde wieder Ruhe, Zufriedenheit und Stetigkeit in die Herzen des schwergeprüften Deutschen Volkes einziehen.

Die Deutsch-Sozialistische Partei ist eine Partei der kapitalschwachen Schichten des Volkes, also der Arbeiter, Beamten, Handlungsgehilfen, Handwerker, Kleingewerbler und Bauern, der Lehrer, Siedler, Techniker. Wer die Dinge klar sieht, schließt sich uns ohne Zaudern an. Der falsche Judensozialismus und die Interessenwirtschaft müssen wie Spreu vor dem Winde verfliegen." —

Die Richtlinien der Großloge wurden bald nach der Rückkehr Sebottendorffs mit Harrer diskutiert. Harrer war dagegen, die Bewegung als Partei zu bezeichnen. Er meinte, man werde damit zu sehr die Aufmerksamkeit der Gegner auf sich ziehen, einen Arbeiterverein werde man weniger beachten. Harrer führte den Arbeiterverein weiter und verlegte den Sitz des Vereins nach der Herrnstraße.

Die Ereignisse von Eisners Tod beschränkten in dieser Zeit die politische Arbeit. Nach der Rückkehr geordneter Verhältnisse erschien am 10. Mai 1919 mit Nr. 15 der Beobachter wieder. Etwa um die gleiche Zeit wurde die Deutsch-Sozialistische Arbeitsgemeinschaft gegründet, später Deutsch-Sozialistische Partei, deren Organ der Beobachter wurde. Das politische Programm ist veröffentlicht im Beobachter Nr. 18 vom 31. Mai 1919. In dieser Zeit nahm die D.S.P. auch die Beziehungen zur ‚Nationalsozialistischen Partei' Österreichs auf. Am 9. August desselben Jahres erscheint neben dem "Münchener Beobachter" zum erstenmal als Reichsausgabe die Zeitung auch mit dem Titel: "Völkischer Beobachter" bei einer Auflage von zusammen 10000 Exemplaren; bereits am 4. Oktober 1919 mit Nr. 50 war eine Auflage von 17800 Exemplaren bei einem Umfang von acht Seiten und zweimal wöchentlichem Erscheinen erreicht.

Vorsitzender der Deutsch-Sozialistischen Partei war Hans Georg Grassinger. Die Geschäftsstelle der D.S.P. befand sich Thierschstr. 15 (Verlag Franz Eher Nachf.). Die Deutsch-Sozialistische Partei entfaltete mit ihrer Zeitung „Münchener Beobachter" und „Völkischer Beobachter" für die Bewegung rege Propaganda. Der „Münchener Beobachter" wurde in München, der „Völkische Beobachter" im Reich verbreitet. Der „Völkische Beobachter" hat vielen tausenden von Kämpfern die nationalsozialistischen Grunderkenntnisse vermittelt. Die Zeitung brachte es trotz des großen Wagnisses fertig, auch während des Generalstreiks, den der Kapp=Putsch zur Folge hatte (März 1920), zu erscheinen; sie wurde damals in einem anderen Lokal von Grassinger mit den Redakteuren Sesselmann, Müller, Wieser und Laforce gesetzt und gedruckt.

Bedeutende Persönlichkeiten, die später in der N.S.D.A.P. in führender Stellung standen und noch stehen, waren Mitglieder und Mitarbeiter der Thule, der Zeitung und der Partei. Auch Harrer von der D.A.P. war Mitarbeiter des „Beobachters". Karl Harrer starb an den Folgen einer schweren Kriegsverletzung, die er sich an der Westfront zugezogen hatte, am 6. September 1926 in München.

Als im Herbst 1919 der Druck der Auflage des Beobachters auf Schnellpressen in der J. G. Weiß'schen Buchdruckerei nicht mehr zu bewerkstelligen war, verhandelte Grassinger wegen Übernahme des Druckes der Zeitung auf Rotationsmaschine mit einigen Groß=druckereien; mit Ausnahme von M. Müller & Sohn lehnten die anderen Firmen den Druck des Beobachters ab. Seit 14. Oktober 1919 ab Nr. 53 druckt den Beobachter M. Müller & Sohn.

Nicht uninteressant ist, daß Drexler seine erste politische Broschüre „Mein politisches Erwachen, aus dem Tagebuch eines deutschen sozialistischen Arbeiters" (es handelt sich hier vermutlich um die=selbe Broschüre, die Adolf Hitler in seinem Buche „Mein Kampf", er=schienen im Verlag Franz Eher Nachf., München, bei der Schilderung seines ersten Zusammentreffens mit der Deutschen Arbeiterpartei erwähnt), Karl Harrer als „dem Gründer der Deutschen Arbeiterpartei und unermüdlichen Kämpfer für Recht und Wahrheit" widmete (die Schrift erschien 1919 im Deutschen Volksverlag, München).

Die Deutsche Arbeiterpartei gewann zunächst keinen größeren Einfluß und blieb in der Hauptsache auf München beschränkt. Erst als durch jene schicksalhafte Fügung im Herbst 1919 Adolf Hitler in die damals noch so dünnen Reihen der Partei trat, kam die Wendung, die für das ganze Deutsche Volk große geschichtliche Bedeutung erlangte.

Über den ersten Vortragsabend der Deutschen Arbeiterpartei berichtet der „Völkische Beobachter" in Nr. 55 vom 22. Oktober 1919:

Aus der Bewegung.

Die D.A.P. (Deutsche Arbeiterpartei), Ortsgruppe München, veranstaltete am Donnerstag, dem 16. Oktober im Saale des Hofbräukellers einen Vortragsabend, der bei sehr gutem Besuche ruhig und anregend verlief. Infolge Verhinderung des Referenten sprach Herr Dr. Erich Kühn, Schriftleiter der Monatshefte „Deutschlands Erneuerung", über das Thema: „Die Judenfrage — eine deutsche Frage". In den einleitenden Worten warnte der Vorsitzende davor, die antisemitische Frage zur Modefrage werden zu lassen und begründete die dringende Notwendigkeit, daß jeder einzelne möglichst tief in die Judenfrage einzudringen versuchen müsse, um durch eigene klare Erkenntnis der antisemitischen Überzeugung Nachdruck verleihen und zu den richtigen Mitteln greifen zu können. An Hand einer Fülle von Eingeständnissen hervorragender jüdischer Staatsmänner, Politiker, Gelehrter, Dichter und Philosophen über die eigene Rasse erbrachte der Vortragende den Nachweis der Berechtigung des deutschen Antisemitismus. Das Judentum ist erkannt als ein seit Jahrtausenden in sich abgeschlossenes und allen anderen Völkern feindlich gegenüberstehendes Gemeinwesen, als kultur- und sittenfeindliches

Element, als Träger der materialistischen Anschauung. Es ist hohe Zeit, an die Lösung dieser „Deutschen Frage" heranzutreten und die rechten Schlußfolgerungen zu ziehen. Hervorzuheben ist die folgende Erklärung:

„Jeden, der sich der ‚dialektischen Begabung und Überredungskunst' des Juden gewachsen zeigt; jeden, der den Verführungskünsten des jüdisch=materialistischen Wohllebens siegreich widersteht; jeden, der sich

Julius Streicher, Vorkämpfer der Bewegung

durch Schlagworte, Scheinwissenschaft und Tendenzkunst der Juden nicht seiner Natur entfremden läßt; jeden, der aus heißem Herzen seine Volksgenossen vor Entsittlichung, Entartung und Untergang in= folge der jüdischen Verführung durch Wort und Tat bewahren will, — den nennt der Jude einen Antisemiten."

Der Redner erntete reichen Beifall.

Die Diskussion gestaltete sich sehr lebhaft. Herr Hitler von der Deutschen Arbeiterpartei behandelte mit zündenden Worten die Not=

wendigkeit des Zusammenschlußes gegen den gemeinsamen Völkerfeind und begründete insbesondere die Unterstützung einer deutschen Presse, damit das Volk erfahre, was die Judenblätter verschweigen. Herr Kreller vom Deutschen Schutz- und Trutzbund forderte zur lebhaften Beteiligung an der Werbearbeit für die Volksabstimmung gegen die Einwanderung der Ostjuden auf und streifte im Zusammenhang damit das Ergebnis des Geiselmordprozesses. In bestätigendem Sinne wies der Vorsitzende darauf hin, daß nach Seidels Aussage der Entlassungsschein des Professors Berger (Jude) schon unterzeichnet gewesen sei und es sohin klar liegt, daß die Berufung der Judenschaft auf den Fall Berger jeder Grundlage entbehrt. Herr Sesselmann von der Deutsch-Sozialistischen Partei legte in kurzen Zügen die Ziele des Antisemitismus dar, forderte gegenseitige wirtschaftliche Unterstützung und mahnte zur Einigkeit.

Im Schlußwort warnte der Vorsitzende vor Radau-Antisemitismus. Durch Beharrlichkeit und zähe völkische Arbeit unter restloser Aufklärung müssen wir das Ziel erreichen.

*

Nummer 63 des „Völkischen Beobachters" vom 19. November 1919 brachte den Bericht über den zweiten Vortragsabend der D.A.P.:

Aus der Bewegung.

Die Deutsche Arbeiterpartei, Ortsgruppe München, veranstaltete am 11. November 1919 im oberen Saale des Eberlbräukellers einen Vortragsabend. Es sprachen: Herr Hitler über „Brest-Litowsk und Versailles" und Herr J. Mayer über „Kriegs- und Revolutionserlebnisse eines Auslandsdeutschen". Nach einer kurzen Begrüßungsansprache erteilte der Vorsitzende dem ersten Vortragenden Herrn Hitler das Wort. Der Redner stellte in äußerst geschickter Weise den von einem großen Teil der deutschen (!) Presse als Schand- und Gewaltfrieden bezeichneten Friedensvertrag von Brest-Litowsk den von derselben Presse in lügenhafter und blödsinniger Weise geforderten sogenannten Verständigungsfrieden von Versailles gegenüber. Die Bilder, welche Herr Hitler den aufmerksamen Zuhörern von den beiden Friedensverträgen entrollte, stachen in krassester Weise voneinander ab und brachten viele Herzen in Wallung. Beipflichtende Zwischenrufe bekundeten das Einverständnis der Hörerschaft mit den Ausführungen des äußerst temperamentvollen Redners. Begeisterte Zustimmung fand der Vortragende, als er die deutsche Republik als einen Freistaat der Entente bezeichnete, dessen Freiheiten innerhalb seiner Grenzen darin bestünden, daß Volksausbeuter, Wucherer, Schieber und Schleichhändler das Volk auf die gemeinste Weise ungestraft auspressen dürften. Tosender, oft sich wiederholender Beifall dankte den gediegenen Ausführungen Herrn Hitlers. Nach herzlichen Dankesworten ging der Vorsitzende ausführlich auf die nächsten Ziele der Partei ein, von denen er besonders hervorhob: Entfernung der Juden aus allen öffentlichen Ämtern, Beseitigung der Zinsherrschaft nach den Federschen Vorschlägen und Kampf gegen das Wucher= und Schiebertum bis aufs äußerste. Die Ausführungen fanden lebhaften Beifall. Anschließend gab Herr Franz Dannehl von der Thule Gesellschaft aus dem Blatt „Der Revolutionär" (Herausgeber ist der Jude Lederer=Mannheim) einige Stellen bekannt, die es kaum für möglich halten lassen, daß solch gemeine Lügen und Anwürfe innerhalb Deutschlands veröffentlicht werden dürfen, während wirklich völkische Blätter, wie der „Völkische Beobachter", welche die Zustände wahrheitsgetreu wiedergeben und einer verblendeten Regierung den Weg weisen wollen, das Deutsche Volk wieder aufwärts zu führen und es von seinen inneren Peinigern zu befreien, als Hetzblätter verboten werden. Ein Entrüstungssturm begleitete die Bekanntgabe dieser Ledererschen Gemeinheiten.

Nun folgte der zweite Vortrag. In äußerst humorvoller, aber auch die ernsten Seiten seiner abenteuerlichen Erlebnisse nicht außer acht lassender Weise schilderte Herr Mayer seine Flucht aus Barcelona nach Ausbruch des Weltkrieges. Der Redner erntete reichen Beifall, und es entspann sich eine lebhafte Aussprache. Zum Schluß nahm die Versammlung zwei Entschließungen an, die eine gerichtet gegen das Verbot des „Völkischen Beobachters" durch Noske, die andere gegen die Tätigkeit des parlamentarischen Untersuchungsausschusses.

*

Aus dem „Völkischen Beobachter" Nr. 17 vom 28. Februar 1920 bringen wir den Bericht über die „Erste große öffentliche Volksversammlung" der Deutschen Arbeiterpartei:

Aus der Bewegung.

Am Dienstag, dem 24. Februar 1920 trat die Deutsche Arbeiterpartei zum ersten Mal an die Öffentlichkeit. In der sehr stark besuchten Versammlung im Hofbräuhaussaal sprach Dr. Johannes Dingfelder als Gast der Deutschen Arbeiterpartei über das Thema: „Was uns not tut". In volkstümlicher Redeweise, vom erhabenen Standpunkt des Arztes und Menschenfreundes aus, die sozialen Verwirrungen überschauend, führte der Redner die Zuhörer zurück auf die Ursache der Volksnot. Wir haben die Fühlung mit den Kräften der Natur verloren, das Gesetz der Ordnung mißachtet, das Welt- und Schöpfungsgesetz von Ursache und Wirkung verkannt. Darin aber ist die schöpferische Arbeit des Menschen begründet. Arbeit = Arbot — ist das göttliche Sonnengebot — heißt Sonnengüter, Lebensgüter schaffen zur Veredlung der Menschheit. Auch dieses Gesetz, das Gesetz der Bewegung haben wir verachtet und der Genußsucht und dem arbeitslosen Einkommen gefrönt, das Beispiel eines fremden Volkes nachahmend. Auch ein Gesetz der Liebe besteht, dessen Verachtung durch den Bolschewismus am schärfsten zum Ausdruck gelangt. Dagegen Hilfe vom Ausland zu erwarten, ist feige und würdelos. „Hilf Dir selbst" heißt die Forderung und das setzt voraus, daß wir den internationalen Irrwahn fahren lassen, völkisch denken und an unser Volk und seine wirklichen Führer glauben. — Das war der Kern des ausgezeichneten Vortrages, der, obgleich er auch unliebsame Wahrheiten enthielt, mit brausendem Beifall belohnt wurde. —

Hitler (Deutsche Arbeiterpartei) entwickelte nunmehr treffende politische Bilder, die stürmischen Beifall fanden, aber auch die zahlreich anwesenden „vorgefaßten" Gegner zum Widerspruch veranlaßten. Der Redner gab eine Übersicht über das Parteiprogramm, das in den Grundzügen dem Programm der Deutsch=Sozialistischen Partei nahe kommt. Anschließend kam folgende Entschließung zur einstimmigen Annahme: Mehr als zweitausend deutsche Volksgenossen aller

schaffenden Stände, die am Dienstag, dem 24. Februar 1920 im Hof=
bräuhaussaal versammelt sind, protestieren aufs schärfste gegen die
Zuweisung von 40000 Zentnern Weizenmehl an die jüdische Kultus=
gemeinde, während für 10000 Schwerkranke kein Krankenbrot zu
haben ist. — Die Aussprache war sehr lebhaft. Die Versammlung
hinterließ den Eindruck, daß eine Bewegung im Gange ist, die sich
unter allen Umständen durchsetzen wird.

Mit dem Aufblühen der Deutschen Arbeiterpartei durch Hitler,
trat die Deutsch=Sozialistische Partei mehr und mehr in den Hinter=
grund. Julius Streicher hatte in Nürnberg eine Bewegung entfacht;
die dortigen Glieder des Germanenordens, der Thule und der Deutsch=
Sozialistischen Partei zusammengefaßt und sie Adolf Hitler an=
geschlossen.

Der 4. November 1921 sah eine Versammlung im Münchener
Hofbräuhausfestsaal in die die marxistischen Sozialisten und Kommu=
nisten ihre Sprengkolonnen entsandt hatten. Der Saal war übervoll
und daher polizeilich gesperrt worden. Hitler sprach eineinhalb Stun=
den, atemlos lauschte die Versammlung. Ein Mann, der nach zornigen
Zwischenrufen plötzlich aufsprang: "Freiheit!" in den Saal hinein=
brüllte, warf, beinahe am Schlusse der Rede Hitlers einen Maß=
krug, der hart am Kopfe des Führers vorbeisauste. Das war das
Signal zum Kampfe. Maßkrüge flogen, Schüsse krachten, Blut floß.
Die noch kleine S.A. stürzte sich unter die Gegner, einer nach dem
andern flog hinaus, der Rest floh. Was blieb, waren bleiche, abge=
arbeitete, verwundete Sturmtruppler. Und wer war der Organisator
jenes marxistischen Terroraktes? Herr Buisson, der Pflegesohn
Erhard Auers, jener Mann aus dem Polizeipräsidium, der Sebotten=
dorffs Papiere einbehalten hatte. Hitler selber hatte am Rednerpulte
ausgehalten und plötzlich erhob sich der Versammlungsleiter, Her=

mann Esser und rief: „Die Versammlung geht weiter. Das Wort hat der Referent". Die Vorarbeit war getan, die erste Schlacht war gewonnen. Die Nationalsozialistische Deutsche Arbeiterpartei war unter Führung Adolf Hitlers im Anmarsch. Die Bewegung nahm ihren Lauf.

Das „Heil und Sieg", den Gruß der Thule-Leute, machte Hitler zum „Sieg-Heil" der Deutschen!

Den „Völkischen Beobachter" machte der Führer zum Kampfblatt der nationalsozialistischen Bewegung Großdeutschlands.

Das Hakenkreuz machte Hitler zum Symbol der siegenden N.S.D.A.P.

XIII.
Werdegang des Völkischen Beobachters

In der Bewegung wird oft gefragt, wie es komme, daß der „Völkische Beobachter" eine so hohe Jahrgangsziffer habe, da doch die N.S.D.A.P. erst 14 Jahre alt sei; es soll hier der Werdegang an Hand der handelsgerichtlichen Eintragungen klargestellt werden. Die erste Eintragung finden wir in Band III, Nr. 125, Seite 63 des Amtsgerichts München: Protokoll vom 6. Dezember 1901. Der Redakteur Franz Eher meldet, daß er Eigentümer und Herausgeber des „Münchener Beobachters" sei. Er betreibt den Verlag seit Mitte 1900. Die Registrierung erfolgt am gleichen Tage und die Verfügung über die Eintragung.

Vor dieser Eintragung erschien der „Münchener Beobachter" als Fachorgan der Fleischerinnung. Die nächste Eintragung stammt aus dem Jahre 1918.

Durch Vermittlung des Rechtsanwaltes Dr. Georg Gaubatz wurde der Witwe Franz Eher der Verlag und die Zeitung „Münchener Beobachter" abgekauft. Man mußte zu diesem Mittel greifen, da eine neue Zeitung damals wegen der Druckpapier-Rationierung nicht erscheinen konnte.

Als Inhaberin des Verlags wurde das Mitglied des Germanenordens, Frl. Käthe Bierbaumer, eingetragen. Die betreffenden Eintragungen lauten mit kurzer Inhaltsangabe:

31. Juli 1918: Franz Eher ist am 22. Juni verstorben, die alleinige Erbin ist seine Witwe, die die Firma an Frl. Käthe Bierbaumer verkauft hat.

14. September 1918: Es erscheint Frau Eher, legt den Erbschein vor und erklärt, daß sie den Verlag an Frl. Käthe Bierbaumer, Bad Aibling, Parkstraße 335, verkauft habe.

17. September 1918: Frl. Käthe Bierbaumer, legitimiert durch Paß, wird zeichnen: Verlag Franz Eher Nachf. Eintragung und Bekanntmachung wird verfügt.

Der Beobachter hatte bei der Übernahme zwei Abonnenten, die erste Nummer erschien am 1. Juli 1918. Als verantwortlicher Schriftleiter zeichnete Rudolf von Sebottendorff.

Im März 1919 nahm Sebottendorff den Schriftsteller Hanns Georg Müller in die Redaktion auf, die Nummer 17, vom 24. Mai 1919 wurde von Müller allein verantwortlich gezeichnet.

Bei der Neuordnung nach der Rätezeit Mai 1919 trennte Sebottendorff den Verlag des Beobachters völlig von der Thule. In der Thierschstraße, wo sich der Verlag noch heute befindet, wurde von Grassinger der Parterreraum (ehemalige Gastwirtschaft zum Hansahaus) gegen Ablösung gemietet. Ott übernahm die kaufmännische Leitung des Verlags. Laforce erhielt die Inseratenabteilung.

Im März 1919 hatte Sebottendorff den Bäcker Max Sesselmann kennengelernt und da er einen redegewandten Arbeiter für die Bewegung suchte, zog er Sesselmann heran. Als dann im Juli der Weggang Sebottendorffs entschieden war, wurde durch folgende Eintragung das Verhältnis geregelt:

Frl. Käthe Bierbaumer meldet, daß die erschienenen Herren: Hanns Georg Müller, Wilhelm Laforce, Max Sesselmann, Johann

Ott, alle in München, Gesamtprokura zu dreien erhalten haben. Verfügung der Eintragung und Bekanntmachung vom 15. Juli 1919.

Am 9. August 1919, dem Erscheinungstage der Nummer 34 des „Münchener Beobachters", führte die Zeitung in einem Teil der Auflage zum ersten Male auch den Titel „Völkischer Beobachter".

K. Bierbaumer, Verlegerin des Beobachters

Es zeigte sich später, daß sich Sebottendorff in den Redakteuren Sesselmann und Müller indem er sie selbständig machte, getäuscht hatte. Die Arbeit und das Verhalten den Mitarbeitern gegenüber entsprachen weder den Erwartungen Sebottendorffs, noch denen der Verlegerin, Frl. Käthe Bierbaumer. Anfeindungen traten auf.

Nachdem Sebottendorff abgereist, sollte auch die Eigentümerin der Zeitung, Frl. Käthe Bierbaumer entfernt werden. Zu diesem Zweck brachte man das Märchen auf, sie sei Jüdin; man sprach von Sebottendorff und seiner „jüdischen Freundin". Nie ist eine Verleumdung infamer gewesen und das Schlimme war, daß sie von Volksgenossen verbreitet wurde. Auch gegen Sebottendorff selbst setzte die Hetze weiter ein, man verbreitete den Artikel: „Seltsame Geschichten", in von Justizrat Dr. Först beglaubigten Abschriften; in ganz Deutschland wurde der Artikel nachgedruckt und da auch aus völkischen Kreisen die Abschriften versandt wurden, ohne anzugeben, woher sie stammten, so wurden sie geglaubt. Den Anfeindungen nachgebend, verließ auch Frl. Käthe Bierbaumer München.

Mehrmals mußte Sesselmann, der sich an die Spitze des Verlages zu setzen wußte, nach Konstanz reisen, um von Sebottendorff wieder aufs Neue Geld zu holen. Endlich wurde den Inhabern des Verlags die Sache klar: viel Geld wurde durch Prozesse verspielt, in die die Schriftleiter durch nicht genügend belegte Unterlagen gezogen wurden.

Um hier den Weg freizumachen und die Ungeeigneten auszuschalten, berief Sebottendorff seine Schwester, Frau Dora Kunze, und Frl. Käthe Bierbaumer nach Konstanz. Am 30. September 1919 wurde durch einen beauftragten Notar der Verlag Franz Eher Nachf., in eine Gesellschaft mit beschränkter Haftung umgewandelt. Die betreffenden Registerauszüge lauten:

Register-Akten des Amtsgerichts München, Nr. 1649/19.
Kapital 120000 Mark, davon:

Frl. Käthe Bierbaumer . . . . 110000 Mark
Frau Dora Kunze, geb. Glauer, in Lauban . . 10000 Mark
Bezahlt Frl. Bierbaumer durch Einbringung
der bisherigen Firma Verlag Franz Eher Nachf.
in München durch alle Verlagsrechte, Guthaben

und Inventar der Firma . . . . 110000 Mark
Bar bezahlt Frau Dora Kunze . . . . 10000 Mark
Nachtrag: Notariat München XVI:
Präsens Frl. Käthe Bierbaumer, München, Thiersch=
    straße 15
    Rechtsanwalt Dahn für Frau Dora Kunze,
    Lauban.
Richtigstellung: Wert der Sacheinlage . . . . . 91600 Mark
                Wert der Barbeträge . . . . . 18400 Mark
Geschäftsführer des Verlags: Franz Xaver Eder, Kaufmann in München. Im Anschluß daran schenkte Frl. Bierbaumer dem Verlage zu Händen von Herrn Eder 50000 Mark in Anteilen und gab noch einmal 13500 Mark in Anteilen, so daß Frl. Bierbaumer noch 46500 und Frau Dora Kunze 10000 Mark in Anteilen in der Firma hatte. Der innere Wert der Anteile war bedeutend höher.

In der Liste der Gesellschafter vom 20. März 1920 erscheinen folgende Gesellschafter:

    Gottfried Feder, Dipl.=Ingenieur, München mit 10000 Mark
    Franz Xaver Eder, Kaufmann, München . . . 10000 Mark
    Franz Freiherr von Feilitzsch, München . . . 20000 Mark
    Dr. Wilhelm Gutberlet, Arzt, München . . . 10000 Mark
    Theodor Heuß, Fabrikant, München . . . . 10000 Mark
    Frl. Käthe Bierbaumer, Freiburg/Breisgau . 46500 Mark
    Frau Dora Kunze, Lauban . . . . 10000 Mark
    Karl Alfred Braun, München . . . . 3500 Mark

Nach einer Eintragung vom 17. Dezember 1920 waren alle An=
teile bis auf die von Frl. Käthe Bierbaumer und Frau Dora Kunze in der Hand von Anton Drexler.

Ab 11. August 1921 mit Nr. 63, zeichnet Dietrich Eckart als Leiter des „Völkischen Beobachter".

Am 16. November 1921 erscheint erstmalig im Registergericht des Amtsgerichts München, Adolf Hitler, München, Thierschstraße 15, ausgewiesen durch seinen Paß, als Vorsitzender der Nationalsozialistischen Deutschen Arbeiterpartei und erklärt, alle Anteile zu besitzen. Hitler bestellt Joseph Pickl als Geschäftsführer. Max Amann übernahm die Leitung des Verlags, heute Generaldirektor des Parteiverlags.

XIV.
Die Thule während der Abwesenheit des Gründers und ihre Wiedererneuerung

Ein Brief von Johannes Hering vom Jahre 1926, der Sebottendorff in Istanbul erreichte, mag über die weiteren Schicksale der Thule Gesellschaft Auskunft geben:

„Wie Sie sich vielleicht erinnern werden, bin ich nach dem Ausscheiden Dahns längere Zeit der Vorsitzende der Thule gewesen, habe den Vorsitz dann an Herrn Professor Bauer abgegeben, welcher ihn in mustergültiger Weise führte, selbst tiefdurchdachte, literarische und politische Vorträge hielt, aber auch gute Redner und prächtige Mitglieder beizubringen vermochte.

Er ist ein guter politischer Kopf, der in der aufstrebenden Deutschnationalen Partei in die Leitung kam und Abgeordneter wurde. Auch in geselliger Beziehung war unter seiner Leitung reges Leben vorhanden gewesen, Konzertabende, poetische Darbietungen, zweimalige Theateraufführungen fanden statt.

... An Bauers Stelle trat der von Ihnen in die Thule gebrachte Max Sesselmann, der gleichfalls Landtagsabgeordneter geworden ist. Aber für die Thule hatte er wenig Zeit.

Zudem wurden wir aus unseren Räumen vertrieben und nach einigen Veranstaltungen im „Fränkischen Hofe" schlief die Thule ein. Nur zweierlei geschieht noch: die Feier am 30. April im Luit=

poldgymnasium und die Bekränzung der Gräber zu Allerheiligen. Dazu sendet Ökonomierat Bucherer die Kränze mit schwarz-weiß-roten Schleifen und ich trage die Kränze nach dem Wald- und Westfriedhofe hinaus. Deby war eine zeitlang zweiter Vorsitzender gewesen..."

Noch einmal war Hochbetrieb in der Thule Gesellschaft, als nach jenem 9. November 1923 die N.S.D.A.P. zerschlagen wurde. Damals traten unter dem jetzigen Oberbürgermeister Fiehler, München, die meisten Mitglieder der Partei in die Thule Gesellschaft ein. Sie konnten so ihre Propaganda fortsetzen, bis Adolf Hitler, aus Landsberg zurückgekehrt, von Neuem die Glieder zusammenfaßte.

Im Jahre 1925 hatte die Thule noch 25 Mitglieder. Von Sesselmann wurde eine Statutenänderung vorgenommen, durch die das Führerprinzip verlassen wurde. Im Jahre 1926 waren nur noch fünf Mitglieder vorhanden. Als dann das Registergericht Sesselmann in Strafe nahm, weil er einige Jahre keinen Bericht einsandte, meldete Sesselmann und der zweite Vorsitzende Wagner, daß die Thule keine Mitglieder mehr habe.

Durch Verfügung des Registerrichters vom Juni 1930 wurde die Thule Gesellschaft gelöscht.

In den letzten Jahren hatten auch die Thulefeiern im Luitpoldgymnasium aufgehört. Erst im Jahre 1933 fand wieder eine solche statt. Sebottendorff sollte die Gedächtnisrede halten, doch wurde dies durch Sesselmann hintertrieben. Aber nach der Feier fanden sich 75 alte Thuleleute im Domhofe zusammen, um den alten Meister zu begrüßen. Die Versammelten kamen überein, die Thule wieder aufleben zu lassen und die registergerichtliche Löschung der Gesellschaft rückgängig zu machen.

Unter Vorsitz des vom Gericht bestellten Sachwalters, Justizrats Dr. Georg Gaubatz, fand eine Generalversammlung statt, in der Sebottendorff wieder zum Führer und Ingenieur Riemann zum stellvertretenden Führer bestimmt wurde. Weiter wurde beschlossen, durch Änderung der Satzungen das Führerprinzip wieder herzustellen.

Durch Entgegenkommen der Brüder Walterspiel, der Besitzer des Hotel „Vier Jahreszeiten", wurden Sebottendorff für die Thule die alten historischen Räume wieder zugeteilt und so konnte am 9. September 1933 das 15jährige Stiftungsfest gefeiert werden. Hofschauspieler, Thulebruder Max Bayrhammer, hielt einen Vorspruch; Sebottendorff die Weiherede. Professor Stempfle vom Rehse-Institut brachte humorvolle Ausführungen aus Belegen der Vergangenheit der Thule, verlas unter anderem einen Brief Sebottendorffs vom Jahre 1920 an Schulrat Rohmeder, worin Sebottendorff mitteilte, daß er erst dann wieder nach München komme, wenn die Hakenkreuzfahnen in Deutschland den Sieg der Bewegung künden werden. Auf dieser Feier wurde zum ersten Male von Professor Stempfle auch die Anregung gegeben, die Stadt München möge den ersten Blutzeugen des erwachenden Deutschlands ein würdiges Ehrenmal errichten. Der anwesende Herr Oberbürgermeister Fiehler, Ehrenmitglied der Thule Gesellschaft, nahm die Anregung auf.

Am 31. Oktober 1933, am Vorabend vor Allerheiligen, veranstaltete die Thule Gesellschaft eine Toten-Gedächtnisfeier. Die weihevollen Klänge des „Treueschwur" von Kistler, die das Orchester der Beamtenabteilung der N.S.D.A.P. unter Leitung von Georg Festner zu Gehör brachte, leitete die Feier ein. Sebottendorff hielt die Toten-Gedächtnisrede. Hofschauspieler Max Bayrhammer trug eine vaterländische Dichtung: „In einer Winternacht" von D. von Liliencron vor. Zum Abschluß sprach Thulebruder Dr. Heinz Kurz in einem Vortrag über „Lob des Todes". An diesem Tage erschien erstmals wieder ein Organ der Thule Gesellschaft: der „Thule-Bote". Der Thule-Bote erscheint im Deukula-Verlag München und kann gegen ein monatliches Bestellgeld von RM. 1.40 von jeder Postanstalt bezogen werden.

Am Allerheiligentage legten Thulebrüder an den Gräbern ihrer Toten zum ehrenden Gedächtnis Kränze nieder.

Die Aufgabe der Erneuerung der Thule Gesellschaft ist erreicht: an jedem Samstagabend versammeln sich die Thule-Leute nun wieder an der historischen Stätte ihres Wirkens, in den „Vier Jahreszeiten". Damit hielt Sebottendorff die Zeit für gekommen, die Führung der Thule Gesellschaft in Bruder Franz Dannehls Hände zu legen. Der Führer bestimmte Dr. Heinz Kurz zum stellvertretenden Führer; Hans Georg Grassinger zum Propagandaleiter.

Wie singt die Wala, von dem was nötig ist?
Ehre das Göttliche! Meide das Niedere! Liebe die Brüder! Schirme das Vaterland! Sei Deiner Ahnen wert!

Oben und mitte: Zeitschrift Runen, Jahrgang 1918 und 1919; unten: Briefbogen der Thule Gesellschaft vom Jahre 1918 mit dem Wahrzeichen: Hakenkreuz und Das blanke Schwert

Schriftleitung der „Runen".
Anschrift: von Sebottendorff.

Bad Aibling, im Heumond 1918.

Auf meinen Ruf haben Sie geantwortet, nur kurz kann ich Ihnen heute die Ziele auseinandersetzen, weiteres kann ich erst mitteilen, wenn Sie mir beiliegendes Blatt ausgefüllt mit Ihrem Bild zusenden.

Vor dem Weltkriege erkannten einige deutsche Männer mit Schrecken, daß die Germanen durch Rassenvermanschung ebenso zu Grunde gehen würden, wie Hellas und Rom zu Grunde gingen; es war ihnen klar, daß unheimliche Mächte an der Arbeit waren, die dieses Ziel auf jede Weise erreichen wollten. Mit Schlagworten versuchte man die vorurteilslosen Massen zu gewinnen, mit allen Mitteln wurde germanische Kultur verächtlich gemacht, ex oriente lux war als Parole ausgegeben, in Kunst, Litteratur und Wissenschaft wurde gefälscht und verhehlt. Der Germanenorden soll diesem Unwesen steuern.

Jedes Mitglied muß ein Jahr lang mindestens dem Freundschaftsbunde angehört haben, wo es geprüft wird, ehe es dem Orden dauernd angegliedert wird.

Der Orden hat einige tausend in Logen gegliederte Mitglieder in Norddeutschland. Die in Süddeutschland befindlichen Mitglieder zu organisieren, neue dazuzuwerben, ist mein Auftrag.

Unsere Ziele sind besonders: Durch fleißige Arbeit den Einzelnen zu ertüchtigen, damit er im zukünftigen Kampfe der Geister ein brauchbarer Mitkämpfer sei. Wir nehmen daher nur Mitglieder auf, die durch keinerlei Bande mit Semiten verknüpft sind, das Geld dieser Tschandalenrasse ist derart mächtig, daß es den Einfluß überall hin geltend macht, so waren die Logen des deutschen Freimaurertums im Anfang, als es seine deutsche Abstammung noch nicht vergessen hatte, völlig judenfrei, heute sind die Juden und ihre Abkömmlinge nicht nur Leiter des Bundes, sondern sie verknüpfen ihn auch mit der internationalen Freimaurerei durch den Orden Bnei Brith; antisemitische Hetzereien im Stile der Berliner 80. Bewegung liegen uns fern, wir wollen nur, was Juda seit Jahrhunderten für sich in Anspruch nimmt, für uns allein sein. Deutschland den Deutschen.

Brechen wollen wir den jüdischen Einfluß in der Presse, in der Rechtsprechung, in der Wissenschaft, wir werden zeigen, wie sehr man gefälscht, gelogen und betrogen hat, um über Deutschland die Wolke des Mißvergnügens zu schaffen, die sich jetzt zeigt.

Wir wollen, daß alle Fremdrassigen unter das Ausländergesetz fallen. Wir streben danach, dem deutschen Volke die Heilsbotschaft der Blutreinheit ins Gewissen zu schärfen, durch bewußte Züchtung soll wieder der edle, blonde, blauäugige Germane Deutschlands Gaue bewohnen.

Wir bekämpfen die Gleichmacherei, es gibt nur eine Gleichheit, das ist die Gleichheit des Blutes. Gleichheit ist ein Schlagwort, ebenso wie Brüderlichkeit ein Schlagwort geworden ist. Nicht das „Du" macht den Bruder.

Hilfsmittel des Bundes sind: Die Monatszeitung „Runen", die vierteljährlichen Ordensnachrichten, die wöchentlichen Logensitzungen. Der Germanenhort soll auch die geldliche Unabhängigkeit sicher stellen.

Das einmalige Eintrittsgeld beträgt ℳ 20.—, der Vierteljahrsbeitrag ℳ 10.—

Mit dem alten Germanenrufe
„Heil und Sieg!"

Werbeblatt 1 des Germanen-Ordens der Ordensprovinz Bayern vom Jahre 1918

Werbeblatt 2 des Germanen-Ordens vom Jahre 1918: Walvater ruft zum letzten Streit, drum auf Germanen, seid bereit!

Oben: Werbeblatt des Germanen-Ordens; mitte: Bestallung des Germanen-Ordens Großloge Berlin, den 10. Sommermond 1918; unten: Ausweis-Karte Nr. 147 der Thule Gesellschaft vom 16. Februar 1919

Zeitschrift: Allgemeine Ordens-Nachrichten des Germanen-Ordens, Großloge, Nr. 15, Berlin, Julmond des Einbulwinters 1918/19: enthält Aufruf und Programm der Deutsch-Sozialistischen Partei (D.S.P.): An das Deutsche Volk!

Nummer 1 vom ersten Jahrgang des „Münchener Beobachters" vom 2. Januar 1887. Als Kuriosität sei hier der letzte Absatz der ersten Spalte des Aufsatzes „Neujahr" wiedergegeben: „Bevor eine weitere Klärung der Geister vor sich geht, die nur durch große Ereignisse sehr rasch vor sich gehen könnte, sind bedeutende Änderungen in der Gestaltung unserer inneren politischen Verhältnisse in Deutschland kaum in Aussicht zu nehmen"

Oben: Münchener Beobachter zur Zeit der Revolution, 9. November 1918, Nr. 23; mitte: Münchener Beobachter während der Rätezeit, 5. April 1919, Nr. 13; unten: Münchener Beobachter nach der Rätezeit; ab Nr. 17 vom 24. Mai 1919 gab Graffinger dem Beobachter das Gesicht einer Tageszeitung. Das Format des Münchener Beobachters war mit Nr. 16 vom 21. Mai 1919: 285×400 mm; ab Nr. 17 vom 24. Mai 1919: 320×480 mm

Völkischer Beobachter. Der Münchener Beobachter erschien ab Nr. 34 vom 9. August 1919 erstmals als Reichsausgabe auch unter dem Titel: Völkischer Beobachter

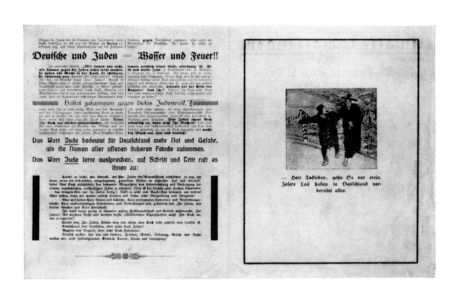

Flugblatt Dannehls vom Kampfbund der Thule vom April 1919: — „Herr Todleben, gehn Se nur erein. Insere Lait haben in Daitschland vorbereitet alles"

Flugblatt: „Ursprung und Ziel des Munitionsarbeiter-Streiks in Deutschland" im Januar 1918. Der Munitionsarbeiter-Streik hatte sich die Aufgabe gestellt, in Deutschland die Stimmung in revolutionärem Sinne zu beeinflussen

Nr. 260 der Münchener Post vom Donnerstag, den 7. November 1918, die in ihrem Leitartikel: „Eine Feierstunde" zur Revolution aufruft und den Rücktritt Kaiser Wilhelms II. und des deutschen Kronprinzen fordert

Bekanntmachung „An die Bevölkerung Münchens!" Der Rat der Arbeiter, Soldaten und Bauern unter dem Vorsitz von Eisner erklärt am Freitag, den 8. November 1918, daß sich im Landtag ein provisorischer Arbeiter-, Soldaten- und Bauernrat konstituiert hat

Zwei Flugschriften gegen das Haus Wittelsbach. Oben: Die Revolutionsnacht vor der Residenz; unten: Flugblatt gegen König Ludwig III. von Bayern

"Die Süddeutsche Freiheit" Münchener Montagszeitung vom 18. November 1918 verherrlicht: "Tuast glei Dei Achselklappen runter!"

Oben: Eisners Besuch in Bad Aibling anläßlich einer Versammlung im Kurhaus am 4. Dezember 1918. Dort sollte Eisner gefangengenommen und Auer zum Ministerpräsidenten ausgerufen werden; unten: Flugblatt gegen Eisner und für Ausrufung Auers zum Ministerpräsidenten

Oben links: Bekanntgabe von Eisners Tod am 21. Februar 1919; oben rechts: Münchner Rote Fahne: „Aufruf an das Proletariat!" der Kommunistischen Partei Deutschlands (Spartakusbund); unten links: Flugblatt: „Soldaten! Arbeiter! Bürger!" des Landes-Soldatenrats; unten rechts: „Aufruf an die Bevölkerung der Stadt München" der Bestattungskommission vom 25. Februar 1919

Oben: „An das Volk in Baiern!" vom 6. April 1919: Der revolutionäre Zentralrat Baierns erklärt die Räterepublik; unten links: Flugblatt des Münchener Beobachters vom 6. April 1919: „Die Räterepublik in Nürnberg abgelehnt!"; unten rechts: Bekanntmachung des provisorischen revolutionären Zentralrates vom 8. April 1919: „An die Arbeiter und kleinen Leute!"

Aufrufe zur Verteidigung der Räteregierung vom 29. April 1919. Oben links: Vom Oberkommando der Roten Armee; oben rechts: Von der Kommunistischen Partei Deutschlands (Spartakusbund); unten links: Von den Kasernenräten; unten rechts: Vom Vollzugsrat der Betriebs- und Soldatenräte Münchens

Oben: Aus dem Buch: Die Prozesse des Geiselmordes, erschienen im Glock & Sohn Verlag, München: Die am 30. April 1919 im Luitpoldgymnasium erschossenen Geiseln; unten: Münchener Beobachter Nr. 45 vom 17. September 1919 mit dem Aufsatz: „Die Drahtzieher! Zum Geiselmordprozeß."

Tageszeitung: „Der Freistaat", Amtliches Organ der Bayerischen Landes-Regierung
Bamberg, den 5. Mai 1919, Nr. 21

Personen- und Sachverzeichnis

Abschlachtung der Arier. Diese wird im Buche Esther geschildert und wird noch heute von der Judenschaft als Purimfest gefeiert. Historisch ist die Abschlachtung der 70000 Arier nicht nachweisbar. Doch sind ähnliche Vorgänge in historischer Zeit beglaubigt. Dio Cassius berichtet Buch 68, Kap. 32: „Während der Zeit, als Trojan in Arabien kriegte, hatten die Juden von Kyrene einen gewissen Andreas an ihre Spitze gestellt und begannen alles, was Römer oder Grieche war, niederzumachen. Sie aßen ihr Fleisch, umwanden sich mit ihren Eingeweiden, bestrichen sich mit ihrem Blute und zogen sich die Haut der Leichen über den Körper. Andere durchsägten diese vom Scheitel herab der Länge nach; sie warfen die Lebenden den wilden Tieren vor und zwangen sie, sich im Zweikampfe einander umzubringen, so daß im Ganzen zweihundert und zwanzigtausend Menschen auf diese Weise ihr Leben verloren. In Aegypten und Cypern verübten sie ähnliche Greuel unter Anführung eines gewissen Artemius und auch hier fanden zweihundert und vierzigtausend Menschen ihren Tod."

Adel. Vom althochdeutschen adal, das Geschlecht. Edlinge, die Rassereinen im Gegensatz zur Urbevölkerung, die von den Ariern unterworfen wurden. Später der Freie. Uradel im Gegensatz zum Briefadel.

Adler gleich Aar. Die a=(ar)=Rune, das Wappentier der Arier.

Ahlwardt, Hermann, Volksschullehrer und Rektor in Berlin. Arier. * 21. Dezember 1846. † 16. April 1914. Schuf 1889 in Berlin eine antisemitische Bewegung; die Judenblätter nannten ihn spöttisch den Rektor aller Deutschen. Er wurde durch Juden angezeigt, verurteilt wegen eines Vergehens und damit war die Bewegung zu Ende.

Alchimie, arabisch, „die Scheidekunst"; Alchimist, der Scheidekünstler. Ein philosophisches System des frühen Mittelalters, das durch Uebungen Führernaturen erziehen wollte. Die Formeln wurden durch chemische Vorgänge verhüllt und so entstand der Glaube, daß sich Alchimie mit Goldmachen beschäftige. Tatsächlich sind solche Goldmacher auch verschiedentlich als Betrüger aufgetreten. Vergl.: Die alte türkische Freimaurerei. Leipzig, Theosophisches Verlagshaus.

Alemannen. Vereinigung germanischer Völkerschaften. Wurden von den Römern im Jahre 357 bei Straßburg unter Julian besiegt. Die Ursache der Niederlage war, daß der Herzog der Alemannen zu Pferde in die Schlacht zog, anstatt sich nach germanischem Brauch als Führer an die Spitze des Keiles zu stellen. Damals erscholl der Ruf: „Herunter von den Pferden." Durch diese innern Streitigkeiten ging die Schlacht verloren und die Alemannen verloren ihre Unabhängigkeit.

Alexander der Große. * 356, † 323 v. Chr. Stammte aus den noch unverbrauchten arischen Mazedoniern; besiegte die auseinanderstrebenden griechischen Stämme, gründete das Weltreich. Nach seinem Tode zerfiel das Reich, weil er keinen Erben besaß und keinen Nachfolger bestimmt hatte. Seine Unterführer teilten sich in das Reich.

Alldeutscher Verband, wurde von Hugenberg und Claß als „Allgemeiner Deutscher Verband" am 9. April 1891 gegründet. Namensänderung am 1. Juli 1894. Gab die Monatsschrift „Alldeutsche Blätter" heraus. In der Vorkriegszeit die wichtigste völkische Verbindung, von den Allslawen und Allromanen am bittersten bekämpft, natürlich auch von den Marxisten und Juden.

Alsberg, Dr. Max, Rechtsanwalt. Jude. Strafrechtler und Literat. Der Jude ist ja in allen Sätteln gerecht — schrieb gegen Ende der Systemherrschaft einige Dramen. * 16. Oktober 1877, erschoß sich September 1933 in der Schweiz.

Amann, Max. Arier. Frontkämpfer im Weltkrieg 1914—1918. Uebernahm 1921 die Leitung des Verlags Franz Eher Nachf., G.m.b.H. Heute Generaldirektor des Parteiverlags der N.S.D.A.P.

Andersch, Alfred. Arier. Mitglied der Thule.

Annacker, Johann. Arier. Mitglied der Thule.

Anthroposophie. Anthropos = Mensch, sophie = Weisheit, also Weistum vom Menschen. Gesellschaft von Steiner (s. d.) gegründet, als Annie Besant, die Leiterin der Theosophischen Bewegung, den Inderknaben Krischnamurti als Neuverkörperung Christi darstellte. In München schlossen sich zahlreiche Anhänger Steiner an, doch wurde die Bewegung durch Selbstmorde sexuell ausgebeuteter Frauen unmöglich gemacht. Die beabsichtigte Hochschule konnte nicht gegründet werden, sie wurde nach Dornach bei Basel verlegt (Goetheaneum), wo sich Steiner vergeblich bemühte, die schweizerische Staatsangehörigkeit zu erwerben. In der Sylvesternacht 1922 brannte der Tempel ab und wurde vier Jahre später neu errichtet. Steiners Lehre ist ein Gemisch theosophischer Lehren mit eignen Dreingaben. Propagandamittel der Bewegung ist die Eurythmie. Nach der Revolution versuchte Steiner durch seine Lehre von der Dreigliederung den Kommunismus zu reformieren.

Antisemit. Anti = gegen. Semit = Abkömmling von Sem, dem biblischen Stammvater der Juden. Also Gegenjude. Kam als Schimpfwort zu Ahlwardts Zeiten auf. Kaiser Friedrich soll nach jüdischen Zeitungen gesagt haben, daß der Antisemitismus die größte Schmach des Jahrhunderts sei. In einem Prozeß mußte der Schriftleiter Oberrabbiner Hirsch Hildesheimer diesen Ausspruch als unbelegt zugeben.

Araber, Semiten. Im Gegensatz zum Juden unvermischte. Nach der Bibel die Abkömmlinge Esaus, der um sein Erstgeburtsrecht betrogen wurde. Bevölkerung des südwestlichen Asiens und Nordafrikas, sprachlich und wirtschaftlich zwei Gruppen: die Badawi (s. Beduinen) als Nomaden, die Chadari als seßhafte Bauern.

Arbeiter. Kam als Standesbezeichnung um die Mitte des vergangenen Jahrhunderts auf im Gegensatz zum Bürger und Adel. Später schuf das Judentum die Prägung Proletarier. Das bedeutet „Kindererzeuger". Spöttisch: Leute, die nichts als Kinder haben.

Arbeiter-Jugend. Vor dem 9. November 1918 war Lehrlingen und jugendlichen Arbeitern die Zugehörigkeit zu politischen und gewerkschaftlichen Organisationen durch Gesetz verboten. Anfangs des 20. Jahrhunderts wurde die „Arbeiter-Jugend" gegründet, die nach außen hin als Wander- und Diskutiervereine der Lehrlinge und jugendlichen Arbeiter galten; tatsächlich aber wurden die Jugendlichen dort sozialistisch und gewerkschaftlich vorgebildet. Die Organisation wurde von der Sozialdemokratischen Partei und den Gewerkschaften finanziert.

Arbeiterwehr. In München zur Rätezeit die Rote Armee.

Arco auf Valley, Anton, Graf von. * 5. Februar 1897. Stammt aus der österreichischen Linie und ist mit der bayerischen nur entfernt verwandt. Jüdling. Graf von Arco erschoß Eisner am 21. Februar 1919.

Arier. Ar Rune = Adler. Söhne des Adlers, der Sonne. Nach dem Ende der Eiszeit zusammengeschmolzen aus einer langschädligen blonden und einer rundschädligen dunklen Rasse. Nach den Sternwarten von Stonehenge und Oudry, der Bretagne läßt sich eine hohe Kultur der Arier auf 10000 v. Chr. feststellen. Die Nordstämme besiedelten als Herrenvölker Europa, Asien und Amerika; überall dort Kulturen bildend, wo sie auf eine einheimische Bevölkerung trafen, die sie sich unterwarfen. Man kann die Wanderwege der Arier aus den Steinreihen verfolgen und unterscheidet zwei Hauptzüge. Der erste geht an den Küsten des atlantischen Ozeans entlang, überschreitet die Straße von

Gibraltar und biegt über die heutige Oase Sollun nach Oberägypten ein, hier schufen die Arier die ägyptische Kultur. Absplitterungen finden wir auf den Inseln und an den Rändern des Mittelmeers. Troja, Mykenä waren arische Siedelungen. Ein zweiter Zug von Steinkreisen geht durch Polen, überschreitet den Kaukasus und teilt sich hier nach Kleinasien und das asiatische Hochland. Sehr wahrscheinlich sind auch die ältesten Kulturen Amerikas arischen Ursprungs. Vergl: Sebottendorff, Geschichte der Astrologie. Leipzig.

Aristokratie. Herrschaft der Edlinge, im Gegensatz zur Demokratie Herrschaft des Volkes. Ursprünglich die Herrschaft der Eroberer.

Armee, Rote. Bildung der Arbeiterwehr der Räteregierung 1919.

Arndt, Dr. Julius, Leutnant. Arier. * 7. Januar 1893. Sohn des Kulturhistorikers Arndt in München. Frontkämpfer im Weltkrieg 1914—1918. Mitglied des Kampfbundes der Thule. Seit 15. April 1919 im Freikorps Oberland.

Aschenbrenner. Arier. Bis zum Palmarumputsch Kommandeur des Münchener Hauptbahnhofes.

Aßmann, Ludwig. Arier. Mitglied der Thule.

Auer, Erhard. Marxist. * 22. Dez. 1874. Nach Vollmars Tod Führer der bayerischen Sozialdemokratie. Reichs- und Landtagsabgeordneter; wurde am 21. Februar 1919, als er nach Bekanntgabe von Eisners Tod den Landtag eröffnen wollte, durch den Kommunisten Lindner durch zwei Schüsse schwer verwundet.

Aumiller, Max. Besitzer des Hotels Marienbad, wurde verhaftet und war in Gefahr, mit den Thule-Leuten erschossen zu werden.

Axelrod, Tobias. Beauftragter der Sowjets bei der Münchener Räteregierung. Jude. Axelrod wurde 1897 in Moskau geboren, studierte und brachte es zum Dr. phil.; kam Dezember 1918 nach München und hielt sich bis zum Tode Eisners im Hintergrunde. Bildete mit den beiden andern russischen Juden Levine und Levien das Triumvirat, welches die Räteregierung lenkte. Nach seiner Gefangennahme vom Standgericht München zu 15 Jahren Zuchthaus verurteilt. Er wurde gegen marxistische Gefangene in Rußland ausgetauscht.

Bad Aibling, Marktflecken, jetzt Stadt in Oberbayern. Moorbad.

Baiern. Schreibweise für Bayern zur Rätezeit.

Bajuvaren. Bojoarier, älterer Name der Bayern, nach dem früheren Wohnsitz dieses germanischen Stammes in Böhmen: Boihaemum. Mit Tirolern, Ober- und Niederösterreichern, Steyrern ein deutscher Volksstamm.

Baldauf, Georg. Arier. Mitglied der Thule.

Baller, Alfred. Arier. Mitglied der Thule.

Ballin, Albert. Generaldirektor der Hamburg-Amerika-Linie. Jude. * 15. August 1857, erschoß sich 9. November 1918.

Bamberg. Unmittelbare Stadt im bayerischen Regierungsbezirk Oberfranken mit über 50 000 Einwohnern. Nach Verkündigung der Räterepublik vom 7. April bis 15. August 1919 Sitz der bayerischen Regierung. Die Verfassung für Bayern vom 12. August 1919 wurde hier beschlossen.

Bartels, Fritz. Arier. Mitglied der Thule.

Bauer, Hermann. Arier. Mitglied der Thule.

Bauer, Josephine. Arierin. Mitglied der Thule.

Bauer, Ludwig. Arier. Mitglied der Thule.

Bauernrat. Während der Räteregierung die Vertretung der Bauernschaft.

Bauhütte. Im Mittelalter Name der Gewerksgenossenschaft der Bauleute, besonders der Brüderschaft der Steinmetzen. Zweck aller Bauhütten war Ausbildung und Beschäftigung tüchtiger Bauleute, Wahrung der Geheimnisse des Erbauens von großen Bauten, dann aber auch Pflege treuer Freundschaft, religiösen Empfindens und sittlichen Strebens. Bald fanden auch gebildete Nichthandwerker „Zulassung und Annahme" in den Bauhütten. Schließlich bildeten die Nichthandwerker die Mehrzahl der Mitglieder. 1717 ging aus ihr die Freimaurerei (s. d.) hervor.

Baumer, Anna. Arierin. Mitglied der Thule.

Bayrhammer, Max. Arier. Mitglied der Thule. Hofkammerschauspieler. Wurde wegen seiner antisemitischen Gesinnung von der „System-Herrschaft" entlassen.

Beaconsfield, Earl of. Adelstitel des Juden Disraeli, siehe diesen.

Becker, Berta. Arierin. Mitglied der Thule.

Beduinen, arabisch Badawi. Nomadenstämme der Wüste. Heimat- und Hauptsitz ist Nedschd in Arabien. Sie sind die reinsten Vertreter der Araber (s. d.).

Bekh, Ritter von, Major. Arier. Frontkämpfer im Weltkrieg 1914—18. War Führer des Freikorps Oberland 1919.

Belfried, Zeitung in Belgien während des Krieges. Deutschland unterhielt während des Krieges eine sehr schlecht geleitete Propaganda der Zeitungen in verschiedenen neutralen Ländern. Diese Zeitungspropaganda wurde von Erzberger geleitet, dem sehr große Summen hierfür zur Verfügung standen.

Belgien. Judenwirtschaft in Artikeln aus dem Beobachter 1918.

Berger, Ernst, Professor. Jude. Wurde am 30. April 1919 mit den Thule=Leuten im Luitpoldgymnasium ermordet, weil er sich im Glauben, sie würden entlassen, in die Reihen derselben gedrängt hatte.

Bernstein, Eduard, sozialistischer Schriftsteller. Marxist. * 6. Januar 1850. Leitete 1881 bis 1890 den „Sozialdemokrat".

Besnard. Arier. Mitglied der Thule. Rechtsanwalt in München.

Bethmann=Hollweg, Theobald von. * 29. Nov. 1856. † 2. Jan. 1921. Reichskanzler vom 14. Juli 1909 bis 14. Juli 1917. Spitzname: Der Lederne Kanzler. Seine schwächliche Haltung gegen Zentrum, Sozialdemokratie trug viel zum Zusammenbruch bei.

Bibel, das Buch. Das alte Testament entstand in seiner heutigen Fassung um 450 v. Chr. Esra, der die Juden aus Babylonien zum Teil zurückführte, schuf aus Stammessagen und arischem Wissen, das er im Zweistromlande kennen lernte, die Bücher Moses, schrieb die Geschlechtsregister nach einem Zahlenschlüssel, verfaßte das Buch der Richter, machte Jehova (Jahwe) zum Stammesgott der Juden. Das neue Testament entstand in den Jahren bis 200 n. Chr. Urtexte sind nicht vorhanden, nur Abschriften aus dem 4. und 5. Jahrhundert. Codex Sinaiticus und Codex Alexandrinus.

Bierbaumer, Käthe. Arierin. * 4. Juli 1889 in Neustift, Bezirk Mattersburg (Burgenland). Mitglied der Thule. War Inhaberin bzw. Hauptgesellschafterin des Verlag Franz Eher Nachf. München.

Birner, Hedwig. Arierin. Mitglied der Thule.

Birner, Max. Arier. Mitglied der Thule.

Bismarck, Fürst Otto von. Arier. * 1. April 1815. † 30. Juni 1898. Gründer des ersten Deutschen Reiches und Kanzler bis 20. März 1890. Mit seiner Entlassung durch Kaiser Wilhelm II. begann der Abstieg des Deutschen Reiches. Beinamen: Der Eiserne Kanzler.

Bissing, Moritz Ferdinand, Freiherr von, General. Arier. * 31. Januar 1844. † 18. April 1917 in Brüssel. Am 28. November 1914 wurde er Generalgouverneur von Belgien. Er leitete eine auf die Zweiteilung Belgiens entsprechend dem flämischen und wallonischen Teil der Bevölkerung zielende Politik ein.

Bleichröder. Jüdisches Bankhaus in Berlin. Gegründet von Samuel Bleichröder 1803 in Berlin.

Block, Nora. Arierin. Mitglied der Thule.

Bne-Briss, hebr.: „Bundessöhne", Gegründet 1843 in Amerika als United order of Bne Briss. Verband sich mit der Alliance Israelite und kam in den 60er Jahren des vergangenen Jahrhunderts nach Europa. Der Orden nimmt nur Juden auf, ist organisiert nach Art der Freimaurerei und umfaßt heute alle jüdischen Organisationen. Der Bne Briss hat darum so große Gewalt, weil seine Mitglieder nur Juden sind, die aber von Ordens wegen gehalten werden, der Freimaurerei anzugehören. Hier haben sie die führenden Stellen inne. Aus diesem Grunde erklärt sich die internationale Führung der Freimaurerei. In Deutschland machte sich in den letzten Jahren des vergangenen Jahrhunderts der Bne Briss Orden bemerkbar. Um 1900 besaß er in Berlin, Wilhelmstraße, eine Niederlassung, in der auch christliche Freimaurer tagen konnten. Ab 1905 wurde dann die deutsche Ordensniederlassung kräftiger ausgebaut. Bne Briss bedeutet Söhne des Glaubens.

Bodmann, Hans Hermann, Freiherr von und zu. Arier. Mitglied der Thule, des Kampfbundes und Mitarbeiter des „Beobachters".

Bonn. Rektor der Handelshochschule in München. Jude.

Born, Kurt. Arier. Mitglied der Thule.

Börse. Die ersten Börsen waren Warenbörsen, entstanden in den Niederlanden um die Mitte des 16. Jahrhunderts. Die heutigen Börsen bildeten sich um die Zeit der französischen Revolution, als Aktiengesellschaften und Staatsanleihen entstanden. Die Börsen sind ein wichtiges Mittel des internationalen Kapitals, sie mobilisieren die Arbeitskraft, den Grundbesitz und werten sie als Handelsobjekt um.

Braun, Karl Alfred. Arier. 1920 Gesellschafter des Verlag Franz Eher Nachf., G. m. b. H., München.

Brehm, Georg. Arier. Mitglied der Thule.

Bruno, Alfred. Arier. Mitglied der Thule.

Bruxellois. Titel einer Zeitung in Brüssel während des Weltkrieges.

Büchner, Dr. Ludwig, Arzt. Judstize. Verfasser von Kraft und Stoff. Vorkämpfer des Materialismus. *28. März 1824. †30. April 1899.

Büchold, Valentin. Arier. *8. August 1898 in München. Mitglied der Thule. War Sportschriftleiter im Beobachter. 1. Chargierter der Verbindung Hansea der Handelshochschule München; als solcher in schwerem Konflikt mit Bonn.

Buditsch, genannt Dietrich, roter Soldatenrat.

Buisson, Wilhelm, gelernter Apotheker. Marxist. Pflegesohn von Auer. Während des Einmarsches der Befreiungstruppen hatte sich Buisson im Polizeipräsidium festgesetzt.

Bunge, Hans. Arier. Mitglied der Thule und des Kampfbundes; jetzt Führer der Leibstandarte der S.S.

Bürgerwehr. Während der Revolutionszeiten bildeten sich Bürgerwehren zum Schutze der städtischen Einrichtungen. Zur Zeit der Räteregierung bestanden Bürgerwehren in zahlreichen Städten Nordbayerns.

Byzantinismus. Kriechende Unterwürfigkeit, besonders Fürsten und Regierenden gegenüber.

Claß, Heinrich, Justizrat. Arier. * 29. Februar 1868. Gründer des „Alldeutschen Verbandes" (s. d.).

Closmann, Hans. Arier. Mitglied der Thule.

Closmann, Hugo. Arier. Mitglied der Thule.

Coblitz, Franz. Arier, Mitglied der Thule.

Cyrus, eigentlich Kyros vom altpersischen Kurusch. 565 bis 529 v. Chr., arischer Perser, eroberte 539 v. Chr. Babylon. Für die Hilfe, die ihm die Juden hierbei leisteten, erlaubte er die Rückkehr derselben nach Palästina. Wahrscheinlich wollte er dadurch die gesamte Judenschaft los werden, doch benutzten die Erlaubnis nur die beiden Stämme Levi und Benjamin. Die andern blieben im Zweistromlande.

Dachau, Markt, jetzt Stadt in Oberbayern, über 7000 Einwohner. An der Bahnlinie München=Ingolstadt. War 1919 Hauptstützpunkt der „Roten Armee" unter dem Oberkommando von Ernst Toller (s. d.).

Dahn, Hanns, Rechtsanwalt. Arier. Mitglied der Thule. Enkel von Felix Dahn. War Führer der Thule. Im Geiselmordprozeß Verteidiger des zu 15 Jahren Zuchthaus verurteilten Gsell.

Dannehl, Franz. Arier. Mitglied der Thule und des Kampfbundes. Bekannter Forscher und Schmetterlingssammler. Tondichter. Heute Führer der Thule.

Danner, Mathilde. Arierin. Mitglied der Thule.

Daudistel, August. Arier. Mitglied der Thule.

Daumenlang, Anton. Eisenbahnobersekretär. Arier. * 16. September 1870. Ermordet am 30. April 1919 als Geisel im Münchner Luitpold=Gymnasium. Mitglied der Thule. Befaßte sich mit Wappenkunde und Familienforschung. Hinterließ außer der Witwe eine Tochter mit 13 Jahren.

Deby, Theo. Arier. Mitglied der Thule und des Kampfbundes.

Dechaud, Georg. Arier. Mitglied der Thule.

Deiglmeier, Elisabeth. Arierin. Mitglied der Thule.

Deike, Walter. Kunstgewerbezeichner. Arier. * 1892. Ermordet als Geisel am 30. April 1919 im Münchner Luitpoldgymnasium. Mitglied der Thule.

Demmel, Auguste. Arierin. Mitglied der Thule.

Demockl, Ida. Arierin. Mitglied der Thule.

Demokratie, Volksherrschaft. Der Begriff wechselt im Laufe der Zeiten seine Bedeutung. Die ursprüngliche arische Verfassung war eine Demokratie mit aristokratischer Führung. Die Volksversammlung wählte den Führer in allen schwierigen Fragen; traten dann wieder geordnete Verhältnisse ein, gab der gewählte Führer seine Vollmacht dem Thing (der Volksversammlung) zurück. Mit beginnender Rassemischung wurde die Volksversammlung nach und nach abgeschafft; es trat eine reine Aristokratie ein. Heute ist Demokratie die Herrschaft des Volkes durch ein gewähltes Parlament. (Alle Macht dem Parlament.)

Deutscher Arbeiterverein. Gründung aus der Thule Gesellschaft, Orden für Deutsche Art. Der Deutsche Arbeiterverein wurde später zur Deutschen Arbeiterpartei. 1. Vorsitzender Karl Harrer †. Vorsitzender der Ortsgruppe München: Anton Drexler.

Deutsch-Sozialistische Partei. Gründung aus der Thule Gesellschaft, Orden für Deutsche Art. Das Programm der Deutsch-Sozialistischen Partei: „An das Deutsche Volk" ist veröffentlicht in Nr. 15, Seite 7 der „Allgemeinen Ordens-Nachrichten" des Germanenorden, Großloge, Berlin, Julmond des Einbulwinters 1918/19. 1. Vorsitzender: Hans Georg Grassinger.

Dingfelder, Dr. med. Johannes, Arzt. Arier. Gast der Thule.

Disraeli, Benjamin, Earl of Beaconsfield. Jude. * 21. Dez. 1804. † 19. April 1881. Englischer Ministerpräsident. Sein Werk ist die engl. Wahländerung, er hatte die Führung auf dem Berliner Kongreß 1879, der den Frieden von San Stefano und den türkisch-russischen Krieg beendete. Als Schriftsteller bekannt durch seine Romane: Conningsby, Tancred ꝛc.

Dolchstoß. Durch den Munitionsarbeiterstreik im Januar 1918 wurde die deutsche Frühjahrsoffensive lahmgelegt. Damit begann der Zusammenbruch. Das Gefährlichste aber war, daß nun der Feindbund wußte, hinter der Front lauert eine gewaltige Macht auf den Zusammenbruch. Es setzte sofort eine rege Propaganda des Feindbundes ein, eine Bearbeitung der müden Volksmasse, die zum Zusammenbruch in Deutschland führte.

Dönme, bedeutet „gewendet". Name der Juden, die sich anscheinend dem Islam zugewendet haben. Die Sekte wurde von Sabatai Zewi gegründet, der sich in Damaskus als Messias ausgab. Als die Anhängerschaft wuchs und in Damaskus unter den Juden Streitigkeiten ausbrachen, ließ der Großherr den Stifter nach Istanbul bringen, dort war er dann Pförtner im Palast des Sultans. Nach dessen Tode kam Sabatei nach Salonik und fand dort Zulauf. Die Dönme machten die Revolution von 1918 und führten als Jungtürken die Regierung bis Mustapha Kemal. Noch heute bilden die Dönme eine streng abgeschlossene Sekte, über deren eigentliche Lehre wenig bekannt ist; sie heiraten nur untereinander.

Dreiheit. Die Offenbarung Gottes — der Einheit — durch die Dreiheit ist rein arisches Weistum. Die Einheit Gott ist jenseits aller Erkenntnis. Gott kann nur erkannt werden in der Polarisation, der Dreiheit; positiv, negativ und neutral oder Geist-Gesetz-Stoff. In der Astrologie symbolisiert durch die drei Prinzipien: Sonne, Jupiter, Saturn. Wo in einer Religion diese Dreiheit auftritt, muß auf arisches Wissen geschlossen werden.

Dresel, Maximilian. Arier. Mitglied der Thule.

Drexler, Anton, Metalldreher. Arier. Gast der Thule. Schloß sich als erster Arbeiter dem Deutschen Arbeiterverein an, war unter Karl Harrer zweiter Vorsitzender, später Abgeordneter des Völkischen Blocks im bayerischen Landtage.

Dschavid, Jude-Dönme. Türkischer Finanzminister von 1909—1919. Wurde 1925 gehenkt, weil er sich an einer Verschwörung gegen Mustapha Kemal beteiligt hatte.

Düntzel, Hans. Arier. Mitglied der Thule.

Ebert Fritz, Sattler. Marxist. * 4. Februar 1871, † 28. Februar 1925. Redakteur der „Bremer Bürgerzeitung", 1900 Arbeitersekretär. Nach Bebels Tod 1913 Vorsitzender der Sozialdemokratischen Partei. 9. Nov. 1918: Vorsitzender des Rats der Volksbeauftragten. Reichskanzler. 11. Februar 1919 provisorisch, dann definitiv Reichspräsident.

Eckart, Dietrich, Schriftsteller. Arier. * 23. März 1868 in Neumarkt (Oberpfalz), † 26. Dezember 1923. Gast der Thule. Bekannt durch seine Peer-Gynt-Uebertragung. Herausgeber „Auf gut Deutsch", 1921 bis 1923 Schriftleiter des Völkischen Beobachters. Nahm am Kapp-Putsch teil und am Hitlermarsch am 9. November 1923.

Eckart, Paul. Arier. Mitglied der Thule.

Eching bei Dachau. Dorf in Bayern. 1919 Standort eines Teiles des Kampfbundes der Thule unter Hauptmann Römer.

Eck, Klaus. Schriftleiter des Miesbacher Anzeiger, Antisemitische Zeitung 1918.

Eder, Franz Xaver. Arier. Bei Gründung der G. m. b. H. des Verlag Franz Eher Nachf. am 1. Oktober 1919 durch die beiden Inhaber Frl. Bierbaumer und Frau Kunze zum Geschäftsführer ernannt. 1920 Gesellschafter des Verlag Franz Eher Nachf., G. m. b. H., München.

Eher, Franz, Redakteur. Arier. 1900 bis 1918 Inhaber der Firma Verlag Franz Eher, München. † 22. Juni 1918

Ehrengut, Leopold. Arier. Mitglied der Thule.

Eichstädt. Unmittelbare Stadt im Regierungsbezirk Mittelfranken mit über 8000 Einwohnern. 1919 Sammelstelle der Zentrale Oberland (s. d.).

Eisenhut. Marxist. Mitglied des Elf=Männer=Kollegiums (Zentralrat) Februar=März 1919.

Eisner, Kurt. Jude. * 14. Mai 1867. Stammt aus Galizien, sein eigentlicher Name ist Kosmanowski. Absolvierte in Berlin das Gymnasium, studierte Philosophie; trat in die Frankfurter Zeitung ein; ging dann zum Vorwärts über; wechselte zu den Unabhängigen hinüber und kam 1906 nach Bayern, 1910 nach München; 1918 organisierte er den Munitionsarbeiterstreik in München und wurde ins Gefängnis gesteckt, wo er bis kurz vor der Revolution verblieb. Aus seinen Schriften geht hervor, daß er schon 1900 die Revolution betrieb, deren Macher er in München wurde. 21. Februar 1919 von Graf Arco=Valley (s. d.) erschossen. Eisner organisierte die Versammlung auf der Theresienwiese in München, die am 8. November 1918 zur Revolution in München führte. Er machte sich selber zum Ministerpräsidenten und zum Minister des Aeußeren. Unterleitner, ein Unabhängiger, wurde Minister der sozialen Fürsorge, Auer wurde Innenminister, Roßhaupter Kriegsminister, Timm Justizminister, Hoffmann Kultusminister. Am 16. November entwickelte er sein Programm; am 17. November ließ er im Nationaltheater eine Revolutionsfeier veranstalten, zu der er den Text „Gesang an die Völker" gedichtet hatte. Um die Schuld Deutschlands am Weltkriege zu beweisen, veröffentlichte er einen entstellten Brief des bayerischen Gesandten in Berlin, ging nach Genf, um sich dort der Entente anzubiedern und ließ als seinen Vertreter den bekannten Professor Foerster dort. Am 13. Dezember 1918 trat der von ihm geschaffene Nationalrat zusammen, der bis in den Januar 1919 hinein zusammenblieb. Am 27. Dezember 1919 war die Verhaftung der Bürgerwehr, die im Nationalrat bis zum Schluß immer wieder eine Rolle spielte. An

Sylvester 1918 wurden in den Straßen Münchens neun Personen erschossen. Der 1. Januar 1919 brachte die Besetzung der österreichischen Botschaft und des Konsulates. Am 7. Januar fand eine Arbeitslosendemonstration statt, die zwei Tote vor dem Fürsorgeministerium zurückließ. Bei der Landtagswahl wurde Eisner mit sehr geringer Stimmenzahl mit zwei Unabhängigen gewählt (in München kaum 17 000 Stimmen). Die Eröffnung des Landtages wurde immer wieder vertagt, schließlich für den 21. Februar 1919 festgesetzt. An diesem Tage wurde Eisner erschossen.

Eller, Rechtsanwalt in Bad Aibling. Marxist. Während der Rätezeit Bürgermeister dortselbst.

Endres, Fritz, Kupferschmied. Marxist. * 15. Oktober 1877. 1918 Geschäftsführer des Metallarbeiterverbandes. 10. März bis 2. Juni 1919 bayer. Justizminister, dann bis 14. März 1920 bayer. Minister des Innern.

Engelbrecht, Otto. Arier. Mitglied der Thule.

Engels, Friedrich. Jude. * 28. September 1820. † 5. August 1895 in London. Mit Karl Marx Gründer des Marxismus. Verfasser von: Kommunistisches Manifest 1848; Der Ursprung der Familie, des Privateigentums und des Staates.

Epp, Franz, Ritter von. General. Arier. Frontkämpfer im Weltkrieg 1914—18. * 16. Okt. 1868. Focht im Hereroaufstande, zog als Major des zweiten Bataillons des Leibregiments in den Weltkrieg (Badenweiler), nach seiner ersten Verwundung an der Peronne zum Oberstleutnant befördert und Kommandeur des Leibregiments. Er war dann mit dem Regiment in den Dolomiten, in Serbien und Mazedonien, dann bei Verdun. Dort erhielt er den Max-Joseph-Orden und wurde damit Ritter von Epp. Im September 1916 wurde das Regiment nach Rumänien gesandt, kämpfte dort am Roten Turmpaß und am Campulungpaß, wurde dann nach dem Isonzo versetzt und nahm an der Durchbruchsschlacht teil. An der großen Offensive vom Frühjahr 1918 nahm Ritter von Epp teil, er kämpfte am Kemmel, eroberte ihn und erhielt dafür den Pour le merite. August 1918 führte er das Regiment in die Siegfriedstellung, doch schon im August sehen wir Ritter von Epp wieder im Balkan. Am 31. Oktober führte er sein Regiment als letztes deutsches Regiment über die Save. Im Frühjahr 1919 rief er zur Bildung eines bayerischen Freikorps in Ohrdruf auf. Mitte März hatte er dort 20 Offiziere, 2 Unteroffiziere und 40 Mann versammelt. Nach dem Rufe der Regierung Hoffmann wurde das Freikorps Epp Bayerisches Schützenkorps genannt und rückte über Ulm und Augsburg vor. Das Korps zeichnete sich bei den Kämpfen in Giesing aus und hatte hier 5 Tote und 25 Verwundete. Nach der Einnahme Münchens überführte er das Bayerische Schützenkorps in die Reichswehr und wurde Kommandeur. Nach seiner Pensionierung schloß er sich Hitler an, wurde Reichstagsabgeordneter und ist heute Statthalter des Reiches in Bayern.

Erhardt. Soldatenrat. Verantwortlicher Schriftleiter der Nachrichtenblätter des Zentralrates.

Erzberger, Matthias. Politiker. Zentrums-Reichstagsabgeordneter. Wahrscheinlich aus jüdischer, getaufter Familie stammend. Veranlaßt 1917 die Friedensresolution; 1918/19 Vorsitzender der Waffenstillstandskommission. 21. Juni 1919 bis 12. März 1920 Reichsfinanzminister (Steuerreform). * 20. September 1875, 26. August 1921 erschossen.

Esser, Hermann. Arier. * 29. Juli 1900 in Röhrmoos, Bez. Dachau. Seit Januar 1920 in der nationalsozialistischen Bewegung. Stadtrat in München. Seit 1933 bayerischer Minister zur besonderen Verwendung und Chef der Staatskanzlei.

Falkenhausen, Ludwig, Freiherr von. Jüdling. * 13. Sept. 1814. Vom 22. August 1917 bis zum Zusammenbruch Generalgouverneur von Belgien.

Faustnatur, bezeichnet den Zwiespalt, in den der Germane durch die Aufnahme des Christentums geriet. Später krystallisierte sich dieser im Protestantismus. Sagen von Dr. Faust.

Fechenbach. Sekretär Eisners. 1933 verhaftet, machte beim Transport in ein Konzentrationslager einen Fluchtversuch und wurde dabei erschossen.

Feder, Gottfried. Arier. * 27. Januar 1883 in Würzburg. Besuchte das Humanistische Gymnasium. Studium auf den Technischen Hochschulen München, Charlottenburg, Zürich. Besteht 1905 in München das Diplomexamen als Bauingenieur. Konstruktionsingenieur bei einer Eisenbetonfirma. 1908 selbständige Unternehmertätigkeit im In- und Ausland. Betreibt seit 1917 theoretische Studien finanzpolitischer und volkswirtschaftlicher Art. 1919 erscheint sein Werk: „Das Manifest zur Brechung der Zinsknechtschaft". 1920 Gesellschafter des Verlag Franz Eher Nachf., G. m. b. H., München. Mitbegründer der N.S.D.A.P. 1924 Reichstagsabgeordneter. 1931 Vorsitzender des Reichswirtschaftsrats der N.S.D.A.P. Juni 1933: Staatssekretär im Reichswirtschaftsministerium.

Feilitzsch, Franz, Freiherr von. Arier. 1920 Gesellschafter des Verlag Franz Eher Nachf., G.m.b.H., München. Mitglied des Kampfbundes der Thule.

Feldbauer, Hermann. Arier. Mitglied der Thule.

Ferment der Zerstörung. Ferment, Gährungspilz.

Fiehler, Karl. Oberbürgermeister von München. Arier. Ehren-Mitglied der Thule. * 31. August 1895. Kämpfte im Stoßtrupp Hitler am 9. November 1923. War mit Hitler auf Festung Landsberg.

Först, Dr. Geheimer Justizrat. Rechtsanwalt.

Foerster, Friedrich Wilhelm. Professor. Pazifist. 1919 Vertreter Eisners in der Schweiz. 1933 Aberkennung der deutschen Staatsangehörigkeit.

Frank, Dr. Michel Hans. Arier. Mitglied der Thule. Frontsoldat im Weltkrieg 1917/18. * 23. Mai 1900 zu Karlsruhe. Besuchte das Gymnasium zu München. Studiert nach beendetem Kriegsdienst die Rechte und Volkswirtschaft an den Universitäten Kiel, München und Wien. 1926 Rechtsanwalt in München. 1927 Mitglied des Lehrkörpers der Technischen Hochschule München. Referent der Reichsleitung der N.S.D.A.P. für Rechtsfragen und Vorsitzender des nationalsozialistischen Deutschen Juristenbundes. 1930 Reichstagsabgeordneter. Am 10. März 1933 zum kommissarischen bayerischen Justizminister und am 13. April 1933 zum bayerischen Staatsminister der Justiz ernannt. Seit 21. April 1933: Reichskommissar für die Erneuerung der Rechtsordnung und für die Gleichschaltung der Justiz in den Ländern.

Frauendorfer, Heinrich, Ritter von. Bayerischer Staatsmann. Arier. * 27. Sept. 1855 in Höll bei Waldmünchen. 1918 unter Eisner Verkehrsminister. † 22. Juli 1921.

Freimaurerei. Entwicklung. Am 24. Juni 1717 traten vier Londoner Logen zu einem Bunde zusammen; erster Großmeister Anton Sayer. Das Konstitutionsbuch von Anderson wurde 1723 angenommen. Die erste deutsche Loge war die Hamburger Loge Absalom 1737. Am 22. Mai 1840 wurde Prinz Wilhelm, der nachmalige Kaiser Wilhelm I., am 5. November 1853 der Sohn, der spätere Kaiser Friedrich III., aufgenommen. Beide wurden 1870 vom Großorient wegen unbrüderlichen Verhaltens zum Tode verurteilt. Das wurde der Anlaß, daß die deutschen Logen ihr Verhältnis zu der französischen Loge abbrachen und damit auch zu allen andern vom Großorient abhängigen Logen. Erst in den achtziger Jahren wurden die Verbindungen wieder aufgenommen, als durch den Einfluß Friedrichs Juden in die Logen (Settegastlogen) aufgenommen wurden. Da sich die altpreußischen Logen weigerten, wurde eine Anordnung getroffen, daß sich die Juden anderer anerkannter Logen affilieren konnten. Damit gewann das Judentum indirekt auch Einfluß auf die christlichen Logen.

Freimaurerei. Internationales Institut der Freimaurerei wurde von Quartier le Tente in Genf gegründet, beschäftigt sich nur mit Statistik.

Freimaurerei. Literatur. Findel: Geschichte der Freimaurerei. Schwarz-Bostunitsch: Freimaurerei. Karl Heise: Entente Freimaurerei. Wichtl: Weltfreimaurerei. Verhältnis der alten zur modernen Freimaurerei. Sebottendorf: Alte türkische Maurerei.

Freimaurerei. Logen. Eine gerechte Loge kann von sieben Meistern, die alle anerkannten Logen angehören müssen, gestiftet werden. Durch Anschluß an eine der bestehenden Großlogen wird dann die so gegründete Loge eine anerkannte Loge. Nicht auf diese Weise gegründete Logen führen die Bezeichnung Winkelloge.

Freimaurerei. Ritus. Die Maurerei der ersten drei Grade: Lehrling, Geselle und Meister wird die blaue Maurerei genannt, hier wird symbolisch der Bau des Tempels in Jerusalem bearbeitet. Der Lehrling ist der unbehauene Stein, der an sich arbeiten soll, damit er zum behauenen Stein (Geselle) wird und dieser zum kubischen Steine (Meister). Der Lehrling arbeitet an der Säule des salomonischen Tempel Jakin, der Geselle an der Säule Boas, während der Meister am steinernen Becken arbeitet. Im Meistergrade wird die Einführung durch die dramatische Darstellung der Hiramslegende dargestellt. Die höheren Grade nennt man Hochgrad oder rote Freimaurerei. Die deutschen Logen bearbeiteten nur drei Grade und die Hochgrade sind nur Verwaltungsgrade. Anders die schottische Maurerei, deren Vertreter die englische Loge und der Großorient von Frankreich ist. Diese beiden Großlogen bearbeiten 33 Grade. Die höheren Grade der schottischen Maurerei sind der Geschichte der Templer entnommen.

Freimaurerei und Friedrich der Große. In der Nacht vom 14. zum 15. August 1738 wurde Friedrich als Kronprinz heimlich in Braunschweig im Palast des Grafen Horn zum Freimaurer auf- und angenommen. Er gründete nach seiner Thronbesteigung 1740 die Loge zu den drei Weltkugeln in Berlin, aus der er 1754 die große National-Mutterloge entwickelte, deren erster Großmeister er wurde. Interessant ist es, daß die größte amerikanische Loge mit einem gefälschten Auftrage Friedrichs des Großen von drei Juden gegründet wurde. (Charleston Ritus.)

Freudenberger, Lucie. Arierin. Mitglied der Thule.

Freyholt, Ella von. Arierin. Mitglied der Thule.

Friedrich der Große. König von Preußen. * 24. Januar 1712. † 17. August 1786.

Friedrich III. Deutscher Kaiser. * 18. Oktober 1830, † 15. Juni 1888.

Fries, Valentin. Arier. Mitglied der Thule.

Fritsch, Theodor. Arier. * 28. Oktober 1852. † 5. September 1933 in Leipzig. Er war gelernter Schlosser, wurde dann Mühlenbauer und gründete die Deutsch-soziale Partei in den achtziger Jahren. Sein Hauptwerk ist das Handbuch der Judenfrage. Zeitschrift „Der Hammer."

Frühauf, Ludwig. Arier. Mitglied der Thule.

Führer, Thesi. Arierin. Mitglied der Thule.

Fülle, Anton. Arier. Mitglied der Thule.

Funk, Leonhard. Arier. Mitglied der Thule.

Gaiser, Karl. Arier. Mitglied der Thule.

Gandorfer. Bauernbündler, niederbayerischer revolutionärer Bauernrat Eisners. Mitglied des Elf-Männer-Kollegiums (Zentralrat) Februar-März 1919.

Gathmann, Erna. Arierin. Mitglied der Thule.

Gathmann, Otto. Arier. Mitglied der Thule.

Gaubatz, Dr. Georg. Justizrat. Arier. Mitglied der Thule.

Gaubatz, Käthe. Arierin. Mitglied der Thule.

Geiselmordprozeß. Der scheußliche Mord an den sieben Thule-Leuten und drei weiteren Geiseln fand in zwei Verhandlungen vor dem Volksgericht in München seine Sühne. In 15 Verhandlungstagen, vom 1.–18. September 1919, zeigte sich ein erschreckender Abgrund sittlicher Verwilderung und Zügellosigkeit. Es waren Machtpsychose und Blutrausch in ungehemmtester Form, die in jenen Tagen in einem Taumel, der von einer Wildheit sondergleichen getragen war, ihre Orgien feierten. Doch zogen mit aller Deutlichkeit die wahrhaft Schuldigen, die Levien, Levine-Nießen, Axelrod und Genossen, die Toller, Mühsam und zahlreiche andere nicht ausgenommen, durch die Verhandlung. Die Juden waren die Macher und Hetzer dieses gemeinen Verbrechens, verurteilt dafür wurden die von ihnen verführten und verblendeten Arbeiter. Zur besseren Charakterisierung, von welcher Art die Mörder, die „Vollzieher der Gerechtigkeit" waren, zeigt eine Liste der Verurteilten. Der Hauptangeklagte, der 25jährige Kaufmann

Fritz Seidel wurde wegen zweier Verbrechen des Mordes je zweimal zum Tode verurteilt. Seidel war nie im Feld. Während des Krieges hat er Lohnzettel gefälscht und nicht unerhebliche Geldbeträge unterschlagen. Als Kommandant des Münchener Luitpold-Gymnasiums ist er des Diebstahls von vier silbernen Rasierapparaten überführt worden. Für die letzte Löhnung, die er am 30. April 1919 auszahlte, verschaffte er sich 80000 Mark, während er nur 20000 Mark brauchte. Mit dem überschießenden Betrag von 60000 Mark wollte er sich rechtzeitig für seine Flucht ausrüsten. Er war der roheste und brutalste. Der 40jährige Johann Schicklhofer wurde ebenfalls wegen zweier Verbrechen des Mordes je zweimal zum Tode verurteilt. Er war wohl im Felde, wurde aber jeweils nach kurzer Zeit wegen Aufgeregtheit oder Nervenleidens zurückgeschickt. Er war wegen Tierquälerei und anderem vorbestraft. Vor Gericht wurde außerdem festgestellt, daß er hoffnungsloser Alkoholiker und, da mit sämtlichen existierenden Geschlechtskrankheiten behaftet, ein medizinisches Phänomen darstellte. Wegen je eines Verbrechens des Mordes wurde zum Tode verurteilt: Der 21jährige Installateur Josef Widl. — Der 21jährige Bäckergehilfe Georg Pürzer. Dieser wurde wegen ausgesprochenem Schwachsinn nach dreimonatlicher Militärzeit als dienstuntauglich entlassen. — Der 29jährige Kutscher Johann Fehmer war wegen Zuhälterei und anderem erheblich vorbestraft. — Der 23jährige Hilfsarbeiter Josef Seidl. Er kam im Juli 1916 als landwirtschaftlicher Arbeiter zum Militär. Trug unberechtigt das Eiserne Kreuz 1. Klasse. War vielfach wegen Landstreicherei, Diebstahl, Unterschlagung, Fahnenflucht vorbestraft. Zur Zuchthausstrafe von 15 Jahren wurden wegen Beihilfe zum Mord verurteilt: Der 34jährige Schreiner Johannes Rick. Wurde 1916 wegen Nervenleidens vom Militär entlassen. — Der 24jährige Kaufmann Karl Gsell. — Der 24jährige Artist Bernhard Hesselmann. Wurde wegen Gasvergiftung vom Militär entlassen. Dieses ganz minderwertige Subjekt war wegen Diebstahls mehrfach vorbestraft. Er trug einen abgelegten Offiziersrock und gab sich als großer Filmschauspieler aus. Nebenbei verlegte er sich auf Heiratsschwindel. Hesselmann hatte die Wertsachen der Ermordeten gestohlen. — Der 43jährige Maschinenschlosser Georg Lermer. — Der 25jährige Schlosser Johann Hannes. — Der 23jährige Schirmflicker Georg Huber; kam wegen krankhafter seelischer Veranlagung nicht ins Feld; war wegen Landstreicherei und anderem vorbestraft. — Der 19jährige Schlosser Johann Riethmeyer. Den zum Tod verurteilten Verbrechern wurden die bürgerlichen Ehrenrechte dauernd, den übrigen auf zehn Jahre aberkannt. Drei Angeklagte wurden freigesprochen. — Im zweiten

Geiselmordprozeß, der einige Wochen später stattfand, wurde der 27jährige Hilfsarbeiter Alois Kammerstätter zum Tode verurteilt. Er war wegen Fahnenflucht vorbestraft. Zur Zuchthausstrafe von 15 Jahren wurden verurteilt: Der 18jährige Kellner Luitpold Debus. Der 23jährige Student und russische Kriegsgefangene Andreas Strelenko. Der 21jährige Taglöhner Rudolf Greiner. Auch er war wegen Fahnenflucht vorbestraft. — Haußmann, der den direkten Befehl zur Ermordung der Geiseln gab, erschoß sich selbst, als er verhaftet werden sollte. Er war stellvertretender Kommandant im Luitpold=Gymnasium. Durch seine Rohheiten hatten die Geiseln am meisten zu leiden. Egelhofer, der Kommandeur der Roten Armee, unterschrieb den Befehl zur Ermordung von 22 Geiseln. Er war Marinesoldat und erst 21 Jahre alt. Wegen Beteiligung an der Marine=Meuterei 1917 wurde er zum Tode verurteilt. Es gelang ihm zu desertieren. Er wurde in seinen Kreisen „der Matrose mit der Tangofrisur" genannt und litt an Größenwahn. Bei einem Fluchtversuch am 1. Mai 1919 wurde er erschossen.

Geiseln, gleich Leibbürgen.

Germanenorden. Nach der Spaltung im Jahre 1916 wurde der eine Zweig, der sich Walvater nannte, von Pohl und Freese weitergeführt. Er besaß im Jahre 1920 ein Villengrundstück in Großlichterfelde; hatte eine Bank gegründet: die Germanenbank und besaß eine Zeitung: Die Ringende Jugend. Durch Intrigen verlor der Orden seinen Besitz. Pohl starb am 26. Mai 1932. Freese führt den Orden weiter. Der andere Zweig wurde von Philipp Stauff als Ordenskanzler und General von Brockhusen geführt, er hat sich bis heute gehalten und sich der Führung Adolf Hitlers unterstellt.

Geschäftsmann: gleichbedeutend mit Händler. Den ausgesprochenen Typ eines Geschäftsmannes verkörpert der Jude. Der Jude hat es nach seinem Schlagwort von der Gleichheit fertig gebracht, auch den arbeitenden, den produzierenden Menschen mit der unzutreffenden Bezeichnung Geschäftsmann zu belegen.

Gessel, Tilde. Arierin. Mitglied der Thule.

Gewerkschaften: Organisation für die Interessen der Arbeiter. In Deutschland bestanden neben einigen kleineren, vier große Gewerkschaften und zwar: Freie Gewerkschaft (marxistisch) mit ca. 4,75 Mill. Mitgliedern, Christliche Gewerkschaft mit ca. 1 Mill. Mitgliedern, Hirsch=Dunckersche Gewerkschaft mit ca. 0,6 Mill. Mitgliedern, Kommunistisch=syndikalistische rote Gewerkschaft mit ca. 75 000 Mitgliedern.

Geyer, Johann. Arier. Mitglied der Thule.

Glauer, Adam Rudolf. * 1875 Hoyerswerda in Schlesien (siehe Sebottendorff). Wurde 1909 von einem Baron Heinrich Sebottendorff in Istanbul adoptiert. Da diese Adoption angefochten wurde, 1920 von dem letzten Gliede der Familie in Baden-Baden adoptiert.

Glauer, Dora. Schwester des vorigen. * 10. September 1886 in Hoyerswerda, † 1921.

Göbel, Friedrich Wilhelm. Arier. † 1929. Erfinder des ersten Tanks, der von ihm so genannten rad- und gleislosen Eisenbahn. Göbel stellte ein Modell des Wagens bei der Jahrhundert-Ausstellung in Breslau aus. Sebottendorff übernahm die Finanzierung und führte diese durch. Vorführungen des Wagens in Pinne und Posen, Pfingsten 1914 im Stadion zu Berlin. Der Tank wurde damals von der Militärbehörde abgelehnt. Literatur: B. 3. am Mittag, April bis Mai 1914.

Goebl, Hans. Bildhauer. Arier. Meisterschüler des Professor Wackerle. Bekannt durch seine Militärfiguren der Nymphenburger Porzellanindustrie, Werke in der Kirche von Harlaching, Münchner Dom etc.

Goldschmidt. Marxist. Mitglied des Elf-Männer-Kollegiums (Zentralrat) Februar-März 1919.

Goltz, Colmar, Freiherr von der. * 12. August 1843. † 19. April 1916. August bis November 1914 Generalgouverneur in Belgien, dann Generaladjutant des Sultans der Türkei. Seit April 1915 Führer der 1. türkischen Armee.

Göppeler, Hans. Arier. Mitglied der Thule.

Gräber, Georg. Arier. Mitglied der Thule.

Grassinger, Hans Georg. Betriebsleiter. Arier. Frontkämpfer im Weltkrieg 1914—18. * 23. März 1887 in Eitting-Mallersdorf (Niederbayern). Mitglied des Kampfbundes der Thule. Opponent im Landtag gegen die Räteherrschaft Eisners. 1. Vorsitzender der Deutsch-Sozialistischen Partei.

Grätz, Heinrich. Jude. * 31. Oktober 1817. † 7. Sept. 1891. Historiker an der Universität Breslau. Verfasser von: Geschichte der Juden.

Griehl, Arthur. Arier. Mitglied der Thule.

Gronbach, Adolf. Arier. Mitglied der Thule.

Gesell, Silvio. Volksbeauftragter der Finanzen.

Gutberlet, Dr. med., Wilhelm. Arzt. Arier. * 24. April 1870. † 24. August 1933. Mitglied des Kampfbundes der Thule. 1920 Gesellschafter des Verlag Franz Eher Nachf., G. m. b. H., München.

Haar. Landgemeinde, südöstlich von München, über 4000 Einwohner. Eisenbahnstation der Strecke München—Rosenheim.

Häckel, Ernst. Arier. Mitglied der Thule.

Haeckel, Ernst. Professor in Jena. Arier. * 16. Febr. 1834, † 9. August 1919. Radikaler Monist (Materialist). Alle wahre Naturwissenschaft ist für ihn Philosophie. Sein Hauptwerk: Welträtsel.

Hagemeister. Marxist. Mitglied des Elf=Männer=Kollegiums (Zentralrat) Februar 1919.

Hakenkreuz: Das Sonnenzeichen. In der Form 卐 als aufsteigendes; in der entgegengesetzten Form als absteigendes Zeichen gebraucht. Man findet das Sonnenzeichen auf allen arischen Denkmälern. Schliemann grub es in der ältesten trojanischen Schicht aus. Als Swastika wanderte das Hakenkreuz nach Europa zurück und wurde in den vergangenen Jahrhunderten viel als Talisman getragen. Erst durch die Forschungen Wilsers wurde das Symbol als gemeinsames arisches Sonnenzeichen erkannt und seitdem als völkisches Symbol getragen. Die Runen, aus denen das Hakenkreuz stammt, waren ursprünglich eine Bilderschrift und daher die beiden Zeichen als Sonne vom 21. Dezember bis 21. Juni aufsteigend, vom 21. Juni bis 21. Dezember absteigend astrologisches Zeichen. Das Runenalphabet in seiner heutigen Gestalt stellt wahrscheinlich eine Konstellation des Himmels dar. Sebottendorff berechnet diese Konstellation auf 12000 v. Chr. in seiner Geschichte der Astrologie.

Halbritter, Ernst. Arier. Mitglied der Schriftleitung des Beobachters als Zeichner. Mitglied der Thule.

Hammer, Johann. Arier. Mitglied der Thule.

Hammerbund. Die Leser des Hammers, der Zeitschrift Theod. Fritzsch, hatten sich zusammengeschlossen im Hammerbund.

Hammermayer, Ernst. Arier. Mitglied der Thule.

Hampel, Paul. Arier. Mitglied der Thule.

Harden, Maximilian. Jude (eigentlich Witkowski aus Galizien). * 20. Oktober 1861, † 30. Oktober 1927. Herausgeber der Zukunft.

Harrer, Karl. Arier. Mitglied der Thule. 1. Vorsitzender des nationalsozialistischen Deutschen Arbeiter=Vereins. * 8. Oktober 1890, † 5. September 1926.

Hartmann, Fritz. Arier. Mitglied der Thule.

Heiden, Adolf von. Arier. Mitglied der Thule.

Heim, Gustav. Arier. Mitglied der Thule.

Heimburg, Werner von. Arier. Mitglied der Thule.

Heindl, Polizeirat in Dresden, dann Legationsrat im Auswärtigen Amt bis 1933.

Heine, Heinrich. Dichter. Jude. (Eigentlich Chaim Bückeburger). * 13. Dezember 1797, † 17. Februar 1856.

Heise, Karl. Arier. Verfasser von Ententefreimaurerei. Anthroposoph.

Herbst, Fritz. Arier. Mitglied der Thule.

Herdegen, Johann. Arier. Mitglied der Thule.

Hering, Elsa. Arierin. Mitglied der Thule.

Hering, Johannes. Arier. Mitglied der Thule.

Hering, Therese. Arierin. Mitglied der Thule.

Hertel, Otto. Arier. Mitglied der Thule.

Heß, Rudolf. Arier. Mitglied der Thule und des Kampfbundes. Frontkämpfer im Weltkrieg 1914—1918. * 26. April 1894 zu Alexandrien als Sohn eines aus Bayern stammenden Großkaufmanns. 1908 Besuch des Pädagogiums Godesberg a. Rh. Bei Kriegsausbruch Eintritt in das 1. Bayer. Inf.-Reg. als Kriegsfreiwilliger. Mehrmals verwundet. 1918 Feldflieger. 1919 bei der Befreiung Münchens von der Räteherrschaft verwundet. 1921 in den Reihen der ersten S.A. 9. November 1923 als Führer der Studentengruppe der S.A. an der Festnahme der bayerischen Minister im Bürgerbräukeller beteiligt. Mit Hitler auf Festung Landsberg. 1925 Privatsekretär und 1. Adjutant Adolf Hitlers. 1932 Vorsitzender der politischen Zentralkommission der N.S.D.A.P. Seit April 1933 Stellvertreter des Führers Adolf Hitler mit ausübender Gewalt im Vorsitz der N.S.D.A.P.

Heuß, Theodor. Fabrikant. Arier. Mitglied der Thule. 1920 Gesellschafter des Verlag Franz Eher Nachf., G. m. b. H., München.

Hindorf, Walter. Husar beim Husaren-Regiment Nr. 8. Wurde am 30. April 1919 im Luitpoldgymnasium in München ermordet.

Hitler, Adolf. Arier. Frontkämpfer im Weltkrieg 1914 — 18. Gast der Thule. * am 20. April 1889 in Braunau am Inn. Besucht die Realschule. Geht nach Wien, um die Architekturschule der Akademie zu besuchen. Wird erst Hilfsarbeiter, dann Maler. 1912 in München. Bei Kriegsausbruch Eintritt in das 16. Bayer. Infanterie-Regiment List als Kriegsfreiwilliger. Nach dem Umsturz 1918: Bildungsoffizier bei der Reichswehr. In der Räterevolution im April 1919 tritt Hitler zum erstenmale so auf, daß er sich das Mißfallen des Zentralrates zuzog. Am 27. April 1919 frühmorgens sollte Hitler verhaftet werden.

Kommt im Herbst 1919 zur nationalsozialistischen Deutschen Arbeiterpartei, zu deren Vorsitzenden er 1921 berufen wird. Am 8. November 1923 Aufstand in München. Verhaftung und Verurteilung zu 5 Jahren Festungshaft (während welcher Zeit sein Buch „Mein Kampf" entsteht). Ende 1924 wieder frei, aber durch ein Redeverbot bis 1927 am öffentlichen Auftreten verhindert. Da sich während der Festungshaft Adolf Hitlers die Nationalsozialisten gegen seinen Willen mit der „Deutsch=Völkischen Freiheitspartei" verbunden hatten, gründete er 1925 die N.S.D.A.P. neu. 1927 unterstellen sich ihm auch die Nationalsozialisten Oesterreichs. Am 30. Januar 1933 von Reichspräsident Hindenburg zum Reichskanzler berufen.

Hoffmann, Heinz. Arier. Erster Staatsanwalt in München. Vertreter der Anklage im Geiselmordprozeß.

Hoffmann, Johannes. Marxist. * 3. Juli 1867. † 15. Dezember 1930. Vom November 1918 bis März 1919 bayerischer Kultusminister, ab März 1919 Ministerpräsident. Im März 1920 gestürzt; er wird beschuldigt, mit dem französischen General de Metz über die Loslösung der Pfalz von Bayern verhandelt zu haben.

Hohenstätter, Dr. Schriftleiter der Münchner Neuesten Nachrichten.

Hollerith, Franz. Arier. Mitglied der Thule.

Hollweg, Fritz. Arier. Mitglied der Thule.

Hölzl, Hermann. Arier. Mitglied der Thule.

Holzwarth, Willi. Arier. Mitglied der Thule.

Holnstein, Graf von. Arier. Mitglied der Thule.

Holnstein, Gräfin von. Arierin. Mitglied der Thule.

Horn, Adolf. Arier. Mitglied der Thule.

Hugenberg, Hugo. Arier. * 19. Juni 1865. Bis 1919 Generaldirektor bei Krupp, dann Eigentümer des Scherlverlages. Führer der Deutschnationalen Volkspartei. Reichswirtschaftsminister bis Juli 1933.

Hühmann, Alwine. Arierin. Mitglied der Thule.

Hyksos, beduinische Völkergruppe, drangen um 2100 vor Chr. in Aegypten ein, herrschten dort 100 Jahre, bis sie durch das erwachende Oberägypten vertrieben wurden. Die biblische Legende vom Auszuge der Kinder Israel aus Aegypten dürfte in der Vertreibung der Hyksos ihren Ursprung haben. Die Josephlegende ist nur dann verständlich oder überhaupt möglich, wenn man die befreundeten Hyksos als Herrscher Aegyptens ansetzt. Es erklärt sich so auch der lange Aufenthalt in der Wüste, den die Bibel auf den Zorn Gottes zurück=

führt, tatsächlich war der Aufenthalt ein durchaus notwendiger, um volksreicher zu werden. Die Besetzung des Jordanlandes nahm im ganzen 600 Jahre in Anspruch.

Jacobi. Marxist. Arbeiterrat. Verantwortlicher Schriftleiter des Nachrichtenblattes des Zentralrates.

Jaffe. Finanzminister unter Eisner. Jude. Aus Jahwe (hebr.: „Der Schöne") abgeleitet.

Jahreis. Major. Arier. Wurde bei der Landtagseröffnung am 21. Februar 1919 durch Schüsse von der Tribüne getötet.

Jakobi, Karl. Rechtsanwalt. Arier. Mitglied der Thule. Nahm für Sebottendorff gegen die Münchener Post Stellung.

Iffland, Anna Bertha. Arierin. 1915 verheiratet mit Sebottendorff, 1928 geschieden.

Imhof, Rudolf von. Arier. Mitglied der Thule.

Internationale. Die I. Internationale wurde im Anschluß an die, gelegentlich der Londoner Weltausstellung 1862 vollzogene Verbrüderung englischer und französischer Arbeiter am 28. September in London gegründet. Erstrebt wurde die Erlangung der Herrschaft über die Produktionsmittel durch Erkämpfung der politischen Macht (Klassenkampf). 1876 in New York formell aufgelöst. II. Internationale: Da sich die Erkenntnis durchsetzte, daß die Vorbedingung internationaler Vereinigung, das Bestehen nationaler Arbeiterparteien seien, bildeten sich nach dem Erlöschen der I. Internationale solche Parteien. 1889 wurde die II. Internationale in Paris gegründet. Als Programm wurde die Lehre von Karl Marx (s. d.) übernommen. Die Anhänger wurden Marxisten genannt. III. Internationale: Vereinigung der kommunistischen Parteien unter Führung Sowjetrußlands. Der erste Kongreß fand 1919 in Moskau statt. Angestrebt wird die bewaffnete Erhebung und Diktatur des Proletariats.

Jost, Heinrich. Arier. Mitglied der Thule.

Judentum. Ueberbleibsel der von den Aegyptern vertriebenen Hyksos (siehe diese), verblieben in der Wüste, wo sie andere Stämme aufnahmen. Moses, ihr Führer, hatte wohl daran gedacht, das verlorene Aegypten zurück zu erobern, als er jedoch die Unmöglichkeit einsah, wies er das Volk nach Palästina. Die Eroberung dauerte 600 Jahre. Um 1000 vor Chr. Salomon König der Juden in Jerusalem. 722 wurden die nördlichen Stämme von Sargon besiegt. 586 eroberte Nebukadnezar Jerusalem und führte die Juden nach Zerstörung der Stadt ins Zweistromland. Bei der Eroberung von Babylon durch

Cyrus leisteten die Juden wesentliche Dienste, als Belohnung erlaubte Cyrus die Rückkehr, nachdem Esra durch Sammlung der Stammessagen den Anspruch der Juden auf Palästina nachgewiesen hatte. So entstand der Hauptteil des Alten Testamentes. Esra und Nehemia führten einen Teil der Juden zurück und erbauten Jerusalem neu. 332 wurde die Stadt durch Alexander unterworfen, sie verblieb dann dem syrischen Reiche, bis Jerusalem 63 vor Chr. durch die Römer erobert wurde. Aufstand der Juden, Wiedereroberung und Zerstörung der Stadt durch Titus im Jahre 70 nach Chr. Seit dieser Zeit Zerstreuung der Juden, wenigstens der beiden Stämme Levi und Benjamin. Die übrigen 10 Stämme waren schon 530 im Zweistromlande geblieben. Die Juden sind kein rein semitisches Volk wie die Araber, sondern haben einen stark negroiden Einschlag. Sie haben es aber verstanden, die Rasseneigenschaften fast rein zu erhalten durch strenge Rassegesetze, die sie verbargen, tarnten. Die Tarnung war die Religion. Sie machten das alte Testament zur Grundlage des neuen, des Christentums, das sich aus den zurecht gemachten Texten entwickelte.

Jüdling. Bezeichnung eines Halbjuden, dessen Vater Arier, die Mutter Jüdin ist.

Judstize. Bezeichnung eines Halbjuden, dessen Vater Jude, die Mutter Arierin ist.

Kahl, Wilhelm. Arier. Mitglied der Thule.

Kaindl, Georg. Arier. Mitglied der Thule.

Kaiser, Johann. Arier. Mitglied der Thule.

Kalender, Deutscher: Januar = Hartung; Februar = Hornung; März = Lenzing; April = Ostermond; Mai = Maimond; Juni = Brachet; Juli = Heuert; August = Ernting; September = Scheiding; Oktober = Gilbhard; November = Neblung; Dezember = Julmond.

Kaller. Bezeichnung eines Ariers, der eine Jüdin (Kalle = Braut) geheiratet hat.

Kanzler, Rudolf. Arier. Obergeometer und Oberamtmann. Gründer des Freikorps Chiemgau und später Gründer der Heimwehren in Oesterreich. Verfasser des Buches über das Freikorps Chiemgau.

Kapp=Putsch. Wolfgang Kapp, Politiker, Arier. * 24. Juni 1858 in New York. † 12. Juni 1922 in Leipzig. Der Vater, Friedrich Kapp wanderte 1849 wegen Beteiligung an der politischen Bewegung nach New York aus. Wolfgang Kapp war Gegner Bethmann=Hollwegs, war Mitbegründer der Deutschen Vaterlandspartei, versuchte mit Lüttwitz am 13. mit 24. März einen Staatsstreich: Kapp=Putsch.

Trotz der Gefahr sich der Beihilfe zum Hochverrat schuldig zu machen, setzte sich seinerzeit der Beobachter für Kapp ein. Während des Generalstreiks, den der Staatsstreich zur Folge hatte wurde der Beobachter damals von Grassinger mit den Redakteuren Sesselmann, Müller, Wieser und Laforce in einem anderen Lokale: Buchdruckerei Hans Riesbeck gesetzt und gedruckt.

Karl der Große. Frankenkaiser. * 7. April 742. † 28. Jan. 814. Karl von charal = Mann (altdeutsch). Die Christianisierung der Sachsen begann 772. 782 ließ er bei Verden 5500 Sachsen hinrichten. Sein Sohn Ludwig der Fromme ließ alle germanischen Sagen und Heldengedichte verbrennen.

Karl, Laura. Arierin. Mitglied der Thule.

Karl, Maria. Arierin. Mitglied der Thule.

Katzenstein, genannt Katzi. Jude. Vertrauter Kaiser Wilhelm II.

Kautzer, Eugen. Arier. Mitglied der Thule.

Kerlen, Kurt. Arier. Mitglied der Thule.

Keßler, Georg. Arier. Mitglied der Thule.

Klein, Ernst. Arier. Mitglied der Thule.

Kleinmann. Hugo. Arier, Mitglied der Thule.

Klöck, Anton. Arier. Mitglied der Thule.

Knauf, Friedrich. Arier. Mitglied der Thule.

Knauf, Grete. Arierin. Mitglied der Thule.

Kneil, Elisabeth. Arierin. Mitglied der Thule.

Kneil, Julius, Arier. Mitglied der Thule.

Kolbermoor. Dorf bei Rosenheim (Oberbayern), unweit Bad Aibling. Fast 5000 Einwohner. Hat große Baumwollspinnerei, Ton- und Torfwerke. Die Arbeiter dieser Industrie bilden den Großteil der Einwohner, die durch ihre radikal-marxistische Gesinnung berüchtigt waren.

Kommune. Kommunismus. Aufhebung des Einzelbesitzes und Überführung desselben in Allgemeinbesitz. Allgemeine Gütergemeinschaft. Kommunistische Gedanken findet man im Christentum, dessen erste Einrichtung kommunistisch war. Darauf fußend im Mittelalter sporadisches Auftauchen (Wiedertäufer, Hussiten). Das tausendjährige Reich (Chiliasmus) ist eine ebensolche kommunistische Erscheinung. Zur Zeit der Anthroposophie Steiners, Hochschule Dornach, verkappter Kommunismus, s. Steiner. Kommunismus ohne religiösen Einschlag in der neuesten Zeit. Aber schon in der französischen Revolution ist solcher zu finden. Durch das Direktorium zurückgedrängt, setzten die Anhänger sich in Geheimbünden fort. Saint Simon und die Simonisten. Blanc, Proudhon, Lasalle, Marx (kommunist. Manifest s. d.). 1871 finden wir den Kommunistenaufstand in Paris. In Deutschland 1836 den Bund der Gerechten. In diesem starke religiöse Einschläge. Aus dem Bunde entwickelte sich 1847 der Bund der Kommunisten. 1915 Gründung des Spartakusbundes (s. diesen). 1920 Gründung der Kommunistischen Arbeiterpartei Deutschlands. Verbot derselben 1933.

Konstantin-Orden. Wurde 430 durch Kaiser Konstantin dem Großen kurz vor der Entscheidungsschlacht gegründet, die 50 ersten Ritter sollten die Schützer der neuen Reichsfahne des labarum sein. Großmeister des Ordens war Konstantin selber. Die Würde des Großmeisters ist erblich; der heutige Großmeister Baron Schmidt von der Launitz leitet sich aus der allein übrig gebliebenen weiblichen Linie der Flavier her. Im Kampfe gegen den Bolschewismus verlor der Ritter-Orden tausende seiner Mitglieder, der Vater des jetzigen Erbgroßmeisters starb durch Gift in einem bolschewistischen Gefängnis. Der Orden ist wie der Maltheser- und Johanniterorden ein Ritterorden. Er führt den Namen Kaiserlicher Konstantin-Ritterorden Sankt Georg.

Koppel. Großindustrieller. Jude. Orenstein & Koppel.

Koran. Das heilige Buch der Muselmanen. Teils von Mohamed diktiert, teils aus der Erinnerung von seinem Nachfolger niedergeschrieben. Die einzelnen Kapitel nennt man Suren. Mohamed spricht in den schärfsten Tönen von den Juden, er verbietet den Gläubigen dort Wohnung zu nehmen wo ein Jude wohnt. Daher auch der wütende Gegensatz der Araber gegen den Zuzug der Juden in Palästina.

Krallinger, Johann. Arier. Mitglied der Thule.

Kraus, Edgar. Leutnant. Arier. Frontkämpfer im Weltkrieg 1914—1918. Mitglied der Thule und des Kampfbundes. Leitete während des Kampfes gegen die Räteregierung in München 1919 den Nachrichtendienst der Zentrale Oberland. Seinen Erhebungen ist die Festnahme von Levine-Nießen und Buditsch zu verdanken.

Kreß von Kressenstein, Otto, Freiherr. Arier. * 13. September 1850. † 19. Februar 1929. Bayerischer Kriegsminister 1912—1916.

Kröpelin. Marxist. Mitglied des Elf-Männer-Kollegiums (Zentralrat) Februar 1919.

Kühlmann, Richard von, Diplomat. Kaller. * 17. März 1873. Schloß den Frieden von Brest-Litowsk und Bukarest.

Kun, Bela. Kommunist. Jude. * 1886. Führer der Kommunisten und Inhaber der Regierungsgewalt in Ungarn vom 21. März bis 1. August 1919. Floh nach Oesterreich, wo er interniert und 1921 nach Rußland ausgeliefert wurde.

Kunze, Dora, s. Glauer, Dora.

Kupfer. Adjutant im Freikorps Oberland.

Kurz, Dr. Heinz. Arier. Oberleutnant im Felde, schwer kriegsbeschädigt. Adjutant der Zentrale Oberland. Mitglied der Thule und des Kampfbundes.

Kyros, s. Cyrus

Lack, Josef. Arier. Mitglied der Thule.

Laforce, Wilhelm. Arier. Mitglied der Thule. * 4. August 1886. War Leiter der Anzeigen-Abteilung des Beobachters. Kämpfer vom Stoßtrupp Hitler, 9. November 1923. War mit Hitler auf Festung Landsberg.

Landauer, Gustav, Schriftsteller. Marxist. Jude. * 17. April 1870. Wurde bei der Flucht 1. Mai 1919 erschossen. Landauer war Kommunist nach dem System Proudhon, wurde von Eisner nach München geholt.

Landauer, Hugo. Rechtsanwalt. Jude.

Landtag. Volksvertretung, hervorgegangen aus allgemeinen, gleichen, unmittelbaren, geheimen Wahlen.

Landtagswahl im Januar 1919. Erste Wahl nach der Novemberrevolution 1918.

Lang, Karl. Arier. Mitglied der Thule.

Lang, Michael. Arier. Mitglied der Thule.

Langenegger, Lia. Arierin. Mitglied der Thule.

Lassalle, Ferdinand. Jude. * 11. Februar 1825. † 31. August 1864. Gründete den Allgemeinen deutschen Arbeiterverein 23. Mai 1863.

Legl, Georg. Arier. Mitglied der Thule.

Lehmann, Julius Fr., Verlagsbuchhändler in München. Arier. * 28. November 1864. Vorkämpfer für Deutschlands Erneuerung. Verleger vieler völkischer Werke.

Leib. Herausgeber der Zeitung „Republikaner", München.

Leoprechting, Karl, Freiherr von. Arier. Mitglied der Thule.

Leoprechting, Mathilde, Freiin von. Arierin. Mitglied der Thule.

Lessing, Gotthold Ephraim. Dichter, Deutscher Schriftsteller. * 22. Jan. 1729. † 15. Februar 1781. Freimaurer, daher sein Nathan der Weise. Bestes deutsches Lustspiel: Minna von Barnhelm.

Levien, Max. Jude. * in Moskau 1885, nahm 1905/06 an der russischen Revolution teil, konnte bei seiner Verhaftung flüchten, kam nach Zürich, wo er Lenin kennen lernte. Erwarb die deutsche Staatsangehörigkeit, diente bei dem Infanterieleibregiment und ging mit diesem in das Feld. Kam bald erkrankt an Syphilis zurück, verblieb in der Etappe. Gründer des Münchener Spartakusbundes. Herausgeber der Münchener Roten Fahne. Vorstand der Sektion Schwabing.

Leviné-Niessen, Dr. Jude. * 1883 in Petersburg. Nahm an der russischen Revolution 1905 teil, wurde verhaftet, konnte aus der Schlüsselburg nach Deutschland fliehen, wurde hier festgenommen und nach Rußland ausgeliefert, kam nach Sibirien, von wo er wieder entfloh, um über Turkestan nach Italien zu gelangen. 1912 kam er nach Deutschland, wo er in Berlin studierte und deutscher Staatsangehöriger wurde. Anfang März 1919 kam er nach München, wo er bei seinem Schwager Max Levien in der Roten Fahne Arbeit fand. Leviné, der auch nach dem Namen seiner Frau Niessen genannt wurde, war wohl der beste Redner der Kommunisten. Er wurde zum Tode verurteilt und erschossen.

Liebenfels, Jörg Lanz von. Arier. Völkischer Schriftsteller.

Liebermann von Sonnenberg, Politiker. Arier. * 21. August 1848. † 17. September 1911. Mit Pastor Stöcker (s. d.) Gründer der Christlich-Sozialen Partei.

Liebermann von Sonnenberg. Arier. Mitglied der Thule. Sohn des Vorigen.

Liebknecht, Karl. Politiker, Marxist. Jude. * 13. August 1871. 15. Januar 1919 auf der Flucht erschossen. Gatte einer millionenschweren russischen Jüdin Paradies. Gründete mit Rosa Luxemburg die Spartakusbewegung in Berlin.

Liebknecht, Dr., Theodor, Rechtsanwalt in Berlin. Jude. Bruder des Vorigen. Verteidiger im Geiselmordprozeß.

Lindau, Otto. Arier. Mitglied der Thule.

Lindner, Metzger. Kommunist. Gab Schüsse auf Auer im bayerischen Landtage ab, floh nach Oesterreich, wurde dort verhaftet und ausgeliefert, erhielt einige Jahre Zuchthaus.

Lipp, Dr. Franz. Jude. Minister des Aeußeren in der Rätezeit. Franz Lipp wurde bekannt durch seinen Funkspruch an Tschitscherin, der hier wiedergegeben sein soll: „Proletariat Oberbayerns glücklich vereint. Sozialisten plus Unabhängige plus Kommunisten fest als Hammer zusammengeschlossen, mit Bauernbund einig. Liberales Bürgertum als Preußen-Agent völlig entwaffnet. Bamberg Sitz des Flüchtlings

Hoffmann, welcher aus meinem Ministerium den Abtrittschlüssel mitgenommen hat. Die preußische Politik, deren Handlanger Hoffmann ist, geht dahin, uns von Norden, Berlin, Leipzig, Nürnberg abzuschneiden, auch von Frankfurt und vom Essener Kohlengebiet, und uns gleichzeitig bei der Entente als Bluthunde und Plünderer zu verdächtigen. Dabei triefen die haarigen Gorillahände Gustav Noskes vom Blute. Wir erhalten Lebensmittel in reichlichem Maße aus der Schweiz und Italien. Wir wollen den Frieden für immer. Immanuel Kant vom ewigen Frieden 1795, Thesen 2—5. Preußen will den Waffenstillstand zur Vorbereitung des Rachekrieges."

Lippe, Kurt, von der. Arier. Mitglied der Thule.

List, Guido von. Dichter und Mythenforscher. Arier. * 5. Oktober 1848. † 21. Mai 1919.

Lob, Franz. Arier. Mitglied der Thule.

Löffelholz, Freiherr von. Arier. Mitglied der Thule.

Luitpoldgymnasium. Nach dem bayerischen Prinzregenten Luitpold benanntes Gymnasium in der Müllerstraße in München. Wurde im Herbst 1918 zur Einquartierung von zurückkehrenden Truppen benutzt, im März 1919 von den Kommunisten gestürmt und besetzt. An der Stelle des Geiselmordes ist eine Gedenktafel angebracht.

Linnenbrügger, Fritz. Gefreiter im Husarenregiment 1, Nr. 8. * 1878. Wurde am 29. April 1919 von der Roten Armee gefangen genommen und am 30. April 1919 als Geisel im Münchner Luitpoldgymnasium ermordet.

Luther, Dr. Martin. Arier. * 10. November 1483. † 18. Februar 1546. Reformator, Gründer der lutherischen Kirche, Bibelübersetzer. Ueber die Juden sagt Luther: Trau keinem Fuchs auf grüner Heid, trau keinem Jud bei seinem Eid. Ueber Judentaufen in einem Briefe an Menius in Eisenach: Wenn mir ein Jude zu taufen vorkäme, wolle ich ihn in den Elbstrom stürzen, damit er mit der bei diesem Volke vorkommenden Unzuverlässigkeit und gemeinen Unbeständigkeit Christum in seiner Taufe nicht verlästern möchte.

Lützelburg, Ernst, Freiherr von. Arier. Mitglied der Thule.

Luxemburg, Rosa. Politikerin, Marxistin. Jüdin. * 5. Mai 1871. † 15. Januar 1919. Gründete mit Liebknecht den Spartakusbund, war Mitbegründerin der „Roten Fahne."

Maifeier. Der 1. Mai als Weltfeiertag der Arbeiter, beruht auf dem Beschluß des Internationalen Sozialistenkongresses von 1889 und war ursprünglich eine mit einer allgemeinen Arbeitseinstellung verbundene Kundgebung für den Achtstundentag. In Deutschland haben nach 1918 verschiedene Länder den 1. Mai zum gesetzlichen Feiertag erklärt, so Sachsen und (bis 1925) Thüringen.

Mairgünther. Polizeipräsident der Rätezeit ab 23. April 1919, M. war ein Freund Axelrods und besorgte die Pässe für die flüchtenden Anführer; wurde wahrscheinlich nur darum an den Posten gebracht, nachdem Waldschmidt einen Tag lang Polizeipräsident gewesen war.

Malm, Bruno. Arier. Mitglied der Thule.

Malsen-Ponikau, Freiherr von. Arier.

Maenner, Jude. * 1893 in München. Finanzminister in der Rätezeit. Guter Redner, gelernter Bankbeamter.

Mars, Hans. Arier. Mitglied der Thule.

Marx, Karl. Jude. * 5. Mai 1818. † 14. März 1883. Erließ mit Engels zusammen 1847 das kommunistische Manifest. Gründer der Internationale.

März, Karl. Arier. Mitglied der Thule.

Materialismus. Lehre, die den Stoff als das Weltprinzip ansieht. Geist, Seele sind Aeußerungen des Stoffes und ohne diesen nicht vorhanden. Der Materialismus leugnet alles Uebersinnliche, die neueste Wissenschaft hat den Materialismus widerlegt.

Matrosenmeuterei. Am 28. Oktober 1918 brach auf dem Linienschiff „Markgraf" eine Meuterei aus, die am 30. und 31. Oktober auch auf andere Linienschiffe übergriff. Am 4. November zeigten alle Kriegsschiffe die rote Fahne. Auf dem Linienschiff „Königsberg" wurden die die Kriegsflagge verteidigenden Offiziere erschossen. Dies war der Auftakt zur Revolution.

Matthes, Karl. Arier. Mitglied der Thule.

Matthiessen, Wilhelm. Arier. Mitglied der Thule.

Mayer, Hugo Heinrich. Arier. Mitglied der Thule.

Mayer, Otto. Arier. Mitglied der Thule.

Mehrer. Stadtkommandant der Rätezeit.

Merz, Georg. Arier. Mitglied der Thule.

Metz, Georg. Arier. Mitglied der Thule.

Meusel, Arthur. Arier. Mitglied der Thule

Michaelis, Friedrich. Arier. Mitglied der Thule.

Miesbacher Anzeiger. Tageszeitung in Oberbayern, die gleich vom Beginn der Revolution 1918 ab energisch gegen die Juden auftrat und später auch besonders unter dem Schriftleiter Professor Stempfle gegen die Politik der katholischen Kirche schrieb.

Mikusch, Adelheid, Baronin von. Arierin. Mitglied der Thule.

Miller, Therese. Arierin. Mitglied der Thule.

Millibauer, Milchbauer. Spitzname König Ludwig III. von Bayern, der von Marxisten erfunden wurde. Man wollte damit gegen die angeblichen Lieferungen von Milch und Butter nach Preußen protestieren.

Möhl, Arnold, Ritter von. Arier. * 26. März 1867. Bayer. General, führte den Oberbefehl aller zur Befreiung Münchens von der Räterepublik 1919 angesetzten Heeresteile. Alle Freikorps, wie Oberland, Epp, Chiemgau, Regensburg ꝛc. waren dem General unterstellt.

Molz, Anni. Arierin. Mitglied der Thule. Sekretärin der Thule.

Mommsen, Theodor. Professor, Archäolog und Geschichtsforscher. Arier. *30. November 1817. † 1. November 1903.

Moschick, Paul. Arier. Mitglied der Thule.

Moseldick, Paul. Arier. Mitglied der Thule.

Much. Historiker. Arier. Mediziner.

Mühsam, Erich. Marxist. Jude. * 1850. Vom Lübecker Gymnasium wegen sozialistischer Umtriebe relegiert. Lernte den Apothekerberuf.

Müller, Franz. Arier. Mitglied der Thule.

Müller, Hanns Georg. Arier. Mitglied der Thule. Frontkämpfer im Weltkrieg 1914—18. War Schriftleiter des Beobachters nach der Räteherrschaft 1919.

Müller, Karolina. Arierin. Mitglied der Thule.

Munitionsarbeiterstreik. Setzte im Januar 1918 ein und wurde dadurch beendet, daß alle Munitionsfabriken militarisiert wurden. Die beteiligten Arbeiter wurden zum Militär eingezogen, Frontsoldaten wurden in die Fabriken abkommandiert. Dieser unglückliche Streik trug viel zur kommenden Revolution bei (s. auch Dolchstoß).

Mykenä, Kreta, in der griechischen Sage die Geburtsstätte des Göttervaters Zeus. Aelteste arische Kultur des Mittelmeers. Minos. Von hier wanderten die Runen als Schriftzeichen nach dem Osten und wurden von den „östlichen Völkern" zu Buchstaben entwickelt. Auf Mykenä fand Evans noch Runenzeichen und phönizische Buchstaben zusammen vorkommend.

Nagel, Paul. Arier. Mitglied der Thule.

Nationalversammlung. Wurde am 19. Januar 1919 gewählt. Bestand vom 6. Februar 1919 bis 6. Juni 1920 und tagte im wesentlichen in Weimar.

Nauhaus, Walter. Bildhauer. Arier. * 29. September 1892. Am 30. April 1919 im Luitpoldgymnasium in München als Geisel ermordet. Schloß sich schon frühzeitig dem Germanenorden an. Mitglied der Thule. Frontkämpfer 1914. Wurde bei einem Sturmangriff am 11. November 1914 schwer verwundet und dadurch kriegsuntauglich.

Neumaier, Rosa. Arierin. Mitglied der Thule.

Neurath, Dr. Vorstand des Zentralwirtschaftsrates, wurde als Staatskommissar vom Ministerrat berufen, um die Vollsozialisierung zu betreiben. Neurath war Oesterreicher.

Niekisch. Volksschullehrer. Arbeiterrat. In der zweiten Republik Münchens Volksbeauftragter. Er rief die Räteregierung in Augsburg aus.

Nies. Schüler der Polizeischule, sollte 1919 im Luitpoldgymnasium erschossen werden.

Noske, Gustav, Holzarbeiter. Marxist. Arier. * 9. Juli 1868. Die sympathischste Erscheinung der Revolutionszeit. Sein Verdienst ist die Gestattung der Bildung von Freikorps, die die Niederwerfung des Bolschewismus ermöglichten. Bis 1933 Oberpräsident von Hannover.

Odd Fellows (wunderliche Brüder), abgekürzt O. F. In Liverpool um 1780 gegründet, um die Freimaurerei zu verspotten und lächerlich zu machen. Nahmen eine Art freimaurerisches Ritual an, wirkten dann als Hilfsbund und verbreiteten sich um die Mitte des vergangenen Jahrhunderts rasch. Um 1900 bestanden in Deutschland etwa 400 O.F.-Logen mit rund 30 000 Mitgliedern.

Ohrdruf, Lager von. Hier gründete Ritter von Epp das Freikorps Epp, das den Grundstock der bayerischen Wehrbrigade bilden sollte.

Ordens-Nachrichten, Allgemeine. Die vom Germanenorden als Manuskript gedruckten Mitteilungen an die Mitglieder.

Osel. Abgeordneter der Bayerischen Volkspartei. Wurde in der Landtagssitzung am 21. Februar 1919 durch Schüsse von der Tribüne getötet.

Ostara. Ostern, die germanische Frühlingsgöttin, das Fest der Tag- und Nachtgleiche, der steigenden Sonne. Die Kirche verlegte das Auferstehungsfest Christi auf diese Zeit.

Oestliche Völker, siehe Phönizier.

Ott, Johann. Arier. Flugzeugführer im Felde, schloß sich im Dezember 1918 der Thule an, arbeitete im Kampfbunde, wurde Juli 1919 Leiter der kaufmännischen Abteilung des Beobachters, eingetragen als Prokurist. Infolge Differenzen mit den anderen Prokuristen ausgeschieden, verblieb er in der Deutschen Arbeiterpartei, arbeitete dort als Mitglied Nr. 29, trat dann zur Völkischen Arbeitsgemeinschaft über.

Parcus, Leo. Mitglied des Kampfbundes der Thule und des Freikorps Oberland.

Pallabene. Polizeipräsident der Räteregierung (s. Polizeipräsidium).

Penka. Wissenschaftler. Aufklärer im deutschen Sinne.

Pfeiffer, Karl. Arier. Mitglied der Thule.

Pfister, Georg. Arier. Mitglied der Thule.

Phönizier. Eigentlich die östlichen Völker, von den Griechen aus gesehen. Ein Volk Phönizier hat es nie gegeben, das ist ein Mißverständnis der mittelalterlichen Gelehrten, beibehalten, weil es so schön in die Theorie von der östlichen Herkunft aller Kultur paßte.

Pickl, Joseph. Arier. Bei der Übernahme des Verlags Franz Eher Nachf., G.m.b.H. mit dem Völkischen Beobachter am 17. Dezember 1920 durch die N.S.D.A.P. von Adolf Hitler zum Geschäftsführer bestellt. Seit 1921 Mitarbeiter Dietrich Eckarts.

Pogrom, russisches Wort: Aufstand gegen die Juden.

Pohl, Hermann. Eichmeister in Magdeburg. Arier. Gründer der dortigen antisemitischen Loge. Mitbegründer des Germanenordens. Ordenskanzler des Zweiges Walvater. † 1925 Berlin.

Pöhner. 1919 Direktor im Gefängnis Stadelheim. Später Polizeipräsident in München.

Polizeipräsidium München. Die Polizeipräsidenten während der Zeit vom 8. November 1918 bis 1. Mai 1919 wechselten sehr oft, nach Ausrufung der Räteregierung war fast jeden zweiten oder dritten Tag ein neuer Präsident ernannt. Am 14. April wurde Dosch Präsident, der die Militärpolizei aufhob, ihm folgte Köberl, der von Waldschmidt abgelöst wurde, am 23. April wurde Mairgünther Präsident. In der Nacht vom 30. April zum 1. Mai wurde das Polizeipräsidium von den Kommunisten verwüstet.

Polscher, Walter. Arier. Mitglied der Thule.

Pongratz, Wolfgang, Ingenieur. Arier. * 2. Januar 1891 in Furth i. Wald. Mitglied der Thule und des Kampfbundes. War dem Nachrichtendienst der Zentrale Oberland zugeteilt, hatte die Beschaffung von Waffen und Autos.

Protestantismus. Sammelname für die aus der Reformation im 16. Jahrhundert hervorgegangenen Kirchengemeinschaften, nach der staatsrechtlichen Protestation der evangelischen Reichsstände 19. April 1529 gegen den die Reform hemmenden Reichstagsabschied von Speyer.

Pückler-Muskau, Hermann Ludwig Heinrich, Fürst von. Schriftsteller. Arier. * 30. Oktober 1785. † 4. Februar 1871.

Purpus, Friedrich. Arier. Mitglied der Thule.

Radbruch, Gustav. Jude. Marxist. * 21. November 1878. Preußischer Justizminister 1922, verfügte, daß ein von den jüdischen Rechtsanwälten Levinger und Teilhaber in München beantragtes Meineidsverfahren gegen Sebottendorff, das von der Staatsanwaltschaft Nordhausen und dem Oberstaatsanwalt abgelehnt worden war, aufgenommen wurde. Freispruch vor der beauftragten Strafkammer in Nordhausen.

Radek, Karl, eigentlich Sobelsohn. * 1885 in Galizien. Polnischer Jude. Von seinen polnischen sozialdemokratischen Genossen wurde er an die Luft gesetzt, weil er sich wiederholt des Diebstahls schuldig gemacht hatte. Man nannte ihn dort „Kradek", d. h. Dieb. Er ging nach Deutschland und nannte sich K. Radek. Auf dem Chemnitzer Parteitag 1912 wurde er wegen anrüchiger Dinge gleichfalls aus der Deutschen Sozialdemokratie ausgeschlossen. Ging dann nach der Schweiz und war von hier aus anarchistisch tätig. Nach der russischen Revolution erschien er in Petersburg und wurde Leiter des offiziösen Nachrichtendienstes. Als russischer bolschewistischer Agitator, gab er schon im August 1918 bekannt, daß er 400 Agenten in Berlin habe, die für den Bolschewismus Propaganda machten. Er prophezeite daß Berlin in zwei Monaten kommunistisch sein werde.

Räteregierung. System der Räte. 1871 zuerst bei der Kommune in Anwendung gebracht. Die Räte, aus den Betrieben hervorgehend, wählen die Volksbeauftragten und diese üben die Macht aus.

Rathenau, Dr. Walther. Jude. * 29. Sept. 1867. Wurde am 24. Juni 1922 erschossen. Wirtschaftsdiktator während des Krieges 1914—18. Präsident der A.E.G. Außenminister nach dem Kriege.

Rauch, Max. Arier. Mitglied der Thule.

Rauscher, Ulrich, Diplomat. Jude. * 26. Sept. 1884. November 1918 Privatsekretär Scheidemanns, dann Pressechef der Reichsregierung, zuletzt Botschafter in Polen. † 1933.

Reichenbach, Leonhard. Arier. Mitglied der Thule.

Reitzenstein, Freiherr von. Arier. Mitglied der Thule.

Repp, Karl. Arier. Mitglied der Thule, des Kampfbundes und Freikorps Oberland.

Retcliffe, Sir John. Pseudonym von Hermann Gödsche und Hofrat Schneider (s. d.), Verfasser der 1840—1871 erschienenen historischen Romane. Die ersten deutschen völkischen Romane. Der letzte: Ende des Cäsaren, wurde wegen seiner antisemitischen Tendenz von den Juden aufgekauft und ist vergriffen.

Rexhäuser, Valentin. Arier. Mitglied der Thule.

Riedl, Georg. Arier. Mitglied der Thule.

Riedmayer, Johann. Arier. Mitglied der Thule.

Riemann, Hans. Ingenieur und Studienrat. Arier. Schloß sich im Oktober 1919 der Thule Gesellschaft an, führte die N.S.D.A.P. in Mittweida ein, mußte seine Lehrtätigkeit einstellen infolge seiner völkischen Gesinnung.

Riemann-Bucherer, Gertrud. Frau des vorigen. Arierin. Mitglied der Thule. Gesangspädagogin in München.

Ritzler, Konrad. Arier. Mitglied der Thule. * 5. Juli 1883. War 1919 bei der Republikanischen Schutztruppe und konnte dadurch der Thule wertvolle Dienste leisten.

Rohmeder, Wilhelm. Schulrat. Arier. Vorsitzender des Deutschen Schulvereins und vieler völkischer Gruppen, schloß sich im Januar 1918 dem Germanenorden und der Thule Gesellschaft an.

Röhrer, Josef. Arier. Mitglied der Thule.

Rom, als Begriff im Gegensatz zum Germanentum. Zur Zeit der Cäsaren begann die intellektuelle (nur durch begriffliche Entwicklung vernünftige) Pionierarbeit gegen die germanische Kultur, die dann durch das Papsttum (geistiges Rom) vollendet wurde. Es entstand so das falsche Bild germanischer Kultur, an dem noch heute die Wissenschaft krankt und mit dieser ganz Deutschland und die Welt.

Römisches Recht. Entstand unter Justinian und wurde im 12. Jahrhundert im Corpus juris zusammengefaßt. In Deutschland wurde es sehr langsam unter Verdrängung des alten Rechtes eingeführt, da ja die Kaiser den Anschein aufrecht hielten, als würde das alte römische Kaiserreich durch das deutsche fortgesetzt. Um 1500 wurde das Römische Recht durch Kammergerichtsverordnung eingeführt. Die sogenannten Bauernaufstände waren ein Kampf des Volkes um sein altes Recht.

Rosenberg, Alfred, Politiker. Arier. * 12. Januar 1893. Gast der Thule im Frühjahr 1919. Mitarbeiter Eckarts. Seit 1921 Hauptschriftleiter des „Völkischen Beobachters". 1933 Reichsführer des Kampfbundes für Deutsche Kultur. Reichsleiter der N.S.D.A.P. Chef des Außenpolitischen Amtes der N.S.D.A.P. Verfasser von: Der Mythus des zwanzigsten Jahrhunderts.

Rosenkreuzer. Setzten nach dem Verfall der Alchimisten auf christlicher Grundlage die Geheimlehren der Alchimisten fort. Das Rosenkreuzertum blühte um 1600 (Dürer). Gegen Ende des Jahrhunderts traten Zerfallserscheinungen ein, Ende des 17. Jahrhunderts mündete das Rosenkreuzertum in die freimaurerischen Logen.

Roßhaupter, Albert, Lackierer. Politiker. Marxist. * 8. April 1878. Vom 9. November 1918 bis 17. März 1919 bayerischer Kriegsminister im Ministerium Eisner.

Rothschild. Bankhaus und Judenfamilie. Maier Amschel Rothschild in Frankfurt am Main um 1800 der Gründer der Familie. Nach den Befreiungskriegen übernahmen die fünf Söhne Rothschilds, in den erblichen Baronstand erhoben, die Bankhäuser in Neapel, Paris, Wien, London und Frankfurt. Heute blüht das Geschlecht noch in London und in Paris.

Ruf. Bürgermeister in Bad Aibling.

Runen. Die altgermanischen Runen waren in Buchenstäbe geschnittene Schriftzeichen — daher Buchstaben —, ursprünglich eine Bilderschrift, dann eine Lautschrift. Aus der Runenschrift entwickelte sich die Schrift überhaupt, außer der ägyptischen, die in der Bilderschrift wie die chinesische stecken blieb. In „Geschichte der Astrologie" von Sebottendorff, Leipzig 1922, sind Runentafeln wiedergegeben. Dort auch Ableitung der Runen. Nachweis der Entstehung aus Bildern und Sternzeichen. Das Futhark, wie man das Alphabet nennt, ist wahrscheinlich eine Himmelskonstellation. Die Runen wurden zum Losen benutzt und daraus entwickelte sich die Wahrsagekarte und später die Spielkarte (Tarok).

Runen, Die. Monatsschrift des Freundschaftsgrades des Germanenordens.

Ruppert, Albin. Arier. Mitglied der Thule.

Rütelweih. Roter Weih.

S. A.: Abkürzung für Sturm-Abteilung, Kampftruppe der N.S.D.A.P., das Freikorps Oberland war der Stamm der heutigen S.A.-Hochland und der ersten deutschen S.A.-Abteilungen überhaupt. Nach dem Hitler-Marsch am 9. November 1923 verboten. 1925 neu gegründet, erhielt die S.A. das braune Hemd. Die S.A. hatte im Januar 1933 rund 600 000 Mitglieder. 400 Tote und über 20 000 Verwundete hat die S.A. im Kampf um Deutschlands Erneuerung zu beklagen.

Sailer, Georg. Arier. Mitglied der Thule.

Salz. Jude. Helfer von Levine-Nissen bei dessen Fluchtvorbereitung.

Saphirwerke. Münchener Industrieunternehmen.

Sassiger, Georg. Arier. Mitglied der Thule.

Sauber. Soldatenrat bei Ausbruch der Revolution 1918, verstand es, seine Stellung zu halten, bekämpfte die beiden Kriegsminister Roßhaupter und Schneppenhorst und wurde bei Niederschlagung der Würzburger Räte-Episode verhaftet.

Sauter, Dr., Rechtsanwalt in München, bekannter Strafrechtler. Verteidiger von 9 Angeklagten im Geiselmordprozeß.

Schaible. Arier. Badischer Oberamtmann.

Schanze, Max. Arier. Mitglied der Thule.

Scheidemann, Philipp. Schriftsetzer. Marxist. * 26. Juli 1863. Bis 1925 Oberbürgermeister von Kassel. 1933 ins Ausland geflohen. Bekannt durch seinen Ausspruch „von der Hand, die verdorren muß, wenn sie den Versailler Vertrag unterschreibt." Scheidemann war es, der die Republik 1918 ausrief.

Scheppeler, Ernst. Arier. Mitglied der Thule.

Scheuermann, Marie. Arierin. Mitglied der Thule.

Schlitt, Wilhelm. Arier. Mitglied der Thule.

Schlögel. Arier. Chauffeur in Zentrale Oberland.

Schmidt, Hermann, Arier. Mitglied der Thule.

Schmidt, Therese, Arierin. Mitglied der Thule.

Schneeberger, Ludwig. Arier. Mitglied der Thule.

Schneider, Louis, Hofrat. Schauspieler und Schriftsteller. * 29. April 1805. † 16. Dezember 1878. Schrieb u. a. zusammen mit Hermann Gödsche (s.d.) von 1840—1871 historische Romane unter dem Decknamen Sir John Retcliffe (s.d.).

Schneppenhorst. Arier. Minister für militärische Angelegenheiten unter Hoffmann. Früher Gewerkschaftsführer.

Schödel. Arier. Angehöriger der Zentrale Oberland.

Schröder, Franz Josef. Arier. Mitglied der Thule.

Schröder, Karl. Arier. Mitglied der Thule.

Schülein. Hofrat, Rechtsanwalt in München. Jude.

Schülein. Kommerzienrat, Direktor der Löwenbrauerei München. Jude.

Schulthes, Hans. Arier. Mitglied der Thule.

Schutz- und Trutzbund, aus dem Hammerbund (s.d.) hervorgegangen. Bekämpfte die Juden besonders auf geschäftlichem Gebiete.

Schwabe, Karl. Leutnant. Arier. Frontsoldat im Weltkrieg 1914—1918. Schloß sich im Dezember 1918 dem Kampfbunde der Thule an. War bei der Zentrale Oberland.

Schwaiger, Paula. Arierin. Mitglied der Thule.

Sebottendorff, Rudolf, Freiherr von, mit dem Beinamen von der Rose. Ritter des Kaiserl. Konstantinordens. * 9. November 1875 in Hoyerswerda (O.L.), als Sohn des Lokomotivführers Rudolf Glauer. Wurde 1911 türkischer Staatsangehöriger und dort von dem Baron Sebottendorff adoptiert. Im Balkankriege schwer verwundet, kam er 1913 nach Breslau zurück, finanzierte hier den Göbel-Tank (s. diesen), heiratete 1915 Bertha Iffland, kam 1918 nach München, von dort nach Freiburg-Breisgau. Von der System-Herrschaft als lästiger Ausländer ausgewiesen, nahm er Wohnung in Bad Sachsa, wo er seine Prozesse verfocht wegen Namensführung, Entmündigung und Meineid. 1923 Rückkehr nach der Türkei, wo er bis 1928 als mexikanischer Ehrenkonsul amtierte. 1929 bis 1931 besuchte er Mexiko und Amerika, bewarb sich um verschiedene Konzessionen in der Türkei. Verfasser von: Metoula, türkische Geschichte der Astrologie, verschiedenen astrologischen Büchern, türkische Freimaurerei, Schriftleiter der Runen, des Münchener Beobachters, der Ringenden Jugend und der Astrologischen Rundschau.

Sedlmeier, Hermann. Leutnant. Arier. Mitglied der Thule und des Kampfbundes. * 4. Mai 1896. Kriegsfreiwilliger beim Listregiment 1914—18. Gründete 1919 das Freikorps Schäfer. Jetzt Besitzer des Ring-Restaurant-Cafe in München.

Seeger, Georg. Arier. Mitglied der Thule.

Segitz, Martin, Zinngießer. Politiker. Marxist. * 26. Juli 1853. † 1. August 1927. 1918—19 Demobilmachungskommissar, März bis Juni 1919 bayerischer Innenminister, dann bis März 1920 bayerischer Minister für Soziale Fürsorge.

Seidler, Liesbeth. Geschiedene Frau eines Berliner Restaurateurs, wurde um 1909 von Zahnarzt Dr. Hummel als Hellseherin ausgebildet. Polizeiagentin, unterhielt einen Salon femininer Männer: Alsberg, Heindl ɾc. Freundin Moltkes und Rudolf Steiners, bekannt durch den Sklarekskandal.

Seidlitz, Friedrich Wilhelm, Freiherr von, Kunstmaler. Arier. * 1891. Mitglied der Thule und des Kampfbundes. Wurde am 30. April 1919 im Luitpoldgymnasium in München als Geisel ermordet.

Seyffertitz, Alfred. Kunstmaler. * 6. Oktober 1884. War 1918/1919 Kommandant der Bayerischen Republikanischen Landesschutztruppe.

Seilnacht, Genofeva. Arierin. Mitglied der Thule.

Sell. Pförtner der Vier Jahreszeiten. Schützte durch sein beherztes Eintreten viele Thuleleute.

Seltsame Geschichten. Titel des Angriffes der Münchener Post auf Sebottendorff. Abschriften wurden durch Dr. Glaser in Deutschland verbreitet.

Semi-Alliancen. Adelsverzeichnis von Verbindungen adeliger Personen mit Juden. S.-A. und das folgende Werk wurden 1914 durch Baron Wittgenberg verfaßt, sie erschienen gerade bei Kriegsausbruch. Sie enthalten ein riesiges Material.

Semi-Gotha. Adelsverzeichnis nach Art des gothaischen Kalenders, alle Abkömmlinge von geadelten Juden enthaltend.

Semi-Kürschner. Erschien 1914 unter der verantwortlichen Zeichnung Philipp Stauffs in Großlichterfelde. Enthält die Juden der Industrie, der Wissenschaft und Künstler, Schriftsteller 2c.

Sesselmann, Max. Arier. Kam im März 1919 zur Thule Gesellschaft, wurde im Juli Prokurist und Schriftleiter des Beobachters. Nahm 1923 am Hitler-Marsch zur Feldherrnhalle teil, wurde dann Abgeordneter des Völkischen Blockes im bayerischen Landtage.

Siebert, Ludwig. Arier. Oberbürgermeister von Rothenburg ob der Tauber, dann Oberbürgermeister von Lindau im Bodensee, einer der ersten Kämpfer in der nationalsozialistischen Bewegung. Heute Ministerpräsident von Bayern.

Simon. Marxist. Mitglied des Elf-Männer-Kollegiums (Zentralrat) Februar 1919.

Singer, Karl. Arier. Mitglied der Thule.

Sommer, Luise. Arierin. Mitglied der Thule.

Söttl, Franz. Arier. Mitglied der Thule.

Sozialdemokratie. Volksherrschaft auf wirtschaftlicher Grundlage. Lassalle gründete den Allgemeinen Deutschen Arbeiterverein, dessen Vorsitzender nach Lassalles Tode Schweizer wurde. Bebel und Liebknecht schufen daraus die Sozialistische Arbeiter-Partei (Sozialdemokratie.) Bismarck versuchte durch gesetzliche Maßregeln die Verbreitung einzuschränken, doch waren seine Maßregeln nicht erfolgreich, da er die Wurzel nicht anfassen konnte, sie wohl auch nicht erkannte.

Spartakus. Urheber des Sklavenaufstandes im alten Rom, 71 v. Chr.

Spartakusbund, von Liebknecht, dem Sohne des Gründers der Sozialdemokratie und der Rosa Luxemburg gegründet, als Kampforganisation des Kommunismus.

Spießhofer, Albert. Arier. Mitglied der Thule.

Spitzer, Dr. Julius. Jude. Kaufmann und Handelsrichter in Barmen.

S.S.: Abkürzung für Schutz-Staffel. Schutzorganisation der N.S.D.A.P. Gegründet 1925. Dient zum Schutze der politischen Führer und Redner, zum Sicherungs- und Ordnungsdienst bei Versammlungen und zur Sicherung von Parteiräumen und Geschäftsstellen. Die Zahl der S.S.-Männer beträgt ein Zehntel der S.A. (s. d.).

Stadelheim. Strafvollstreckungsgefängnis in München.

Stauff, Philipp. Volksschullehrer und Schriftsteller. Arier. Vorsitzender des Guido von List-Bundes. Ordenskanzler des Germanenordens.

Stecher, Karl. Arier. Frontkämpfer im Weltkrieg 1914—1918. Mitglied des Kampfbundes, fiel in den Kämpfen um München am 2. Mai 1919. Student der Handelswissenschaften.

Steiner, Rudolf. Wahrscheinlich Jude. * 27. Februar 1861. † 30. März 1926. Gründer der anthroposophischen Bewegung. Vorkämpfer kommunistischer Gedanken (System der Dreigliederung). Gründer des Dornacher Tempels und der dortigen Hochschule für Anthroposophie. (Schwarz-Bostunitsch: Rudolf Steiner, ein Schwindler, wie keiner.)

Steinle, Franz. Arier. Mitglied der Thule.

Stempfle. Arier. Professor, wissenschaftlicher Mitarbeiter des Rehseinstitutes in München, alter Vorkämpfer der völkischen Bewegung aus dem Jahre 1918. Trotzte im April 1919 der Bamberger Regierung die Einmarscherlaubnis für das Freikorps Epp ab.

Stiegeler, Hans. Arier. Buchdruckereibesitzer in München.

Stöcker, Adolf, Theologe und Politiker. Arier. * 11. Dezember 1835. † 7. Februar 1909. Bekämpfte seit 1877 den Marxismus. Gründete die Christlich-soziale Arbeiterpartei zusammen mit Liebermann von Sonnenberg (s. d.). Wurde wegen seiner antisemitischen Tendenzen 1890 diffamiert.

Stoiber, Michael. Arier. Mitglied der Thule.

Stonehenge (= Hängender Stein). Steinkreise in England. Dienten wie die Steinkreise von Udry in Westpreußen, die Irminsul und viele andere zu Sternmessungen. Mit Sicherheit auf 8000 v. Chr. datiert. Vergl. Sebottendorff, Geschichte der Astrologie.

Straub, Marie. Arierin. Mitglied der Thule.

Streicher, Julius. Arier. Einer der ersten Vorkämpfer der nationalsozialistischen Bewegung in Nürnberg.

Sulla, Lucius Cornelius, aus dem Geschlecht der Cornelier. 138 bis 78 vor Chr. römischer Heerführer. 88 Konsul. 82 Diktator. Räumte mit der römischen Demokratie auf und gründete die aristokratische Herrschaft aufs Neue.

Sumerer. Arisches Kulturvolk um 4000 vor Chr. im Zweistromlande.

Talaat, Pascha Mehemed. Türkischer Staatsmann. Jude. * August 1874. Ermordet am 15. März 1921 in Berlin von einem Armenier. 1909 als Jungtürke am Ruder.

Talmud. Gesetzsammlungen und Erklärungen des jüdischen Gesetzes an Beispielen. Der sogenannte Jerusalemer Talmud wurde im vierten nachchristlichen Jahrhundert abgeschlossen, der babylonische im fünften. Der älteste Teil des Talmud ist die Mischna und Gemara, der um die Abfassung der fünf Bücher Moses durch Esra und Nehmia entstanden ist. Gemara ist die Kunst, aus den Worten Zahlenkombinationen zu bilden. Mischna ist der Kommentar zum gesetzlichen Teil der Geheimwissenschaft, die in der Kabala niedergelegt ist. Von der Kabala ist nur der Theoretische Teil erhalten, der in dem Sepher Jesirah enthalten ist und Bereschit genannt wird.

Tatel. Bezeichnung eines Juden, der eine Arierin heiratet.

Teuchert, Freiherr von. Arier. Mitglied der Thule. * 20. Juli 1900. Frontkämpfer 1916—18. War 1919 beim Freikorps Regensburg. Wurde bei einem wichtigen Aufklärungsdienst von der Roten Armee gefangen genommen. Am 30. April 1919 im Luitpold-Gymnasium in München als Geisel ermordet.

Thule, zuerst als ultima Thule von Pytheas aus Marseille erwähnt um 400 vor Chr., wahrscheinlich Island. Als die Christianisierung der Germanen einsetzte, war Island die letzte Zuflucht der sich nicht zum Christentum bekehrenden Germanen. Hier wurden die Sagen aufbewahrt, Edda, so daß eine Wiederherstellung der germanischen Religion möglich war.

Thule-Bote. Offizielles Organ der Thule-Gesellschaft. Erscheint im Deukula-Verlag, Grassinger & Co., München. Die Zeitung kann gegen ein monatliches Bestellgeld von RM 1.40 bei jeder Postanstalt bezogen werden.

Thurn und Taxis, Fürst von. Arier. Mitglied der Thule. * 1888. Wurde im Luitpold-Gymnasium in München am 30. April 1919 als Geisel ermordet.

Timm, Johannes. Marxist. Von November 1918 bis März 1919 bayerischer Justizminister.

Toller, Ernst. Jude. * 1. Dezember 1893 in Samotschin, ging als Kriegsfreiwilliger ins Feld, erkrankte an Syphilis und kam ins Lazarett. Als dauernd kriegsuntauglich entlassen, studierte er in München weiter, besuchte dann die Universität Heidelberg. Bei Kriegsende kam er nach München zurück, wurde zweiter Vorsitzender der Unabhängigen, begleitete Eisner nach Bern und Berlin. Befehlshaber der Roten Armee. Schrieb einige minderwertige Dramen, die von der Judenpresse hochgelobt wurden.

Transrhenania. Studentische Verbindung in München, die sich besonders aus Rheinpfälzern rekrutiert.

Treuchtlingen. Bayerische Stadt in Mittelfranken, ca. 4500 Einwohner. Knotenpunkt der Bahn Nürnberg—Augsburg, Ingolstadt—Würzburg. War 1919 Standortverteilungsstelle des Freikorps Oberland.

Tschandala. Wurde von Jörg von Liebenfels im Sinne des Rassenmischmasch zuerst gebraucht. Kommt von den indischen Chandalen, den von den Ariern unterworfenen Ureinwohnern Indiens.

Ulsamer, Hubert. Arier. Mitglied der Thule.

Utsch, Friedrich, Hauptmann a. D. Arier. Mitglied der Thule. Letzter Nachkomme des Jägers aus der Kurpfalz.

Utzendorfer. Marxist. Mitglied des Elf-Männer-Kollegiums (Zentralrat) Februar 1919.

Vier Jahreszeiten. Altes, sehr bekanntes, erstklassiges Hotel in München.

Vlamen. Germanische Belgier, stammesverwandt mit den Niederländern. Es ist eigentümlich, daß Niederländer und Vlamen nichts von ihrer germanischen Abstammung wissen wollen, sie bezeichnen sich als von den Bataviern abstammend. Der Deutsche wird von den Vlamen sowohl wie von den Niederländern mit dem Spitznamen „moff" bezeichnet. Dies Schimpfwort kommt von den Blücherhusaren her, die Muffe trugen. Die Blücherhusaren haben sich wegen des Todes Schills, der durch holländische Hilfsvölker in Stralsund verursacht wurde, gerächt und aus diesem Grunde der Haß. Die Vlamen oder Flamen trennten sich mit den Wallonen 1830 von Holland und bildeten das Königreich Belgien.

Vollnhals. Polizeipräsident in München nach dem Sturz der Räteregierung.

Vopelius, Alwine. Arierin. Mitglied der Thule.

Vopelius, Ludwig. Arier. Mitglied der Thule.

Vorwärts. Das sozialdemokratische Zentralblatt. Seit März 1933 verboten.

Wagnerbräu. Bekanntes Hotel und Brauhaus in München.

Wallonen. Romanische Belgier.

Walter, Ludwig. Arier. Mitglied der Thule.

Walterspiel, Gebrüder. Inhaber des Hotel Vier Jahreszeiten (s. d.), in dem sich die historischen Räume der Thule befinden. Förderer der Thule.

Waydelin, Paul. Arier. Mitglied der Thule.

We. Die Dreiheit Odin Wili We entstand aus dem ersten Geschaffenen. Die Dreiheit schuf dann die Welt, das erste Menschenpaar, Odin gab den Geist, die beseelende Lebenskraft, Wili den Verstand und den Willen, We das Gefühl und die Empfindung.

Weber, Ludwig. Arier. Mitglied der Thule. Wirtschafter der Gesellschaft.

Welz, Eduard von. Arier. Mitglied der Thule.

Welz, Laura von. Arierin. Mitglied der Thule.

Weinberg, Karl. Arier. Mitglied der Thule.

Weinrich, Heinrich. Arier. Mitglied der Thule.

Weinrich, Käthe. Arierin. Mitglied der Thule.

Westarp, Heila Gräfin von. Arierin. * 1886. Mitglied und Sekretärin der Thule. Am 30. April 1919 als Geisel im Münchner Luitpold-Gymnasium ermordet.

Westermann, Hermann, Arier, Mitglied der Thule.

Westerndorf, Anna. Arierin. Mitglied der Thule.

Westphal, Hans. Arier. Mitglied der Thule.

Widmann. Arier. Mitglied der Thule.

Wiedemann, Leutnant. Arier. Mitglied der Thule. Fiel bei Haar im Freikorps Chiemgau.

Wieser, Fritz. Arier. Mitglied der Thule. War Schriftleiter im Beobachter.

Wilde, Richard. Arier. Mitglied der Thule.

Wilser, Dr. Ludwig. Arier. Anthropolog. * 5. Oktober 1850. † 19. November 1923. Aufklärer im Deutschen Sinne. Verfasser von: Das Hakenkreuz nach Ursprung, Vorkommen und Bedeutung.

Winkelloge. Bezeichnung einer nicht rechtmäßig gegründeten und daher nicht anerkannten freimaurerischen Loge.

Wittgenberg, Else, Freiin von. Arierin. Mitglied der Thule.

Wittgenberg, Wilhelm, Freiherr von. Arier. Mitglied der Thule.

Wittmann, Kurt. Arier. Mitglied der Thule.

Witzgall, Karl. Arier. Mitglied der Thule und des Kampfbundes. Frontsoldat im Weltkrieg 1914/1918. Verunglückte 1925 tödlich.

Wodan, Woden, norddeutsch Odin. Wie Zeus, Jupiter, der Vater der Götter in der Heldensage. Ursprünglich Walvater, Allvater, die sich selbst genügende Urkraft, Urgeist. Symbol die Sonne, das Sonnenrad, das Hakenkreuz.

Wolf, Johann. Arier. Mitglied der Thule.

Woerner, Anton, Ingenieur. Arier. Mitglied des Kampfbundes der Thule.

Wutschka, Adelgunde. Arierin. Mitglied der Thule.

Zahn, Georg. Arier. Mitglied der Thule.

Zarnkl, Heinz. Arier. Mitglied der Thule.

Zembser, Bernhard. Arier. Mitglied der Thule.

Zentsch, Walter. Arier. Mitglied der Thule.

Zepperlin, Rudolf von. Arier. Mitglied der Thule.

Zöllner, Betty. Arierin. Mitglied der Thule.

Zremer, Gustav. Arier. Mitglied der Thule.

Verzeichnis der Abbildungen

Seite

4 Rudolf von Sebottendorff, Gründer der Thule Gesellschaft, Orden für Deutsche Art

11 Adolf Hitler, Kanzler des Deutschen Volkes, Führer der nationalsozialistischen Bewegung

12 Rudolf Heß, Stellvertreter des Führers mit ausübender Gewalt in der N.S.D.A.P.

32 Altmeister Theodor Fritsch †

47 Deutscher Freiheits-Dichter Dietrich Eckart †

66 Alfred Rosenberg, Mitarbeiter Eckarts

78 Diplom-Ingenieur Gottfried Feder

98 Dr. Georg Gaubatz vom Germanen-Orden

115 Franz Dannehl, vom Kampfbund der Thule

131 Oberleutnant Kurz, vom Kampfbund der Thule

146 Leutnant Kraus, vom Kampfbund der Thule

172 Karl Harrer †, 1. Vorsitzender der D.A.P.

176 Anton Drexler, 2. Vorsitzender der D.A.P.

181 Hans Georg Grassinger, Vorsitzender der D.S.P.

185 Julius Streicher, Vorkämpfer der Bewegung

193 Käthe Bierbaumer, Verlegerin des Beobachters

201 Oben und mitte: Zeitschrift Runen, Jahrgang 1918 und 1919; unten: Briefbogen der Thule Gesellschaft vom Jahre 1918

202 Werbeblatt 1 des Germanen-Ordens der Ordensprovinz Bayern vom Jahre 1918

203 Werbeblatt 2 des Germanen-Ordens vom Jahre 1918

204 Oben: Werbeblatt des Germanen-Ordens; mitte: Bestallung des Germanen-Ordens Großloge Berlin, den 10. Sommermond 1918; unten: Ausweis-Karte der Thule Gesellschaft vom 16. Februar 1919

205 Zeitschrift: Allgemeine Ordens-Nachrichten des Germanen-Ordens, Großloge, Nr. 15, Berlin, Julmond des Einbulwinters 1918/19

206 Nummer 1 vom ersten Jahrgang des „Münchener Beobachters" vom 2. Januar 1887

207 Oben: Münchener Beobachter zur Zeit der Revolution, 9. November 1918, Nr. 23; mitte: Münchener Beobachter während der Rätezeit, 5. April 1919, Nr. 13; unten: Münchener Beobachter nach der Rätezeit, Nr. 17 vom 24. Mai 1919

208 Erster Völkischer Beobachter. Nr. 34 vom 9. August 1919

209 Flugblatt Dannehls vom Kampfbund der Thule vom April 1919

210 Flugblatt: „Ursprung und Ziel des Munitionsarbeiter-Streiks in Deutschland" im Januar 1918

211 Nr. 260 der Münchener Post vom Donnerstag, 7. November 1918

212 Bekanntmachung „An die Bevölkerung Münchens!" des Rates der Arbeiter, Soldaten und Bauern vom 8. November 1918

213 Zwei Flugschriften gegen das Haus Wittelsbach. Oben: Die Revolutionsnacht vor der Residenz; unten: Flugblatt gegen König Ludwig III. von Bayern

214 „Die Süddeutsche Freiheit", Münchener Montagszeitung vom 18. November 1918

215 Oben: Eisners Besuch in Bad Aibling anläßlich einer Versammlung im Kurhaus am 4. Dezember 1918; unten: Flugblatt gegen Eisner und für Ausrufung Auers zum Ministerpräsidenten

216 Oben links: Bekanntgabe von Eisners Tod am 21. Februar 1919; oben rechts: Münchner Rote Fahne: „Aufruf an das Proletariat!" der Kommunistischen Partei Deutschlands (Spartakusbund); unten links: Flugblatt: „Soldaten! Arbeiter! Bürger!" des Landes-Soldatenrats; unten rechts: „Aufruf an die Bevölkerung der Stadt München" der Bestattungskommission vom 25. Februar 1919

217 Oben: „An das Volk in Baiern!" vom 6. April 1919: Der revolutionäre Zentralrat Baierns erklärt die Räterepublik; unten links: Flugblatt des Münchener Beobachters vom 6. April 1919: „Die Räterepublik in Nürnberg abgelehnt!"; unten rechts: Bekanntmachung des provisorischen revolutionären Zentralrates vom 8. April 1919: „An die Arbeiter und kleinen Leute!"

218 Aufrufe zur Verteidigung der Räteregierung vom 29. April 1919. Oben links: Vom Oberkommando der Roten Armee; oben rechts: Von der Kommunistischen Partei Deutschlands (Spartakusbund); unten links: Von den Kasernenräten; unten rechts: Vom Vollzugsrat der Betriebs- und Soldatenräte Münchens

219 Oben: Die am 30. April 1919 im Luitpoldgymnasium erschossenen Geiseln; unten: Münchener Beobachter Nr. 45 vom 17. September 1919 mit dem Aufsatz: „Die Drahtzieher! Zum Geiselmordprozeß."

220 Tageszeitung: „Der Freistaat", Amtliches Organ der Bayerischen Landes-Regierung, Bamberg, den 5. Mai 1919, Nr. 21

Kampf dem Hakenkreuz

Rededisposition über die faschistische Gefahr

mit einem Anhang:

Referentenmaterial über

Die Rolle der KPD.

Herausgegeben von der
Sozialdemokratischen Partei Deutschlands
Berlin SW 68, Lindenstraße 3

Kampf dem Hakenkreuz

Rededisposition über
die faschistische Gefahr

mit einem Anhang:

Referentenmaterial über

Die Rolle der KPD.

Herausgegeben von der
Sozialdemokratischen Partei Deutschlands
Berlin SW 68, Lindenstraße 3

Inhaltsverzeichnis

Kampf dem Hakenkreuz.

	Seite
Die erste Reichstagsschlacht mit den Faschisten	1
Der Gegenstoß der Sozialdemokratie	2
Warum keine sofortige Aufhebung der Notverordnung	3
Zusammenfassung der Gründe für die Haltung der Sozialdemokratie	4
5-Tage-Woche zur Eindämmung der Arbeitslosigkeit	5
Kampf gegen die Kapital- und Steuerflucht	6
Das Ziel der Sozialdemokratie	7
Was sind die Nationalsozialisten?	8
Kann der Nationalsozialismus uns retten?	9
Was wollen die Nazi?	10
Wer ist schuld an dem heutigen Elend?	11
Nicht Rettung, sondern Katastrophe ist ihr Ziel	12
Die außenpolitische Aktivbilanz seit dem Zusammenbruch	13
Auch der Young-Plan nicht das letzte Wort	14
Ist der Hitler-„Sozialismus" ernst zu nehmen?	15
Die Entlarvung der Nationalsozialisten marschiert	16
Die Hetze gegen die „Novemberverbrecher"	17
Die Nazi und die Frauen (1)	18
Die Nazi und die Frauen (2)	19
Die Wahrheit über die faschistische Diktatur	20
I. Was ist der Faschismus? — das italienische Beispiel	20
II. Der blutige Weg des Faschismus	21
III. Faschismus = brutale Unterdrückung der Arbeiterschaft	22
IV. Die geistige Unterdrückung der Arbeiterbewegung	23
V. Der Nationalsozialismus der Abklatsch des italienischen Faschismus	24
Bürgertum und Faschismus	25
Wir werden uns nicht täuschen	26
Kampf dem Faschismus — unser der Volksstaat	27

Die Rolle der KPD.

Der Schrittmacher des Faschismus	28
Das KPD.-„Programm" für die Armen und Hungernden	29
Bringt das KPD.-Programm Brot und Freiheit?	30
Die traurige Rolle der Kommunisten in Italien	30
Das 15-Milliarden-Projekt	31
Die KPD. gegen gänzliche Beseitigung der Notverordnungen	32
KPD. als Steuerverweigerer	33
Kommunistische Finanzkünste	34
Die KPD. für Erfüllungspolitik	35
Die Lüge als bewußtes kommunistisches Kampfmittel	36
Der Pfahl im Fleische der Sozialdemokratie	37
Im Bunde mit den Hugenbergern und Nazi (1)	38
Im Bunde mit den Hugenbergern und Nazi (2)	39
Wen die Kommunisten amnestieren	40
Das Treiben der roten Gewerkschaftsopposition (1)	41
Das Treiben der roten Gewerkschaftsopposition (2)	42
Die Arbeitslosenhilfe im Sowjet-„Paradies" abgeschafft	43

Die erste Reichstagsschlacht mit den Faschisten.
Der nationalsozialistische Wahlsieg.

Der verhängnisvolle Wahlausgang vom 14. September hat für die deutsche Arbeiterbewegung eine höchst bedrohliche Lage geschaffen. Es ist den Nationalsozialisten gelungen, tief in die Wählerschaft einzubrechen. Der 14. September hat den Feinden der Arbeiterklasse mehr Macht gegeben, als den Interessen des Volkes dienlich ist. Mit 6½ Millionen Stimmen und 107 Mandaten sind die Nationalsozialisten jetzt im Reichstag vertreten und bilden eine gefährliche Verstärkung der bürgerlich-kapitalistischen Reaktion. Es war ein **Triumph der politischen Dummheit.** Wie recht hatte August Bebel, als er nach den Hottentottenwahlen im Jahre 1907 sagte:

„Wenn das Heer der Nichtwähler aufgepeitscht wird und zur Wahl geht, gibt es stets eine **heillose Konfusion,** sie wählen alle zumeist **extrem bürgerlich,** und solche Wahlen sind für die Sozialdemokratie **nicht günstig.**"

Die Sozialdemokratie hat sich glänzend geschlagen. Trotz Kommunisten, Nationalsozialisten, trotz Wirtschaftskrise und des geschlossenen Angriffs des ganzen Bürgertums hat sie die Masse ihrer Wählerschaft zusammengehalten. Die **Spreu schied sich vom Weizen. Mit einem Block von 8½ Millionen Stimmen steht sie nach diesem Sturm geschlossener als je da.**

Aber der Sieg der Nationalsozialisten, eine Folge des politischen Unwissens im deutschen Bürgertum, hat das **politische Gleichgewicht auf das stärkste zuungunsten der Arbeiterschaft verschoben.**

Die Kreise des deutschen Bürgertums, die schon lange Gegner der parlamentarischen Demokratie sind, halten **die Gelegenheit zum Gegenstoß** gegen die Demokratie für gekommen. Mit Hilfe der nationalsozialistischen Banden sollen **Republik und Volksstaat jetzt beseitigt werden.**

Der Gegenstoß der Sozialdemokratie.

Diese grundlegende Aenderung der Lage schreibt der Sozialdemokratie eine neue Taktik vor. Während wir bis zum 14. September in direktem Angriff gegen die Regierung Brüning und alle ihre Maßnahmen kämpfen konnten, kommt es jetzt zunächst darauf an, zu verhindern, daß die offene faschistische Reaktion ihr Ziel erreicht: statt der Brüning-Regierung sich selbst an die Macht zu bringen.

Das Ziel des mit dem Faschismus verbündeten reaktionären Bürgertums heißt seit dem 14. September: Sofortiger Sturz der Regierung Brüning und Errichtung einer mehr oder minder offenen faschistischen Diktatur. Hakenkreuz-Gelbkreuz: Bahn frei für hundertprozentige Sozialreaktion mit dem Ziel der Abschaffung aller Sozialpolitik!

Die Sozialdemokratie steht in Gegnerschaft zur Regierung Brüning. Aber die Mitwirkung an der Beseitigung der Regierung Brüning hätte in diesem Augenblick bedeutet, daß man der Reaktion in die Hände arbeitet. Ein größerer Dienst hätte den nach Faschismus und Diktatur lüsternen Reaktionären nicht geleistet werden können.

Deshalb lehnte die Sozialdemokratie es ab, in diesem Augenblick ein Mißtrauensvotum gegen die Regierung Brüning zu richten und sie zu stürzen.

Warum keine sofortige Aufhebung der Notverordnung?

Aus demselben Grunde lehnte die Sozialdemokratie es auch ab, die sofortige und restlose Aufhebung der Notverordnung zu verlangen.

Mißtrauensvotum und Sturz der Regierung hätte das **politische Chaos** heraufgeführt mit dem Ergebnis der Errichtung der faschistischen Diktatur.

Sofortige Aufhebung der Notverordnung hätte das **wirtschaftliche Chaos** hinzugefügt.

Wenn Kommunisten und Nazis jetzt wie aus einem Munde (auch das spricht Bände!) schreien: „Verrat der Sozialdemokratie", so steht solchem Gerede die Verlogenheit an der Stirn geschrieben.

Die Sozialdemokratie hat im Wahlkampf in erster Linie **bestimmte Teile** der Notverordnung bekämpft, wie Krankenscheingebühr, Bürgersteuer und Arbeitslosenversicherungs=Verschlechterung. Diese Bestimmungen sind aber im Rahmen der Notverordnung **mit anderen** wesentlichen Bestimmungen des Reichshaushalts und der Steuergesetzgebung untrennbar verknüpft.

Aufhebung der Notverordnung ohne gleichzeitige Ersatzmaßnahme hätte deshalb bedeutet:

Schwerste Erschütterung der Arbeitslosenversicherung, Einstellung der Reichszuschüsse, Verminderung der Beitragseinnahmen und gewaltigen Abbau der Unterstützungen.

Die Sozialreaktion hätte erreicht, was sie trotz aller Anstrengungen seit Jahr und Tag nicht hat durchsetzen können.

Aufhebung der Notverordnung hätte weiter bedeutet:

Völlige Beseitigung des gesamten Reichshaushalts, schwerste Erschütterung der öffentlichen Finanzen von Reich, Ländern und Gemeinden, Einstellung der Zahlungen an die Unterstützungsempfänger, die Rentner, Beamten, Arbeiter und Angestellten, Verschärfung der Wirtschaftskrise, weiteres Ansteigen der Arbeitslosenzahl wäre die sicherste Folge gewesen.

Durch die Wahl vom 14. September sind der Sozialdemokratie im Kampf gegen die Notverordnung völlig die Hände gebunden. War schon vorher ihr Kampf sehr erschwert, weil sie dabei 66 Nazis und Kommunisten (12 + 54) im Rücken hatte, so sind es jetzt 184 (107 + 77), fast ein ganzes Drittel des Reichstags!

Zusammenfassung der Gründe für die Haltung der Sozialdemokratie.

1. Die Ablehnung des Mißtrauensvotums bedeutet also **nicht, daß die Sozialdemokratie „Vertrauen" zu der jetzigen Regierung habe**; sie steht in entschiedener Gegnerschaft zu dieser Regierung.

Aber die Sozialdemokratie läßt sich **das Gesetz des Handelns nicht von den Nationalsozialisten, Kommunisten und Deutschnationalen vorschreiben. Wann zum Angriff gegen das Kabinett Brüning vorgegangen werden muß, wird sie selbst bestimmen.**

2. Die Entscheidung über die Notverordnung und über das Kabinett Brüning ist **zunächst nur vertagt**. Sie fällt bei der Abstimmung über die Gesetzentwürfe, die auf Grund der Beratung im Haushaltsausschuß an die Stelle der Notverordnung treten sollen. Bei diesen Verhandlungen wird die Sozialdemokratie ihre ganze Macht einsetzen, um die **schlechten Stücke** der Notverordnung zu **beseitigen** oder in ihrer Wirkung **abzuschwächen**.

3. Sturz der Regierung wäre der Anfang der offenen oder verschleierten faschistischen **Diktatur** in Deutschland. Wenn das parlamentarische System aber beseitigt werden soll, dann soll diese **Beseitigung nicht durch die Sozialdemokratie** erfolgen, die das parlamentarische System selbst mit hat schaffen helfen in der Erkenntnis, daß es **gegenwärtig die zweckmäßigste Lebensform** für das deutsche Volk ist.

Wenn das Bürgertum die Diktatur will, dann sollen die **bürgerlichen Parteien** die jetzige Regierung im Kampfe gegen die Sozialdemokratie stürzen und im Angriff gegen die Arbeiterschaft die Diktatur an die Stelle des Volksstaates setzen.

4. Die Sozialdemokratie hat in dieser ernsten Stunde durch ihre Haltung noch ein letztes Mal gezeigt, daß sie im Interesse der Erhaltung des demokratischen Volksstaats **zu Opfern bereit** ist. Die ganze Welt blickt heute gespannt auf das, was die deutsche Sozialdemokratie tut. Deshalb hat die Sozialdemokratie noch einmal allen ihren Anhängern und der gesamten deutschen Oeffentlichkeit und auch der Internationale kundgetan, daß nicht sie Schuld daran trägt, wenn die Reaktion in Deutschland das parlamentarische System mit Gewalt beseitigen sollte.

Wir wollen nicht, daß man uns später einmal den Vorwurf macht, wir hätten nicht alles getan, um dem faschistischen Gegner den Zugriff nach der Macht zu erschweren.

5-Tage-Woche zur Eindämmung der Arbeitslosigkeit.

Die Forderungen der Sozialdemokratie zur Behebung der Wirtschaftskrise.

Die dringendste Aufgabe ist gegenwärtig der Kampf gegen Arbeitslosigkeit und Wirtschaftsnot. Die Sozialdemokratie hat im Reichstag Anträge zur Behebung der Wirtschaftsnot gestellt, die den einzig wirksamen Weg zur Eindämmung der wachsenden Arbeitslosigkeit und zur Ueberwindung der Wirtschaftskrise aufzeigen.

1. Die **Hauptforderung** der Sozialdemokratie lautet:

Einführung der vierzigstündigen Arbeitswoche (5-Tage-Woche) für die Dauer der außerordentlichen Arbeitslosigkeit unter gleichzeitiger Verpflichtung zur Einstellung neuer Arbeitskräfte.

Die Benutzung der öffentlichen Arbeitsvermittlung und die Anmeldung offener Stellen soll zur **zwingendsten Vorschrift** gemacht werden.

Zum **Lohnausgleich** für die verkürzte Arbeitszeit sollen für den Uebergang die frei werdenden **Unterstützungsmittel** herangezogen werden.

Diese Forderung erstrebt eine **gerechte Verteilung der Arbeitsgelegenheit** im Gegensatz zu den heutigen Zuständen, in denen einerseits Massen von Arbeitskräften auf der Straße liegen, andererseits den im Betriebe stehenden Arbeitern eine neun=, ja zehn- und elfstündige Arbeitszeit zugemutet wird.

Ueberstunden sollen nach dem Antrag der Sozialdemokratie nur in den dringlichsten Ausnahmefällen zugelassen werden.

Für jede Ueberstunde hat der Unternehmer einen **vollen Stundenlohn als Sonderbeitrag zur Arbeitslosenversicherung** abzuführen.

Außerdem wird zur Entlastung des Arbeitsmarktes von jugendlichen Arbeitskräften schleunigst ein Gesetz gefordert, das die **Erweiterung der allgemeinen Schulpflicht** unter Gewährung von Wirtschaftsbeihilfen reichsgesetzlich regelt.

2. Weiter fordert die Sozialdemokratie von der Reichsregierung, daß den **Pensions- und Wartegeldempfängern** alle anderen Einkünfte auf ihre Bezüge angerechnet werden. Dabei sollen jedoch die kleinen Gesamteinkommen geschont werden.

3. Das wirksamste Mittel zur Ueberwindung der Wirtschaftskrise ist die Vermehrung der Kaufkraft durch **Senkung der Preise.**

Daher fordert die Sozialdemokratie, daß auf Grund der Vollmachten der bisher gültigen Kartellverordnungen (vom 2. November 1923 und vom 26. Juli 1930) **sofort eine durchgreifende Preissenkung** im besonderen bei den Grundstoffen der Industrie, den Lebensmitteln und anderen Gegenständen des Massenbedarfs herbeigeführt wird.

Widerstände sind durch Aufhebung von Preisbindungen, durch Herabsetzung von Zöllen oder durch Verschärfung der Kartellkontrolle zu überwinden. Die **zollfreie Einfuhr von Gefrierfleisch** zur Versorgung der minderbemittelten Bevölkerung soll ebenfalls **wieder hergestellt werden.**

Kampf gegen die Kapital- und Steuerflucht.

Zur Bekämpfung der bedrohlich anwachsenden Kapital- und Steuerflucht fordert die Sozialdemokratie:

Die Reichsregierung wird aufgefordert:

a) unter Aufhebung entgegenstehender Verwaltungsanordnungen Anweisung an die Finanzämter, in allen Zweifelsfällen von der gesetzlichen Auskunftspflicht der Banken, Bankiers und Vermögensverwalter Gebrauch zu machen;

b) Anweisung an die Finanzämter, die Bestimmungen der Paragraphen 33, 34 des Einkommensteuergesetzes über die Erfassung von Gewinnen aus dem Geschäftsverkehr mit dem Ausland streng durchzuführen;

c) Heranziehung der Organe des Buch- und Betriebsprüfungsdienstes in verstärktem Maße zur Aufklärung von Steuerfluchtvergehen;

d) Bei Steuerfluchtvergehen schärfste Anwendung der bestehenden Strafvorschriften für Steuerzuwiderhandlungen (Freiheitsstrafen, Vermögenseinziehung, Verlust der bürgerlichen Ehrenrechte). Die Namen der Bestraften sowie die festgesetzten Strafen sollen in allen Fällen veröffentlicht werden;

e) Abschluß internationaler Rechtshilfeverträge.

Das Ziel der Sozialdemokratie.

Die Sozialdemokratie hat im Interesse der Arbeiterschaft also verhindert, daß durch einen Sturz der Regierung Brüning die staatlichen Machtmittel an die faschistischen Gewalthaber ausgeliefert würden; eine Maßnahme, die mit der Niederschlagung der Republik, des demokratischen Volksstaates, der kriegerischen Verwicklung mit dem Auslande, der Entrechtung der Arbeiterschaft und ihrer Auslieferung an die Ausbeuter geendet hätte.

Die Haltung der Sozialdemokratie entsprang dem Willen, **freie Bahn zu schaffen für sachliche Arbeit,** für die Sammlung aller Kräfte zur rascheren Ueberwindung der Wirtschaftskrise, für die **Rettung der sozialen Rechte im Volksstaat.**

Die Sozialdemokratie weiß, daß diese Arbeit mit **schweren Opfern** verbunden sein wird; aber nach dem verhängnisvollen Wahlergebnis vom 14. September steht im **Vordergrund des Kampfes die Abwehr der reaktionären Faschisten und der arbeiterfeindlichen Kräfte.**

Die **erste Schlacht** in dem Abwehrkampf gegen den Faschismus ist **geschlagen.** Das Ziel, ein wüstes politisches und wirtschaftliches Durcheinander anzurichten, das den Bürgerkrieg heraufbeschwören sollte, ist **zunächst verhindert.**

In **voller Einmütigkeit und Geschlossenheit** haben die 143 Abgeordneten der Sozialdemokratie im Reichstag **abgestimmt.** In Erkenntnis der großen Gefahr steht die Sozialdemokratie bis zum letzten Mann geschlossen zur Abwehr bereit, von **leidenschaftlichem Willen zur Niederringung aller Feinde der Arbeiterklasse** erfüllt, mögen sie im Lager der Faschisten oder Kommunisten stehen.

Die Stunde fordert jetzt:

Kampf allen reaktionären Kräften, Kampf dem Faschismus der gelben Hitler-Knechte, die dem deutschen Volke die politischen Rechte rauben wollen.

Was sind die Nationalsozialisten?

Die nationalsozialistische Bewegung setzt sich zum größten Teil aus bürgerlichen Elementen und Teilen der Bauernschaft zusammen. Der durch die Inflation und den Zusammenbruch nach dem Weltkrieg proletarisierte Mittelstand ist politisch in Bewegung geraten. Die schwere wirtschaftliche Krise macht sich auch in den Schichten der selbständigen Gewerbetreibenden bemerkbar.

Die schwere Krise, die seit Jahren schon auf der Landwirtschaft lastet, hat eine große Notlage gerade in diesem Teil der Bevölkerung geschaffen. Die Sozialdemokratie hat diese Notlage nie bestritten, im Gegenteil, sie hat dort, wo sie mitregiert hat, z. B. in Preußen, alles getan, um der Landwirtschaft zu helfen. Der Versuch der Nationalsozialisten, aus dieser Verzweiflung der Landwirtschaft durch ihre Hetze politisches Kapital zu schlagen, ist ein Verbrechen am deutschen Volke.

Die Nationalsozialisten haben aber auch proletarische Elemente in ihren Reihen. Hierbei spielt vor allen Dingen die politisch ungeschulte, dem Radikalismus zuneigende Jungarbeiterschaft und die Angestelltenschaft eine Rolle. Die Angestelltenschaft zählt in Deutschland 3½ Millionen Menschen, davon sind nur 10 Proz. freigewerkschaftlich organisiert. Sie lebt immer noch in dem falschen Bewußtsein, der „neue Mittelstand" zu sein. In Wahrheit ist sie ein Teil des Proletariats und gehört deshalb auch politisch an die Seite der Arbeiterbewegung.

Aehnlich ist es mit den Studenten bestellt, die innerhalb der NSDAP. einen besonders aktiven Teil bilden. Die Studenten von heute sind zum großen Teil Kinder des proletarisierten Mittelstandes. Schwerer Existenzkampf der Jungakademiker, die infolge ihrer wirtschaftlichen Notlage gefühlsmäßig zum Sozialismus neigen, weltanschaulich aber immer noch in den Banden des althergebrachten Nationalismus und Imperialismus liegen, kennzeichnet die Lage.

Dementsprechend arbeiten die Nationalsozialisten bei ihrer Agitation mit auswechselbarem Programm. Sie sind — nach Mussolini — die „Kirche aller Abtrünnigen", das Sammelbecken aller Unzufriedenen, Bankrotten und Gescheiterten.

Sie versprechen allen alles — um nichts zu halten.

Darauf müssen wir uns bei der Abwehr einstellen.

Kann der Nationalsozialismus uns retten?

Der gewaltige Erfolg des Nationalsozialismus beweist, daß weite Schichten außerhalb des Proletariats an der **Richtigkeit und der Leistungsfähigkeit des kapitalistischen Systems Zweifel** bekommen haben. Der Marxismus hat diese Entwicklung schon immer vorausgesagt. Er hat recht behalten.

Statt sich aber auf die Seite des **marxistischen Sozialismus**, der Arbeiterbewegung, zu **schlagen**, läuft das Bürgertum und die Bauernschaft zunächst dem **Nationalsozialismus** nach in der Hoffnung, dort das Heil zu finden.

Dies Bürgertum will also Sozialismus, aber es bildet sich ein, **es gäbe zwei Sorten von Sozialismus**. Einen für die reichen Leute und einen für die Armen. Einen Sozialismus erster Klasse und einen zweiter Klasse, einen Sozialismus für das **Vorderhaus mit Hakenkreuz** und einen für das **Hinterhaus ohne Hakenkreuz**. Die Entwicklung wird beweisen, daß es **nur einen Sozialismus** gibt, und das ist der **demokratisch-marxistische der deutschen Arbeiterbewegung**.

Gibt es überhaupt einen „National"-Sozialismus? Die einfache Ueberlegung sagt jedem, daß schon der Gedanke an die „nationale" Verwirklichung des Sozialismus wirtschaftlicher Unsinn ist. Deutschland ist wie kaum ein anderes Land in das Netz der Weltwirtschaft verflochten. Wer glaubt im Ernst, daß man Deutschland mit einer chinesischen Mauer umgeben könnte, um dahinter in Deutschland einen „nationalen" Sozialismus durchzuführen? Es wäre das Ende der gesamten deutschen Volkswirtschaft.

Der Vergleich mit Rußland ist völlig unzutreffend. Rußland ist ein **Riesenreich**, das nicht nur militärisch unangreifbar ist, sondern auch, **im Besitz unerschöpflicher Rohstoffquellen und unermeßlicher Bodenschätze**, wirtschaftlich genau so selbständig und unabhängig leben kann **wie Amerika**.

Was wollen die Nazi?

„Es muß anders werden", ist der Schlachtruf, mit dem die Nationalsozialisten den letzten Wahlkampf bestritten haben. „Anders" im Staate und „besser" in der Wirtschaft.

Die Diktatur soll das Allheilmittel sein. Ein Blick nach Italien beweist den Schwindel dieser Parole.

Die Diktatur hat in Italien weder Ordnung, noch Sauberkeit geschaffen, noch hat sie die Wirtschaftsprobleme gelöst.

Die „Ordnung" in Italien ist die Stille des Gefängnisses. Die Korruption ist heute in Italien hundertmal größer als früher. Diese Tatsache wird von den wirklichen Kennern des italienischen Faschismus unter Eid bestätigt, sofern sie sich die Unabhängigkeit ihrer persönlichen Meinung bewahren konnten.

Die Erfahrung lehrt im übrigen, daß eine Diktatur sehr leicht sich den Anschein eines idealen Staatswesens geben kann. In der Demokratie ist alles dem Scheinwerferlicht der öffentlichen Kritik unterworfen. In der Diktatur wird in erster Linie auf ein „gutes" Aussehen hingearbeitet und alles daran gewandt damit der Schein nach außen so glänzend wie möglich ist. Infolgedessen ist die Oeffentlichkeit leicht geneigt, Diktaturen für gut und Demokratien für schlecht zu halten.

Gibt es durch die Diktatur Heilung der Wirtschaftsnot und Wirtschaftskrise? Auch in diesem Punkte betreiben die Nationalsozialisten bewußt eine Vorspiegelung falscher Tatsachen.

Mussolini ist hilflos gegenüber der Wirtschaftskrise in seinem Lande. Die Arbeitslosigkeit hat sich in Italien während der letzten Monate verdoppelt. In größter Sorge betrachtet Mussolini diese Entwicklung, wie in seiner letzten Rede in Rom vor dem Nationalrat der Korporationen zum Ausdruck gekommen ist (September 1930):

„Sie werden sich nicht wundern, wenn ich ausspreche, daß sich die Lage im Oktober sehr merklich verschlechtert hat. Es ist tatsächlich ... die schärfste Krise, die wir erlebt haben ... Die Regierung ... hört das SOS aller Fiebernden, aller Kranken. Aber nicht alle können gerettet werden..."

Im übrigen — glaubt jemand im Ernst, daß das internationale Finanzkapital sich mir nichts dir nichts von dem Diktator Hitler in Deutschland diktieren lassen würde? Die „Bank= und Börsenfürsten der Welt", um bei der Faschistensprache zu verbleiben, werden sich von Herrn Hitler aus Braunau am Inn nicht kommandieren lassen und genau so wenig wie heute bereit sein, die Lasten der Wirtschaftskrise auf ihre Schultern zu nehmen.

Wer ist schuld an dem heutigen Elend?

Bebel oder Straßer?

Die Nationalsozialisten beschuldigen die Sozialdemokratie, durch Mißwirtschaft in Staat und Wirtschaft die **Urheber der heutigen schweren Wirtschaftsnot** zu sein. So behauptete der Sprecher der Nationalsozialisten, Herr **Straßer**, am 17. Oktober im Reichstag:

„Die Bilanz ihres Systems ist ein **dahinsiechender Nähr- und Bauernstand** ... Ein **ausgeraubter Mittelstand**, eine **niedergebrochene Industrie**, eine von seiner eigentlichen ökonomischen Bestimmung **abgetrennter Handel** ... der Verzweiflungskampf der **millionenköpfigen Arbeitslosenheere**, die im Massenwahn des Bolschewismus die Grundlage jeder geschichtlichen Ordnung zu zerstören suchen, die **Selbstmordepidemie**, die alljährlich die Bevölkerung einer mittleren Stadt fordert usw. Und über dem ganzen steht heute ein **bankrotter Staat**, der überhaupt nur noch vom **Privatbankrott** lebt."

Niemand wird die ungeheure Not des deutschen Volkes und aller Wirtschaftsstände bezweifeln, aber niemals sind Tatsachen **skrupelloser und demagogischer zur Verleumdung des politischen Gegners** verdreht worden, als hier. Wenn die Nationalsozialisten so sprechen, so **fälschen sie bewußt die geschichtlichen Zusammenhänge. Sie unterschlagen die wahren Ursachen dieser Not, die nicht in der Revolution, sondern im Krieg und seinen Folgeerscheinungen liegen.**

Die Sozialdemokratie ist früher aufgestanden als die Nationalsozialisten. Sie hat schon lange vor dem Kriege die Tatsachen, die die Nationalsozialisten heute zu ihrer Stimmungsmache benutzen, vorausgesagt und warnend auf sie hingewiesen.

Die Sozialdemokratie hat vor dem Krieg **gewarnt**, weil sie sah, daß ein Krieg für Deutschland und seine Wirtschaft unabwendbar die heute herrschende Not zur Folge haben mußte. Aber wie hat man ihre Warnungen aufgenommen?

Im November 1911 sprach **August Bebel** in seiner berühmten Rede vom kommenden „**Kladderadatsch**" im Reichstage anläßlich der **Marokko-Debatte** noch, einmal warnend von der Gefahr, die das internationale Wettrüsten für Deutschland heraufführen müsse. Er rief der bürgerlichen Welt zu:

„Dann kommt die **Katastrophe**. Alsdann wird in Europa der große **Generalmarsch** geschlagen, auf den hin 16 bis 18 Millionen Männer, die Blüte der verschiedenen Nationen, ausgerüstet mit den besten Mordwerkzeugen, gegeneinander als Feinde ins Feld rücken. Aber nach meiner Ueberzeugung steht hinter dem großen Generalmarsch der große **Kladderadatsch**. (Lachen rechts) ...

Was wird die Folge sein? Hinter diesem Kriege steht der **Massenbankrott**, steht das **Massenelend**, steht die **Massenarbeitslosigkeit**, die große **Hungersnot**. (Widerspruch rechts.)

Das wollen sie bestreiten? (Zuruf von rechts: Nach jedem Kriege wird es besser!) ..."

Nicht Rettung, sondern Katastrophe ist ihr Ziel.

Die nationalsozialistische Presse preist Adolf Hitler als den „Führer aus der Not" an. In Wahrheit arbeiten die Nazis mit ihrer Aufhetzung der Bevölkerung und ihrer skrupellosen Demagogie bewußt auf **die Katastrophe** hin. Sie wissen, daß es ihnen erst bei Zusammenbruch der Wirtschaft und des Staates möglich wäre, die Macht für sich und ihre großkapitalistischen Hintermänner zu ergreifen. Beweis dafür bilden ihre eigenen Anweisungen an die Funktionäre, wie sie in den sogenannten „**Führerbriefen**" dargelegt sind. Dort heißt es:

„**Alles, was der bestehenden Ordnung der Dinge schädlich ist, findet unsere Unterstützung.** Alles, was geeignet ist, diesen jetzigen Staat zu erhalten, lehnen wir ab. **Mit einem Wort: wir treiben Katastrophenpolitik, weil nur die Katastrophe den jetzigen Staat beseitigen kann.**"

Sie wollen alles niederreißen, was mühsam nach dem Zusammenbruch wieder aufgebaut ist. Die Nationalsozialisten machen eine Bilanz der Politik der letzten 12 Jahre, **worin alle Aktivposten verschwiegen, die Passivposten maßlos übertrieben sind.** Es ist eine Lüge infamster Art, wenn behauptet wird, daß nichts erreicht worden wäre in den letzten 12 Jahren. In der Privatwirtschaft würde jeder Staatsanwalt in einem solchen Falle Anklage wegen **Bilanzverschleierung** erheben.

Die erste Maßnahme der Sozialdemokratie im November 1918 war z. B. darauf gerichtet, daß die Lasten des verlorenen Krieges nicht samt und sonders auf die **ärmsten Volksschichten** abgewälzt werden. Wenn die Nationalsozialisten aus dem Elend der Erwerbslosigkeit politisches Kapital schlagen wollen, so antworten wir: es war das **Verdienst der deutschen Sozialdemokratie, daß sie im Jahre 1918 die Arbeitslosenunterstützung eingeführt hat,** die es bis dahin nicht gab.

Selbstverständlich ist heute die Lebenshaltung des deutschen Volkes viel tiefer als 1914. Alle Schichten ringen schwer um ihre Existenz. Aber wer einen Vergleich zieht, darf nicht die grauenhafte Not vergessen, in der **am Ende des Krieges** das ganze deutsche Volk gelebt hat. Im Winter 1918/19 war Deutschland so ausgeplündert und ausgesaugt, daß **weder an Kleidung noch für die Lebenshaltung das allernotwendigste vorhanden war.** Deutschland lebte von den Almosen der amerikanischen Wohlfahrtsspenden (Quäker!). Kriegsmarmelade (Hindenburgbutter!), schlechtes Brot und minderwertiger amerikanischer Speck waren damals die „**Lebensmittel**" des deutschen Volkes, und dazu noch nicht einmal in ausreichender Menge vorhanden. Margarine gehörte zu den „**Delikatessen!**"

Es muß den Nationalsozialisten und ihren Anhängern damals sehr gut gegangen sein, wenn sie heute behaupten, daß es seitdem immer schlechter geworden sei und daß es heute dem deutschen Volke in seiner Gesamtheit schlechter gehe als in jenem katastrophalen Winter nach **dem Zusammenbruch des Weltkrieges.**

Die außenpolitische Aktivbilanz seit dem Zusammenbruch.

Die **dreifte Lüge** ist es, wenn die **unzweifelhafte Besserung der außenpolitischen Lage** von den Nationalsozialisten bestritten wird. Gerade die **Bilanz der Außenpolitik ist im höchsten Maße aktiv**. Welche Veränderungen schon äußerlich:

1919 wurde Deutschland der „Friedensvertrag" diktiert, seit 1924 wird mit Deutschland als **gleichberechtigter Partner verhandelt**.

1919 saß die deutsche Delegation in Paris **hinter Stacheldraht und einer dichten Postenkette** der Alliierten wie in einem Gefangenenlager.

Heute sitzt Deutschland wieder als Großmacht gleichberechtigt im Rat der Völker mit einem ständigen **Ratssitz im Völkerbund**.

Schritt für Schritt ist in zäher Politik des Verstandes die **Befreiung Deutschlands** von den Fesseln des Versailler Vertrages erfolgt.

Das beweisen nachstehende Tatsachen:

1921 beantwortete die **bürgerliche** Regierung Fehrenbach-Simons die Londoner Forderungen der Entente, welche die in absoluter Höhe nicht begrenzten **Reparationsforderungen des Versailler Diktats auf 132 Goldmilliarden begrenzten**, mit einem Nein.

Die Entente erwiderte mit der Besetzung von Düsseldorf und Duisburg, sowie mit der ultimativen Forderung, bis zum 10. Mai 1921 „ja" zu sagen, widrigenfalls **das Ruhrgebiet besetzt und unter militärischem Zwang der deutschen Wirtschaft abgepreßt** werde, was zu erfüllen Deutschland ablehne.

Am 10. Mai 1921 löste die **Regierung Wirth** (Zentrum und Sozialdemokraten) die Regierung Fehrenbach ab. Sie sagte ja, indem sie vor aller Welt erklärte, sie mache den **Versuch der Erfüllung**, um die **Unerfüllbarkeit** der Ententeforderungen zu erweisen. Die Besetzung des Ruhrgebiets wurde vermieden.

1922 gewannen die Katastrophenpolitiker um Stinnes und Genossen Oberhand. Es kam zur bürgerlichen „Nein"-Regierung **Cuno**, im Januar 1923 zur Besetzung des Ruhrgebietes, zur Millionenarbeitslosigkeit, zur Inflation, zur völligen Zerstörung der deutschen Währung, zur Senkung des Reallohnes auf den Nullpunkt, beinahe zum Bürgerkrieg.

Im August 1923 liquidierte die Regierung Stresemann-Sollmann-Hilferding den Ruhrkrieg, leitete die Befreiung der Ruhr, die Stabilisierung der Mark und die Hebung des Reallohnes ein, kehrte zur Außenpolitik des Verstandes zurück.

Es folgten der Dawes- und Young-Plan mit **wesentlicher Erleichterung der Reparationslast** (32,5 Milliarden gegenüber 132 Milliarden 1921).

Auch der Young-Plan nicht das letzte Wort.

Nach dem Ruhrkrieg ist der Weg der Erleichterung der Lasten aus dem Friedensvertrag mit Erfolg fortgesetzt worden.

So kam es 1924 zu neuen Reparationsverhandlungen, die im Dawes-Abkommen gipfelten, das die deutschen Leistungen, die nach dem Londoner Ultimatum von 1921 jährlich mindestens 3 Milliarden betrugen, auf normal 2,5 Milliarden jährlich herabsetzte, aber die Festsetzung einer Gesamtsumme unterließ. 1924/25 sollte Deutschland 1 Milliarde zahlen, derart steigend, daß ab 1. September 1928 für unbegrenzte Zeit jährlich 2,5 Milliarden gezahlt werden sollten.

Im Etatsjahr 1930/31 hätte sich erstmalig die volle Wucht dieser Belastung ausgewirkt. Um dieser Last zu entgehen und die Bahn freizumachen für baldigste völlige Räumung der Rheinlande, regte der sozialdemokratische Reichskanzler Hermann Müller 1928 in Genf die baldige Einsetzung einer internationalen Sachverständigenkonferenz an, die unter dem Vorsitz des Amerikaners Owen Young zusammentrat und zur Annahme des Young-Planes durch die Regierungen der kriegsbeteiligten Staaten Europas führte.

Der Young-Plan ermäßigt Deutschlands Reparationsleistungen von 2,5 Milliarden auf durchschnittlich 2,05 Jahresmilliarden, also um 450 Millionen pro Jahr, beginnend mit 1641,6 Millionen (plus 70 Millionen zur Verzinsung und Tilgung der Dawes-Anleihe) im Jahre 1930/31. Deutschland zahlt somit in diesem Jahre 760 Millionen weniger, als es nach dem Dawes-Plan leisten sollte.

Der Young-Plan, der 37 Jahre (plus 22 deutscher Jahresleistungen zur Tilgung der Ententekriegsschuld an Amerika) währen soll, ist selbstverständlich nicht das letzte Reparationswort. Auch dieser Plan wird revidiert werden. Um so eher und gründlicher, je konsequenter Deutschland an der Außenpolitik des Verstandes festhält, die unter Friedrich Ebert eingeleitet wurde, um so später oder gar nicht, wenn Deutschland den nationalsozialistischen Katastrophenpolitikern folgt.

Nazi gegen Einstellung der Young-Zahlungen.

Am 19. November 1928 stellten die Nationalsozialisten im Reichstag folgenden Antrag auf Einstellung der Dawes-Leistungen (Nr. 490 der Drucksachen): die Reichsregierung zu ersuchen, mit Rücksicht auf die wachsende Not des schaffenden deutschen Volkes die Zahlungen aus dem Dawes-Plan einzustellen und sie den Arbeitslosen, den Kriegsbeschädigten und Kriegerhinterbliebenen, den Sozial- und Kleinrentnern, den Inflationsopfern und den sonstigen entrechteten und verelendeten Volksgenossen, insbesondere dem notleidenden Landvolk zukommen zu lassen.

Am 29. Oktober 1930 wurde der Antrag der Kommunisten: „Alle Zahlungen auf Grund des Young-Planes sind mit sofortiger Wirkung einzustellen" mit großer Mehrheit abgelehnt. Dafür stimmten nur die Kommunisten. Die Nationalsozialisten übten Stimmenthaltung und zeigten damit klar, daß sie keineswegs gesonnen sind, **den Young-Plan zu zerreißen und die „Tributzahlungen" einzustellen!**

Ist der Hitler-„Sozialismus" ernst zu nehmen?

Der Hitler-„Sozialismus" ist ein einziger großer Schwindel. Dafür hat das Verhalten der Nationalsozialisten in der ersten Woche des neuen Reichstags neue schlagende Beweise geliefert.

Sie fordern in ihren Anträgen „Enteignung der Bank- und Börsenfürsten, Brechung der Zinsknechtschaft" und dergl. Aber ihre Politik machen sie zusammen mit den Parteien der schlimmsten sozialen Reaktion und der politischen Vertretung des großkapitalistischen Ausbeutertums, mit den Deutschnationalen und der Deutschen Volkspartei.

Im Lande gebärdet die NSDAP. sich „sozialistisch". Im Reichstag aber kämpften die **107 Nationalsozialisten** geschlossen dafür, daß Herr Dr. Scholz, der Führer der Deutschen Volkspartei, der politischen Interessenvertretung des Schwerkapitals, Präsident des Reichstages wird.

Dieser Herr Scholz ist nicht nur mehrfacher Aufsichtsrat, u. a in der Internationalen Handelsbank und somit ausgesprochener Vertreter des internationalen Finanzkapitals, er ist außerdem Großpensionär mit 23 000 Mark Pension als früherer Bürgermeister von Charlottenburg und Reichsminister a. D. Diesen Mann wollten die Nationalsozialisten mit Hilfe von Hugenberg auf den Präsidentenstuhl des Reichstages setzen! Nicht der **Arbeiter Paul Löbe**, sondern dieser Exponent der schwerkapitalistischen Ausbeuter sollte nach Meinung der Nazis das ganze deutsche Volk an der Spitze des Reichstages vertreten.

Der Fall des Herrn Scholz hat auch noch einmal die Verlogenheit der Judenhetze der Nationalsozialisten erwiesen. Am 12. März 1930 beantragte ihr Führer Frick im Reichstag:

„Wer durch Vermischung mit Angehörigen der jüdischen Blutsgemeinschaft . . . zur rassischen Verschlechterung und Zersetzung des deutschen Volkes beiträgt, wird wegen **Rassenverrats mit Zuchthaus bestraft.**"

Dr. Scholz aber, der Präsidentschaftskandidat der Nationalsozialisten, ist mit einer rasseechten Jüdin verheiratet. Hitler drückte hier wohl deshalb ein Auge zu, weil Scholz der Vertreter des Großkapitals ist, und wollte ihn statt ins Zuchthaus ins Reichstagspräsidium schicken.

Das sind die Taten der Nationalsozialisten. **Da soll ihnen noch jemand ein Wort glauben?**

Die Entlarvung der Nationalsozialisten marschiert.

Jeder Tag bringt neues Material zur Entlarvung der Nationalsozialisten.

Nachstehend nur **einige kurze Hinweise** auf besonders krasse Vorgänge.

1. Gehaltsabbau. Löbe und Frick.

Paul Löbe, der neue Reichstagspräsident, **verzichtete sofort nach seiner Wahl zugunsten der Erwerbslosen auf die Hälfte seiner Aufwandsentschädigung.**

Minister Frick hingegen hat niemals auf einen Teil seines Gehalts verzichtet und ist im Gegenteil noch in **eine Gehaltsbewegung zur Sicherung seiner Pension eingetreten.**

2. Hitlers Luxuswohnung. Parteipalast der Nazi.

Das wahre Gesicht der nationalsozialistischen „Arbeiter"führer wird immer deutlicher sichtbar. Hitlers **9-Zimmer-Wohnung** in München, die **Mercedes-Benz-Luxus-Limousine** des „Arbeiter"führers **Goebbels**, liefern den Beweis, um was für Demagogen es sich hier handelt.

Keine Versammlung der Nationalsozialisten geht vorüber ohne die wüsteste Hetze gegen die **„Paläste der Ortskrankenkassen"**. Daß aber die Hitlerbewegung sich in München in der **Briennerstraße** einen der **größten Paläste von ganz München gekauft** und zum Sitz ihrer Parteizentrale gemacht hat, das wird der Oeffentlichkeit bewußt unterschlagen.

3. Der Fall Gottfried Feder.

Auch Herr Gottfried Feder, der Vater des nationalsozialistischen Partei- und Wirtschaftsprogramms, ist jetzt in ganzer Größe ins Licht der Oeffentlichkeit getreten.

Als Finanzminister der Hitler-Diktatur in München erließ Feder am 9. November 1923 eine **Verfügung, die „jede Veränderung oder Verschiebung des Vermögensstandes"** mit schwerer Strafe bedroht!

Er selbst aber setzte — in Vorahnung der Dinge, die da kommen würden — am Abend zuvor alles daran, rasch **sein eigenes Bankdepot** in Sicherheit zu bringen.

Als er im Reichstag über diese **unerhörte Handlungsweise, die jeder Moral** Hohn spricht, zur Rede gestellt wurde, behauptete er, es hätte sich um **„wertlose Papiere"** gehandelt. Die Akten ergeben aber, daß es sich um **einige Dutzend Industrieaktien im Gesamtwert von mindestens 40 000 Mark Goldwert** handelte, eine Summe, die in jenen katastrophalen Tagen des Jahres 1923 **ein Vermögen** darstellte.

Der **„Brecher** der Zinsknechtschaft" als Vermögensschieber — das paßt zu der ganzen nationalsozialistischen Gesellschaft.

Die Hetze gegen die „Novemberverbrecher".

Landesverräter und Novemberverbrecher, das sind die Beschimpfungen, mit denen die Nationalsozialisten bei ihrem Verleumdungsfeldzug gegen die Sozialdemokratie dauernd arbeiten. Bis zu welchem Punkt sie sich in ihrem **blinden Haß** versteigen, zeigt das **Wort Hitlers**, der im Januar 1923 im Münchener Kindlkeller zum Einmarsch der Franzosen ins Ruhrgebiet ausrief: „**Nicht nieder mit den Franzosen muß es heißen, sondern nieder mit den Novemberverbrechern!**"

Als im Reichstage jetzt von sozialdemokratischer Seite an dieses Wort erinnert wurde, um zu zeigen, **wie „national"** die Nationalsozialisten sind, wurde das Wort von den Nationalsozialisten erneut mit hysterischem Beifallsgeschrei bejubelt und beklatscht. **Man haßt den eigenen Volksgenossen also mehr als den „Erbfeind".** Schlagender kann wohl nicht gezeigt werden, wie groß die **geistige Verwirrung** ist, in die die Nationalsozialisten sich und das deutsche Volk hineingehetzt haben.

Ist aber nicht Hitler selbst ein Novemberverbrecher?

Die „Münchener Post" hat festgestellt, **ohne daß bisher Hitler in der Lage gewesen wäre, diese Behauptung zu entkräften, daß Hitler** sich am 3. Mai 1919, also **6 Monate nach der Revolution**, in einer Versammlung auf dem Oberwiesenfeld in München **zur Mehrheitssozialdemokratie bekannte.**

Haben aber die Nationalsozialisten **ein Recht, sich moralisch zu entrüsten**? Ihr Führer **Straßer**, ihr Redner im Reichstag, hat am 30. April 1923 der **Landshuter Polizei sein Ehrenwort gegeben, die Waffen der Nationalsozialisten in die Kaserne zu schaffen. Straßer hat dieses Ehrenwort gebrochen.** Als diese Tatsache im Reichstag festgestellt wurde, hat Straßer diesen **Wortbruch** nicht nur zugegeben, sondern sich auch noch damit gebrüstet. Das paßt zu Hitler, der beim Novemberputsch 1923 ebenfalls spielend sein Ehrenwort brach: **Ehrbegriffe mit Gummizug, eine echt nationalsozialistische Erfindung.**

Was hat es überhaupt mit den „Novemberverbrechern" für eine Bewandtnis?

Die Handlungen der sozialdemokratischen Arbeiter im Jahre 1918 waren **alles andere als ein „Verbrechen".** Die Sozialdemokratie hat im Jahre 1918 das **deutsche Volk vor dem Untergang gerettet.** Ohne das Eingreifen der deutschen Arbeiterschaft wäre Deutschland damals von der **politischen Landkarte Europas gestrichen** worden. Das deutsche Bürgertum versagte. Die herrschende Kaste saß in den Mauselöchern. Und Wilhelm von Hohenzollern war gleich Ludendorff längst über die Grenze abgehauen.

Die „**Verbrecher**" waren diejenigen, die das **deutsche Volk in diese Katastrophe hineingeführt** hatten, nicht die Sozialdemokratie. Und diese Verbrecher sind **heute die Hintermänner, Handlanger und Förderer der nationalsozialistischen Bewegung.**

Die Nazi und die Frauen. (1)

In dem Programm der Nazi sucht man vergeblich nach einer Stellungnahme zu den dringendsten Frauenfragen. Ganze zwei Zeilen, in denen der ganz selbstverständliche Schutz für Mutter und Kind gefordert wird, sind alles, was das „Programm" zur Frauenfrage sagt.

Wenn das Programm eine deutliche Stellungnahme schamhaft umgeht, so sprechen die „Taten" der Nazi und die Aussprüche ihrer „Führer" um so eindringlicher. 35 bis 55 Prozent aller Naziwähler bei der letzten Reichstagswahl waren Frauen. **Unter den 107 Abgeordneten der Nazi befindet sich keine einzige Frau.**

Als der Abgeordnete L e i c h t im Reichstag bei der Anrede „Meine Damen und Herren" zu den Nazi gewandt feststellte, „ach so, Sie haben ja keine Frauen", erscholl es im Chor: „Nein, Gott sei Dank nicht".

Abgeordneter F e d e r stellt fest: **Die Frau muß wieder Magd und Dienerin werden**", und er meint, sie muß sogar „je nachdem u n t e r g e l i n d e m D r u c k mit dieser Rolle vertraut gemacht werden!" Die Nazi sprechen der Frau jede politische und wirtschaftliche Gleichberechtigung ab.

Abgeordneter G o e b b e l s schrieb in seinem „Angriff":

„So ist neuerdings die A s s e s s o r i n S p i t z e r Vorsitzende des Schöffengerichtes Charlottenburg geworden. Wenn dann vielleicht noch, wie in der ersten Sitzung, ein weiblicher Schöffe vorhanden ist, das Gericht also mit z w e i F r a u e n und einem Mann besetzt ist, so bedeutet das eine Herabwürdigung der Rechtspflege, wie sie ärger kaum gedacht werden kann. Was bleibt einem Angeklagten übrig, als zu schweigen und seine Hoffnung auf die Berufungsinstanz zu setzen, in der zurzeit noch Männer sitzen."

Aerger als Goebbels kann man kaum den Kampf der Frau um berufliche Gleichberechtigung und Anerkennung verhöhnen!

Die Nazi sind nicht nur gegen p o l i t i s c h e und w i r t s c h a f t l i c h e Gleichberechtigung der Frau, sie sprechen auch deutlich aus, daß sie **der Frau das primitivste Lebensrecht über ihren eigenen Körper nehmen wollen.** In einem Antrag Frick, Feder, Goebbels und Genossen heißt es:

„Wer es unternimmt, die natürliche Fruchtbarkeit des deutschen Volkes zum Schaden der Nation künstlich zu hemmen oder in Wort, Schrift, Druck, Bild oder in anderer Weise solche Bestrebungen fördert, wird mit Z u c h t h a u s bestraft."

Es soll also nicht nur die Abtreibung, sondern sogar jede Aufklärung über Verhütungsmaßnahmen rigoros unterbunden werden. Warum? Die Nazi brauchen K a n o n e n f u t t e r für den von ihnen als letztes Mittel gepredigten kommenden K r i e g !

Die Nazi und die Frauen. (2)

Verhöhnung der Frau, Entwürdigung der Frau, das sind die „Taten" der Nazi für die proletarische Frau. Manfred von Killinger berichtet in seinem Buch „Ernstes und Heiteres aus dem Putschleben" über die Maßregelung einer gefangenen Arbeiterin folgendermaßen:

„Zwei Mann packen sie, sie will beißen, eine Maulschelle bringt sie zur Räson. Im Hofe wird sie über die Wagendeichsel gelegt und solange mit der Fahrerpeitsche bearbeitet, bis kein weißer Fleck mehr auf ihrer Rückseite war. „Die spuckt keinen Brigadier mehr an. Jetzt wird sie erst einmal drei Wochen auf dem Bauche liegen" sagt Feldwebel Herrmann."

Frauen, die denken und für die Befreiung der Menschheit von der Nazipest kämpfen, sind den Herren am gefährlichsten. Im „Hammer" des Herrn Fritsch heißt es: „Denn der schrecklichste der Schrecken ist ein marxistisches Weib".

Die Nazi verkörpern der Frau gegenüber den dümmsten, brutalsten Herrenstandpunkt. Sie wollen die Frau in die Küche einsperren und zur Magd machen.

Die Wahrheit über die faschistische Diktatur.

I. Was ist der Faschismus? — Das italienische Beispiel.

Die Nationalsozialisten wollen in Deutschland den Faschismus einführen. Hitler selbst hat es zugegeben in seinem Gespräch mit Straßer („Revolution oder Ministersessel"), in dem er sagte:

„Wir haben hier ja ein Vorbild, das wir ohne weiteres annehmen können, den Faschismus!

Genau so, wie die Faschisten dies bereits durchgeführt haben, werden auch in unserem nationalsozialistischen Staat Unternehmertum und Arbeiterschaft gleichberechtigt nebeneinanderstehen."

Was erwartet die deutsche Arbeiterschaft, wenn der Faschismus kommt?

Die italienische Arbeiterbewegung hat durch den Faschismus alles verloren. Bevor Mussolini zur Macht kam, versprach er, genau so wie unsere Nationalsozialisten, der Arbeiterschaft goldene Berge.

Nach dem faschistischen Programm von 1919 sollten die Banken, Börsen und Aktiengesellschaften abgeschafft, das Land an die Arbeiter verteilt, das arbeitslose Einkommen konfisziert werden. Noch bis zum Herbst 1929 trugen die Faschisten eine rote Kokarde.

Dann aber begann der mit Bank- und Unternehmerkapital finanzierte

Terror der Faschisten gegen die Arbeiterschaft.

Heute gibt es in Italien weder eine sozialistische noch kommunistische Arbeiterpartei oder Gewerkschaft. Schon der kleinste Versuch zu einer Agitation in dieser Richtung wird von einem Gericht, das aus einem Offizier des Heeres und vier Offizieren der faschistischen Parteigarde besteht, mit zehn bis zwanzig Jahren Zuchthaus bestraft.

Das ist der Idealzustand für die „sozialistischen" Anhänger des „Dritten Reiches".

II. Der blutige Weg des Faschismus.

Das erste Ziel des faschistischen Terrors in Italien war die **Zerstörung der sozialistischen Genossenschaften**, weil sie die Konkurrenz für den Kleingewerbetreibenden bildeten. Genau so, wie unsere Nationalsozialisten nicht den Kapitalismus, sondern **nur Warenhäuser und Konsumvereine** bekämpfen.

Dann folgte das Anzünden, Demolieren und Plündern der sozialistischen, katholischen und demokratischen Gewerkschaftshäuser, deren Brandruinen man zum Teil noch heute in Italien sehen kann. Die Zeitungshäuser der Arbeiterparteien wurden gewaltsam zerstört, die Parteibüros verwüstet, die Partei- und Gewerkschaftsfunktionäre auf barbarische Weise mißhandelt und zum Teil viehisch ermordet, zum anderen Teil auf einsame Inseln deportiert.

Die Arbeiter wurden geprügelt und in jeder Weise entehrt. — So war es z. B. ein besonderes Vergnügen dieser herrlichen faschistischen Jugend, Arbeiter, die aus irgendeinem Grund ihr Mißfallen erregten, auf der Straße einzufangen, ihnen das Haar abzuscheren und den Kopf mit den Farben der italienischen Nationalflagge anzustreichen.

Auch in diesen Kampfesmethoden sind bekanntlich die Nationalsozialisten bestrebt, **das Vorbild des italienischen Faschismus zu erreichen, wenn möglich noch zu übertrumpfen.**

III. Faschismus = brutale Unterdrückung der Arbeiterschaft.

1. Es gibt in Italien zwar von den Faschisten selbst eingerichtete Gewerkschaften, aber nur zu dem Zweck, die Arbeiterschaft politisch und ökonomisch zu beherrschen und führende Faschisten mit Posten zu versehen.

Die Gewerkschaften dürfen keine Lohnkämpfe führen. Jeder Streik ist gesetzlich verboten und wird schwer bestraft. Dafür gibt es aber nicht weniger als achttausend faschistische Gewerkschafts-„bonzen", die noch dazu nicht gewählt, sondern von der faschistischen Zentrale **ernannt** werden.

Wenn der italienische Arbeiter nicht verhungern will, muß er diesen faschistischen Gewerkschaften beitreten und für sie zahlen. Sonst hätte er bei der dauernden starken Arbeitslosigkeit in Italien keine Möglichkeit, Arbeit zu bekommen. Denn die staatliche Arbeitsvermittlung ist so geregelt, daß den Mitgliedern der faschistischen Partei und der faschistischen „Gewerkschaften" von den Arbeitgebern der Vorzug gegeben werden muß.

2. Die Löhne der italienischen Arbeiterschaft wurden von den Faschisten sofort, nachdem sie zur Herrschaft gelangt waren, **um 20 Proz. heruntergesetzt.**

Heute sind die **Reallöhne** in Italien nach der offiziellen Statistik des internationalen Arbeitsamtes die **schlechtesten in ganz Europa.** Nach der eigenen italienischen Statistik beträgt der **Stundenlohn eines italienischen Arbeiters** im Durchschnitt ganze 2,06 Lire, das heißt, nach unserem **Gelde 44 bis 45 Pfennig.**

IV. Die geistige Unterdrückung der Arbeiterbewegung.

Zuckerbrot und Peitsche für die Arbeiterschaft.

Jede selbständige geistige Regung in der italienischen Arbeiterschaft wird vom Faschismus b r u t a l unterdrückt.

Das vom Faschismus eingerichtete, angeblich der Arbeiterbildung dienende Unternehmen (Doppo lavore) besteht aus Tausenden von Sportverbänden und Ausflugsvereinen, die als **Werkvereine** organisiert sind, aus Mandolinenklubs, Theaterorganisationen usw. **Jede politische, ökonomische Diskussion und Unterrichtung ist ausgeschlossen.** Alle diese Einrichtungen werden von den faschistischen Parteisekretären kontrolliert, und die Mitgliedskarte, auf die es allerhand Ermäßigungen — im Kino, auf der Bahn usw. gibt, wird jedem politisch Unzuverlässigen sofort entzogen.

Daß es sich bei diesen Einrichtungen um nichts anderes als um **eine politische Kontrolle und ein soziales Beherrschungsmittel der kapitalistisch-faschistischen Diktatur** handelt, liegt auf der Hand.

Jeder, der Italien wirklich kennt, weiß, daß die Arbeiter den Faschismus hassen. Sie haben auch allen Grund dazu.

Da aber eine ungefälschte Willensäußerung in der faschistischen Diktatur unmöglich ist, läßt sich die Ablehnung des Faschismus durch die gesamte italienische Arbeiterschaft für die Gegenwart nicht zahlenmäßig belegen.

Die letzten ungefälschten Wahlen fanden als Betriebsratswahlen im Jahre 1925 statt. Da gab es z. B. in der größten italienischen Fabrik, in den **Fiat-Automobilwerken, 4740 kommunistische, 4463 sozialistische, 760 faschistische (Angestellte?) und 390 katholische Stimmen; im Stahlwerk des Fiat hatten die Sozialisten die Mehrheit.** In der Fabrik Bauchiero in Condove wählten von 900 Arbeitern 786, davon **745 sozialistisch, 41 faschistisch.** Bei den Offizien di Sevignano gab es von 571 Wählern 526 sozialistische, 8 nichtige, 27 weiße und einen faschistischen Zettel.

Heute wäre eine geheime Wahl für die Faschisten womöglich noch vernichtender. Deswegen hüten sie sich vor einer solchen und regieren lieber auf Grund ihres riesigen Polizei- und Spitzelheeres unter dreihunderttausend Bajonetten der faschistischen Parteigarde.

Das ist die Wahrheit über die faschistische Diktatur, die sich unsere Nationalsozialisten zum idealen Vorbild genommen haben.

V. Der Nationalsozialismus der Abklatsch des italienischen Faschismus.

„Der Hitler-Sozialismus" eine bewußte Lüge.

Die Nationalsozialisten wollen „Faschisten" sein. Ihr Vorbild haben sie bisher in allen Punkten, sogar bis auf das gelbe Hemd und den faschistischen Gruß nachgemacht. Am besten zeigt dies ein aus Dresden, den 18. Februar, datierter Brief, der an **einen Fabrikdirektor Fritsche** in Weimar gerichtet ist und diesem offenbar das sozialistische Getue der Nationalsozialisten erklären soll. In diesem Brief schreibt der Dresdner Organisator der Hakenkreuzler — selbstverständlich ein beschäftigungsloser Hauptmann — wörtlich folgendes:

„Zu Ihrer Bemerkung betreffs sozialistischer Arbeiterbewegung, Antikapitalismus und wie Sie sich danach ausdrücken, will ich Ihnen nur mitteilen:

„Lassen Sie sich doch nicht immer von dem Text unserer öffentlichen Plakate beirren." „Der Zweck heiligt die Mittel..." „Sind Sie versichert, mein verehrtester Herr Direktor! — wenn Ihnen um Ihre Zukunft bange ist (bezüglich Ihres zurzeit schwankenden Unternehmens), dann sind Sie nirgends besser geborgen, als bei unserer **NSDAP**. Gewiß — es sind Schlagworte — wie „Nieder mit dem Kapitalismus! — Juden" usw., aber selbige sind notwendig, unbedingt, denn unter dem Banner „deutschnational" oder nur „national" allein, wissen Sie, kommen wir nicht zum Ziel — haben also keine Zukunft mehr ... Also, verstehen Sie nur recht — **wir müssen die Sprache der verbitterten sozialistischen Arbeiter sprechen,** um selbige eben an uns zu ziehen — sonst würden sie sich nicht bei uns zu Hause fühlen. — Mit einem direkten Programm marschieren wir nicht auf — aus diplomatischen Gründen — das behalten wir uns vor."

Das direkte Programm, das die Nationalisten sich „aus diplomatischen Gründen" vorbehalten, ist — — der Abklatsch des italienischen **Faschismus.**

Bürgertum und Faschismus.
Eine Warnung an Verblendete.

Die Sozialdemokratie leugnet keineswegs, von welcher Bedeutung es war, daß im Jahre 1918 weite Kreise des deutschen Bürgertums entschlossen an die Seite der Arbeiterschaft auf den Boden der parlamentarischen Demokratie getreten sind. Um so bedauerlich ist es, daß **heute in überwiegendem Maße das deutsche Bürgertum in tiefster politischer Verblendung über die wahren Ursachen der heutigen Not im Begriffe ist, sich dem Faschismus an den Hals zu werfen.**

Die Wahl vom 14. September beweist, daß trotz Krieg und Zusammenbruch das Bürgertum **nichts gelernt und alles vergessen hat.**

Um so notwendiger wird das Eingreifen der Arbeiterschaft. Die Sozialdemokratie wird es nicht dulden, daß an dem Unverstand und an der politischen Verblendung des Bürgertums auch die Deutsche Republik zugrunde geht.

Das Bürgertum soll wissen: wenn es faschistische Abenteuer in der Außenpolitik unterstützt, spielt es das Spiel der imperialistischen Großmächte. An dem Feuer, das Hitler in Deutschland entzündet hat, wärmen sich Poincaré und die französischen Militaristen die Hände. Das deutsche Bürgertum soll wissen, daß derartige Abenteuer sehr wahrscheinlich mit dem sofortigen Verlust von Ostpreußen und mit der Besetzung des linken Rheinufers verbunden wären.

Seit dem 14. September schreiben zahllose Blätter Frankreichs unaufhörlich von der „verfrühten Rheinlandräumung". Die Militaristen des Auslandes warten nur auf die Gelegenheit, **erneut in die befreiten Gebiete einzumarschieren.** Glaubt jemand, daß auf eine solche Besetzung noch einmal freiwillig die Räumung folgen würde, wie im Sommer dieses Jahres?

Man kann die Rheinlandpolitik der französischen Militaristen, die auf die Zerstückelung Deutschlands abzielt, nicht besser unterstützen, indem man Hitler hilft und die Nationalsozialisten zur Macht bringen will.

Das Bürgertum soll es sich also genau überlegen, was es tut, wenn es die nationalsozialistische Bewegung mit Beifall oder Geld unterstützt!

Wir werden uns nicht kuschen.

Genau so sei das deutsche Bürgertum auch vor dem Gedanken gewarnt, innerpolitisch irgendwelche faschistischen Experimente mit der Verfassung zu versuchen.

Die Massen der Republikaner und die sozialdemokratische Arbeiterschaft sind nicht gewillt, mit sich irgendwelche faschistischen Experimente machen zu lassen.

„Wer glaubt, daß wir uns zu kuschen haben und daß wir uns weiterhin eingeschlagene Fensterscheiben gefallen lassen, dem wollen wir — das ist keine Versammlungsphrase, sondern es soll ein Schwur sein — zeigen, daß physische Kraft nicht nur bei den anderen vorhanden ist. Wer glaubt, republikanische Einrichtungen ungestört angreifen zu können, soll die Wahrheit des Wortes erfahren: Auf einen Korsaren anderthalbe." (Der preußische Innenminister **Severing** am 22. Oktober 1930 in der Festhalle Frankfurt a. M.)

Täusche sich niemand über den Ernst dieser Worte!

Deutschland ist nicht Italien!

Die deutsche Arbeiterschaft blickt auf eine jahrzehntelange **Schulung und Tradition** zurück. Die deutschen Arbeiterorganisationen, die Gewerkschaften und Genossenschaften sind die am festesten gefügten der ganzen Welt. Sie haben dem Faschismus eine andere Macht entgegenzusetzen als die italienischen Verbände.

Die deutsche Arbeiterschaft hat in der Vorkriegszeit unter Opfern sondergleichen gegen die **Dreiklassendiktatur in Preußen**, um ihre politischen Rechte, um Koalitionsfreiheit und um das allgemeine gleiche Wahlrecht gekämpft. (Viele Jahre Gefängnis haben die sozialdemokratischen Führer damals auf sich genommen, genau so wie in der Zeit des Sozialistengesetzes.)

Kampf dem Faschismus — unser der Volksstaat.

Der Kapitalismus hat heute in Deutschland 3 Millionen Menschen um Brot und Lohn gebracht. Das Bürgertum soll nicht glauben, daß die Arbeiter sich nun kampflos auch noch ihre politischen Rechte rauben lassen würden.

Wer in Deutschland faschistische Abenteuer beabsichtigt, wer die Verfassung antasten will, wer die politischen und sozialen Rechte der Arbeiterschaft schmälern will, muß sich darüber im klaren sein, daß das einen Kampf bis aufs äußerste heraufbeschwört.

8½ Millionen Männer und Frauen haben in der letzten Wahl sich wiederum hinter die Sozialdemokratie gestellt. Dieser Block ist heute fester denn je gefügt. Schon diese Wahl war eine **Kampfabstimmung**, in der klar **für die Sozialdemokratie und gegen die faschistische Diktatur** entschieden worden ist.

Die Arbeiterschaft weiß, **warum sie für die Demokratie kämpft.**

Ohne Demokratie keine politischen und sozialen Selbstbestimmungsrechte.

Ohne Demokratie keine Möglichkeit der freien Meinungsäußerung in Wort und Schrift.

Ohne Demokratie keine Agitation für den Gedanken des Sozialismus und der Wahrung der Arbeiterinteressen.

Ohne Demokratie kein Recht auf menschenwürdige Existenz.

Die Arbeiterschaft weiß, was sie zu verlieren hat, wenn die faschistische Diktatur sich in den Sattel setzen sollte. Gerade deshalb aber wird sie nicht zurückweichen, sondern den Kampf aufnehmen, wenn der Kampf gewollt wird.

Hat sich das deutsche Bürgertum, haben sich die Bauern und Handwerker, hat sich der Mittelstand und die Beamtenschaft überlegt, **was ein solcher Kampf für die deutsche Wirtschaft bedeuten würde?**

Wer danach Deutschland beherrscht, würde **über ein Trümmerfeld herrschen.**

Die Sozialdemokratie ruft zur höchsten Wachsamkeit. Es gilt, die Massen der sozialdemokratischen Wähler und die ganze organisierte Arbeiterschaft vor den Augen der deutschen Oeffentlichkeit als einen Machtfaktor hinzustellen, mit dem die gelben faschistischen Abenteurer und alle Diktaturlüsternen zu rechnen haben werden.

Noch ist die Sozialdemokratie bereit zu jeder parlamentarischen Lösung, die die Rechte der Arbeiterschaft unangetastet läßt. **Noch ist die Arbeiterschaft selbst weitgehend zu Opfern bereit,** um den Volksstaat und die Zukunft der demokratischen Verfassung zu retten.

Wollen die Todfeinde der Arbeiterklasse aber die friedliche Lösung nicht, sondern den Kampf, **so sollen sie ihn haben.**

Die Arbeiterschaft ist sich bewußt, daß sie zusammen mit den Gewerkschaften **auch außerparlamentarisch stark genug ist,** um die sozialen und politischen Rechte der Massen zu verteidigen, wenn es darauf ankommt.

Die Faschisten werden auf Granit beißen.

Her zur Sozialdemokratie! Unser der Volksstaat!

Die Rolle der KPD.

Der Schrittmacher des Faschismus.

Die Nationalsozialistische Arbeiterpartei, der parteipolitische Träger der faschistischen Bewegung in Deutschland, wäre für die Arbeiterklasse eine geringere Gefahr, wenn sie nicht aus dem Lager der Arbeiterklasse indirekt Unterstützung erhielte.

Es ist die Kommunistische Partei, die durch Weitertreiben der Spaltung auf politischem Gebiete, in den Gewerkschaften, den Genossenschaften, den Kultur- und Sportorganisationen, die Arbeiterklasse schwächt.

Die Erschütterung des Vertrauens zu der eigenen Organisation ist ein Verbrechen an den Klasseninteressen des Proletariats. Seit Jahr und Tag kennt die Kommunistische Partei nur ein Ziel: die Zerschlagung der Sozialdemokratischen Partei und der Gewerkschaften. Sie will ihr Ziel erreichen durch Herunterreißen der Führung, durch scheinradikale Forderungen, deren Verwirklichung von Folgen begleitet sein würde, die in den meisten Fällen das Elend des arbeitenden Volkes noch verschlimmern würden.

Im Interesse des arbeitenden Volkes müssen sich Sozialdemokratie und Gewerkschaften gegen die KPD. wehren, ihre unsinnigen und undurchführbaren Anträge bekämpfen und ablehnen. Darum schreit die KPD.: „Verrat der Bonzen, der Schurken und Halunken".

In den Zeiten schwerster wirtschaftlicher Krise, fortgesetzter Steigerung der Not und des Elends fallen solche Beschimpfungen auf günstigen Boden.

Die Nationalsozialisten **ernten die Früchte der kommunistischen Hetze. Die Unorganisierten, der proletarisierte Mittelstand, die Kleinbürger, die akademische Jugend, folgen den Nationalsozialisten williger als den Kommunisten.** Das hat die Reichstagswahl am 14. September deutlich bewiesen.

Im Kampf gegen den Faschismus muß deshalb gezeigt werden, wie stark die Kommunistische Partei fortwährend die Arbeiterinteressen schädigt. Die Kommunisten sind der **Schrittmacher des Faschismus** genau so, wie ehedem in Italien.

Die Notwendigkeit der Einheit und Geschlossenheit des arbeitenden Volkes drängt sich jedem auf, dem es Ernst ist mit der Wahrnehmung der Interessen der Arbeiterklasse, mit der Ueberwindung des kapitalistischen Systems.

In diesem Sinne ist die nachfolgende Materialzusammenstellung zu verwenden.

Das KPD.-„Programm"
für die Armen und Hungernden.
1¾-Milliarden-Schwindel.

Als das Kabinett Brüning sein in vielen Punkten anfechtbares **Sanierungsprogramm** aufstellte, mit dem die sozialdemokratische Reichstagsfraktion sich in ernstester Weise befassen wird, indem sie die im Interesse der breiten Massen gelegenen Abänderungen und Verbesserungen durchzusetzen sich bemüht, antworteten die Kommunisten großspurig mit einem „eigenen Sparprogramm". Es war aber auch danach. Blutigster Dilettantismus, Pfuscherei schlimmster Art. Darüber, ob die Forderungen ihres „Programms" durchführbar sind, ob die in die Welt geschleuderten Zahlen auch stimmen, zerbrechen die kommunistischen Programmschuster sich nicht die Köpfe.

Die **Massen** sollen aber **wissen**, wie **leichtfertig** und **gewissenlos** sie von der KPD. hinters Licht geführt werden, darum geben wir hier das kommunistische Programm wieder, indem wir den falschen die **richtigen** Zahlen hinzufügen:

	Zahlen der Kommunisten Mill. Mk.	Richtige Zahlen Mill. Mk.
Sofortige Einstellung der Zahlungen des Young-Planes	2000	1700
Streichung der Ausgaben für die Reichswehr	750	750
Streichung d. Bürgerkriegsausgaben für die Polizei	600	600
Sondersteuer auf Millionäre (20 Proz.)	1800	1200
Besteuerung der Dividenden (20 Proz.)	320	200
Sondersteuer auf Aufsichtsratstantiemen (20 Proz.)	200	30
Sondersteuer auf die großen Einkommen über 50 000 Mark (20 Proz.)	380	250
Streichung aller Subventionen	500	300
Einziehung aller hohen Gehälter der Beamten, Angestellten in öffentlichen Stellen (über 8000 Mk.) und der Riesenpensionen (über 6000 Mk.)	200	200
Streichung der Ausgaben für die Kirche, Zensur, Teno, Schlichtungswesen	300	170
Insgesamt:	7050	5400

Es ergibt sich, daß die Kommunisten munter drauflos mogeln. Sie „sparen" — eins, zwei, drei, das ist nicht schwer — **fast 1¾ Milld. mehr, als sich bei Durchführung ihres Programms ersparen ließe, wenn dieses Programm durchzuführen** wäre. Aber das ist es **nicht**, sondern **das ganze Programm ist eine einzige große Lüge**. Die Kommunisten glauben selbst nicht, daß sich die Reparationsgläubiger die Einstellung der Young-Zahlungen einfach gefallen lassen werden. Sie wissen ganz genau, daß sie im Reichstag für ihre Forderungen **keine Mehrheit** haben. Wahrscheinlich nicht einmal für auch nur **einen** der zehn Punkte, geschweige denn für das ganze Programm. **Nicht einmal die Nazis werden dafür stimmen**, weil sie nicht die Henne abschlachten dürfen, die ihnen die goldenen Eier legt.

Bringt das KPD.-Programm Brot und Freiheit?

Nein: Drohende Katastrophe, vermehrte Arbeitslosigkeit.

Das kommunistische „Programm für Brot und Freiheit", dessen Sparmillionen wir auf Blatt 29 im einzelnen aufgeführt haben, lehrt eindeutig, daß seine Fabrikanten die kommunistischen Wähler für politische Dummköpfe halten müssen, denn:

Sofortige Einstellung der Young-Zahlungen würde dem deutschen Volke weit mehr kosten, als die sagenhaften 7,05 Milliarden, die dies glänzende Programm erspart, nämlich: **neuen Ruhrkrieg, eine neue Inflation, eine neue gewaltige Steigerung der Massenarbeitslosigkeit.**

Streichung der Ausgaben für Heer und Polizei würde die Republik wehrlos den Diktaturgelüsten Hitlers und Hugenbergs ausliefern; die Soldaten und Polizeibeamten würden auf die Straße fliegen und das Arbeitslosenheer vermehren.

Uebrigens: Den Reichswehrleuten und Polizeibeamten sollen glatt alle Einkünfte gestrichen werden — den Millionären aber bleiben 80 Proz. Welche Schonung für die Millionäre!

Streichung aller Subventionen bedeutet, daß damit die Arbeiter von Mansfeld, die von den Schichauwerken, von den Deutschen Werken und viele andere brotlos werden.

Streichung der Ausgaben für das Schlichtungswesen reißt alle Schranken für Lohnabbau und Lohndruck nieder. Stegerwald hat Wissell als Berliner Schlichter im Metallkonflikt ausgeschaltet, weil er ihm unbequem ist. Die Kommunisten wollen alle Schlichter beseitigen.

So sieht das kommunistische „Programm für Brot und Freiheit" in Wirklichkeit aus. Es ist ein Programm für die Verelendung der Massen, für gewaltige Verschärfung der Arbeitslosigkeit, für Verewigung der Wirtschaftskrise und für den Bürgerkrieg.

Die traurige Rolle der Kommunisten in Italien.

Die Schrittmacher des Faschismus.

Auch in Italien konnte der Faschismus nur siegen, weil die Arbeiterschaft gespalten war. Mussolini hat nicht Italien vor dem Bolschewismus gerettet, vielmehr hat der brudermörderische Kampf der Kommunisten gegen die Sozialisten auch in Italien die Widerstandskraft der Arbeiterbewegung **ungeheuer geschwächt.**

Und wahr ist es ferner, daß die **unsinnige Besetzung der oberitalienischen Fabriken,** die ein Werk der Kommunisten war, mit einer schweren Niederlage geendet hat, die das Selbstbewußtsein des gesamten Proletariats innerlich zermürbte. Andererseits wurden durch diese Fabrikbesetzung Haß und Furcht der Kapitalisten so sehr gestärkt, daß Mussolini nunmehr als Retter auftreten konnte. Ob unsere Kommunisten davon gelernt haben?

Das 15-Milliarden-Projekt.

Rezept: Man nehme — man gebe . . .!

So forsch zupackend die Kommunisten im Nehmen bzw. "Sparen" sind — auf dem Papier — so freigebig sind sie auf demselben geduldigen Papier im Geben. Mit ihren Wunschmilliarden wollen sie folgendes bewerkstelligen:

Einführung des Siebenstundentages bei vollem Lohnausgleich,
Ausbau der Arbeitslosenunterstützung,
Erhöhung der Leistungen der Wohlfahrtspflege,
Erweiterung und Verbesserung der Kriegsopferversorgung,
Senkung der Mieten und Steigerung des Wohnungsbaues,
eine umfassende Hilfsaktion für den Mittelstand,
Hilfe und Unterstützung für die Kleinbauern und für die Kleingewerbetreibenden.

Mit splendider Hand werden Geschenke nach allen Seiten ausgeteilt. Aber dies "Programm für die Armen und Hungernden" kostet nicht 5 oder 7 Milliarden, sondern 15 Milliarden, wenn seine Forderungen nicht nur leere Phrasen sein sollen. Aber die Kommunisten haben selbst nur ihr Programm auf 5 Milliarden berechnet. Die fehlenden 10 Milliarden nehmen sie aus der Luft.

Das kommunistische "Programm für die Armen und Hungernden" ist eine schamlose Irreführung der breiten Massen und eine blutige Verhöhnung des arbeitenden Volkes. Die Kommunisten speisen die Arbeitslosen mit falschen Zahlen ab. Sie überwinden die Wirtschaftskrise mit plumpen Fälschungen und leeren Versprechungen.

32

Die KPD. gegen gänzliche Beseitigung der Notverordnung.

Für Reichswehretat und Gemeindegetränkesteuer.

Die Kommunisten machen der Sozialdemokratie einen schweren Vorwurf daraus, daß sie für die Ueberweisung der Notverordnung an den Haushaltsausschuß statt für deren Aufhebung gestimmt hat. Wie „ernst" die Kommunisten es mit der Aufhebung dieser Notverordnung des Reichspräsidenten meinen, beweist ihr Antrag. Darin verlangen sie nicht etwa die völlige Aufhebung der gesamten Notverordnung, sondern nur soweit das Beamtennotopfer, die Ledigensteuer, die Kopf- und Gemeindebiersteuer, sowie der Abbau der Arbeitslosen- und Krankenversicherung in Frage kommt. Die Notverordnung enthält aber bekanntlich auch den Etat des Reiches für das laufende Rechnungsjahr. Dieser Etat soll nach dem kommunistischen Antrag nicht außer Kraft gesetzt werden. Damit lassen die Kommunisten auch den Reichswehretat in Höhe von 750 Millionen unangetastet.

Ebensowenig verlangen die Kommunisten in ihrem Antrag die Aufhebung des Teils der Notverordnung, der den 5prozentigen Zuschlag zur Einkommensteuer vorsieht, den die Regierung zum Schutze der großen Einkommensempfänger so niedrig gehalten hat, anstatt den von der Sozialdemokratie verlangten 10prozentigen Zuschlag zu erheben. Auch die Aufhebung der Gemeindegetränkesteuer wird nicht gefordert.

Die Kommunisten beweisen also mit ihrem Antrag die Unmöglichkeit, die Notverordnung in ihrer Gesamtheit aufzuheben. Weil dem so ist, darum haben die Sozialdemokraten sich damit einverstanden erklärt, daß in den sachlichen Beratungen des Haushaltsausschusses die Verordnungen sozialer gestaltet werden, als sie es in ihrer jetzigen Form sind.

Für den Fall, daß die Kommunisten die Richtigkeit dieser Darstellung bestreiten, sei der Wortlaut des Antrages Torgler, Dr. Neubauer auf Drucksache 15 des Reichstages mitgeteilt. Er lautet:

„Der Reichstag wolle beschließen:

1. Die Notverordnung vom 26. Juli 1930 (Reichsgesetzbl. Nr. 31 vom 27. Juli 1930), enthaltend Beamtenopfer, Ledigensteuer, Kopf- und Gemeindebiersteuer, Abbau der Arbeitslosenversicherung, der Krankenversicherung und der Kriegsopferversorgung, ist mit sofortiger Wirkung aufzuheben.

    Alle auf Grund dieser Notverordnung geleisteten Zahlungen sind zurückzuerstatten.

3. Alle gekürzten Unterstützungsbeträge sind nachzuzahlen.
4. Alle Maßnahmen gegen diejenigen, die sich gegen die Bestimmungen dieser Notverordnung zur Wehr gesetzt haben und ihre Durchführung verweigert haben oder verweigern, sind sofort aufzuheben."

KPD. als Steuerverweigerer.
Ein leichtfertiger Rat und böse Folgen.

In Thüringen muß die **Fricksche Kopfsteuer** durch die Gemeindeverwaltungen eingezogen werden. Die Kommunisten haben zur Nichtbezahlung der Kopfsteuer aufgefordert. In Gemeinden mit sozialdemokratischen Bürgermeistern treiben sie gegen die SPD. eine besonders wüste Hetze. Dazu gehört auch **Meuselwitz**. Unser zuständiges Parteiblatt, die „Ostthüringer Volkszeitung", erhielt im Oktober 1930 von einem Betriebsleiter folgende Zuschrift:

„Eine bittere Enttäuschung erlebten am letzten Lohntag alle diejenigen Arbeiter, die der Aufforderung der Kommunisten Folge geleistet hatten, die Negersteuer nicht zu bezahlen. Auf Anweisung Fricks wird die Negersteuer jetzt zwangsweise eingetrieben und Lohnpfändungen vorgenommen. **Zu der Kopfsteuer kommen noch 2,90 M. Eintreibungsgebühren, so daß am Freitag 8,90 M. vom Lohn zurückbehalten wurden.** Für manchen Arbeiter bedeutete diese Summe **ein Drittel seines gesamten Verdienstes**. Abgesehen davon, daß die Negersteuer eine der größten Ungerechtigkeiten, eine soziale Schande ist, war bei den bestehenden Machtverhältnissen **der Rat der Kommunisten doch eine große Unverschämtheit**. Alle die Arbeiter, die sich von den Kommunisten so schlecht beraten ließen, müssen diese **Dummheit nun noch mit einem Extrataler** bezahlen. Für ihren schlechten Rat mußten am letzten Lohntage die Kommunisten manches derbe Wort einstecken. In demagogischer Weise erklärten diese Aucharbeiter dann, es sind ja die Genossen der SPD., die die Steuer eintreiben, bei denen müßt ihr euch bedanken, wenn ihr noch mehr bezahlen müßt. Das Gemeinste bei dieser Angelegenheit ist, daß **den Funktionären der Kommunisten nichts gepfändet wurde. Die zur Verweigerung aufgefordert hatten, hatten ihre Negersteuer pünktlich bezahlt."**

Kommunistische Finanzkünste.
Milliarden spielen keine Rolle.

Wie wenig die im Reichstag gestellten kommunistischen Anträge von wirtschaftlicher Einsicht oder auch nur von Verantwortungsbewußtsein getragen werden, dafür einige Beispiele von vielen.

Ein kommunistischer Antrag verlangt eine **Winterbeihilfe für alle Erwerbslosen, Sozial- und Kleinrentner,** sowie für alle Fürsorgeberechtigten. Jeder Hauptunterstützungsempfänger soll 40 Mark, und jeder Unterhaltungsberechtigte, sowie jeder Empfänger von Waisenrente 12 Mark Sonderunterstützung erhalten. Für die Winterbeihilfe kommen schätzungsweise 14 Millionen Menschen in Frage. Rechnet man davon ein Drittel in die Gruppe der Hauptunterstützungsempfänger, so sind zur Durchführung dieses kommunistischen Antrages **rund 300 Millionen Mark** erforderlich.

Ein anderer Antrag will die **Krisenunterstützungssätze auf die Höhe der Arbeitslosenunterstützung** bringen. Man darf als Norm annehmen, daß der Unterschied zwischen beiden Unterstützungsarten 100 Mark pro Jahr beträgt. Selbst wenn man vorsichtig die Zahl der Krisenunterstützten in der nächsten Zukunft auf nur 1 Million schätzt, müßten zur Durchführung des kommunistischen Antrages **100 Millionen Mark** zur Verfügung gestellt werden.

Im April 1930 beantragten die Kommunisten die **Aufhebung der Lohnsteuer** und die Heraufsetzung der steuerfreien Einkommensgrenze auf 1680 Mark. Diesen Antrag haben sie jetzt wieder aufgegriffen, ihn aber dahin abgeändert, daß ein Einkommen bis 2400 Mark steuerfrei bleiben soll. Der Wegfall der Lohnsteuer würde einen **Einnahmeausfall von 1400 Millionen Mark** bedeuten. Das Aufkommen aus der von den Kommunisten beantragten Neuregelung müßte **mit 800 Millionen in Rechnung** gestellt werden. Das würde eine Verminderung der Lohnsteuer um **600 Millionen Mark bedeuten.**

Es stehen also der beantragten **Mehrausgabe von 300 Millionen** für die Winterbeihilfe und 100 Millionen für die Krisenunterstützten **600 Millionen Mindereinnahmen** gegenüber, so daß eine **Etatverschlechterung von einer Milliarde Mark eintreten** müßte, wenn die kommunistischen Anträge Annahme fänden. Das ist genau das Doppelte dessen, was die Regierung mit knapper Not als Ueberbrückungskredit zur Aufrechterhaltung ihrer sozialen Verpflichtungen vom Ausland erhalten hat.

Die KPD. für Erfüllungspolitik.

Sie „erklären feierlich" — daß sie geschwindelt haben!

Voller Entrüstung warfen die Blätter der Nazi im August 1930 den deutschen Kommunisten vor, sie hätten ihnen ihre **beste Wahlparole gestohlen**. Das Zentralkomitee der KPD. hatte nämlich der deutschen Reichstagswählerschaft versprochen:

„Wir erklären feierlich vor allen Völkern der Erde, vor allen Regierungen und Kapitalisten des Auslandes, daß wir im Falle unserer Machtergreifung alle sich aus dem Versailler Frieden ergebenen Verpflichtungen für null und nichtig erklären werden, daß wir keinen Pfennig Zinszahlungen für imperialistische Anleihen, Kredite und Kapitalsanlage in Deutschland leisten werden."

Die politische Dummheit brachte den Kommunisten zwar einen nicht unbeträchtlichen Stimmenzuwachs, aber er langte nicht zur „Machtergreifung" im Deutschen Reich. Deshalb begnügte sich die KPD. nach den Reichstagswahlen damit, in ihrem „Sparprogramm" (siehe Blatt 29) zu fordern: „Sofortige Streichung der Zahlungen des Young-Planes: 2000 Millionen"

In dieser Forderung der KPD. steckt nicht weniger **Demagogie** als in dem „feierlich vor allen Völkern der Erde" abgegebenen Wahlversprechen auf Zerreißung des Young-Planes. Die KPD. weiß, daß sie so leicht nicht in die Verlegenheit kommt, den Worten die Tat folgen zu lassen. Aber käme wie durch ein Wunder diese Gelegenheit, **so würde, so müßte die KPD. ihr Versprechen verraten.**

Die Führung der KPD. ist sich vollkommen klar darüber, daß sie **bewußt** etwas verspricht und fordert, was sie selber, käme sie zur Macht, nicht erfüllen wird und kann. Warum nicht? Das hat die „Rote Fahne" enthüllt, die am 23. März 1922 in einer schwachen **Stunde der Wahrheit die Ehre gab** — ein ganz seltener Fall — und bekannte:

„Was kann, was muß eine proletarische Politik, eine **Arbeiterregierung** tun, die **kühl und nüchtern mit den Tatsachen rechnet**? Es ist klar, und es ist von kommunistischer Seite wiederholt mit aller Deutlichkeit ausgesprochen worden, **auch sie kann nicht mit einem Schlage sich von der Erfüllung lossagen.** Sie kann das nur in dem Maße, wie die revolutionäre Welle in den Ententeländern steigt. Auch sie muß zunächst — **erfüllen.**"

Natürlich **muß** sie das. Ob ein Thälmann oder ein Hitler zur Regierung kommen —, beide müßten, beide würden erfüllen oder als Regierungsmänner, die „kühl und nüchtern mit den Tatsachen rechnen", sich über das **Maß** dessen, was sie zu erfüllen hätten, mit den ehemaligen Kriegsgegnern Deutschlands **verständigen**.

Dasselbe taten Stresemann, Rathenau, Hermann Müller und andere. Sie wurden von den Kommunisten bespien, und die Hitlerianer wollen die noch lebenden Erfüller **aufhängen**.

Die Lüge als bewußtes kommunistisches Kampfmittel.
Lenin lieferte dazu das „theoretische Fundament".

Es gibt noch viele Anhänger der KPD., die davon überzeugt sind, daß die Zeitungen und Redner der KPD. die Wahrheit sagen. Das ist begreiflich. Erstens lesen jene Anhänger keine sozialdemokratischen Zeitungen, zweitens kann die sozialdemokratische Presse unmöglich auf alle kommunistischen Lügen antworten. Die Massenproduktion an bewußten Unwahrheiten verbietet dies.

Es kommt hinzu, daß es sich ja bei den falschen Angaben der KPD. nicht um gelegentliche Lügen und Unwissenheit handelt, sondern die Lügen werden bewußt und mit Absicht als Kampfmittel gebraucht.

Lenin hat dazu das „theoretische Fundament" geliefert. Er sagt auf Seite 67—68 seiner Schrift: „Die Kinderkrankheiten des Radikalismus im Kommunismus" (Ausgabe Maslow) folgendes:

„Man muß es verstehen, all den Widerstand zu leisten, sich durchaus zu jedem Opfer zu entschließen und — sogar alle möglichen Listen, Schlauheit, illegale Methoden, Verschweigungen, Verheimlichung der Wahrheit anwenden . . ."

Dieses Gebot ist getreulich von den KPD.-Anhängern übernommen worden. Man hat das eingestanden und sich sogar dessen gerühmt. „Die Rote Fahne" vom 19. August 1923 brachte auf der zweiten Seite ihres Hauptblattes einen Artikel über die Inprekor (die kommunistische Internationale Presse-Korrespondenz). In diesem Artikel wird über die Inprekor gesagt, daß sie nicht mit WTB. oder TU. zu vergleichen sei, weil — wir zitieren jetzt wörtlich:

„weil die Inprekor ein kommunistisches Erzeugnis ist. Die Kommunisten aber lügen nicht. Sie lügen nie. Denn die Lüge als bewußtes Kampfmittel benutzen, wie es die Kommunisten in den Tageszeitungen tun, ist keine Lüge, sondern eine verflucht (wirklich „verflucht") reale Notwendigkeit. Die Lüge beginnt erst beim Selbstbetrug . . ."

Selten ist so eindeutig festgestellt worden, daß die Lüge bewußt von den kommunistischen Zeitungen als Kampfmittel gebraucht wird.

Eine Bestätigung dieser Ansicht ist enthalten in einem Artikel von Hermann Remmele (in einem Sonderheft der Kommunistischen Internationale, das auf dem kommunistischen Parteitag 1925 ausgegeben wurde), der sich gegen den „Rechten" Ernst Meyer wendet:

„Die nach Lenin für die Politik so unerläßlichen demagogischen Tugenden als da sind: Lug und Betrug, Verschweigen der Wahrheit, Verschmitztheit und Verschwiegenheit, Schlauheit und List, hat der Genosse Meyer von uns allen vielleicht am höchsten."

Springlebendig ist auch heute noch in der KPD. die „unerläßliche Tugend" des Lügens, Betrügens, Schwindelns und Verleumdens.

Die KPD. lebt von der Lüge.

Der Pfahl im Fleische der Sozialdemokratie.

Der wahre Charakter der Kommunistischen Partei wird durch die folgenden Ausführungen der scharfmacherischen „Deutschen Allgemeinen Zeitung" vom 3. Februar 1930 beleuchtet:

„Was die Kommunisten selbst betrifft, so haben sie in bestimmten Grenzen für das staatspolitische Leben eine nützliche Funktion.

Die Kommunisten müssen verhindern, daß die Sozialdemokratie übermächtig wird, sie sind für den bürgerlichen und kapitalistischen Staat so lange ein wertvolles Werkzeug, als sie als Pfahl im Fleische der Sozialdemokratie wirken."

Das Bürgertum setzt seine **Hoffnungen auf die Kommunistische Partei**! Es braucht sie nicht einmal zu bezahlen! Die Kommunistische Partei verrichtet **freiwillig** ihre Handlangerdienste für das Scharfmachertum!

Dafür **bedankt** sich die „Deutsche Allgemeine Zeitung" am 24. August 1930, indem sie, ihre Ausführungen vom 3. Februar wiederholend und unterstreichend, schrieb:

„Notwendig ist daher vor allem, zu verhindern, daß die Sozialdemokratie womöglich noch gestärkt zurückkehrt. Vielleicht die ausschlaggebende Rolle kommt dabei den **Kommunisten** zu, die, wie wir schon öfters zu betonen Gelegenheit hatten, dazu berufen sind, das Anwachsen der Sozialdemokratie zu verhindern und als Pfahl im Fleische dieser großen Partei zu wirken."

In der Tat: Die Rolle, die die KPD. im öffentlichen Leben spielt, ist eine dem Kapital sehr wohlgefällige, der Arbeiterklasse um so gefährlichere.

Der Wahlausfall hat die reaktionären Hoffnungen in hohem Maße erfüllt. Zehn sozialdemokratische Mandate weniger und 23 kommunistische mehr haben genügt, um die Position der Regierung Brüning zu stärken.

38

Im Bunde mit den Hugenbergern und Nazi. (1)

Das Mißtrauensvotum gegen Severing.

Die am 22. Oktober erfolgte Wiederernennung Karl Severings zum preußischen Innenminister, die alle Republikaner einmütig und stürmisch begrüßten, fuhr den Reaktionären schwer in die Glieder.

Severing war noch gar nicht im Amte, als die Gegner der Republik und der Sozialdemokratie schon Pläne schmiedeten, wie sie ihn am schnellsten stürzen könnten. Am 24. Oktober 1930 wurde Severing in sein Amt eingeführt, aber bereits am 23. Oktober wurde folgender **deutschnationaler** Mißtrauensantrag veröffentlicht:

„Wir beantragen: Der Landtag wolle beschließen, der Minister Severing besitzt nicht das Vertrauen des Landtags."

Diese Eilfertigkeit der Hugenberger ehrt den preußischen Ministerpräsidenten Otto Braun, der Karl Severing ernannte, nicht weniger als diesen selbst. Es liegt in dem deutschnationalen Mißtrauensvotum die Bestätigung, daß zur rechten Zeit an den rechten Platz der rechte Mann gestellt wurde.

Die Berufung gerade Severings in das Amt des preußischen Polizeiministers bedeutet eine Festigung der republikanischen Staatsautorität, eine Stärkung der Position der Sozialdemokratie. Sie hat wie eine Bombe eingeschlagen und ist von der gesamten Presse der Reaktion als Kampfansage gegen die putschlustigen Feinde der Republik registriert worden.

Pünktlich, wie noch immer, wenn die Reaktion sich unter einem wohlgezielten sozialdemokratischen Hieb wand, ist ihr Hilfe erwachsen aus dem Lager der Kommunisten. Am 24. Oktober — 24 Stunden nach dem deutschnationalen Vorstoß — lag auch ein kommunistisches Mißtrauensvotum gegen Severing vor. Obendrein erlaubte die „Rote Fahne" sich, in schreiendem Fettdruck ein dummdreistes, verlogenes „Wort an die sozialdemokratischen Arbeiter" zu richten. „**Wir warnen vor Severing**", kreischte die „Rote Fahne" am 24. Oktober. „**Wir halten zu Severing!**" antworten alle denkenden Republikaner mit den 20 000 Frankfurter Arbeitern, die Severing umjubelten, als er am 22. Oktober, dem Tag seiner neuen Ministerernennung, in einer gewaltigen Frankfurter Demonstrationsversammlung ihnen zurief:

„Wir wollen (auf Hitlers Leipziger Drohung anspielend) nicht Köpfe rollen lassen, sondern Köpfe öffnen. Allerdings, wenn man glaubt, daß wir kuschen und uns weiter eingeschlagene Fensterscheiben gefallen lassen, dann wollen wir — das ist keine Versammlungsphrase, sondern ein Schwur — diesen Gewaltmenschen zeigen, daß die physischen Kräfte nicht nur bei ihnen vorhanden sind, und wir wollen jedem weiteren Terrorismus gegenüber den Grundsatz anwenden: Auf einen Korsaren anderthalbe."

Im Bunde mit den Hugenbergern und Nazi. (2).

„Nieder mit Severing."

Wir begreifen, daß die deutschnational=nationalsozialistischen „Hamburger Nachrichten" diesen mutigen Frankfurter Schwur Karl Severings so beantworten:

„**Severing muß gestürzt werden, ehe er eigentlich an die Macht kommt.**

Das ist die **große Aufgabe**, vor die die bürgerlichen Parteien gestellt sind, die vor wenigen Tagen noch im Reichstage ihre Stunde nicht begriffen haben. Die Parteien müssen wissen, auf welche Seite sie gehören."

Wir würden **nicht begreifen** den deutschen Arbeiter, der, seiner fünf gesunden Sinne mächtig, in das gleiche Horn stoßen und ebenfalls rufen würde: Kreuziget Severing! Einen so hirnlosen Arbeiter gibt es auch nicht. Aber eine sogenannte „Arbeiter"=Zeitung — die „Rote Fahne" — war solchen Beginnens fähig, sie produzierte am 24. Oktober diesen Irrsinn:

„**Severing, der sich noch Sozialdemokrat nennt, hat niemals etwas mit dem Sozialismus gemeinsam gehabt.** Er ist der typische Novembergewinnler . . . Severing spielt nur gegen die Arbeiterschaft den starken Mann. Gegenüber dem Faschismus ist er **schlotternder Lakai**, ohne Rückgrat, ohne Ehre, ohne Macht. Severing ist ein stumpfes Polizeigehirn in all seiner Schlauheit, ein erbärmlicher Feigling in all seiner Grausamkeit, ein elender Schwächling in all seinem Größenwahn.

Grzesinski gehört zu Severing wie das Beil zum Henker."

Diesem bodenlosen Blödsinn stelle man gegenüber, was die **deutschnationale** „Kreuz=Zeitung" schreibt: „Die Sozialdemokratie gibt mit der Besetzung ihres wichtigsten Wachtpostens in Preußen durch Severing **das Kampfsignal gegen rechts aus.**"

Uebrigens heißt der mutige Mann, der den verleumderischen Erguß der „Roten Fahne", die Karl Severing einen Feigling nennt, verantwortlich zeichnet, Schneller, Mitglied der kommunistischen Reichstagsfraktion. Der Wackere ist also gegen die strafrechtliche Ahndung seiner Ehrabschneiderei weitgehend geschützt.

Wen die Kommunisten amnestieren.

Fememörder Klapproth, die Bestie in Menschengestalt.

In der Nacht zum 19. Oktober 1930 gelang es den Hugenbergern und Hitlerianern, **unterstützt von den ihnen allzeit so dienstbeflissen zur Seite stehenden Thälmännern**, eine **Teilamnestie** durchzusetzen, unter die auch der bekannte Fememörder Klapproth fällt. Dieser Klapproth, der jetzt aus dem Gefängnis entlassen werden muß, war **an mehreren der Fememordtaten beteiligt** und sollte noch bis zum Jahre 1940 Strafe verbüßen.

Wie ein Gericht, das wirklich nicht in dem Verdacht stand, scharf gegen die Fememörder zu sein, sich über Klapproth geäußert hat, beweist die Urteilsbegründung des Schwurgerichts Landsberg an der Warthe. In den schriftlichen Urteilsgründen heißt es u. a.:

„Bei der Tat hat Klapproth eine **so unmenschliche Roheit an den Tag gelegt, daß dadurch alle Milderungsgründe wettgemacht** werden. Wenn er Büsching verhindert hat, Gröschke bereits in der Zelle niederzuschlagen, so geschah das nicht etwa aus **einer Regung des Mitleids** heraus, er wollte es lediglich vermeiden, daß die Zelle mit Blut besudelt und die Tat sofort entdeckt würde. Dann schleppte Klapproth den zerschundenen, kaum mehr seiner Sinne Mächtigen zum Tode, wie man ein Tier zur Schlachtbank schleppt. Nicht einen Augenblick kam ihm der Gedanke, daß die ganz unbestätigten Vorwürfe für die Verräterei, für die Gröschke den Tod erleiden sollte, vielleicht unbegründet sein könnten. Er dachte nicht daran, daß man dem Opfer noch eine letzte Gelegenheit geben müßte, sein Gewissen zu erleichtern und um Gnade zu flehen. **Seine Mordlust war geweckt, und er wollte ihr frönen.**"

Das Gericht hatte den Angeklagten Klapproth und Raphael auch **die bürgerlichen Ehrenrechte aberkannt.** Es begründete dies folgendermaßen:

„Es kann unerörtert bleiben, ob ein lediglich aus politischen Gründen begangener Mord jemals eine ehrlose Handlung sein kann. Hier aber bei der Tötung eines wehrlosen Menschen hat jedenfalls **die politische Erwägung nur eine ganz geringe Rolle gespielt.** Vorherrschend war die unmenschliche Roheit und hemmungslose Mordlust. Deshalb hat das Gericht die Tat dieser beiden Angeklagten als **ehrlos** angesehen."

Dank der kommunistischen Hilfe darf der ehrlose mordlustige Klapproth jetzt wieder in Freiheit herumlaufen! Die edle Entrüstung, die die Kommunisten jahrelang über die Fememorde gemimt haben, erweist sich als heuchlerische Komödie. Herr Klapproth ist Fleisch von ihrem Fleisch!

Das Treiben der roten Gewerkschaftsopposition. (1)

Spaltung der Gewerkschaften.

Auf der Ende 1929 in Berlin abgehaltenen Reichsparteiarbeiter-Conferenz der Kommunistischen Partei gaben Heckert und Merker Anweisungen über das Verhalten der Kommunisten bei Streiks und Aussperrungen. Deutlich und klar wird in diesen Richtlinien die Ausschaltung und Zerschlagung der Gewerkschaften gefordert. Losowski-Moskau hat diese Richtlinien ausgearbeitet. Unter anderem wird darin verlangt:

„In Falle einer herannahenden Aussperrung muß man zur Wahl von Kampfkomitees gegen die Aussperrung schreiten, und mehrere Tage vor der Erklärung des Streiks muß man zur Wahl von Streikkomitees übergehen... Je mehr Streikkomitees bestehen werden, je leichter werden sie die Masse führen können... In Großbetrieben, wo Zehntausende von Arbeitern beschäftigt sind, müssen die Streikkomitees 200 bis 300 Arbeiter stark sein.."

„1. Das Streikkomitee muß den Streik führen, in Verhandlungen eintreten, wenn es nötig ist, Vereinbarungen unterzeichnen, wobei es von vornherein erklären muß, daß alle durch die reformistische Bürokratie abgeschlossenen Vereinbarungen die Arbeiter nicht verpflichten.

2. Das Streikkomitee muß zur Aufgabe haben, den reformistischen Verband aus dem Betrieb zu verdrängen und die Führung des Kampfes aus seinen Händen zu reißen.

3. Das Streikkomitee muß eine Beobachtung der Gewerkschaftsbürokraten organisieren, ihre Tätigkeit verfolgen, Demonstrationen vor den Verbandsbüros im Falle von Geheimverhandlungen und Machinationen organisieren, Versammlungen der Organisierten und Unorganisierten einberufen und die Verjagung der Gewerkschaftsbonzen verlangen, Geld sammeln und allen Streikenden helfen, systematisch, besonders in den Massen der sozialdemokratischen und katholischen Arbeiter das Vertrauen zum reformistischen, katholischen Gewerkschaftsapparat zerstören.

4. Das Streikkomitee muß zur mächtigen Waffe in den Händen der Gewerkschaftsopposition für die Vertreibung aller Kapitalsagenten und Unternehmerverbündeten aus den Gewerkschaften werden...

Keinerlei offizielle Vertreter der reformistischen Gewerkschaften dürfen in die Streikkomitees aufgenommen werden... Die geringste ideelle und organisatorische Abhängigkeit der Streikkomitees vom Gewerkschaftsapparat, die Abschwächung des Kampfes gegen ihn kann zur Zerstörung des Streiks und zum Falle der Autorität der Gewerkschaftsopposition und der durch ihre Initiative geschaffenen Streikkomitees führen."

Das Treiben der roten Gewerkschaftsopposition. (2)

Der Zweck der kommunistischen Gewerkschafts-„Arbeit" ist kein anderer als die Spaltung der Gewerkschaften, um den Kommunisten aus der Sackgasse zu helfen.

Das hat der aus der KPD. ausgeschlossene Oppositionsführer Galm=Offenbach enthüllt. Nach ihm hat Losowski in der Dezembersitzung der Profintern ausgesprochen:

„Jawohl, unsere Anweisungen bedeuten Spaltung. Wir befinden uns **in einer Sackgasse**, aus der wir nur durch die Spaltung der reformistischen Verbände herauskommen."

Nach diesen Anweisungen wurde im Berliner Rohrlegerstreit gehandelt. Der Streik ging verloren. Maßregelungen erfolgten in großer Zahl. Die Gewerkschaft war ausgeschaltet, die Opfer deshalb ohne Schutz.

*

Kommunistische Streiktaktik führt ins Unglück.

Am 18. Oktober 1930 unternahm die KPD. in Berlin den Versuch, **die im Tarifvertragsverhältnis stehenden Kraftdroschkenführer in einen wilden Streik zu treiben**, 65 „Kraftag"=Fahrer waren entlassen worden. Darauf suchte die kommunistische Gewerkschaftsopposition einen **Protest streik** gegen die von ihr **provozierten** Entlassungen zu entfesseln.

Dieser Proteststreik sollte am 20. Oktober einsetzen. In zwei Depots des Kraftdroschkengroßunternehmens traten mit den Entlassenen **85 Mann, insgesamt also 150 von 2300, in den Streik.**

Kommunisten beschimpfen Erwerbslose.

Im Sächsischen Landtag sagte am 23. Juli 1930 der kommunistische Abgeordnete **Siegel**:

„In Moskau gibt es also überhaupt keine Arbeitslosigkeit". (Zwischenruf aus den Reihen der SPD.: „Woher kommen denn die amtlich nachgewiesenen drei Millionen Erwerbslose?")

Abgeordneter **Siegel** (fortfahrend): **„Das sind geborene Faulenzer!"** (Stürmischer Protest der Sozialdemokraten.)

So sehen die Leute aus, die in Deutschland den Erwerbslosen das Blaue vom Himmel versprechen. Erhalten sie mit Hilfe der Erwerbslosen die Macht, dann behandeln sie die Erwerbslosen Deutschlands auch als geborene Faulenzer.

Die Arbeitslosenhilfe im Sowjet-„Paradies" abgeschafft.

Laßt sie betteln gehn — — —!

Aus Moskau wurde am 11. Oktober 1930 amtlich gemeldet:

Starker **Mangel** an Arbeitskräften in einer **Reihe** von Zweigen der Volkswirtschaft veranlaßte das Arbeitskommissariat, die Versicherungskassen anzuweisen, **allerorts die Auszahlung von Erwerbslosenunterstützung einzustellen**. Der Sozialversicherungsetat wird Unterstützungen von Erwerbslosen nicht mehr vorsehen.

So sorgfältig der amtliche Moskauer Wortlaut des sensationellen Beschlusses, die Erwerbslosenunterstützung einzustellen, auch abgefaßt ist so gibt er doch deutlich zu erkennen, daß es sich um **eine rücksichtslose, ganz brutale Maßnahme gegen die Erwerbslosen** handelt.

Nur in **einigen** Industriezweigen ist **Nachfrage** nach Arbeitskräften vorhanden — die Erwerbslosenunterstützung wird aber **allerorts** abgeschafft. Auf diese Art will man die vorhandenen Arbeitslosen mit Gewalt in die Industriezweige wie des Donezgebiets hineintreiben, aus denen sie wegen der ungeheuerlichen Arbeitsbedingungen in Massen davonlaufen.

Verschickung statt Unterstützung.

Der von den amerikanischen Pressevertretern angeführte Geldmangel des Sowjetstaates ist natürlich nur **einer** der Gründe für die Aufhebung der Erwerbslosenunterstützung.

In der Hauptsache erfolgt die Beseitigung der Arbeitslosenfürsorge, um die Arbeitslosen ungehindert nach entlegenen und unwirtschaftlichen Gegenden des Sowjetreiches als Zwangsarbeiter deportieren zu können.

Ganz deutlich spricht dies der zweite Teil der Mitteilung des Arbeitskommissars aus, in dem angeordnet wird, daß die Arbeitslosen, die oft mit **Rücksicht** auf ihre Familie oder ihre Wohnung ihre Heimatstadt nicht verlassen wollen oder Arbeitsmöglichkeit entsprechend ihrer beruflichen Vorbildung fordern, an **Baustellen und Arbeitsplätze zu schaffen sind, wo Bedarf vorhanden ist, unabhängig von ihrem Beruf und ihrer fachlichen Eignung**. Wer sich weigert, dem Befehl zur Arbeit nachzukommen, wird von den Arbeitsbörsen **gestrichen**. Er verliert also damit **dauernd** die Rechte der Arbeiterklasse. Der einzige Absagegrund ist Krankheit, die jedoch durch besondere Aerztekommissionen festgestellt und bestätigt werden muß.

ROLAND FAKSIMILE - Postfach 33 04 04 - 28334 Bremen

Fordern Sie unsere aktuellen Verlagsprospekte an!